U0794533

国内外经典教材辅导系列·教育类

中国教育史

笔记和课后习题(含考研真题)详解

【适用孙培青第4版教材】

主编：圣才考研网

www.100xuexi.com

中国石化出版社

内 容 提 要

本书是孙培青主编的《中国教育史》(第4版)的学习辅导书。本书遵循该教材的章目编排，共分15章，每章由三部分组成：第一部分为复习笔记，剖析本章考点，并进行拓展延伸；第二部分为课后习题详解，提供课后习题的参考答案；第三部分为考研真题与典型题详解，精选部分参考价值较高的考研真题与典型试题并提供解答。

圣才考研网(www.100xuexi.com)提供孙培青《中国教育史》电子书、题库。购买本书享受大礼包增值服务【本书电子书+配套题库(手机版、电脑版)】。手机扫码(本书封底)领取本书大礼包。

图书在版编目(CIP)数据

中国教育史笔记和课后习题(含考研真题)详解/圣才考研网主编.—北京:中国石化出版社,2023.3
ISBN 978-7-5114-7033-1

Ⅰ.①中… Ⅱ.①圣… Ⅲ.①教育史-中国-研究生-入学考试-自学参考资料 Ⅳ.①G40

中国国家版本馆CIP数据核字(2023)第060195号

中国石化出版社出版发行
地址:北京市东城区安定门外大街58号
邮编:100011　电话:(010)57512500
发行部电话:(010)57512575
http://www.sinopec-press.com
E-mail:press@sinopec.com
武汉市盛宏源印务有限公司印刷
全国各地新华书店经销
*
787×1092毫米16开本17.5印张433千字
2023年4月第1版　2023年4月第1次印刷
定价:68.00元

序　言

我国各大院校一般都把国内外通用的权威教科书作为本科生和研究生学习专业课程的参考教材，这些教材甚至被很多考试（特别是硕士和博士入学考试）和培训项目作为指定参考书。为了帮助读者更好地学习专业课，我们有针对性地编著了一套与国内外教材配套的复习资料，并提供配套的名师讲堂、电子书和题库。

孙培青主编的《中国教育史》（第4版）是我国高校采用较多的中国教育史经典教材。作为该教材的配套辅导书，本书遵循第4版的章目编排，共分15章，每章由三部分组成：第一部分为复习笔记；第二部分为课后习题详解；第三部分为考研真题与典型题详解。本书具有以下几个方面的特点：

1. 框架图表体系，通俗易懂好记

本书每章的知识框架图和考点归纳表，在全方位把握核心考点的同时，提纲挈领地以思维导图形式，呈现重要的考点、难点，脉络清晰，一目了然，更容易记忆。

2. 解析课后习题，提供详尽答案

本书参考大量中国教育史相关资料对孙培青主编的《中国教育史》（第4版）的课后习题进行了详细解答。

3. 精选考研真题，巩固重点知识

本书精选了部分名校近年的中国教育史考研真题，并提供了详细的答案。所选试题涵盖的知识点全面，特别注重理论联系实际，凸显当前热点。

4. 编撰典型习题，拓展解题思路

本书参考大量中国教育史相关资料为每章教材编撰了数量不等的典型习题，并进行了详细解答，对教材遗漏的某些重要知识点做了一定的拓展。

要深深牢记：第一，目前，部分高校研究生院往往会给考研专业课的复习指定一些参考书目，这些参考书目无疑是备考考生最重要的复习对象，但是，研究生入学考试作为一种发掘科研人才的选拔性考试，其属性决定考生仅仅把对专业知识的了解与掌握拘囿于一、两本参考书目是远远不够的，必须是对整个专业的学术概况有一定的了解，基于此，本书对笔记的编写和题目的选择融合了整个学科的重要资源，而不是只以一本教材作为依据。第二，考研不同一般考试，概念题（名词解释）要当作简答题来回答，简答题要当作论述题来解答，而论述题的答案要像是论文，有的论述题的答案简直就是一份优秀的论文（其实很多考研真题就是选自一篇专题论文），完全需要当作论文来回答。总之，答得多不扣分，答得少则可能漏掉采分点！

购买本书享受大礼包增值服务。手机扫码（本书封底）领取本书大礼包。具体包括：①本书电子书；②配套题库（手机版、电脑版）。

圣才考研网（www.100xuexi.com）是圣才学习网旗下的考研考博专业网站，提供全国各高校教育类专业考研考博辅导班、电子书、题库、全套资料（历年真题及答案、笔记讲义等）、国内外经典教材名师讲堂、考研教辅图书等。

考研辅导： kaoyan.100xuexi.com（圣才考研网）

资格考试： www.100xuexi.com（圣才学习网）

圣才考研网编辑部

目　录

第1章 原始时期的教育

1.1 复习笔记

【知识框架(庖丁解牛)】

原始时期的教育
- 中国教育的起源
- 氏族公社时期的教育
- 氏族公社末期学校的萌芽
- 原始社会教育的特点

【考点剖析与拓展(游刃有余)】

考点一、中国教育的起源

表1－1 中国教育的起源

要点	具体内容
教育的起源	①起源于人类适应社会生活的需要和人类自身身心发展的需要。 ②是人类社会存在和发展的必要条件
中国教育史的开端	在中国土地上一有人类存在，就有教育活动
原始社会的教育	①教育过程：在生活实践中进行。 ②教育内容：与生活需要相关的知识经验。 ③教育方式：身教与言传

考点二、氏族公社时期的教育

表1－2 氏族公社时期的教育

要点	具体内容
生产劳动的教育	劳动工具的使用、生产经验的推广
生活习俗的教育	公共事务、成年礼仪等方面的教育
原始宗教的教育	自然崇拜、图腾崇拜、鬼魂崇拜、祖先崇拜、巫术占卜等活动中包含的教育因素
原始艺术的教育	歌唱、舞蹈发挥的教育作用
体格和军事训练	体格的锻炼，意志的磨炼，武器的使用等

考点三、氏族公社末期学校的萌芽

存在于社会生活中的教育逐渐分化出来，出现了学校的萌芽。

表 1-3　氏族公社末期学校的萌芽

要点	具体内容	
部落显贵世袭引起教育的变化	等级教育出现	①经济：生产力的提高造成了产品剩余，使部分人脱离生产转为脑力劳动者。 ②政治：军事民主制向君主制的逐步转化，更需要培养劳心者成为未来国家的官吏。 ③为适应社会劳心与劳力分工的需要，教育也逐渐分化为培养劳心者的专门教育和培养劳力者的社会教育两种类型
	学校的萌芽出现	①教育的早期分化，使教育设施也呈现出等级差别。 ②出现了养老和教学兼行的机构"庠"，并将其分为上、下，安置不同社会地位的人，显示一定等级，这种机构是学校的萌芽
	教育内容的变化	①军事教育成为基本内容。 ②"孝"成为道德教育的新内容。 ③强调礼乐之教
	教育手段的变化	教育性质的变化，导致强制手段的采用
文字的产生提出新的教育需要	①既便于知识的记录积累，又便于知识的传播。 ②文字的掌握需要专门的施教人员和专门的施教场所。 ③文字的产生对后来文化科学及社会发展也有重大促进作用	
学校萌芽的传说	"成均"和"庠"等机构进行有目的、有组织的活动	

考点四、原始社会教育的特点

原始社会的教育，以氏族公社阶段的教育为代表，其特点如下：

1. 教育目的一致，教育权利平等。
2. 以生活经验为教育内容，包容多种方面。
3. 教育活动在生产生活中进行，直接为生产和生活服务。
4. 教育的手段局限于言传身教。
5. 男女教育有区别，根源在于分工。
6. 还没有专门的场所和专职人员。

1.2　课后习题详解

1. 讨论教育起源问题，对认识教育发展有什么启示？

答：关于教育起源问题的研究由来已久，颇受一些研究者的关注，既是教育史研究的范畴，也是教育基本理论研究的一个重要课题之一。

(1)就现行的研究成果而言，最根本的就是要探讨三个问题：一是教育是否是人类特有的社会现象；二是动物和人在可受教性上是否有本质区别；三是人是否必需教育。关于教育的起源问题，在教育理论的发展史上人们的看法并不很一致，其中比较有代表性的观点是，教育的生物起源论、教育的心理起源论、教育的劳动起源论。

(2)关于教育的起源问题，除以上所述各种观点外，还有教育起源于以劳动为核心的人生发展说、教育起源于军事训练说、教育的知识授受起源说等等，同时也有许多学者进行了教育逻辑起点的探讨，至今未能形成完全一致的看法，但其理论意义是不言而喻的。

(3)教育的起源是一个复杂的问题，它是整个教育科学理论体系的基点，涉及教育理论研究的各个层面，需要有不同的角度，以不同的学科为依托，在教育基本理论研究的所有课题中，教育起源是最具“历史感”，最负重的课题。讨论教育起源问题，历史地考察教育现象，有助于了解教育的发生、发展的历史进程，有助于更好地理解和加深对今日教育的认识。

2. 氏族公社时期教育活动的重要方面有哪些？

答：氏族公社时期教育活动重要方面主要如下：

(1)生产劳动的教育

氏族公社时期劳动经验已较为丰富，使用的劳动工具已有显著的改进，这些生产工具的使用以及生产经验，需要在氏族成员之间进行推广，更需要年长、经验丰富者传授给年轻一代。

(2)生活习俗的教育

未成年的男女通过旁听氏族长主持的公共事务民主集会讨论，接受民主精神的教育；达到成人阶段时，须举行成年礼仪式，对其体力、智力、毅力等方面进行考验和教育。

(3)原始宗教教育

原始宗教活动在氏族公社时期极为普遍，这类活动有自然崇拜、图腾崇拜、鬼魂崇拜、祖先崇拜、巫术占卜等多种形式，其中含有不同程度的教育因素。

(4)原始艺术的教育

歌唱、舞蹈反映氏族社会生活的各个方面，内容极其广泛，既是娱乐形式，又能发挥传授知识、宣传习俗的教育作用。

(5)体格和军事训练

氏族公社要求所有成员都是生产劳动者，需要有健康的体格，才能参与对自然的斗争，经受艰苦环境的磨炼，所以氏族成员要懂得使用武器，接受一定的军事训练。

3. 试述原始时期教育的特点。

答：原始社会的教育，以氏族公社阶段的教育为代表，其特点如下：

(1)教育目的一致，教育权利平等。氏族公社是建立在生产资料公有制基础上的，公社成员为了适应社会生活和集体生产劳动的需要，为了身心发展的需要，而接受教育训练，集体的社会性的教育活动是为了培养合格的氏族成员，人人都具有平等受教育的权利。

(2)以生活经验为教育内容，包含多个方面。原始社会所积累的经验知识虽有限，但所学习的知识经验还是多方面的，不仅要学习制造生产工具的经验，还要学习公共生活的规范，接受原始的艺术教育和原始的宗教教育，这些是参加氏族社会生活所不可少的。

(3)教育活动在生产生活中进行。教育活动与社会生产劳动、社会生活融为一体，过什么样生活，就受什么样的教育。教育是在生产和生活过程中进行，直接为生产和生活服务的。

(4)教育的手段局限于言传身教。有声语言作为氏族成员之间交流思想感情的工具，也成为进行教育的重要手段。凡是生产、生活经验的传授，公共生活规范的培养，都是利用口耳相传，并结合实际动作的示范和模仿，当时还没有比言传身教更为有效的教育手段。

(5)男女教育有区别，根源在于分工。由于男女生理、体质的差异，故有男女分工，所从事的社会劳动有不同，所接受的教育也有区别。男的劳动侧重于狩猎、农耕、放牧；女的劳动侧重于采集、种植、家务、纺织。男女分别劳动，为适应这种需要，也分别进行教育。

(6)教育还没有专门的场所和专职人员。由于教育还没有从生产和生活中分化出来，多数的教育活动是分散进行的，随时随地开展教育性活动。负责教育的是有生产生活经验的长者，长者为师，对年轻人进行知识经验的传授，但他们还不是从事教育的专职人员。

到了氏族公社的末期，由于社会条件的变化，教育也发生重要的变化，出现了学校萌芽，旧的特点趋于消失，新的特点正在产生，原始社会的教育，不可避免地向阶级社会的教育方向转变。

1.3 考研真题与典型题详解

一、辨析题

原始社会末期，教育逐渐分化为培养劳心者的专门教育和教化劳力者的社会教育两种类型。

答：此观点正确，理由如下：

(1)氏族公社末期，氏族首领的民主推选转变为世袭，形成最初的部落显贵。部落显贵把权力和财富集中在手里，不断增强其特权，逐渐垄断了文化教育。

(2)从经济角度来看，由于生产力的提高，剩余产品的存在，使一部分人脱离生产转为劳心者成为可能；从政治需要来看，伴随军事民主制向君主制的逐步转化，培养劳心者成为官吏的需求与日俱增。

(3)适应社会劳心与劳力分工的需要，教育也逐渐分化为培养劳心者的专门教育和教化劳力者的社会教育两种类型，前者是教胄子，后者是教百姓。两者都是施教，然而，一是专门教育，一是社会教育，教育的目的、内容都不相同。对不同等级实施的教育，势必造成它们朝不同的方向发展。

教育的早期分化，还使教育设施开始呈现出等级差别。《礼记·王制》：“有虞氏养国老于上庠，养庶老于下庠。”把庠分为上、下，安排不同社会地位的人，显示一定等级。这种养老和教学兼行的机构，是学校的萌芽。

二、简答题

简述教育起源的主要观点。[苏州大学2018年研]

答：教育起源观点主要有以下几种：

(1)生物起源论认为教育是物种进化过程中形成的人类和动物共有的本能行为。

(2)心理起源论认为教育最初起源于原始人类的那种具有教育意味的无意识模仿。

(3)劳动起源认为教育起源于生产劳动，劳动创造了人类和社会。劳动过程的复杂性要求通过教育把人类积累的经验传授给下一代，考古学和人类学研究证明：人类原始时代教育活动已经存在了，教育是一种永恒的社会现象。

(4)社会实践起源认为教育起源于原始社会人的社会实践或社会实际生活需要。

(5)科学教育起源论认为学校教育起源于原始社会初期的“男女儿童、少年和老人群”的共同活动。

(6)民族文化起源论认为教育就是起源于民族文化的。

总之，心理起源论把教育的发生归因于人的心理原因，不妥当。劳动起源论和社会实践起源论这两种观点实质并没有根本的分歧。学校教育和民族文化起源论只是把它们作为研究教育起源问题的存案即可。

第2章　夏、商、西周与春秋时期的教育

2.1　复习笔记

【知识框架(庖丁解牛)】

- 夏、商、西周与春秋时期的教育
  - 夏、商的教育
    - 夏代的教育
    - 商代的教育
  - 西周的教育
    - 西周的社会
    - 西周的教育制度
    - 六艺教育
  - 春秋时期教育的变革
    - 官学衰废
    - 私学兴起
    - 私学的历史特点
  - 孔丘的教育思想
    - 生平和教育活动
    - 重视教育的功用
    - “有教无类”的主张
    - 培养有德才的君子
    - “六艺”的教学内容
    - 创新的教学方法
    - 自觉的德行修养
    - 树立教师的典范
    - 长久的历史影响

【考点剖析与拓展(游刃有余)】

考点一、夏、商的教育

1. 夏代的教育

表2－1　夏代的教育

要点	具体内容
夏朝的学校	夏代有“庠”“序”“校”三种学校的雏形，《礼记·王制》记载：“夏后氏养国老于东序，养庶老于西序。” ①“庠”是从虞舜时代继承下来的，“序”和“校”是新增加的。 ②“序者，射也”，夏朝统治者为了对外征讨和对内镇压，特别注重习射，以培养武士。 ③“校”，即用木头或竹子围成栏格作为养马之所，后来逐渐演变成为习武和比武的场所

续表

要点	具体内容
教育目的	把本阶级的成员及其后代培养成为能射善战的武士
教育内容	①军事教练。弓箭是重要武器，是教练的主要项目，习射是军事教育的重点。 ②宗教教育。以敬天尊祖为中心。 ③人伦道德教育。是学校教育的重要内容

2. 商代的教育

表 2－2　商代的教育

要点	具体内容
成熟的文字	商代是我国确认有文字记载的时代。河南安阳出土的大量甲骨文，是商代文字的代表。商代除甲骨文以外，还有陶文、金文以及石刻文字等。所以人称“信史起于商”。文字为商代教育提供了工具，典籍则成为重要的教育材料
学校的形式	①学校名称有“序”“庠”“学”和“瞽宗”等，“学”是学习一般文化知识、专门进行思想品德教育的。 ②“瞽宗”原是商人祭祀乐祖的宗庙，后来发展成为商代贵族子弟学习唱歌、舞蹈的场所
教育的内容	①思想政治教育。占卜术是重要的教育内容，通过“爻”的出现，可知商代学校传授占卜巫术。先秦古籍反映，殷人无事不占卜，非常重视向鬼神问卜。 ②军事教育。军事训练受到重视，内容包括射箭、驾驭车马等。 ③礼乐教育。殷的学校，无论是“庠”，还是“序”，其目的之一就是进行礼乐教育，其核心则在于“明君臣之义”和“明长幼之序”。 ④书数教育。即在教学中要求学习阅读和书写

考点二、西周的教育

1. 西周的社会

表 2－3　西周的社会

要点	具体内容
背景	西周是中国奴隶制的全盛时期。其重要特征是在分封制、井田制的基础上实行宗法世袭禄位制。在文化教育上，其历史特征就是“学在官府”
学在官府的原因	①惟官有书，而民无书。西周时期生产力水平有限，制作出的书册极为繁重，而且也十分昂贵，只有官府才具有制作书册的财力和人力。 ②惟官有器，而民无器。在官府的人才具有学习礼、乐、射、舞所需要的器物设备。 ③惟官有学，而民无学。国家将历代文书整理刻写之后，藏于秘府，由专门的官司管理、保存，很多都是孤本，只有为官从教之人才能够接触到

2. 西周的教育制度

表 2－4　西周的教育制度

要点	具体内容
家庭教育	①贵族子弟的训练过程，先经过家庭教育，然后才进行学校教育。

续表

要点	具体内容
家庭教育	②在家庭中，从小就进行基本的生活技能和习惯的教育，进而教以初步的礼仪规则，以及确立初级的数的观念、方位观念和时间观念。 ③7岁后，男女儿童的教育开始分途，在男尊女卑思想的支配下，要求男治外事，女理内事，女子受女德的教育，为将来成为贤妻良母做准备，其教育局限在家庭之内，相对地被轻视。 ④西周家庭教育的特点是重男轻女和明显的计划性
小学教育	①西周国学的小学设于王宫内，入学年龄同家庭身份等级相关。 ②8岁是王侯太子入国学之小学的年龄，10岁或13岁是公卿之太子、大夫元士之适子入国之小学的年龄，15岁众子及部分平民子弟入小学年龄。 ③小学的学习年限约为7年，设于王宫的东南。王宫守卫长官师氏和保氏，兼任小学师长。 ④小学学习的内容是德、行、艺、仪
大学教育	①大学生源：一类是贵族子弟，另一类是平民中的优秀分子，这体现了教育的等级性。 ②入学年龄：王大子入大学的年龄为15岁，其他人20岁而入大学。大学的学程为9年。 ③教学：大学的教学，服从于培养统治者的需要，学大艺，履大节。周王朝政务有两大重要方面：祭祀与军事
乡学	①设立于闾的称为“塾”，设立于党的称为“庠”，设立于州的称为“序”，设立于乡的称为“校”。 ②入学对象是一般奴隶主和部分庶民子弟，由司徒负责领导，教育内容是“乡三物”，即六德、六行和六艺。 ③乡学只有小学一级，但乡学中学习优秀者可以被选拔至国学中的大学学习。所以乡学与国学等级有别，但存在一定的联系
考核与奖惩	①小学的考核制度，未见史籍记载。 ②大学的考核与奖惩。分别在学生入学第一、三、五、七年对学生进行考核，叫作学大艺、履大节。结束学业七年为“小成”，九年为“大成”。 ③乡学的考核。第一步由乡大夫初试，取中了的录入乡学肄业称为秀士，到相当期限，经过复试，取中了的由乡大夫造册报告到司徒，称为选士。第二步，由司徒初试选士，取中了升入大学肄业，称为俊士；到相当期限，完成了大学的学科，经过复试，取中了，再奖以荣名，称为造士。得了造士以后，由教官大乐正报告到天子，经过第三步的选拔，发交司马量材录用，此时则称为进士了。 ④乡学的奖惩：先教后罚。对不听取教导者先以乡射礼、乡饮酒礼的方式进行教育感化。如果不改正，则调动其学区，以同样的方式感化。如果再不改正，则由乡移至遂，再以同样方式感化。如果还不改变，则流放远方，永不予以使用
官师合一	①由于教育机构同时行使政治和教育职能，因此，其中担任教师的人员同时也是国家官吏。 ②西周的国学由大司乐主持，各级乡学归大司徒主管。国学或者乡学绝大部分学官都是国家现任的职官，还有小部分是退休的官员担任

3. 六艺教育

表2-5　六艺教育

要点	具体内容
概述	①西周的各类学校中，均以“六艺”为基本学科，但不同层次学校中有差别。

续表

要点	具体内容
概述	②夏商时期的各种教育内容，如军事体育方面的射、御，宗教礼仪方面的乐、礼、占卜，思想道德方面的孝、悌、忠、勇，文化知识方面的文字、计数等，在西周时期不断丰富，并逐渐形成了以“礼、乐、射、御、书、数”为核心的“六艺”教育内容。 ③它是西周教育的特征和标志。符合教育规律的历史经验，可供后世借鉴
礼乐	①礼乐教育是六艺教育的中心。 ②礼的内容极为广泛，包括政治、伦理、道德、礼仪等各个方面。如各种典章制度、祭祀仪轨、人伦关系、孝悌之义、仪容仪表、婚丧嫁娶等都是礼教的内容。这些内容看似互不相关，但其核心都是为了明确人与人之间的关系。 ③乐教不仅教授音乐、舞蹈等知识，而且包含了绘画、雕塑、诗歌等内容。实行乐教目的在于陶冶情操，协助礼教从内心树立起人们对道德行为规范的敬畏之情，使其内化成为自身的需要。乐教对于增进团结、加强交往、调和矛盾、移风易俗等也具有十分积极的意义
射御	射，是射箭的技术训练。御，是驾驭马车的技术训练。“射御”是军事训练课
“书数”	①“书”指的是文字，“数”指的是算法。 ②“书数”是文化基础知识技能，作为“小艺”，安排在小学学习。 ③大学课程内容较小学有所变化，程度更高，大学学习中列入了《诗》《书》
特征	①既重视思想道德，也重视文化知识。 ②既注意传统文化，也注意实用技能。 ③既重视文事，也重视武备。 ④既要符合礼仪规范，也要求内心情感修养

考点三、春秋时期教育的变革

春秋时期教育的变革主要体现在以下几个方面：

1. 官学衰废

表 2－6　官学衰废

要点	具体内容	
原因	世袭制度造成贵族不重教育	奴隶主贵族享有世袭特权，贵族子弟无须学习即可成为统治者，因此学习文化知识与其权位并无直接关系，这就在一定程度上影响了其办学与求学的积极性
	王权衰落导致学校荒废	春秋时期，王权衰落，礼崩乐坏，“天下无道”，社会逐渐由“礼乐征伐自天子出”的局面转变成了“礼乐征伐自诸侯出”的局面。在这种连年内战、统治者争夺权力的社会背景下，天子的辟雍、诸侯的泮宫、地方的乡校名存实亡
	战争动乱打破旧的文化垄断	春秋时期，由于诸侯国内部争夺统治权的内战、诸侯国之间的争霸战争连年不断，统治阶级忙于战事，因此无暇顾及教育，所以原来为贵族所垄断控制的文化教育大为削弱。无论是国学还是乡学都难以维持，贵族学校教育所垄断的学术文化也向民间扩展
影响	“天子失官，学在四夷”，其结果是打破“学术官守”的局面，出现“文化下移”，这就为私学的产生和发展提供了条件	

2. 私学兴起

表 2－7 私学兴起

要点	具体内容
原因	①官学的衰废。随着生产力的提高，封建私有制经济兴起，新兴地主阶级成为统治阶级，学在官府的垄断形式失去了原有的经济支柱和政治依据。 ②学术的扩散与下移。原在周王宫里的一批有文化知识的人，把原来秘藏于官府中的典籍文物、礼器乐器带到了民间，出现了“学术文化下移”。 ③新兴的“士”阶层的出现。士受过教育，熟悉各种典章制度，并且有操持各种礼仪的实际技能，加上统治阶级“养士”之风盛行，“士”阶层正好为私学提供了师生双方的办学可能性
影响	①私学打破了“学在官府”的教育垄断局面，使政教分设、官师分离，教师逐步成为独立的职业。 ②更新了教育内容和方式，私学不局限于“六艺”，培养各类人才。教学场所不固定，人才培养与学术研究相结合。 ③扩大了教育对象的范围，使得学校向平民开放，进一步促进了学术下移。 ④促进了百家争鸣。各家各派在教育理论和教育经验方面都有辉煌的成就

3. 私学的历史特点

(1)以土地私有的个体经济为基础。

(2)私学的社会阶级基础是以新兴地主阶级为首的，包括农、工、商等自由民反奴隶主贵族统治的阶级联盟。

(3)由私家根据社会或个人需要而设立，它是分散的，学在四方是其特点之一。

(4)政教分离，教育活动与政治活动分离而成为独立的活动。

(5)入学以自由受教为原则，向平民开放。

(6)私学官师分离，教师成为社会中一种独立的职业。

(7)私学讲求自由原则，各家各派思想自由，形成了自己的教育理论和教育经验。

(8)私学的教育内容不局限于“六艺”，培养各类人才。

(9)教学场所不固定，人才培养同学术研究结合，具有较大灵活性。

(10)为地主阶级利益服务，培养各类人才以适应封建制度需求。

总之，私学代替官学，是中国教育发展史上一次重大的变革。私学的特点是自由讲学、自由就学、自由办学、自由竞争，发展了教育事业，开辟了教育史新纪元。

考点四、孔丘的教育思想

1. 生平和教育活动

(1)孔丘(前 551～前 479 年)，名丘，字仲尼，世称孔子，春秋时期鲁国人(今山东曲阜)。他是中国古代伟大的思想家、教育家，儒家学派的创始者，儒家教育理论的奠基人。

(2)孔丘一生主要精力用于聚徒讲学，他整理和保存了中国古代的文化典籍，开创了私人自由讲学之风。

(3)有关他的思想学说和事迹，其弟子们各有记录，后汇编成《论语》一书，是研究孔丘教育思想的重要材料。

2. 重视教育的功用

表2-8 重视教育的功用

要点	具体内容
社会作用——“庶、富、教”	①孔丘认为教育对社会的发展有重要的作用，教育事业的发展要建立在经济发展的基础之上。 ②关于教育与政治的关系，认为教育本身就是一种政治工作，将社会伦理道德等传播给民众能够对政治造成重大影响。 ③关于教育与经济的关系，经济发展是教育发展的物质基础，只有在先庶(有较多的劳动力)、富(有较丰足的物质生活)的基础上才能有效地进行教化，发展教育事业。 ④关于教育与法律的关系，教育较之政令和刑律而言是更加重要和有效的教化手段
个体发展作用——“性相近也，习相远也”	①认为“性相近也，习相远也”，人的本性即先天素质本是很接近的，不同的人之所以有较大的差别，是后天之“习”的结果。 ②这一观点肯定了人不论等级贵贱，生来的天赋素质应该是平等的。 ③人的个性差别主要是由于人们的后天环境习染各不相同之故，教育是一种特殊的环境影响，力量更大

3. “有教无类”的主张

(1)关于教育对象的问题，孔丘提出了“有教无类”的主张，这一主张指导着他的教育实践活动，是其教育思想的重要组成部分。

(2)“有教无类”指的是不论贵贱贫富和种族，人人均可入学受教育。

(3)“有教无类”的思想，打破了奴隶主贵族对学校的垄断，不分贵贱尊卑，把受教育范围扩大到了平民，任何人都可以接受教育，满足了贫民受教育的愿望，适应了社会发展的需要，有力地推动了春秋以来的学术下移，壮大了士阶层队伍，这在当时无疑是进步的。

4. 培养有德才的君子

(1)孔丘提出了从平民中培养德才兼备的从政君子的要求，其学生子夏概括为“学而优则仕”。

(2)“学而优则仕”确定了教育的目的是培养统治人才，教育史上有着重要意义。它打破了长期以来的世卿世禄制，反对“任人唯亲”，提倡“任人唯贤”，对以后两千年的学校教育和隋唐以后的科举考试制度产生了深刻的影响。

(3)“学而优则仕”与“任人唯贤”的路线配合一致，适应了当时社会发展的要求，反映出一定的规律性，影响深远，直至现代仍有其实际意义。

5. “六艺”的教学内容

表2-9 “六艺”的教学内容

要点	具体内容
内涵	为了达到培养德才兼备、能文能武的从政君子，孔丘建构了十分丰富、完整合理的教育内容体系。孔丘继承了西周以来的“六艺”教育，重新整理修订了《六经》作为实施“六艺”教育的基本教材。 “六经”即《诗》《书》《礼》《乐》《易》《春秋》

续表

要点	具体内容
特点	①偏重社会人事。重视社会历史政治伦理等文化知识和现实的人事。 ②偏重文事。教学内容中将文事作为重点，军事知识技能居于次要地位。 ③轻视科技与生产劳动。孔丘从根本上反对弟子学习生产劳动技术，将教育与生产劳动分离开来

6. 创新的教学方法

表2－10　创新的教学方法

要点	具体内容
学、思、行结合	①学问结合。学生要获得知识，就要不懂就问，不知就学。不仅要向高于自己的人请教，还要向不如自己的人请教。 ②学思结合。在孔丘看来，单纯的学或思都是片面的，而要将两者结合，学是思的前提与基础，思是学的升华与提高。学思并重要求教师不仅要鼓励学生努力学习，还要引导学生积极思考，不仅要让学生知其然，还要让学生知其所以然。 ③学行结合。孔丘强调力行，强调学以致用，要求弟子把学到的知识付诸实践，达到“学以至其道”。他主张学行结合，把自己的道德认识与道德实践统一起来。孔丘并不是片面地强调行，而是要求在实学的基础上，在学到的理论知识的指导下实践
启发诱导	①“不愤不启，不悱不发”指的是教师的启发是在学生思考的基础上进行的，启发之后，应该让学生再思考，以获得进一步的领会。 ②“由博返约”。意思是博学以获得较多的具体知识，在分析具体事物的基础上进行归纳与综合，从而形成基本原理、原则与方法。 ③“叩其两端”。意思是从事物的正反两方面思考问题，进而解决问题
因材施教	①孔丘是第一位成功运用因材施教的人，其在教学过程中，善于从学生的实际出发，根据不同情况，有的放矢地进行教育和教学。 ②因材施教的前提是承认学生的个体差异，并了解学生的特点。据《论语》记载，孔丘了解学生的方法主要有观察法和谈话法。 ③孔丘在对学生有深入的了解后，还注重发挥学生的特长，做到知人善举，实行因材施教
好学求是的态度	①认为师生协作和学生端正的学习态度是教学成功的条件。 ②学生求学应具备：好学、乐学的态度；不耻下问的态度；实事求是的态度

7. 自觉的德行修养

表2－11　自觉的德行修养

要点	具体内容
概述	孔丘的教育目的在于培养具有道德品质修养的从政君子，在他的私学教育内容中，道德教育占首要地位
内容	①主张“礼”是道德规范，“仁”是最高道德准则，凡符合“礼”的道德行为，都要以“仁”的精神为指导。因此，“礼”与“仁”成为道德教育的主要内容。 ②“礼”。“礼”内容丰富，包括政治等级制度、伦理道德规范、一切交往礼仪等，其作用在于协调一切社会关系。 ③“仁”。“仁”被孔丘视为最高道德标准，也是提倡礼教要关注的精神

续表

要点	具体内容
原则与方法	①立志。认为人生活在社会中，不应以当前的物质生活为满足，还应有对未来精神的更高追求，要有自己的理想并准备尽社会义务。 ②克己。孔丘主张在处理对人对己的关系时应着重在要求自己上，强调克己内省，即从自我修养上下功夫，经常对自己的言行进行自我省察和自我批评，严格要求自己，不断修正自己的缺点和错误。 ③力行。道德教育包括道德的认识和道德的实践两个问题，两者紧密相连，孔丘着重强调道德的实践问题。他在多年教育实践中总结经验教训，提倡身体力行。人应当“言必信，行必果”。 ④中庸。孔丘认为待人处事都要中庸，防止发生偏向，一切行为都要中道而行，做得恰到好处。 ⑤内省。内省也即对日常所做的事自觉进行反思，他主张内省是日常必要的修养方法之一，并在孔家私学中推广。 ⑥改过。提出“过则勿惮改”，鼓励学生要勇于正视自己的错误，并改正错误

8. 树立教师的典范

表2-12　树立教师的典范

要点	具体内容
概述	孔丘十分重视教师的作用，他根据自己的教育实践经验，提出了作为教师应具备六个基本条件
学而不厌	对教师自己而言，为了教育好学生，教师应不断学习，努力提高自己的业务水平，活到老学到老
温故知新	孔丘说：“温故而知新，可以为师矣。”教师有传递和发展文化的使命，要重视继承和创新
诲人不倦	对学生培养而言，要不知疲倦，把自己的知识毫无保留地教给学生
以身作则	①认为教师对学生进行教育的方式，不仅有言教，还有身教。他把以身作则作为教育原则，对教师提出了严格的要求。 ②“其身正，不令而行；其身不正，虽令不从。”主张教师应以自己的高尚品行去影响和塑造学生，凡提倡学生做的，教师自己必先做到
爱护学生	①孔丘关心学生的品德和学业增进以及他们的生活与健康状况。 ②他对学生寄予厚望，与学生休戚与共，同时也受到学生们的尊敬
教学相长	在教学过程中教师并非单方面传授知识给学生，而是能够达到教学相长。他在教学活动中为学生答疑解惑，经常共同进行学问切磋

9. 长久的历史影响

孔丘是全世界公认的伟大思想家和教育家。他在教育史上的贡献主要体现在以下几个方面：

(1)他首先提出教育在社会发展和人的发展中的重要作用，强调重视教育。

(2)创办私学，成为百家争鸣的先驱。

(3)实行“有教无类”的方针，扩大教育对象范围，促进学术下移。

(4)提倡“学而优则仕”的教育目的。

(5)重视古籍整理，编纂六经作为教材。

(6)整理“六艺”，形成了自己的教育理论、方法、内容，有利于文化的保存，促进了教育的发展。

(7)重视道德教育，确立了我国整个古代社会的道德规范和德育思想。

(8)提出了自己独到的教师观，树立了一个理想教师的典型形象。

总之，孔丘的思想学说深刻地影响了中国封建时代的政治、经济、文化。这种影响有积极因素也有消极因素，在不同历史阶段起到了不同的作用。孔丘创立的儒家以及儒学，至今仍然具有现实意义，是中华民族优秀的教育遗产。

2.2 课后习题详解

1. 奴隶社会教育制度形成于何时？有哪些历史性变化？

答：奴隶社会教育制度形成于夏朝，随着奴隶社会的发展而不断完善。

(1)奴隶社会教育制度的形成

社会生产的发展和私有财产的形成带来了阶级的分化，原始社会开始解体并逐步过渡至奴隶社会，形成了第一个奴隶制国家——夏朝。奴隶社会教育，在本质上是为奴隶制的政治、经济服务，适应着它的需要，因此奴隶社会教育制度与奴隶社会的进程是一致的，形成于夏朝。

(2)发生的历史性变化

夏朝形成了最早的奴隶教育制度，相对于氏族社会教育时期，产生了一系列的历史性的变化，主要表现在以下几个方面：

①夏代已进入有文字记载的文明时代，文字是教育的重要手段，促使教育发生着质的变化，掌握文字的是奴隶主贵族中的文化人，借助文字接受教育的只是少数贵族的子弟。

②教育工作在国家事务中占据重要地位，它由国家行政管理机构中的司徒主管。

③夏代学校的设置上，王都设有“序”，起初是教射的场所，后来发展成为奴隶主贵族一切公共活动的场所，也是奴隶主贵族教育子弟的场所，地方也有学校称作“校”，利用其来进行军事训练，而成为习武的场所。

④为适应政治需要，教育的目的即为培养能射善战的武士。

⑤在教育内容方面，统治者很重视军事教练，此外注重宗教教育和人伦道德教育。

2. 六艺教育的内容是什么？

答：六艺教育起源于夏代，在商代得以发展，西周则在继承商代六艺教育的基础上，再加以发展和充实。具体内容如下：

(1)礼乐

①礼乐教育是六艺教育的中心。

②礼的内容极为广泛，包括政治、伦理、道德、礼仪等各个方面。如各种典章制度、祭祀仪轨、人伦关系、孝悌之义、仪容仪表、婚丧嫁娶等都是礼教的内容。学中所教之礼，则为贵族生活中所必需的五礼。

③乐教受到高度重视，内容包括诗歌、音乐、舞蹈。乐教不仅教授音乐、舞蹈等知识，而且包含了绘画、雕塑、诗歌等内容。实行乐教目的在于陶冶情操，协助礼教从内心树立起人们对道德行为规范的敬畏之情，使其内化成为自身的需要。乐教对于增进团结、加强交往、调和矛盾、移风易俗等也具有十分积极的意义

(2)射御

射，指射箭的技术训练。御，指驾驭马拉战车的技术训练。射御是军事训练课。

(3)书数

“书”指的是文字，“数”指的是算法。书数是文化基础知识技能，作为“小艺”，安排在小学学习。大学课程内容较小学有所变化，程度更高，大学学习中列入了《诗》《书》

六艺教育经历夏商的发展，到西周时最为完备，是西周教育的特征和标志。六艺体现了文武兼备、诸育兼顾的特点，反映了中华文明发展早期的辉煌。六艺教育有符合教育规律的历史经验，可供后世借鉴。

3. 春秋时期历史性的教育变革有何表现？

答：春秋时期是我国奴隶制崩溃而向封建制转变的社会大变革阶段，经济上出现地主阶级土地私有制，政治上代表地主阶级利益的新势力逐步夺取政权，建立封建的社会制度。相应地，教育也发生了变革，主要表现在：

(1)官学开始走向衰废。世袭制度造成贵族不重教育，王权衰落导致学校荒废，战争动乱打破旧的文化垄断，出现“天子失官，学在四夷”“文化下移”的现象，使原来由贵族垄断的文化学术向社会下层扩散，下移于民间，为私学的产生和发展提供条件。

(2)私学开始逐渐兴起。伴随着“士”阶层的兴起，出现新的教育组织机构——私学，创办私学，开展私家讲学活动，专门训练士的大师先后出现。私学的发展，打破了“学在官府”的传统，使文化知识传播于民间，私学的自由讲学、自由传授也促进了各学派的形成。

(3)百家争鸣局面的出现。私学的产生是由于社会发展的需要，私学之间存在激烈的斗争，私学必然发生思想分化，形成代表各个阶级各个阶层不同利益的各种学派，相互之间开展了激烈的思想斗争，私学的发展促进了思想学术上的百家争鸣。

总之，私学代替官学，是中国教育发展史上一次重大的变革，官学的废弛，私学的兴起，适应当时社会对人才的需求。

4. 孔丘在教育史上有哪些贡献？

答：孔丘是全世界公认的伟大思想家和教育家。他在教育史上的贡献主要体现在以下几个方面：

(1)他首先提出教育在社会发展和人的发展中的重要作用，强调重视教育。

(2)创办私学，成为百家争鸣的先驱。

(3)实行“有教无类”的方针，扩大教育对象范围，促进学术下移。

(4)提倡“学而优则仕”的教育目的。

(5)重视古籍整理，编纂六经作为教材。

(6)整理“六艺”，形成了自己的教育理论、方法、内容，有利于文化的保存，促进了教育的发展。

(7)重视道德教育，确立了我国整个古代社会的道德规范和德育思想。

(8)提出了自己独到的教师观，树立了一个理想教师的典型形象。

孔丘的思想学说深刻地影响了中国封建时代的政治、经济、文化。这种影响有积极因素也有消极因素，在不同历史阶段起到了不同的作用。孔丘创立的儒家以及儒学，至今仍然具有现实意义，是中华民族优秀的教育遗产。

2.3 考研真题与典型题详解

一、概念题

1. 尊德性与道问学(《中庸》)[浙江师范大学2019年研]

答：①尊德性，即“自诚明，谓之性”，向内发掘天性，以体认外部世界。朱熹注《中庸》中说：“尊德性，所以存心而极乎道体之大也。”他认为，“尊德性”是存心养性，“尊德性而道问学”中的“性”本来是“天命之为性”，以达到“率性之为道”的目的，它注重人的道德的内省。

②道问学，即“自明诚，谓之教”，指向外求知，以发扬内在本性。朱熹注《中庸》中说：“道问学，所以致知而尽乎道体之细也。”他认为，“道问学”是格物穷理，是对“博学之、审问之、慎思之、明辨之、笃行之”的概括。

2. 孔丘[湖北大学2018年研]

答：孔丘(前551～前479年)，名丘，字仲尼，春秋时期鲁国人(今山东曲阜)，是中国古代伟大的思想家、教育家，儒家学派的创始者，儒家教育理论的奠基人。孔丘一生主要精力用于聚徒讲学，他整理和保存了中国古代的文化典籍，开创了私人自由讲学之风。有关他的思想学说和事迹，其弟子们各有记录，后汇编成《论语》一书，是研究孔丘教育思想的重要材料。孔丘认为教育对社会发展有重要作用，属于立国治国的三大要素之一，教育事业又需要以经济发展为基础。孔丘认为“性相近也，习相远也”，人的本性即先天素质本是很接近的，人的个性差别主要是由于人们的后天环境习染各不相同之故，教育是一种特殊的环境影响，力量更大。孔丘提倡“有教无类”作为办学方针，这一主张指导着他的教育实践活动，是其教育思想的重要组成部分。

3. 有教无类[华东师范大学2023年研；武汉大学2017年研]

答：有教无类是孔丘提出的办学方针，指的不论贵贱贫富和种族，人人均可入学受教育。孔丘针对教育对象的问题提出了“有教无类”这一主张，这一主张指导着他的教育实践活动，是其教育思想的重要组成部分。“有教无类”则打破贵贱、贫富和种族的界限，把受教育的范围扩大到平民，满足了平民入学受教育的愿望，适应了社会发展需要，是历史性的进步。

4. 学在官府[湖南科技大学2023年研；华中师范大学2017年研；杭州师范大学2017、2015年研]

答：学在官府是指学术和教育为官方所把持，国家有文字记录的法规、典籍文献以及祭祀典礼的礼器全部掌握在官府的一种文化教育制度，也称学术官守。学在官府是西周教育的显著特点，也是我国奴隶社会教育制度的重要特征。其主要体现在：①礼不下庶人。学术和教育为王宫及各级政府把持，礼器也全由官府掌握，民间没有条件举行学术活动，更无学校。②官师不分。学校设在官府之中，官吏既是教育官员，也是学校教师。③政教合一。教育机构与行政机构不分，教育与行政合一。这种历史现象出现的客观原因在于：

唯官有书，而民无书；唯官有器，而民无器；唯官有学，而民无学。由于学术官守，为官之人，学有专守，不传他人，只教其子，造成了学术垄断。到春秋时期，为旧经济旧政治服务的、受贵族垄断的“学在官府”的教育逐渐走向没落。

5. 庠序

答：庠序是中国古代地方所设的学校，后来用为一般学校的通称，庠相传起源于虞舜时代，一称“米廪”，庠就是养育教育的意思。序起源于夏，有东序、西序之分，是当时贵族子弟习射的地方。《孟子》指出：“设为庠、序、学、校以教之。庠者，养也；校者，教也；序者，射也。夏曰校，殷曰序，周曰庠；学则三代共之，皆所以明人伦也。”开办庠序的目的在于“明人伦”，对学生进行伦理道德教育。

6. 辟雍

答：辟雍，又作“璧雍”，是西周时期的大学，设于王城。西周鼎盛时期，形成了“礼”“乐”“射”“御”“书”“数”文武兼备的六艺教育体系。与此相应，辟雍的建筑也有变化，发展为整齐对称的四合院式课堂。按方位和教学内容的不同，各有专名，东面称为东序，又叫东胶或东学；西面称瞽宗，又叫西雍或西学；南面称成均，又叫南学；北面称上庠，又叫北学；中间称太学，又叫中学。总名为辟雍，“春秋教以礼乐，冬夏教以诗书”。学生按季节轮流到瞽宗学礼，到上庠读书，到成均、东序学习乐舞和射艺。东汉以后，历代皆设辟雍以存古制，但除北宋末年为太学之预备学校(亦称“外学”)外，仅为祭祀之所。

7. 不愤不启

答：不愤不启是孔丘所主张的教学原则之一，即启发诱导原则。孔丘十分重视调动学生的积极性，第一次精辟地表达了启发诱导原则，即“不愤不启，不悱不发，举一隅不以三隅反，则不复也”。据朱熹的解释，“愤者，心求通达而未得之意。悱者，欲言而未能之貌。启，谓开其意，发，谓达其辞。物之有四隅者，举一可知其三，返者还以相证之义。复，再告也。”孔丘这段话的意思是说：教学过程中，不到学生想求明白而不得的时候，不要去开导他；不到学生想说出来却说不出的时候，不去启发他。教给他东方，他若不能由此推知西、南、北三方，便不再教他了。由于愤启悱发的教学原则不像注入式把学生置于消极、被动接受的地位，强调了学生学习的主动性、积极性，所以自孔丘提出后历久不衰，并为历代教育家继承和发展，成为中国古代最具影响的教学原则之一。

8. “性相近也，习相远也”

答：“性相近也，习相远也”是孔丘从教育与人的发展的关系上论证教育作用时提出的一个观点，出自《论语》中的《阳货》。他认为人的先天素质差别很小，由于教育和环境习染的不同造成了人性的差别很大。可见，孔丘相当重视教育在人的性格发展中的作用。这句话表明孔丘承认了教育在人的成长过程中起着决定作用。长期以来，奴隶主贵族迷信天命，坚持先天决定论或血统论。孔丘能够肯定教育在人的成长中起决定作用，是顺应并且推动了人们思想解放的历史潮流，具有极大的进步性，尤其为教育的大发展提供了强有力的思想理论依据。但是孔丘并未完全摆脱先天决定论的羁绊，认为存在少数生而知之的圣人和学而不能的下民。

二、简答题

1. 孔丘认为教师应该具备的基本特点。［华中师范大学2018年研］

答：孔丘十分重视教师的作用，他根据自己的教育实践的经验，提出了作为教师应具备六个基本条件。

(1)学而不厌

对教师自己而言，为了教育好学生教师应不断学习，努力提高自己的业务水平，活到老学到老。

(2)温故知新

孔丘说："温故而知新，可以为师矣。"教师有传递和发展文化的使命，要重视继承和创新。

(3)诲人不倦

对学生培养而言，要不知疲倦，把自己的知识毫无保留地教给学生。教师以教为业，也以教为乐，要树立"诲人不倦"的精神。孔丘自己就践行了这一精神。

(4)以身作则

孔丘认为，教师对学生进行教育的方式，不仅有言教，还有身教他把以身作则作为教育原则，对教师提出了严格的要求。他认为教师对学生进行教育的方式，不仅有言教，还有身教。他把以身作则作为教育原则，对教师提出了严格的要求。"其身正，不令而行；其身不正，虽令不从。"主张教师应以自己的高尚品行去影响和塑造学生，凡提倡学生做的，教师自己必先做到。

(5)爱护学生

孔丘热爱、关心学生的品德和学业增进以及他们的生活与健康状况。他坚信仁道是正确的政治理想，应当争取实现。他对学生寄予厚望，与学生休戚与共，同时也受到学生们的尊敬。

(6)教学相长

孔丘认为，在教学过程中教师并非单方面传授知识给学生，而是能够达到教学相长。他在教学活动中为学生答疑解惑，经常共同进行学问切磋。

2. "仕而优则学，学而优则仕"出自哪一本著作？如何理解其含义？

答：(1)"仕而优则学，学而优则仕"出自《论语》中的《子张》。

(2)含义理解

①孔丘提出了从平民中培养德才兼备的从政君子的要求，其学生子夏概括为"学而优则仕"。

②"学而优则仕"确定了教育的目的是培养统治人才，教育史上有着重要意义。它反映封建制兴起时的社会需要，成为当时知识分子积极学习的巨大推动力量。它打破了长期以来的世卿世禄制，反对"任人唯亲"，提倡"任人唯贤"，对以后两千年的学校教育和隋唐以后的科举考试制度产生了深刻的影响。

③"学而优则仕"与"任人唯贤"的路线配合一致，适应了当时社会发展的要求，反映出一定的规律性，影响深远，直至现代仍有其实际意义。

三、综合分析题

阅读材料，并按要求回答问题。

材料一：子曰："述而不作，信而好古，窃比于我老彭。"

——《论语·述而》

材料二：公孟子曰："君子不作，术而已。"子墨子曰："不然。人之其否君子者。古之善者不诛，今也善者不作。其次不君子者，古之善者不遂，已有善则作之，欲善之自己出也。今诛而不作，是无所异于不好遂而作者矣。吾以为古之善者则诛之，今之善者则作之，欲善之益多也。"

——《墨子·耕柱》

材料三：河伯曰："然则吾大天地而小毫末，可乎？"北海若曰："否。夫物，量无穷，时无止，分无常，终始无故。是故大知观于远近，故小而不寡，大而不多，知量无穷，证曏今故，故遥而不闷，掇而不跂，知时无止；察乎盈虚，故得而不喜，失而不忧，知分之无常也；明乎坦涂，故生而不说，死而不祸，知终始之不可故也。计人之所知，不若其所不知；其生之时，不若未生之时；以其至小求穷其至大之域，是故迷乱而不能自得也。由此观之，又何以知毫末之足以定至细之倪？又何以知天地之足以穷至大之域？"

——《庄子·秋水》

请回答：

（1）从孔子到墨子，又到庄子，在知识学习问题上的认识，表现出怎样的变化。

（2）结合孔孟庄所处的时代背景及教育文化，评说他们的知识学习观。［统考 2021 年研］

答：（1）①孔子说："阐述而不创作，相信并喜爱古代文化，我私下里把自己比作老彭。"体现了孔子对传统文化和历史经验知识的传承，"好古"体现了孔子乐于学，热爱学习。

②墨子提出"古之善者则作之，今之善者则作之"体现了墨子对古代的好东西应该传承，而在今天则进一步创造出新的东西，希望好的东西能更多一点，反映了墨子比较重视知识的创造。论证有理有据，也表现出墨子具备较强的逻辑思维能力。

③庄子提出"知量无穷""知时无知"，比喻知识无穷无尽，所以表现出庄子对学习、修身伴随一生的态度和见解。同时也可以看出庄子对待知识时常带有批判的态度。

（2）评说：

①孔子生活在春秋末期，正是中国社会发生巨大变革的时期，礼崩乐坏，奴隶制瓦解。孔子出生于没落奴隶主贵族家庭，"少也贱"，长期生活在下层人物中，了解人民的愿望和要求；同时，他又有与当权者交往的机会，进可为官，这就是孔子既忠君又爱民思想产生的原因。孔子出生的鲁国是当时文化的中心，周朝的典章制度在鲁国保存得最完整，孔子自幼受到西周文化熏陶，因而对周礼非常熟悉和钦佩。所以孔子的教育内容方面比较重视礼乐。希望可以通过教育改变"礼崩乐坏"的局面。

②墨子出身卑贱，曾是个精于制造车、械的手艺人。墨子重视实用，代表下层人民的利益。墨子最早师从于孔子，但由于出身的不同，导致墨子转而批判儒家，体现出一定的创新精神。在当时儒家是主流学派，所以如果想让世人接受墨家学说，必须具备一定的思维论辩能力。除此之外，墨家比较重视科学与技术教育。墨家的科学和逻辑学，都是这种创新精神的结果。

③庄子生于乱世，长于乱世。他目睹纷争战乱带来的灾难，也看到当时士人以个人的政治主见干政，朝令夕改，纷纷扰扰，故而对于知识有一定的批判，也因此重建了自己的知识论。

四、论述题

1.《论语》和《学记》中论述启发式教学思想的异同。[北京师范大学2019年研]

答：(1)《论语》中的启发式教学思想

孔丘是世界上最早提出启发式教学的教育家，该思想在《论语》中有鲜明的表现。他在这方面的名言是："不愤不启，不悱不发，举一隅不以三隅反，则不复也。"这段话就是说只有当学生有强烈的求知欲和进入积极思维状态时，教师才适时地诱导引发；如果让学生认识一样东西，告知其一面，而他不能由此推知其他方面，这就表明学生未处于积极思维状态，就不要勉强施教。假如将各方面不厌其烦地一一告知，反而会养成学生的依赖性，阻碍其思维的发展和独立思考。启发教学的核心，是教师发挥自己的聪明才智，运用高超的教学艺术，最大限度地调动学生的积极性。颜回说："夫子循循然善诱人。"孔丘在这个问题上的具体做法有三：

①由浅入深，由易到难。教学难易程度适当，防止过难过易，由浅显逐步到深刻。

②充分利用学生已有的知识，使之"温故而知新"。

③善于运用学生比较熟悉的浅近事例阐发出深刻的道理。

(2)《学记》中的启发式教学思想

《学记》深入阐述和发展了启发式教学思想。"君子既知教之所由兴，又知教之所由废，然后可以为人师也。故君子之教，喻也。道而弗牵，强而弗抑，开而弗达。道而弗牵则和，强而弗抑则易，开而弗达则思。和易以思，可谓善喻矣。""喻"就是启发诱导，这就要求教师教学要注重启发诱导。教师引导学生，但又不牵着学生鼻子走；帮助学生打开思路，但又不提供现成的答案。

(3)异同

①相同点：《论语》和《学记》的启发式教学思想都注重学生主体性，强调引导学生主动思考，反对教师一味灌输。

②不同点：对于启发诱导原则，《学记》的阐述更为深入，阐释了其内涵。《学记》中还指明"善歌者，使人继其声，善教者，使人继其志。其言也，约而达，微而臧，罕譬而喻，可谓继志矣"，教师除了要善于为学生提供正确的方向，还应该在指导过程中做到方法简洁明了、微言大义。相对于《论语》，其启发式教学思想又有了进一步的发展。

2．试论孔丘的教育实践与思想。[首都师范大学2010年研]

答：孔丘是我国古代伟大的思想家、教育家，儒家学派的创始人，儒学教育理论的奠基人。他关于教育地位与作用、教育对象、教育目的、教育内容、德育原则、教师等内容的论述，对我国的教育有着深刻的启示和借鉴意义。

(1)关于教育的作用和地位

①教育和政治、经济、军事、法律的关系。

孔丘提出"为政以德"，认为通过文化教育工作把孝悌的风气传播开来，就会影响政治

(《论语·为政》)。又提出"庶、富、教"(《论语·子路》),"自古皆有死,民无信不立"(《论语·颜渊》)及"道之以德,齐之以礼"(《论语·为政》),认为教育比政令刑律更加重要和有效。

②教育与人的发展的关系。

孔丘提出"性相近也,习相远也"(《论语·阳货》);"人一能之,己百之;人十能之,己千之"(《礼记·中庸》);"我非生而知之者,好古敏以求之者也"(《论语·季氏》)等,肯定了教育在人的成长中起决定作用。

(2)关于教育对象

孔丘极大主张扩大教育的对象,提出了"有教无类"的主张,使那些愿意学习而在经济条件和时间上又允许的人,不论贫富贵贱及"国别",都有受教育的权利和机会。孔丘"有教无类"的招生原则,打破了贵族垄断学术的格局,使教育活动扩展到了民间,适应了"士"阶层的兴起,文化下移的历史潮流,扩大了教育的社会基础和人才来源。

(3)关于教育目的

孔丘主张把官职与学习紧密联系起来,有官职的人应该是受过教育并继续学习的人,受过教育的人应该得到一定的官职。教育就是要培养治国安民的贤能之士。在此基础上,他提出了"仕而优则学,学而优则仕"(《论语·子张》)的主张。

(4)关于教育内容

孔丘重视思想品质和伦理道德教育。"子以四教,文行忠信"(《论语·述而》);"志于道,据于德,依于仁,游于艺"(《论语·述而》);"弟子入则孝,出则悌,谨而信,泛爱众而亲仁,行有余力,则以学文"(《论语·学而》)。

在有关道德伦理教育的科目中,孔丘最重视诗、礼、乐。"兴于诗,立于礼,成于乐"(《泰伯》);"不学诗,无以言","不学礼,无以立"(《论语·季氏》);强调教育要使学生认识社会,熟悉人事,了解人生,而不应把天命鬼神之类的东西放在教育内容之中。但孔丘忽视自然知识的传授,鄙视生产劳动知识和技能的教育。

(5)关于教学思想

①因材施教。主要解决教学中统一要求与个别差异的矛盾,对学生要有深刻全面的了解,准确地掌握学生的特点,使教育和教学符合学生的实际水平和个性特点。

②启发诱导。主要解决发挥教师的主导作用和调动学生积极性的矛盾,"不愤不启,不悱不发,举一隅不以三隅反,则不复也",在教学前务必先让学生认真思考,已经思考相当时间但还想不通,然后可以去启发他,虽经思考并已有所领会,但未能以适当的语言表达出来,此时可以去开导他。

③学思并重。主要解决学习与思考,或掌握知识与发展思维的矛盾,"学而不思则罔,思而不学则殆"要求学思结合,两者并重而不偏。

④由博返约。主要解决教学的广度与深度的矛盾,或者解决知识的广博与专一的矛盾,"一以贯之""博学于文,约之以礼"要求以简驭繁,触类旁通。

(6)关于道德教育思想

①立志乐道。立志就是要确立人生的远大理想和宏伟目标,解决前进的动力。"人无远虑,必有近忧"(《论语·卫灵公》);"三军可夺帅也,匹夫不可夺志也"(《论语·子罕》);

"朝闻道，夕死可矣"(《论语·里仁》)，关键是教育学生正确处理远大理想与眼前利益的关系，政治理想与物质享受的关系。"无欲速，无见小利"(《子路》)；"小不忍，则乱大谋"，"君子谋道不谋食"，"君子忧道不忧贫"(《论语·卫灵公》)；"饭疏食，饮水，曲肱而枕之，乐亦在其中矣。不义而富且贵，于我如浮云"(《论语·述而》)；"一箪食，一瓢饮，在陋巷，人不堪其忧，回也不改其乐，贤哉回也"(《论语·雍也》)。

②自省自克。道德教育贵在培养道德自觉。"躬自厚而薄责于人"(《论语·卫灵公》)；"见贤思齐焉，见不贤而内自省也"(《论语·里仁》)；"克己复礼为仁"(《论语·颜渊》)。

③身体力行。知行统一，言行一致。"敏于事而慎于言"(《学而》)；"讷于言而敏于行"(《论语·里仁》)；"君子耻其言而过其行"(《论语·宪问》)；"言必信，行必果"(《论语·子路》)；"听其言而观其行"(《论语·公冶长》)；"无终食之间违仁，造次必于是，颠沛必于是"(《论语·里仁》)。

④改过迁善。发扬优点、长处和克服缺点、错误往往是相辅相成的，关键在于对待缺点、错误的态度。"小人之过也必文"，"君子之过也如日月之食焉；过也人皆见之；更也人皆仰之"(《论语·子张》)。"过则无惮改"(《论语·学而》)；"不贰过"(《论语·雍也》)。

(7)关于教师的论述

①学而不厌，诲人不倦。"每事问"(《论语·八佾》)；"敏而好学，不耻下问"(《论语·公冶长》)；学无"常师"(《论语·子张》)；"三人行必有我师"(《论语·述而》)。子贡说："教不倦，仁也"(《孟轲·公孙丑上》)；在宋"与弟子习礼大树下"，在陈"孔丘讲诵弦歌不衰"(《史记·孔丘世家》)。

②热爱学生，对学生无私无隐。"爱之能勿劳乎，忠焉能勿诲乎"(《论语·宪问》)；"二三子以我为隐乎？吾无隐乎尔，吾无行而不与二三子者，是丘也"(《论语·述而》)；"后生可畏，焉知来者之不如今也"(《论语·子罕》)。

③以身作则，身教重于言教。"其身正，不令而行；其身不正，虽令不从"，"不能正其身，如正人何"(《子路》)；"天何言哉，四时行焉，百物生焉，天何言哉"(《论语·阳货》)。

孔丘是全世界公认的伟大的思想家和教育家。他的思想是大变革时代社会矛盾的反映。在社会变革方面，他虽然在政治上持保守态度，但教育上却倡导革新。他毕生从事教育活动，建树了丰功伟绩。他在教育实践基础上创立的教育思想学说，从理论上为中国古代教育奠定了基础。

3. 试从社会发展和个体发展两个方面，分析孔丘关于教育作用的思想。

答：孔子(前551~前479年)，名丘，字仲尼，春秋时期鲁国人(今山东曲阜)。他是中国古代伟大的思想家、教育家，儒家学派的创始者，儒家教育理论的奠基人。孔子从不同角度论述了教育对社会发展和个体发展的作用。具体分析如下：

(1)孔子关于教育作用思想的主要内容

①教育对社会发展的作用。孔子通过对教育和政治、经济、军事、法律关系的分析论述了教育的社会发展作用：

a. 在教育和政治的关系上，孔子政治主张的基本出发点是"为政以德"。他认为教育工作本身就是一种政治工作，不一定直接去做官才算参与政治活动。因为通过文化教育工作可以把社会的政治思想、伦理道德，传播到民众之中。这样就会对政治发生重大影响。孔子认为通过文化教育可以把孝顺父母、友爱兄弟等社会道德风尚传播开来，达到传播主流文化、影响政治、为社会政治服务的目的。但孔子同时指出教育工作又不是与政治等同，而是通过传播文化，培养人们的道德风尚等特殊职能，对政治施加影响的。

b. 在教育和经济、军事的关系上，孔子认为要治理好一个国家，有了众多的人口，就要努力发展经济，使它富足起来，还要加强教育，提高文化。他认为众多的人口、富足的财富和发达的教育三者兼备，国家就会大有希望。他还把“足食、足兵、民信”作为立国的基本要素，甚至认为在不得已的情况下，食、兵都可缺失，但民信不可失。这里，他强调通过教育工作取得民众的信任，使民众有坚定的信念和信心，认为这是立国之本。

c. 在教育和法律的关系上，他认为国家只依靠政令、刑律，不如德治和礼教。孔子认为只有通过教育，使民众真正把各种社会规范和行为标准内化在自己的思想和认识之中，才能真正实现社会的稳定和国家的安宁。单纯依靠外在的强制性的政令和法律，民众意识不到自己的不当之处，是无法从根本上转变思想，遵从政令和法律的。他认为教育比政令和刑律更加重要和有效。

②教育对个体发展的作用。孔子不仅考虑到了教育对社会发展的巨大作用，而且也非常重视教育对个体发展的作用。孔子还从教育与人的发展的关系上论证了教育的作用，他承认在人成长中，教育起着决定作用。孔子认为“性相近也，习相远也”，人的本性即先天素质本是很接近的，人的个性差别主要是由于人们的后天环境习染各不相同之故，教育是一种特殊的环境影响，力量更大。这句话表明孔子承认了在人的成长中教育起着决定作用。但同时孔子却依然承认有少数生而知之的圣人和学而不能的下民，甚至武断地说“唯上智与下愚不移”，这使他关于教育对个体发展作用的思想陷于混乱和自相矛盾之中。

(2)孔子关于教育作用思想的评析

①孔子既看到了教育的社会作用，也非常重视教育对个体发展的意义。在他关于教育作用的论述中，兼顾了这两方面的内容，而没有片面地单方面地强调其中的一方，这是非常全面和十分可贵的。

孔子认为个体只有在接受教育，懂得事理，提高修养，完善人格的基础上，才能进而为国家的繁荣和社会的稳定做出贡献。同时只有通过教育，通过接受了教育的贤能之士才能实现社会政治、经济等方面的和谐发展。他把教育对个体发展和社会发展的作用统一了起来，认为二者都是教育的重要作用，二者是缺一不可的。孔子在肯定教育的巨大作用的基础上，论证了教育对社会进步和个人成长的意义，给我们以重要启迪。

②但是同时也要看到孔子对教育作用的论述是有其历史局限性的。教育在社会政治、经济、法律等方面确实有着巨大的作用和重要的影响。但孔子认为在治国治民之中，政治、经济、军事、法律和教育相比，最根本的还是教育。这显然是夸大了教育的作用，是他历史唯心主义的表现。因为在缺乏经济和政治基础的情况下，教育是无法发挥其应有的作用的。

在孔子关于教育对个体发展作用的论述中，也是存在一定问题的。孔子并未完全摆脱先天决定论的羁绊，认为存在少数生而知之的圣人和学而不能的下民，这使他关于教育对个体发展作用的思想陷于混乱和自相矛盾之中。

第3章　战国时期的教育

3.1　复习笔记

【知识框架(庖丁解牛)】

- 战国时期的教育
  - 诸子百家私学的发展
    - 养士之风盛行
    - 百家争鸣
    - 私学发展
  - 齐国的稷下学宫
    - 稷下学宫始末
    - 稷下学宫的性质和特点
    - 稷下学宫的历史意义
  - 墨翟和墨家的教育思想
    - 墨翟生平和墨家学派
    - 论教育作用和教育目的
    - 论教育内容
    - 论教育方法
    - 对墨翟教育思想的评价
  - 孟轲的教育思想
    - 孟轲的生平和政治主张
    - “性善论”——教育理论的基础
    - 论教育作用和教育目的
    - 论理想人格
    - 论教学
    - 对孟轲教育思想的评价
  - 荀况的教育思想
    - 荀况生活的时代和生平活动
    - “性恶论”与教育作用
    - 论教育目的
    - 论教育内容
    - 论学习过程与思想方法
    - 论教师的地位与作用
    - 对荀况教育思想的评价
  - 道家的教育思想
    - 老庄及其道家学派
    - 论教育的作用
    - 论理想人格
    - 论学习与求知
    - 对道家教育思想的评价

- 战国时期的教育
  - 法家的教育思想与实践
    - 从商鞅到韩非
    - 绝对的“性恶论”
    - 禁“二心私学”
    - “以法为教”“以吏为师”
    - 对法家教育思想的评价
  - 战国后期的教育论著
    - 《大学》
    - 《中庸》
    - 《学记》
    - 《乐记》
    - 战国后期的教育论著的地位

【考点剖析与拓展(游刃有余)】

考点一、诸子百家私学的发展

1. 养士之风盛行

(1)春秋士阶层的崛起、私学的发展成为推动社会变革重要的文化力量和政治力量，它不仅是政治、经济、学术文化下移的产物，同时也促进了这一社会转型时期政治、经济和文化的变革。经春秋时期的积累，进入战国后私学臻于繁荣。

(2)私学的发展和养士之风的大兴，有力地推动了战国时期诸子蜂起、百家争鸣的局面形成，学术思想领域空前活跃。

(3)士阶层的活跃，为战国时期私学和思想学术的发展提供了坚实而广泛的社会基础。

2. 百家争鸣

表3-1　百家争鸣

要点	具体内容
概述	①百家争鸣，是指春秋(前770年~前476年)战国(前475年~前221年)时期知识分子中不同学派的涌现及各家各流派之间争芳斗艳的局面。 ②思想学术地位最为重要者确为儒、墨、道、法、名、阴阳诸家，在教育方面颇有造诣的则为儒、墨、法、道诸家。 ③在百家争鸣中教育问题始终是一个中心问题，百家争鸣也意味着教育思想的争鸣、教育理论的发展
儒家	①思孟学派：孔丘之后的著名学派中首推子思、孟轲一派，他们继承孔丘“仁学”思想，提出充分肯定人的主观作用的观点，但在当时并未受各国执政者重视。 ②荀况学派：是另一个有重大影响的儒家学派。荀况批判地继承了孔丘、孟轲等人的人性论，提出了“性恶论”的思想。“性恶论”从概念上把人性与道德内涵区别开来，提出“性伪之分”的命题
墨家	①代表小生产者利益，与儒家相对立。 ②主张消除社会等级，强调社会实利。 ③在教育上信奉经验与实践，讲究思维训练，重视科学技术知识的价值等

续表

要点	具体内容
道家	①由老子开创，他对事物的辩证法有极深刻的研究，主张“自然”“无为”。但却幻想退归“小国寡民”的社会，表现了避世的思想特点。 ②庄子提出了“心斋”“坐忘”等方法，实际上，都是指为达到把握“道”的境界，人应该在内心深处清除原有的成见和思维定势，守住清静的心，专凭内心的直觉、静观天地万物变化之理以及自然之常。 ③老庄学派乃是道家思想的正宗。历代思想史研究都认为，儒道虽然可以互补，但还是有一定区别的。儒家重视理性，道家重视直觉；儒家重视致用，道家崇尚思辨；儒家重视启发，道家讲究辩证；儒家讲现实人世，道家追求回归自然。总体来说，它们都是我国古代教育思想的重要组成部分
法家	①法家是新兴地主阶级最为激进的思想代表。在春秋战国的动荡年代，法家坚持历史进化论观点，反对儒家的“仁义道德”和墨家的“兼爱”等学说，明确要求“废先王之教”，主张以鼓励耕战为基本内容的法治教育，注重教育和培养“耕战之士”或“智术能法之士”，提出了“以法为教，以吏为师”的教育主张。 ②战国晚期，大一统的政治形势必然要求思想上的统一和中央集权的加强，法家依据性恶论的思想和推行法治的政治主张，要求严令禁止先秦以来的私学和私家学派，因为百家之学不利于法家思想的统一和专制，私学教育的多元化也不利于法制教育独尊地位的确立，因此要“禁其行”“破其群”“散其党”

3. 私学发展

表 3－2　私学发展

要点	具体内容
概述	私学始于春秋而盛于战国。战国时期养士之风盛行和百家争鸣展开，促进了私学的繁荣。对教育发展影响最大的则为儒、墨、道、法四家私学
儒家私学	创办儒家私学，弟子遍天下，客观上促进了春秋末年的文化教育下移，开“百家争鸣”之先河；从教育实践上构建了我国古代私学教育的基本框架，并以其丰富的教育经验为基础，对教育理论的基本问题进行了理性的概括和总结，奠定了我国古代教育思想的基础
墨家私学	①创始人是墨翟，有“北方贤圣人”之称，墨家是个代表小生产者的学派。 ②特点：主要传授生产和科学知识；既是教学团体，也是政治团体
道家私学	①产生在春秋末期，盛行在战国时期。既有教育实践，加之这又是一个思想异常活跃的学派，就必然会在教育方面有所创见。 ②以庄子为代表的道家学派，则把老子“绝圣弃智”“绝仁弃义”思想引向极端，庄子认为教育是桎梏人性的，应该取消。庄子消极、颓废的思想，对魏晋时期的教育产生了深刻的影响
法家私学	①早期以李悝、吴起、商鞅、申不害等为代表，商鞅出现，意味着成熟。 ②后期以韩非与李斯为代表，韩非是集大成者，李斯将理论引向实践。 ③从商鞅到韩非又到李斯是法家理论由形成到付诸实施的过程

考点二、齐国的稷下学宫

稷下学宫是战国时期新兴地主阶级唯一的官办高等学府，因设址于齐国都城临淄(今山东省淄博市)稷门之外而得名。对中国古代学术、文化和教育的发展，产生过重大的历史影响。

1. 稷下学宫始末

表 3－3 稷下学宫始末

要点	具体内容
创设条件	①政治条件：齐国统治者实行“不治而议论”的办学方针，充分发挥教师议政和咨询的作用，使稷下学宫成为齐国政府的“智囊团”“思想库”。 ②经济基础：齐国农业、手工业和商业都较发达，境内人烟稠密，是一个富强大国，具有兴办稷下学宫的经济条件。 ③养士之风兴盛：齐国田氏向来重养士，取得国家政权之后，凭借国家的力量扩大养士规模，并加以组织化、制度化。稷下学宫也就应运而生
兴衰	①学宫初创于齐桓公当政之时，兴盛于齐宣王等两代，最后至齐亡于秦时关闭，前后延续约 150 年之久。 ②创立后始终与齐国政治发展息息相关，也注意发展文化教育，招徕和培养人才。公元前 221 年，秦军攻入临淄，田建投降，齐国亡而稷下终

2. 稷下学宫的性质和特点

表 3－4 稷下学宫的性质和特点

要点	具体内容
概述	①作为战国时期养士制度的产物，稷下学宫建立后不久，当时的文化、学术和教育中心就由鲁国转移到齐国，成为战国后期百家争鸣的重要园地。 ②作为特殊历史条件下的产物，它与之前的官学、与同时代的一般私学、与以后时代的官、私学校相比，都独具特色
性质	①是一所由官家举办而由私家主持的特殊形式的学校。 ②是由官方出资、由私家学术大师主持的一所高等学府，集讲学、著述、育才于一体，并兼有咨政、议政的作用
特点	①学术自由是基本特点。容纳百家，各家各派的学术地位平等，欢迎游学，来去自由，相互争鸣与吸取。 ②待遇优厚。发扬礼贤下士的风格，给予学者非常优厚的待遇。“不治而议论”是齐国君主给予学者们的很高政治待遇

3. 稷下学宫的历史意义

(1)促进了战国时期思想学术的发展。稷下先生千有余人，在先秦思想史上做出了重要的贡献。

(2)显示了中国古代知识分子的独立性和创造精神。学宫还重视管理制度建设，既有定期的学术集会“期会”，也建有专门的学生管理制度。“期会”是一种常规性的教学和学术活动，可能是定期举行的学术报告会或学术辩论会之类，全校师生与四方游士皆可自由参加、展开学术争鸣，体现了充分的学术平等，也大大提高了稷下学宫的教学质量和学术研究水平。

(3)创造了一个独特的教育典范。其办学形式、教学形式以及办学方针等都是出色的教育典范。

考点三、墨翟和墨家的教育思想

从思想渊源上说，墨翟曾学于孔门某位后学，因此长于《诗》《书》《春秋》。墨家创始人墨翟是继孔丘之后的伟大思想家。

1. 墨翟生平和墨家学派

(1)墨翟，世称墨子。出身卑贱，常自称是“鄙人”“贱人”，代表着“农与工肆之人”利益。他学于儒而不囿于儒，能够自成一家，是学术思想史上第一个批判儒家的思想家。

(2)墨家学派有政纲、有领导、有组织、有纪律。雷厉风行，长于行动，研究资料主要是《墨子》。

2. 论教育作用和教育目的

表3－5　论教育作用和教育目的

要点	具体内容
教育作用	①人人都应该学习和接受教育。墨翟否定了学习上的命定论，却不是环境决定论者。他认为，决定人与人之间差别的不是“天命”使然，而是后天人之“力”的强与不强，他因此提出“强力为学”和“强力教人”的教育主张，突出强调了人的主动精神的积极发挥在人的发展过程中的重要作用。 ②十分重视环境和教育对人性形成的影响，提出了“素丝说”，先天的人性如待染的素丝，有什么样的环境与教育，就能造就什么样的人。 ③主张通过教育建设一个民众平等、互助的“兼爱”社会。可以通过教育使天下人“知义”，从而实现社会的完善
教育目的	①培养“兼士”或“贤士”，又通过他们去实现贤人政治或仁政德治，批判、否定那种用人以亲、以势、以财而不问贤能与否的腐败政治和社会不合理现象。 ②主张教育要培养“兼士”，须具三个条件：“厚乎德行，辩乎言谈，博乎道术”

3. 论教育内容

表3－6　论教育内容

要点	具体内容
政治和道德教育	①通过“兼爱”实现人与人之间的平等与和睦。 ②通过“非攻”去除“强凌弱、众暴寡”的非正义征战。 ③通过“尚贤”破除世袭特权，实现贤人政治。 ④通过“尚同”统一人们的视听言行。 ⑤通过“节用”“节葬”“非乐”制止费民、耗财。 ⑥通过“非命”鼓励人们在社会实践中自强不息。 ⑦“天志”“明鬼”表明天与神鬼通过惩恶赏善的意志力量，来约束下界的统治者谨慎行事。 ⑧解决“三患”，实现“三务”。“兼爱”实际上就是兼利。评价道德与否的标准：是否做到利人了。利亲(孝)、利天下(义)成为兼士的道德要求
科学和技术教育	①非常重视科技教育，《墨子》一书就记载了几何学、物理学、光学、数学等方面的科学知识，充满了唯物论和辩证法的科学精神。 ②科学教育造诣较高，涉及数学、光学、声学、力学以及心理学等许多方面
文史教育	①不重视文史教育，认为儒家的六艺之教具有腐朽、寄生的特点。 ②批判儒家六艺教育脱离生产劳动和社会实际，虽然有其现实意义，却也表现出某种片面与狭隘

续表

要点	具体内容
培养思维能力的教育	①思维能力的教育是指认识和思想方法、形式逻辑的教育。 ②在中国古代逻辑学史上，首先提出“类”“故”的概念，提出“察类明故”的命题。“察类”，是指区别同类和异己，提高思辨认识一类事物的能力；“明故”，是指探明事物之间的因果联系，求事物之所以然之理。“察类明故”的思想体现了墨家注意遵循逻辑规律，要求学生能够“以见知隐”、积极探索事物变化规律的教育特征
评价	①墨翟确定的教育内容有其特色，旨在培养掌握思维和论辩准则的兼士。 ②教育内容的价值体现在科学技术教育和训练思维能力的教育上，突破了儒家六艺教育的范畴，堪称伟大的创造

4. 论教育方法

表 3－7 论教育方法

要点	具体内容
主动	①认为“拱己以待”的教育方法太不主动，正确的应该是即使人们不来请教，你也应该主动地上门去教。 ②强调教育者的主动和主导，但忽视了启发以及学习必备知识和心理的准备
创造	批评儒家“述而不作”，主张“古之善者则述之，今之善者则作之，欲善之益多也”；对古代的好东西应该继承
实践	主张以动机与效果的统一去评价人的行为。墨家多是要求从实践求知的，无论是道德教育还是知识技能的教育，“强为”的特征都很明显。墨家重实践是因为： ①“言必信，行必果”，才能造就“爱利天下”的兼士。 ②在严酷的社会环境下，“赖其力者生，不赖其力者不生”，人们不能怠惰。 ③“志不强者智不达”，没有在艰苦实践中磨炼出来的顽强意志，也就谈不上人的智慧
量力	“量力”具有两方面含义： ①就学生的精力而言，凡事要量力而行，切勿贪多务得。 ②就学生的知识水平而言，教师应当量其力而教。对学习程度深的要教深奥一些，对学习程度浅的要教粗浅一些，根据学生的接受能力，增加或删减教学内容

5. 对墨翟教育思想的评价

以墨翟为代表的墨家教育思想，首先提出并践行科学技术的专门教育，使其实践与思想成为中国教育史上一份独特而有价值的遗产。强调理想主义、务实作风和主动精神值得记取，而忽视人的内心情感，过分注重经验而轻视理性，则应引以为戒。

考点四、孟轲的教育思想

1. 孟轲的生平和政治主张

表 3－8 孟轲的生平和政治主张

要点	具体内容
生平	孟轲，名轲，字子舆，世称孟子，战国中期邹国（今山东邹城市）人。孟轲幼年丧父，孟母倪氏对他教养很严，“孟母三迁”和“断杼教子”等故事，被后世传为佳话。孟轲后来受业于子思之门人，成为儒家曾参、子思的继承者。他继承和发展孔丘的学说，提倡唯心的先验论，并使之系统化。其教育思想散见在《孟子》各篇之中

续表

要点	具体内容
政治主张	①“制民之产”，使人民都成为小土地所有者。 ②从其“仁政”说出发，强调教育在社会发展中的作用是“得民心”。他说：“善政不如善教之得民也。善政民畏之，善教民爱之；善政得民财，善教得民心。” ③好的政治既不是完善的政治制度，也不是高明的统治手段，而是教育。 ④“仁政”在某种意义上可以理解为就是教育

2. “性善论”——教育理论的基础

表3－9 “性善论”——教育理论的基础

要点	具体内容
主张	①认为人性生来就是善的，有“良能”和“良知”，君子就保存着“善性”。 ②认为教育对人的发展的作用就是恢复、保持和发扬人所固有的善性，这就是“求放心”。在他看来，仁、义、礼、智“四端”仅仅发现和保存还不够，需要通过教育来不断地培植，为此，他提出“存心养性”的主张，“存心”是指培养人皆有之的善端，“养性”是指发展人的善性。 ③由于后天接触的环境不同，有人因各种物欲影响，失去其善性，从而为恶，所以需要进行教育，否则人就要变为禽兽
“性善论”	①教育与学习是人的必须，也是人的可能。 ②教育与学习必须遵循人的内在依据，发扬人的自觉

3. 论教育作用和教育目的

表3－10 论教育作用和教育目的

要点	具体内容
教育作用是扩充“善性”	①将恻隐、羞恶、辞让、是非这“四端”转化为现实的道德品质，需靠学习与教育。 ②教育的作用就在于引导人保存、找回和扩充其固有的善端
教育目的是“明人伦”	①在个人角度上，是培养“君子”“圣贤”及“大丈夫”。 ②在社会角度上，是“明人伦”，教以人伦，处理好五种最基本的人际关系，维护上下尊卑的社会秩序和道德观念
教育内容	教育的全部内容是以伦理道德为基本、以“孝悌”为伦理道德基础的教育

4. 论理想人格

表3－11 论理想人格

要点	具体内容
概述	①“浩然之气”就是“集义所生”，“集义”即“集善”，一个人如能按仁义道德的标准，成年累月地做下去，就会形成理性的道德自觉和坚强的道德意志，从而成就理想的“大丈夫”人格。 ②认为“大丈夫”的理想人格应该是“富贵不能淫，贫贱不能移，威武不能屈”
持志养气	①持志即坚持崇高的志向，士人要有较高的信念与追求。 ②养气(“养浩然之气”)即由正义在内心长期积累而形成的一种精神状态，其方法是“配义与道”

续表

要点	具体内容
动心忍性	①即意志锻炼，尤其是要在逆境中得到砥砺。 ②认为“浩然之气”需要坚强的意志才能培养，是靠艰苦磨炼出来的，一个士必须在身体上、物质上和精神上经受过艰苦的锻炼，从而磨练出坚强的意志
存心养性	①要靠存养和扩充将善端变成实在的善性善行，人的耳目之欲是存养的障碍。 ②主张寡欲。提出“养心莫善于寡欲。”一个人要想达到尽善尽美的地步（“知天”），除了“尽心”（努力扩充自己本性中的善端，如“恻隐之心”，“羞恶之心”等）、“知性”（认识自己的本性）以外，“寡欲”是主要的修身功夫。所谓寡欲，就是要排除外物的引诱，尽量减少自己的各种欲望，这样才能使内心的善端得到保存和发展，认为善性与欲望是一对矛盾的东西，性是善的，而欲则是恶的，欲望多的人，就难于存养其善心，而能寡欲则能不为邪恶所蔽，不为私利所惑。 ③要真正做到寡欲，就必须发挥人的“大体”——理性思维的作用
反求诸己	即“厚于责己”，认为凡事须严于律己，时时反思

5. 论教学

表 3－12　论教学

要点	具体内容
概述	在教学上，孟轲和孔丘不大一样，孔丘重视闻见之知，提倡学思并重，而孟轲则以其先验的人性论——“性善论”为依据，发展了孔丘“学而不思则罔，思而不学则殆”的思想，强调“思”的作用，重视人的学习的主观能动性，相对忽视了闻见之知的意义。应用在教育学说上，他比较重视启发诱导，而不主张强制性地灌输，在教学中要求启发学生的自觉性和主动性
“深造自得”	①认为教学的最终效果是让学生增长知识和才能，有所收获，故主张“自得”，即要求学生积极主动地学习，从而有所得。 ②强调学习中的独立思考和独立见解，指出读书不应该拘于文字和词句，而应通过思考，去体会深层意蕴，即在学习中特别重要的是由感性学习到理性思维的转化
“盈科而进”	注意到教学是一个自然有序的过程，提出学习过程和教学过程的循序渐进原则
“教亦多术”	强调对不同情形的学生采取不同的教法，一切因人而异
“专心致志”	强调学习中既要精力集中，又要有恒心，不论智慧高低，不论内容难易，只有专心致志，才能学有所成

6. 对孟轲教育思想的评价

孟轲的思想表现出对人的问题的注重和对人的价值的肯定。他的“性善论”开创了中国教育史上强调个体理性自觉的“内发说”。孟轲的教育思想对后世中华民族气节、民主精神的激发、崇高精神境界的形成，有极其重要的启蒙作用。

考点五、荀况的教育思想

1. 荀况生活的时代和生平活动

（1）荀况，字卿，世称荀子，战国末期赵国人。

（2）他不是儒家嫡系，思想出现了融合的趋向，既重现实功利，又重道义追求，主张礼法并用，王霸兼综，可以说是先秦思想的集大成者。他的礼法结合的思想，为新的封建等级秩序确立了理论基础，为历代封建社会的发展发挥了实际的作用。

(3)长期居齐，是稷下学宫的大学者，曾访问过秦国，晚年受春申君之邀到过楚国。韩非、李斯均为其弟子。

2. “性恶论”与教育作用

表 3－13 “性恶论”与教育作用

要点	具体内容
“性伪之分”	①认为人性本恶，人的本性中不存在道德和理智，如果任凭本能发展而不加节制，必将产生暴力。 ②“伪”是指人为，泛指一切通过人为的努力而使人发生的变化。与生俱来的本能是“性”，而后天的努力则是“伪”。 ③“性伪之分”体现了荀况看到人的自然属性和社会属性的区分问题
“性伪之合”	①性与伪是既区别对立又联系统一。只有外在的教育督促、主观的积极努力以及客观环境的有利支持等三者之间的协调统一，并发挥最大化的合力作用，才能达到“涂之人可以为禹”的目标。 ②强调性与伪之间的内在联系与统一，与法家区别开来
“化性起伪”	①教育在人的发展中起着“化性起伪”的作用。 ②认为“化性起伪”使“涂之人能为禹”，是环境、教育和个体努力共同作用的结果，因此要寻求政治、教育、环境和个体之间的协调与有序

3. 论教育目的

表 3－14 论教育目的

要点	具体内容
观点	①培养推行礼法的“贤能之士”，即具有儒家学者身份且长于治国理政的各级官僚。 ②将儒者划分为即俗儒、雅儒、大儒三个层次。教育应当以大儒作为理想目标
标准	教育培养各类人才，要依据德才兼备、言行并重的标准
评价	①出于“礼法”兼治的政治理想，荀况在教育目标上，主张培养推行“礼法”结合思想的政治人才、“贤能之士”，“其义则始乎为士，终乎为圣人”。 ②荀况的思想代表了儒家学者与现实政治进一步结合的一个过渡环节

4. 论教育内容

表 3－15 论教育内容

要点	具体内容
观点	重视古代典籍的学习，特别强调学习《诗》《书》《礼》《乐》《易》和《春秋》等儒家经籍，尤重礼乐
影响	①从中国经学史上看，对古代典籍的传播是荀况一大功绩。秦的焚书坑儒毁灭了不少传统文献，传下来的一部分中的相当数量得益于荀况的口耳相传。 ②从中国教育史上看，由于荀况的传经，使后世中国封建社会教育有了经典教科书，为文化、思想的传承提供了依据

5. 论学习过程与思想方法

表 3－16 论学习过程与思想方法

要点	具体内容
闻见	①以为闻见是学习的起点、基础和知识的来源。 ②将教学过程或学习过程具体化为闻、见、知、行四个各具作用又统一连贯的环节，并把行看作是学习的最终目标
知	①“兼陈万物而中悬衡”，即对事物做全面、广泛的比较、分析、综合，择其所是而弃其所非，以求如实地把握事物及其关系。 ②“虚壹而静”，认为“心”是藏与虚、两与一、动与静的统一
行	行是学习必不可少的也是最高的阶段。由学、思而得的知识还带有假设的性质，它的最终是否切实可靠，唯有通过行方能得到验证
评价	①一方面，真正的知识产生于主观的认识能力和客观事物的结合，学知是行知的必要手段，实行则是教学过程的完成，所谓“知不若行”，因为真正的才能是在知行合一的实践过程中实现的。 ②另一方面，把学习终止在行，这也给中国古代学习思想的人文、社会特点的形成带来了消极影响

6. 论教师的地位与作用

(1)荀况把师提到与天地、祖宗并列的地位，将教师视为治国之本，认为教师参与治理国家是通过他的施教实现的。

(2)在教师与学生之间，荀况片面强调学生对教师的服从，主张“师云亦云”，甚至认为背叛教师，不依师法言行者，人人都应当唾弃他。

(3)荀况对教师提出了严格的条件，认为“师术有四，而博习不与焉。尊严而惮，可以为师；耆(65 岁)艾(50 岁)而信，可以为师；诵说而不陵不犯，可以为师；知微而论，可以为师”，就是说，教师必须具备四个条件：一是要有尊严有威信，使人们敬服；二是要有丰富的阅历和崇高的信仰，使人们信赖；三是具备有条理有系统地传授知识的能力，能循序渐进；四是能从平凡的小事中论证出不平常的道理。尊师思想对后世中国封建社会“师道尊严”的形成有很大影响。

7. 对荀况教育思想的评价

荀况的教育思想表现出一些新因素，他提出的“性恶论”在中国教育史上开创了与“内发论”截然相反的“外铄论”，促进了教育理论的发展。荀况对于教育目的、内容、学习过程、教师的论述都颇具新意，其中不少主张及其实践对后世历代封建教育与政治产生了实际影响。

考点六、道家的教育思想

先秦时期道家教育思想有其产生、分化的过程，创始人是老子，以后分为庄子倡导的老庄学派、齐国道家倡导的黄老学派，以及杨朱倡导的道家学派等。

1. 老庄及其道家学派

表 3－17 老庄及其道家学派

要点	具体内容
老聃和庄周	①老聃，世称老子，是道家开创者，其学说的核心是“道”，主张以“自然”“无为”为法则。 ②庄周，世称庄子，将老聃有关人与自然对立的主张推向极端，追求人格的独立和精神的逍遥
黄老学派	以田骈、慎到、环渊等为代表。他们发展了《老子》书中对社会实践成败、得失的研究
发展历程	①春秋战国之后，道家由最初的出世精神转为干世、入世态度。 ②到西汉早期，黄老学派政治上颇为得势，成为居诸家之上的显学

2. 论教育的作用

表 3－18 论教育的作用

要点	具体内容
概述	①提倡顺其自然的教育，行“不言之教”，认为强人所不欲的教育将不会有好结果。 ②教育作用应当增强人的肢体，削弱人的社会性而扩张人的自然性
观点	①认识到社会的文明和进步所伴随着的丑陋甚至罪恶。 ②教育的作用就在于促进人的自然本性的充分展开，使人摆脱社会生活的种种困扰与烦恼，回归于自然无为的状态
评价	道家指出国家、法律、道德等社会管理手段对人和人性的束缚甚至摧残，这种现象在传统社会中表现得尤其明显，具有一定进步意义

3. 论理想人格

表 3－19 论理想人格

要点	具体内容
观点	①至人、神人、圣人是指那些对于是非、功名、利害、生死一切都无动于衷，达到精神的绝对自由的人，即具有逍遥人格的人。 ②衡量圣贤的标准就是对自然天性的遵循，以自然原则来考察
评价	①表现出个人主义价值取向。主张个人价值高于社会价值，社会应当造就特立独行的逍遥人格。 ②庄子在《逍遥游》中描绘的理想人格称为“至人”“神人”“圣人”“真人”。“至人无己，神人无功，圣人无名”，他们凭借着天地之道而遨游无穷止境，是一种绝对逍遥的人格。庄子认为儒家倡导的“仁义”是用来惩治老百姓的，对于权势者则不过是欺世盗名的工具。庄子的逍遥之境从本质上说是一种精神境界，是随遇而安、自由自在，是心灵的无限开放

4. 论学习与求知

表 3－20 论学习与求知

要点	具体内容
“涤除玄览” “虚而待物”	①老聃强调，人的认识应当以清净无为为前提，首先须去除一切杂染，平心静气，顺其自然，不执着于自我，自然就会获得智慧、进步和成功。 ②庄周反对过分的主观，要求在学习中抛弃主观成见，倡导理性

续表

要点	具体内容
“其出弥远，其知弥少”	①道家提倡广博地求知，但他们却清醒地指出人们不能陷溺于博学。老庄都非常重视理性的重要性，强调其重要作用。 ②关于知识与人的学习能力之间的关系，庄周认为，人生有限，宇宙无穷。宇宙在空间上没有尽头；道的本体是虚无的，并且无所不在
“闻之疑始”	①道家是一个十分善于怀疑的学派。他们对经典和权威持有批判态度，认为对任何事物都应持有怀疑批判精神。 ②从《庄子》书中，可以看到庄周列举了大量社会下层劳动者及其出神入化的劳动技艺的事例，通过赞美贫者、贱者、丑陋者，告诫人们求知、学道不必尽去读圣贤书，完全可以凭借个人的智慧自成一格

5. 对道家教育思想的评价

表 3-21　对道家教育思想的评价

要点	具体内容
反对人为	①深刻地揭露了社会发展所伴随着的罪恶，具有反抗意味，但道家仅仅抓住乃至放大了社会罪恶的一面，而否定了社会的文明与进步。 ②反对教育对社会原则的遵循，他们敏锐地看到了教育中社会原则与自然原则的矛盾，尤其是指出了人的自然本性如何保存的问题，但却夸大了两者的冲突，由此主张摒弃人对社会原则的服从
反对教条	①反对儒、墨等家学说及其所尊崇的圣贤，“彼亦一是非，此亦一是非”，依据什么去相信所谓圣贤。 ②反对恒常不变的思想方法和思维方式，事物是变化不居的，思想需要因时因地而变。道家教育思想作为儒、墨、法等家主张的反对者，给予人颇多启发

考点七、法家的教育思想与实践

1. 从商鞅到韩非

表 3-22　从商鞅到韩非

要点	具体内容
代表人物	①真正使法家思想与儒家思想趋于对立的是李悝的学生商鞅。商鞅在秦执政 20 年，先后两次实行变法，为秦统一中国打下了基础。 ②韩非是荀况的学生，却熔商鞅的法、申不害的术、慎到的势三派于一炉。其“法后王”、倡“耕战”、禁游说之士、非诗书礼乐之教的理论，成为秦始皇和李斯据以完成统一大业的思想武器
发展轨迹	①从商鞅到韩非，他们之间思想是一脉相承的。 ②从进化的历史观引出“法后王”的主张，又走向轻视传统文化的极端。 ③从富国强兵的愿望导出对“耕战”的倡导，又流于否定文化教育活动的偏颇

2. 绝对的“性恶论”

(1)人性观是绝对的“性恶论”，强调治国必须靠高压的政治、法制手段，而非温情脉脉的教育感化。

(2)正常的教育应是法制与人治的结合，行为规范乃至法令、刑罚与教育、诱导、感化的结合，法家只讲法制而弃置人治，实际是否定了教育存在的价值。

法家的上述主张对中国社会的教育具有重要影响，但并非占据了主流地位。

3. 禁“二心私学”

法家认为人性都是“利己”和“自为”的，要想通过教育转化人性，使他们为别人考虑，是不可能的。韩非说：“安利者就之，危害者去之，此人之情也。”他认为人性是自私的，是趋利避害的，人人都为自己打算。韩非从“人性利己”这一观点出发，认为“利之所在”就是人们思想行为的动机，就是人们思想行为的内容。因此，韩非就在教育上提出了不少严厉的论断。他认为在教育中应注意把握住一个问题的症结：你不能指望人们自觉为善，而只能设法令人不得为非。这个尺度一定，也就定下了教育方式的取向。

4. “以法为教”“以吏为师”

表 3 – 23 “以法为教”“以吏为师”

要点	具体内容
概述	①是法家教育思想和教育实践的一个基本概括，它要求对社会实行普遍的法治教育，使维护封建统治的政治、经济、思想、文教等法令妇孺皆知，深入人心。 ②点明了商鞅、韩非所倡导并在秦国实行的法治教育的基本内容和实现手段
主要观点	①“以法为教”主要表达了法家推行法治教育的内容。 ②“以吏为师”则主要表达了法治教育的实现手段
评价	法家的“以法为教”“以吏为师”，只能被看成是一种社会教育

5. 对法家教育思想的评价

任何社会都需要讲法治，要推行法制教育，但如果教育仅仅做此理解，不仅片面，而且错误。因为教育的内涵相当丰富，而专门的文化知识教育及其实施者的存在，不仅是人类历史发展的结果，而且还是人类社会继续进步的条件。因此，法家的主张与实践是一种教育的倒退。

考点八、战国后期的教育论著

《礼记》又称《小戴礼记》，是我国战国后期到秦汉之际儒家著作的一个总集，共 49 篇，主要出于儒家弟子。其内容主要包括两部分，一部分是儒家讨论礼制、礼仪的文章，另一部分是儒家的哲学与教育论文。《学记》《大学》是《礼记》中专门论述教育的专著；《乐记》讨论了音乐与艺术教育问题；《中庸》是儒家的哲学论文，也言及教育。

1. 《大学》

表 3 – 24 《大学》

要点	具体内容
概述	①《大学》是《礼记》中的一篇论文。 ②着重阐述“大学之道”——大学教育的纲领，与论述大学教育的《学记》互为表里

续表

要点	具体内容
三纲领	①“大学之道，在明明德，在亲民，在止于至善。”“明明德”，就是使人们先天的善性——“明德”得到明复和发扬光大；然后要把个人自身的善推己及人，即“亲民”；终极目标是“止于至善”，每个人都应在其不同身份时做到尽善尽美。 ②三纲领是层层递进、浑然一体的整体要求，表达了儒家以教化为手段的仁政、德治思想
八条目	①格物、致知、诚意、正心、修身、齐家、治国、平天下。 ②由小到大、由浅入深、由近及远、由简单到丰富，体现了较强的逻辑性和循序渐进的原则。 ③是对为学过程的完整表述，对汉以后中国知识分子的为学、为人与为政有极大影响
特点	《大学》的特点首先在于强烈的伦理性和人文色彩，其次表现出较强的逻辑性

2. 《中庸》

表 3－25　《中庸》

要点	具体内容
教育作用	①性与教：“天命之谓性，率性之谓道，修道之谓教。” ②继承了孔丘关于人性有上智、下愚的划分以及关于后天学习重要性的论断，但它更强调教育对大多数人甚至是所有人的作用，这也是《中庸》说“修道之谓教”的意义所在
中庸思想	①“两端执其中”，在政治和道德实践中，以恰到好处为处事原则。 ②强调中庸的日常性、合度性、日用性，是普遍有效的学问。 ③赋予中庸以“中和”的新义，即一种不偏不倚与和谐的状态，是天下根本和共同的法则。既是世界观，又是方法论，是道德修养，为人处世的准则与方法。 ④中庸之道所体现的保守性和缺乏锐气也很明显；中庸准则对中华民族性格的影响很大
两条途径	①途径一：“尊德性”，即“自诚明，谓之性”，向内发掘天性，以体认外部世界。这条途径注重人的道德的内省。 ②途径二：“道问学”，即“自明诚，谓之教”，指向外求知，以发扬内在本性。这条途径注重格物穷理，是对“博学之、审问之、慎思之、明辨之、笃行之”的概括。 ③将“诚明”——性、“明诚”——教并提，意在说明学习与教育的实现需要人性的依据，而人性的完善又依赖于学习与教育
学习过程	①通过对过去教育实践的总结，提出学习过程“博学之，审问之，慎思之，明辨之，笃行之”的五阶段的划分。这一表述阐明了知识获得的基本环节和顺序，是对先秦儒家教育、教学过程的高度概括，是对我国古代教育理论的一大贡献。 ②概括了知识获得过程的基本环节和顺序，五个步骤是一个完整的过程，只有每个步骤的充分实现，才能有个人学习的进步。 ③朱熹曾把《中庸》提出的学习的五个步骤称为“为学之序”，列为白鹿洞书院学规的一部分，对一般学者的治学起到相当大的启示作用
评价	《中庸》的基本精神与《大学》一致，即要求从人的天赋善性出发，借助学习与修养，充分发挥这种本性，又进而由己及人，推行于天下，它在学习方面的论述对后世影响极大

3.《学记》

表3－26 《学记》

要点		具体内容
概述		①《学记》也是《礼记》中的一篇，是战国后期思孟学派的作品。 ②它是我国古代最早的一篇专门论述教育、教学问题的著作，是先秦时期儒家教育和教学活动的理论总结。 ③《学记》全文不过1200多字，但内容丰富，主要包括教育目的和作用、教育制度和管理、教育和教学原则、方法等几大部分
教育作用与教育目的		①把教育视为政治的最佳手段，提出“建国君民，教学为先”。将教育与政治高度结合起来。 ②阐述了教育在移风易俗和治理国家中的作用，强调了教育为社会政治服务的目的，从而把教育与个人发展、与社会进步密切联系在一起，尤其突出了教育的政治功能。 ③对教育的看法成为以后历代学者看待教育的基本出发点
教育制度与学校管理	学制与学年	①提出了从中央到地方按行政建制办学的设想。 ②把大学教育的年限定为两段、五级、九年。第七学年完成，谓之“小成”；第九学年完成为第二段，共一级，考试合格，谓之“大成”
教育制度与学校管理	视学与考试	①重视大学开学和入学教育，把它作为教育管理的重要环节来抓。 ②学校还重视学业的训诫仪式：学生听见鼓声，打开书箧上课。学校备有戒尺，以备训诫，目的是维持严肃的秩序。 ③关于学程和考试，《学记》把大学教育的年限定为两段、五级、九年。规定学习过程中，每隔一年考查一次，以表示这一阶段学业的完成。考查常由主管学校的官员亲临主持。考查内容包括学业成绩和道德品行，不同年级有不同要求，各年级都要经过考核升级。 ④考查内容包括学业成绩和道德品行，不同年级有不同要求：一年“视离经辨志”，三年“视敬业乐群”，五年“视博习亲师”七年“视论学取友”，九年要求“知类通达，强立而不反”，体现了循序渐进，德智并重的特点
教育教学原则	预防性原则	“禁于未发之谓预。”，要求事先估计到学生可能会产生的种种不良倾向，预先采取防止措施，否则，当不良倾向已经发生甚至积习已深时再作教育引导，就会格格不入而倍感困难
教育教学原则	及时施教原则	掌握学习的最佳时机，适时而教学。否则，“时过而后学，则勤苦而难成”
教育教学原则	循序渐进原则	“不陵节而施之谓孙”，教学必须遵循一定的顺序(内容、年龄、认知水平的顺序)，由浅入深，由直观到抽象等。因此要“学不躐等”
教育教学原则	学习观摩原则	“相观而善之谓摩”，儒家历来主张群育，重视相互学习，取长补短，但要防止结交不正当的朋友，以至荒废学业。否则，“独学而无友，则孤陋而寡闻”
教育教学原则	长善救失原则	揭示了学生学习中长短、得失的辩证关系，要求“教也者，长善而救其失者也”。教师要注意学生的个别差异，帮助其发扬优点，克服缺点

续表

要点		具体内容
教育教学原则	启发诱导原则	“君子之教，喻也”，主张教学要注重启发。“道(导)而弗牵”，教师引导学生但不硬牵着学生鼻子走，以使学生产生乐学、愿学的积极心理倾向；“强而弗抑”，督促勉励又不勉强、压抑学使学生把学习当作是轻松愉快的事情，困难也容易克服；“开而弗达”，教师帮助学生打开关键思路，但不提供现成答案，促进学生积极的思维活动。这一原则就是要求发挥教师的主导作用，但不代替学生思考，只要求其“继其志”
	藏息相辅原则	“时教必有正业，退息必有居学”。即要做到上课与自习相结合，课内与课外相结合。“藏焉修焉；息焉游焉”，教学安排有张有弛，抓住了人的生理机制的紧张与疲惫、兴奋和抑制的活动特点，合理处理了两者的关系，使学习成为学生的一种内在需要，也使学生的身心健康有了保证
教学方法	讲解法	即“约而达”(语言简约而意思通达)，“微而臧”(义理微妙而说得精善)，“罕譬而喻”(举少量典型的例证而使道理明白易晓)
	问答法	教师的提问应先易简，后繁难，要循着问题的内在逻辑。而答问则应随其所问，有针对性地作答，恰如其分，适可而止，无过与不及。教师要善问和善教，学生要善学和学好。有针对性地作答，恰如其分，适可而止，无过与不及
	练习法	要求人的学习应该是从最基本、最简单的工夫练习开始，打好基础。如学诗须多诵读吟唱，学乐则须多操琴拨弦，学礼则多按规矩去做。根据学习的内容，来安排必要的练习，练习需要有规范，由浅入深，由易到难，逐步进行
教师		①尊师，充分肯定教师的重要作用，对教师的要求：强调学识只是为师的条件，而非充分条件；指出懂得教育成败的原理可以为师；指出善于在分析达成学习目标的难易程度和学生素质高下的基础上，采用各种有针对性的教学方法，可以为师。 ②教学相长：本意并非指教与学双方的相互促进，而是仅指教这一方的以教为学。它说明了教师本身的学习是一种学习，而他教导他人的一过程更是一种学习。正是这两种不同形式的学习相互推动，使教师不断进步
评价		①把为师、为长、为君视为一个逻辑过程，使为师实际上成为为君的一种素质、一项使命，就使尊师具备了更加丰富的内涵。 ②后人在注释“教学相长”时，做了引申，将其视为教学过程中教师、学生双方的互相促进、互相渗透、共同提高的辩证统一的关系

4. 《乐记》

表 3 – 27　《乐记》

要点	具体内容
概述	①先秦儒家专门论述乐教的论著，它论述了音乐的起源和作用等问题，表明儒家学者对乐教的重视。 ②儒家的乐教既是艺术教育，更是道德和思想、政治教育
乐的产生	①音乐来源于人的心理活动，是人心感于外物而产生的人的心理活动，是由于外在客观事物引起的。 ②指出了艺术内容的真实性特点，也说明了艺术对人的感化作用

续表

要点	具体内容
乐的作用	①乐作为艺术是通过激发人内心的情来打动人的，它对人的教育作用就具有自然而然地感化、心悦诚服地接受等特点。 ②乐表现为以“情”感化人，在人们的“欣喜欢爱”中达到教育目的
评价	①乐教不仅能够通伦理，也能够通政理，乐教正是以对人相应的心理影响而造就相应的社会风气。 ②重视乐教一脉相承，其出现意味着儒家乐教思想的成熟。 ③因此，儒家乐教既是艺术教育，也应该是道德和思想、政治教育，而归根结底是以服务于社会政治和伦理教化为目的的教育

5. 战国后期的教育论著的地位

《大学》《中庸》《学记》《乐记》等著作是对先秦教育的理论总结，它们从不同侧面阐述了儒家学者对人、对政治、对社会尤其是对教育的理解，是先秦教育思想不可或缺的组成部分，可视为先秦教育思想发展水平的标志，给儒学和中国古代教育思想的发展提供了丰富而重要的思想材料。

3.2 课后习题详解

1. 分析战国时期私学兴盛的原因。

答：自公元前475年起至公元前221年止，中国进入了战国历史时期，私学兴起于春秋时期，到战国时期在其规模、人数以及所取得的成就上都呈现出鼎盛的状态。促使私学兴盛的主要原因在于：

(1)经济状况

战国时期是个社会大转变时期，新的封建生产关系在奴隶制的母胎里逐渐成熟，生产力大解放，生产大发展，经济状况大为改观，为更多的人脱离物质生产从事脑力劳动，为思想、科学、文化、教育的发展提供了更丰裕的物质产品和更宽广的活动舞台。

(2)养士之风盛行

战国时代，诸侯国之间、一国之内公室与私门的争斗也愈演愈烈，因之养士之风大盛。士阶层的活跃，为战国时期私学和思想学术的发展提供了坚实而广泛的社会基础。由于各国执政者竞相养士，使士成为一种受人青睐的职业，于是士就成了人们择业的对象，人们竞相学习做士，形成一股社会风气。由于士需经过一定的学习与训练才能造就，因此人们需要拜师求学，这就促进了私学的大发展。

(3)百家争鸣

百家争鸣，是指春秋(前770年~前476年)战国(前475年~前221年)时期知识分子中不同学派的涌现及各家族流派之间争芳斗艳的局面。战国时期的百家争鸣呈现出相当复杂的局面，各个学派之间、同一学派不同流派之间，既相互斗争又相互影响和吸取。为了发扬本学派的观点，各家就大力提倡教育，对其进行宣传，大量兴办私学也成为主要的方式，也直接推动战国时期私学的兴盛。

私学始于春秋而盛于战国。战国时期养士之风盛行和百家争鸣展开，促进了私学的繁荣。对教育发展影响最大的则为儒、墨、道、法四家私学。

2．试述稷下学宫的性质、特点与意义。

答：稷下学宫是战国时期新兴地主阶级唯一的官办高等学府，因设址于齐国都城临淄（今山东省淄博市）稷门之外而得名。对中国古代学术、文化和教育的发展，产生过重大的历史影响。

（1）稷下学宫的性质

①稷下学宫是一所由官家举办而由私家主持的特殊形式的学校。

由于养士、用士是稷下学宫的基本目的，这就决定了它是由齐国官方出资举办的学校，从这个意义上来看稷下学宫是官学。同时，稷下学宫的教学和学术活动，由各家各派自主，齐国官方并不多加干预。从此意义上又可以说稷下学宫是私学。

②稷下学宫集讲学、著述、育才于一体，并兼有咨政、议政的作用。

学术自由，是稷下学宫的基本特点。容纳百家，各家各派的学术地位平等，欢迎游学，来去自由，相互争鸣与吸取。同时，稷下学宫还成为一个事实上的资政议政机构，政治色彩十分鲜明，干政议政作用十分突出。

（2）稷下学宫的特点

①学术自由。这是稷下学宫的基本特点。容纳百家是学术自由的一种表现，在稷下的各家各派的学术地位都是平等的，欢迎游学，来去自由；相互争鸣与吸取是学术自由的又一种表现，战国时期的政治多元使百家论辩成为风气。学术论辩带来稷下诸子学派的吸收、交融和分化、嬗变。

②待遇优厚。稷下学宫发扬了礼贤下士的风格，给稷下学者非常优厚的待遇。“不治而议论”是齐国君主给予学者们的很高政治待遇。

（3）稷下学宫的历史意义

①稷下学宫促进了战国时期思想学术的发展。稷下先生千有余人，在先秦思想史上做出了重要的贡献。

②稷下学宫显示了中国古代知识分子的独立性和创造精神。学宫还重视管理制度建设，既有定期的学术集会“期会”，也建有专门的学生管理制度。“期会”是一种常规性的教学和学术活动，可能是定期举行的学术报告会或学术辩论会之类，全校师生与四方游士皆可自由参加、展开学术争鸣，体现了充分的学术平等，也大大提高了稷下学宫的教学质量和学术研究水平。

③稷下学宫创造了一个独特的教育典范。其办学形式、智能特色、教学形式以及办学方针等都是出色的教育典范。

3．试比较墨儒教育思想的异同。

答：从思想渊源上说，墨翟曾学于孔门某位后学，因此长于《诗》《书》《春秋》。墨家创始人墨翟是继孔丘之后的伟大思想家。两个学派的观点既有相同之处，也有相异的地方。

（1）墨儒教育思想的相同点

①从教育作用上看，两家都比较重视教育的作用。儒家非常重视教育在个体发展和社

会发展中的作用，指出教育对国家建设、民风形成、社会教化起着重大作用，在人的成长中，教育起着决定作用；墨家非常重视教育，希望用“上说下教”的方法来实现自己的政治主张，重视环境的影响与教育对个人成长的作用。

②从教育目的上看，两家都着重于培养治术人才。儒家教育的最终目的是培养维护阶级统治所需要的各类人才，墨家主张教育要培养“贤士”，墨家培养的“贤士”与孔丘培养的“君子”在本质上是相同的，都是要做治术人才。

③从教育内容上看，两家都重视传统经书和文史知识的学习。儒家教育以《诗》《书》《礼》《乐》《春秋》为基本的教育教学内容，墨翟重视《诗》《书》《百国春秋》的教学。

(2)墨儒教育思想的不同点

①从教育作用上看

儒家主张命定论，基本以先天人性论的基础上来强调教育，在人的成长中教育起着决定性的作用。孔丘指出治国治民，政治、经济、军事、法律都是不可缺少的，但最根本的还是教育，他还承认在人的成长中，教育起着决定作用。孟轲指出教育的社会作用在于“得民心”，教育在人的发展中的作用是“求放心”，使“涂之人能为禹”，是环境、教育和个体努力共同作用的结果，因此要寻求政治、教育、环境和个体之间的协调与有序。墨家非常重视教育，特别强调发挥人的主动精神，在强调主观努力的同时，十分重视环境的影响与教育的作用，并以此来反对命定论，是比较彻底的。

②从教育目的上看

儒家教育的最终目的是培养维护阶级统治所需要的各类人才，子夏用“仕而优则学，学而优则仕”比较准确地概括了孔丘关于教育目的的主张。孟轲确定教育的目的为“明人伦”，实质就是要维护上下尊卑的社会秩序和道德观念。墨家主张教育要培养“贤士”，“贤士”的主要品德是“兼爱”，但他的“兼爱”和孔丘的“仁”有极大的不同，“兼爱”强调无差别的爱，“仁”强调“爱有差等”。

③从教育内容上看

儒家实际上就是以伦理道德为基本内容，以孝悌为伦理道德基础的教育，孔丘已开其端，孟轲加以系统化理论化，后代儒学家又不断继承发扬。墨家的教育内容以“兼爱”的基本思想为主，同时重视文史知识的学习及逻辑思维能力的培养，还注重实用技术的传习，重视武艺的学习，还重视自然科学技术的教育。

4. 比较孟荀教育思想的异同。

答：荀况和孟轲同属于儒家学派，形成了以孟轲为代表的“孟氏之儒”和以荀况为代表的“孙氏之儒”。两者在教育上的观点既有共同点，又有不同点。

(1)孟荀教育思想的相同点

①从教育作用上看，孟轲和荀况都是儒家学说的集大成者，而对教育作用的高度重视是儒家学说的共同特点之一，二者都非常重视教育在社会发展和个人成长中的作用。

a. 孟轲认为教育的社会作用是“得民心”，“得民心”是“仁政”的关键，而教育是“得民心”的最有效措施。孟轲认为教育在人的发展中的作用是“求放心”，他认为教育的作用在于找回散失的本性，保存和发扬天赋的善端。他指出任何人只要接受教育，肯于学习都可以成为圣人，相反如果不受教育，不肯学习就会成为与禽兽差不多的小人。此外，孟轲也并不是完全无视环境等外部因素的影响，他也看到了环境等外部条件对人的发展有一定影响。

b. 荀况认为教育在人的发展中起着“化性起伪”的作用。首先，他强调人的贵贱、智愚、贫富都决定于后天的教育和学习。其次，“化性起伪”，使“涂之人能为禹”，是环境、教育和个体努力共同作用的结果，因此要寻求政治、教育、环境和个体之间的协调与有序。他也很重视教育的社会作用。他认为教育能够统一思想，统一行动，使兵劲城固，国富民强。

②从教育目的和内容上看，孟轲和荀况都把培养维护统治的治术人才作为重要的教育目的，并都强调道德教育在教育内容方面的重要地位。

a. 孟轲根据对教育的作用的认识，确定教育目的为“明人伦”，他把人伦的具体内容定义为：父子有亲、君臣有义、夫妇有别、长幼有序、朋友有信。实质上是要维护上下尊卑的社会秩序和道德观念，孟轲以明人伦为中心的教育目的决定了教育内容是以孝悌为主体的道德教育。孟轲认为仁义礼智的基础就是孝悌，荀况认为教育目的就是培养由士到圣人等各种治术人才，教育内容就是《诗》《书》《礼》《乐》《春秋》。

b. 以伦理道德为基本教育内容，以孝悌为伦理道德基础的教育，是整个中国封建社会教育的重要特点，孔丘已开其端，孟轲加以系统化、理论化，荀况也在其中起到了重要的奠基作用。

(2)孟荀教育思想的不同点

①从哲学观上看

a. 孟轲根据子思的“中庸”和“诚”的思想，建立起儒家的唯心主义哲学体系。他认为“诚”便是大道，便是本体，便是永恒不变的理。他把人的情绪、精神，当作世界的本源，他把人的心性与天联系起来，陷入“天人合一”的神秘主义。性善论是孟轲唯心主义哲学体系的重要组成部分，也是他论述教育问题的主要理论基础。

b. 荀况思想中最有积极意义的是他的唯物主义哲学观点，他认为宇宙中存在着不以人意志为转移的客观规律。荀况提出“制天命而用之”的人定胜天思想。荀况把“天命”理解为具有必然性的自然法则，认为“从天而颂之，孰与制天命而用之”，即不能消极地顺从自然，而要主动地控制和利用它。他对唯物主义认识论也有重要贡献，他肯定世界是可以认识的。

②从人性观上看

a. 孟轲肯定“性善”，他认为人性生来就是善的，有不学而能的“良能”和不虑而知的“良知”。他认为君子和庶人的区别就在于保存还是丧失这种“善性”。教育对人的发展的作用就是恢复、保持和发扬人所固有的善性，这就是“求放心”。在他看来，仁、义、礼、智“四端”是极柔嫩和幼稚的，仅仅发现和保存还不够，需要通过教育来不断地培植。

b. 荀况学说中最突出的是与孟轲“性善论”相对立的“性恶论”，孟轲强调“性相近”发展为“性善论”；荀况则强调“习相远”而发展为“性恶论”。他认为人之所以能为善，全靠后天的努力，性善论和性恶论从本质上说都是唯心主义的，都是用统治阶级的道德来衡量善与恶。但荀况的性恶论认为人性本恶，人的本性中不存在道德和理智，如果任凭本能发展而不加节制，必将产生暴力。

③从教学思想上看

孟轲和荀况的哲学思想体系不同，关于教学的理论、原则和方法，也有许多不同的特点，孟轲主张“内发”，荀况则主张“外向”。

a. 在学与思的关系方面，孟轲比较强调“思”，荀况则特别重视“学”。孟轲的教学思想同样是以唯心主义哲学体系为基础的。他的认识论倾向于唯理论，因此在学与思的关系上过分强调和夸大“思”的作用，忽视和贬低“闻见”之知的意义，从而把感性认识和理性认识割裂开来、对立起来。但他强调“思”，重视人的主观能动性，也是有值得研究和借鉴的意义。荀况则认为经过学习，掌握知识，才能利用自然、改造自然。

b. 在教学过程方面，孟轲把教学过程看作“存养”“内省”“自得”的过程，孟轲把学习解释为保存和发扬先天固有的“善性”的过程。荀况将教学过程或学习过程具体化为闻、见、知、行四个各具作用又统一连贯的环节，并把行看作是学习的最终目标。荀况把学习解释为接触外界、掌握知识、见诸行为、以美其身的过程。

5. 评法家教育思想的得失。

答：法家，诸子百家之一，是中国历史上提倡以法治为核心思想的重要学派，以富国强兵为己任，《汉书·艺文志》列为“九流”之一。法家不是纯粹的理论家，而是积极入世的行动派，它的思想也是着眼于法律的实际效用。但不论其思想主张的积极方面还是消极方面，都有启人深思之处。

(1)法家思想的优点

①法家思想在战国时期是适应社会经济、政治发展需要的，用其来治理乱世，具有非常简明有效的作用。其教育目的是培养“耕战之士”或“智术能法之士”，主张以法治国，将国家建设纳入非常高效的途径，使其思想统一、目标专一，有利于国家建设目标的实现。

②法家提出的禁诗书与“以法为教”，禁私学与“以吏为师”的观点，有利于国家统一思想，形成专制、统一的国家，控制民众的思想。从商鞅变法到最后秦朝统一全国，结束长期的分裂状态，法家思想起到了重要作用。

③法家提出的人性利己说，认为人性是趋利避害的，对于这种“利己”的人性，唯一行之有效的手段就是加以法律的强制，法家强调治国必须靠高压的政治、法制手段，无须用温情脉脉的教育感化，对于控制人的行为尤为关键，有利于国家管理。

(2)法家思想的不足

①法家在人性观点上太绝对，主张用强制的法律控制人性，反对用温情的教育方式。用法制来治理国家固然有好处，但使用太过度，势必引起人们的反抗。在秦朝统一后，很快为农民起义所推翻，这就是最好的验证。

②法家提倡的禁诗书、禁私学、以法为教、以吏为师的主张，将其他各家学说统一为法家思想的观点，不利于文化的发展，也不利于思想的交流。禁止其他学说的流传，使得文化上出现停滞的状态，甚至出现了倒退的现象。

③法家思想在具体实施中具有一些消极的作用和影响，秦朝时实行的焚书坑儒政策，在我国文化发展史上是一场浩劫，是一种历史的倒退行为。

6. 评《学记》对教育理论的贡献及历史地位。

答：《学记》也是《礼记》中的一篇，是战国后期思孟学派的作品。它是我国古代最早的一篇专门论述教育、教学问题的著作，是先秦时期儒家教育和教学活动的理论总结。

(1)《学记》在教育理论上的贡献

①教育作用与教育目的

《学记》阐述了教育在移风易俗和治理国家中的作用，强调了教育为社会政治服务的目的，从而把教育与个人发展、与社会进步密切联系在一起，尤其突出了教育的政治功能。把教育视为政治的最佳手段，总结出“建国君民，教学为先”的观点。

②教育制度与学校管理

在学制和学年上，《学记》把大学教育定为两段，前七年为第一段，谓之“小成”；第八到第九年合格后，谓之“大成”。在视学与考试上，一、三、五、七、九都有考试，分别是：“视离经辨志”“视敬业乐群”“视博习亲师”“视论学取友”“知类通达，强力而不返”。

③教育、教学的原则与方法

在教育教学原则上，有以下六个观点：

a. 教学相长。深刻地揭示了教与学之间的辩证关系，两者相互依存，相互促进，“学”因“教”而日进，“教”因“学”而益深。后人在注释“教学相长”时，作了引申，将其视为教学过程中教师、学生双方的互相促进、互相渗透、共同提高的辩证统一的关系。

b. 尊师重道。认为尊师才能重道，要重道必须尊师，一方面高度评价教师的作用，要提高教师的社会政治地位，另一方面又对教师提出了严格的要求。

c. 藏息相辅。认为正课学习与课外练习必须兼顾，课外练习是正课学习的继续和补充，可以深化课内学习的内容，又可使学习有张有弛，让学生既感受到学习的乐趣，又感受到教师、同学的可亲可爱，最后达到虽离开师友而信仰不移的目的。

d. 豫时孙摩。豫是预防，预防不良倾向产生的教育原则；时是及时，善于抓住适当时机及时施教的教育原则；孙是按顺序不越级，循序渐进的教育原则；摩是相互观摩，相互学习，取长补短，发挥集体作用的教育原则。

e. 启发诱导。充分调动学生学习和思考的积极性、主动性，要做到“道而弗牵”“强而弗抑”“开而弗达”，教学的关键是要使学生明了，要注重引导，但又不牵着学生鼻子走；要督促勉励，又不强制压抑；要打开学生思路，但又不提供现成答案，只有这样，才能调动学生学习和思考的积极性、主动性，使学生的思维能力得到锻炼和发展。

f. 长善救失。“知其心，然后能救其失也。教也者，长善而救其失者也。”这就是要求教师懂得教育的辩证法，坚持正面教育，重视因材施教，善于因势利导，利用积极因素，克服消极因素，将缺点转化为优点。

在教学方法上，《学记》还提出了许多教学方法，如问答、讲解、练习、类比等。

(2)《学记》的历史地位

《学记》是我国古代最早的一篇专门论述教育、教学问题的著作，是先秦时期儒家教育和教学活动的理论总结。把为师、为长、为君视为一个逻辑过程，使为师实际上成为为君的一种素质、一项使命，就使尊师具备了更加丰富的内涵。

3.3 考研真题与典型题详解

一、概念题

1. 期会[湖南师范大学2021年研]

答：期会是指战国时期稷下学宫中定期举行的演讲会或辩论会等学术交流会，是一种常规性的教学活动和学术活动，全校师生和四方游士都可以自由参加。这是稷下学宫独有的办学特色，是一种自由灵活的教学组织形式，为稷下学宫创造了更平等开放的学术氛围，体现了当时高等学府讲学的特色，促进了战国时期学术思想的发展，体现了中国古代知识分子的独立精神。

2. 《大学》[华中师范大学2019年研]

答：《大学》是《礼记》中的一篇论文，着重阐述"大学之道"——大学教育的纲领，与论述大学教育的《学记》互为表里。与《论语》《孟子》合称《四书》。《大学》对大学教育的目的、程序和要求做了完整、扼要、明确的归纳：①教育目的："三纲领"，即"大学之道，在明明德，在亲民，在止于至善"。②教育过程："八条目"，即格物、致知、诚意、正心、修身、齐家、治国、平天下。无论三纲领还是八条目，都环环紧扣地加以推演，逻辑性极强，加之表述的概括，极易为人理解、接受和实行。

3. 稷下学宫[华东师范大学2023年研；湖南师范大学2023年研；华中师范大学2023、2018年研；武汉大学2017年研]

答：稷下学宫，又称稷下之学，是战国时期齐国国君出资设立的学宫，因位于齐国国都临淄的稷门附近而得名。稷下学宫是一所由官家举办私家主持的特殊形式的学校，是一所集讲学、著述、育才活动于一体并兼有咨议作用的高等学府。稷下学宫虽是齐国官办，但是始终不改变养士、用士的基本目的，保持了充分尊重士人讲学，不加干涉限制的风范，教学与学术自由，体现出私学的性质。稷下学宫的特点有：①尊师重道，待遇优厚；②"不治而议论"；③学术自由，兼容并包；④自由讲学、自由听学；⑤在学生管理上，稷下学宫制定了历史上第一个学生守则——《弟子职》，详细规定了在各种场合下学生尊师敬长的言行规范。稷下学宫促进了战国时期思想学术的发展，最大限度地发挥了知识分子阶层作为整体的独立性和创造精神，创造了一个出色的教育典范。但是，稷下学宫也给后人留下思考：稷下学宫尊重贤士，尊重学术，思想自由，带来了文化教育的成功却未能带来齐国政治的成功。

4. "化性起伪"

答："化性起伪"是荀况关于教育作用的学说，意为改造人们恶的天性而兴起人为的善。荀况认为人生来就有种种情欲，如果放纵人之性，必然会导致暴乱，因此他指出教育在人的发展中起着"化性起伪"的作用。人的贵贱、智愚、贫富都决定于后天的教育和学习，同时荀况又把环境影响和教育的作用加以区别。外在环境和人的主观努力都对人的成长具有双重的重要影响。

5．率性发展

答：率性发展是关于个体发展的一种思想，《中庸》指出："天命之谓性，率性之谓道，修道之谓教。"这是继承思孟学派"性善论"的思想，上天所赐予的称作"性"，天赋之性是人的一切行为的出发点。顺应和发扬这种本性称作"道"，修明和推广这个道，就称作"教"。教育即修道，而教育的作用则在于"率性"，尽量把天赋的道德情感和道德意识体现出来，进而调节人的日常言行和喜怒哀乐之发，以达到社会的和谐。

二、简答题

1．简述《学记》理论及对我国教育的启示。［东北师范大学 2022 年研］

答：《学记》是《礼记》中的一篇，是中国古代最早的一篇专门论述教育、教学问题的著作，被誉为"教育学的雏形"。

（1）《学记》中的理论

①教育作用与目的："建国君民，教学为先"，教育对社会具有"化民成俗"的作用，可以教化人民，养成良好风俗；对个人则是"玉不琢，不成器。人不学，不知道"，论述了教育的重要性。

②教育制度与学校管理：建立了从中央到地方的学制，按行政体制建学；将学年划分为两段、五级、九年，这是古代年级制的萌芽。《学记》中还总结了视学和考试制度，即天子视察学宫，参加开学典礼，体现了国家对教育的重视；考试的特点是德智兼重、循序渐进。

③教学原则：《学记》记录了较为完善而科学的教学原则和方法。其中教学原则有：及时施教、循序渐进、学习观摩、长善救失、启发诱导、藏息相辅、教学相长和预防性原则。教学方法有讲解法、问答法和练习法。

（2）启示

国家要重视教育的社会功能；要建立完备的教育制度和学制体系，发挥教育的整体作用；教学应该遵循一定的原则和方法，尊重学生主体性和学习规律。

总之，《学记》为中国教育理论的发展树立了典范，其历史意义和理论价值十分显著。它的出现，意味着中国古代教育思维专门化的形成，是中国教育理论发展的良好开端。

2．孟轲教育思想。［华东师范大学 2019 年研］

答：孟轲（约公元前 372～前 289 年），名轲，字子舆，战国中期邹国（今山东邹城市）人。孟轲继承和发展孔丘的学说，提倡唯心的先验论，并使之系统化。

以性善论为其教育理论基础，孟轲的教育思想如下：

（1）论教育作用和教育目的

①教育是扩充"善性"的过程

孟轲将恻隐、羞恶、辞让、是非这"四端"转化为现实的道德品质，需靠学习与教育。教育的作用就在于引导人保存、找回和扩充其固有的善端。教育的全部作用在于经过扩充人固有的善进而达到国家的治理。他说："凡有四端于我者，知皆扩而充之矣。若火之始燃，泉之始达。苟能充之，足以保四海；不能充之，不足以事父母。"教育与学习是人的必须，也是人的可能。教育与学习必须遵循人的内在依据，发扬人的自觉。

②教育的目的在于"明人伦"

孟轲说过："设为庠序学校以教之。庠者，养也；校者，教也；序者，射也。夏曰校，殷曰序，周曰庠，学则三代共之，皆所以明人伦也。人伦明于上，小民亲于下。"在个人角度上，是培养"君子""圣贤"及"大丈夫"。在社会角度上，是"明人伦"，教以人伦，处理好五种最基本的人际关系，维护上下尊卑的社会秩序和道德观念

(2)论理想人格

孟轲认为"大丈夫"的理想人格是："富贵不能淫，贫贱不能移，威武不能屈"。其次，"大丈夫"有崇高的精神境界——"浩然之气"。孟轲认为主要靠人的内心修养以实现"大丈夫"这一人格理想：①持志养气；②动心忍性；③存心养性；④反求诸己。

(3)论教学

在教学上，孟轲和孔丘不大一样，孔丘重视闻见之知，提倡学思并重，而孟轲则以其先验的人性论——"性善论"为依据，发展了孔丘"学而不思则罔，思而不学则殆"的思想，强调"思"的作用，重视人的学习的主观能动性，相对忽视了闻见之知的意义。应用在教育学说上，他比较重视启发诱导，而不主张强制性地灌输，在教学中要求启发学生的自觉性和主动性。这一基本要求贯穿在他的整个教学思想中。

①深造自得

在思维与感官之间，孟轲更倾向于强调思维。他认为扩充善性就应"从其大体"，"大体"即"心之官"。因此，人们的学习就应有一个基本要求："深造自得"。教学的最终效果是让学生增长知识和才能；有所收获，因此，孟轲主张"自得"，即要求学生积极主动地学习，从而有所得。

②盈科而进

"盈科而后进"强调了学习和教学过程的循序渐进。指出了学习和教学过程的循序渐进，人们必须注意到教学是一个自然有序的过程，应当关注并促进教学过程的实现。

③教亦多术

孟轲十分强调对不同情形的学生采取不同的教法，针对不同学生的特点，分别采取发展才能、及时点拨、答其所问等方法。甚至"予不屑之教诲也者，是亦教诲之而已矣。"所以说"教亦多术矣"，一切因人而异。

④专心致志

孟轲认为，学习必须专心致志，不能三心二意。孟轲强调学习中既要精力集中，又要专心致志，有恒心，所谓"困于志，伤于虑，而后作"。不论智慧高低，不论内容难易，只有专心致志，才能学有所成，心不在焉必一无所得。

3. 简述《中庸》的基本教育思想。[北京师范大学2015年研]

答：《中庸》也是《礼记》中的一篇，关于教育的基本思想主要体现在以下几个方面：

(1)性与教

《中庸》开篇指出："天命之谓性，率性之谓道，修道之谓教。"它指出人性是与生俱来的天赋秉性，"率性"就要求人遵循人性中潜在的本然之善，使之得以发扬和扩充，这也表示出人的天赋秉性里具有某种趋善性，正如《大学》里所说的"明德""修道之谓教"是说教育就是遵循天命之性加以修养、并使之合于道的过程。换言之，人生来就有善的本性。人应

当对此加以保存和发扬，人的善性的真正保存和发扬有待于教育的作用。这实际上是强调了教育对于人的作用。

(2)“自诚明”与“自明诚”，“尊德性”与“道问学”

依《中庸》之见，人无非是通过向内和向外两个方向来完善自身的。一是发掘人的内在天性，进而达到对外部世界的体认，这就是“自诚明，谓之性”，或者“尊德性”；二是通过向外部世界的求知，以达到人的内在本性的发扬，这就是“自明诚，谓之教”，或者“道问学”。《中庸》认为，学习中这两个相反方面互补、互制、互进。

(3)“博学之，审问之，慎思之，明辨之，笃行之”

《中庸》把学习过程具体概括为学、问、思、辨、行五个先后相续的步骤，即“博学之，审问之，慎思之，明辨之，笃行之”。这一表述概括了知识获得过程的基本环节和顺序，只有每个步骤的充分实现，才能有个人学习的进步。它认为，学习首先应该广泛地去猎取知识，从中发现问题，认真思考，辨别事物的异同及其内在关系，以达到把握知识的目的，最终进入实践这一阶段。它是对从孔丘到荀况先秦儒家学习过程思想——学、思、行的进一步发挥和完整表述。学、问、思、辨、行被后世学者引为求知的一般方法与途径，朱熹曾称之为“为学之序”，因此产生了很大影响。

4. 简述墨家教育的特色。

答：墨家是中国古代春秋战国时期的诸子百家之一，创始人为墨翟，世称墨翟，墨家之名从创始人而得。墨家教育具有以下几点特色：

(1)教育的目的与作用

墨家的教育在于培养“贤士”或“兼士”，以备担当治国利民的职责。墨翟认为贤士或兼士是否在位，对国家的治乱盛衰有决定性的影响。墨家所要培养的贤士或兼士，必须具有“兼爱”的精神，长于辩论，明辨是非，又是道术渊博，有益于世的人才。

(2)教育内容

墨翟以“兼爱”“非攻”为教，同时重视文史知识的掌握及逻辑思维能力的培养，还注重实用技术的传习。更重要的是墨翟的教导不仅是坐而言，而且是起而行。

(3)教学思想

①墨家认为，以“亲知”及“闻知”中的“亲闻”为一切知识的根本，由于“亲知”往往只能知道一部分，“传闻”又多不可靠，所以必须重视“说知”，依靠推理的方法，来追求理性知识。这对于人们的认识事物，做了明确的分析。

②关于认识客观事物的方法与检查认识的正确性问题，墨翟还提出了有名的三表法，主张用“本”“原”“用”三表法，就是上考历史，下察百姓耳目所实见实闻，再考察政令的实际效果是否对国家、百姓人民有利。

③墨家重视思维的发展，注意逻辑概念的启迪。为了与不同的学派或学者论争，墨翟创立了一些逻辑概念如“类”与“故”，应用类推和求故的思想方法进行论辩，以维护他的论点。墨翟重视逻辑思维，辨析名理，不仅运用于论辩，而且运用于教学。

④强调主动和创造的教育、教学方法。教育者要主动发挥传承知识的作用，不能“述而不作”，要从实践中求真知，但又指出学生要量力而行，切勿贪多务得，教师也应当量其力而教。

5. 简述先秦儒家名著《大学》的教育思想。［北京师范大学2023年研］

答：《大学》是《礼记》中的一篇，《礼记》是战国末至汉初儒家学者论述“礼”的著作汇编，是儒家学派分化后又趋融合的产物。《礼记》中有不少内容与教育有密切关系，还有一些篇章是直接记述或论述教育的，《大学》就是其中之一。自程朱之后，《大学》便从《礼记》中分立出来，成为“四书”之一，宋元以后的封建教育都以“四书”为基本教材。《大学》的教育思想主要有以下几个方面：

(1)《大学》提出了大学教育的纲领

《大学》中把大学教育的纲领概括为：“大学之道，在明明德，在亲民，在止于至善”，教育目的在于“明明德”，就是使人们先天的善性得到明复和发扬，这属于性善论的观点。善德既明就要做“新民”，并且要达到“至善”的境界。“止于至善”，这是大学道德教育的终极目标，即达到“至善”的境界。《大学》说：“为人君止于仁，为人民止于敬，为人子止于孝，为人父止于慈，为国人交止于信。”其实质就是“尽夫天理之极，而无一毫人欲之私”，这是对封建社会君臣父子等伦理纲常最明确的概括和表述，两千多年的封建教育基本上就是贯彻这条纲领。

(2)《大学》确立了大学教育的程序

《大学》把大学教育的程序概括为八个条目，即格物、致知、正心、诚意、修身、齐家、治国、平天下。这是根据大学教育的纲领，完成修己治人的教育目的的一套完整程序或步骤。按照儒家的观点，修己是治人的前提，治人是修己的目的，这就是封建教育的实质。

在八条目中，修身是中心环节，格物、致知、诚意、正心都是为了修身，只有完成修身才能齐家，然后才能治国、平天下。格物、致知是八条目的基础。宋明理学和陆王心学根据各自对格物致知的不同理解，在教育上产生了两大派别。宋明理学主张格万物、知天理；陆王心学主张格吾心、知心性。一派强调读经书、道问学；一派强调静省思、尊德性，两派主张对教育发展影响极大，这成为研究宋明以后教育思想的一个关键问题。

6. 儒家和道家教育观比较。

答：春秋战国时期的社会变革，促使思想战线空前活跃，私学的兴起和养士之风盛行，直接推动了各种学派的发展，形成诸子蜂起、百家争鸣的局面。其中影响最大并与教育关系最密切的是儒、墨、道、法。儒家以孔、孟、荀和《礼记》为代表，道家以老、庄和之后的稷下黄老学派为代表。儒家和道家从各自不同的哲学观、世界观出发，形成了不同的教育观。

(1)儒家教育观

儒家学者从人道观，从“仁”的思想出发，提出了自己的教育观，主要包括以下几个方面的内容：

①在教育的性质与作用方面，儒家教育观体现为强调教育与社会政治、经济的不可分性，重视教育在社会发展、人格塑造方面的作用。其特别重视教育与社会政治、经济的相互制约、相互作用的不可分割的联系。

②在教育目的方面强调培养有助于社会稳定与发展的德才兼备的治术之才，强调个体与社会的和谐统一。儒家关于教育目的的论述，具有两个明显的特点，一是培养德才兼备的治术之才；一是突出其伦理政治观。二者的有机结合，便体现为社会与个体的和谐一致

的大教育观。

③在教育内容方面儒家强调以德育为本位，兼顾智育、体育和美育，道德论与知识论的统一，道德教育始终被置于儒家教育的首位，儒家教育内容主要是经学。

④在教育教学方法方面儒家教育观体现为强调道德主体的内在自觉，主张“为仁由己”“反省内求”，注重学、思、行相结合的道德修养方法，强调以道德修养方法含摄知识教学方法，知识教学方法渗透道德修养方法。一般认为，儒家教育教学方法最大限度内反映了教育教学的客观规律，是儒家教育思想中最具闪光点的部分，是其精华所在。

(2)道家教育观

道家以自然无为为旨归，它的教育观主要表现在以下几个方面：

①在教育作用方面，道家政治上主张无为而治，“不尚贤，使民不争”，从而否定教育的社会功能，主张通过无为不争来达到社会的和谐与平衡。

②在教育目的方面，不同于儒家力求培养的为求获仁义而杀生舍生的君子，道家主张保存人的朴素天性，把自然无为、物我两忘的“善人”，超凡脱俗、逍遥自得的“真人”作为自己的培养目标。

③在教育内容方面，不同于儒家以《诗》《书》《礼》《乐》《春秋》等包括丰富社会知识的经书作为学习内容，道家在批判现实的政教文化和伦理原则的基础上，相应地在学习内容中也抛弃了这些社会知识。道家认为，要使一个人按照自然去发展，就必须直接把握自然本身及其本质与规律，必须以“道”为中心，这种道的规律即是自然无为的法则，“为道”的根本便是体验这种法则，这构成了道家教育的基本内容。道家也注重人的道德教育，但他们极力反对儒家的仁义忠孝礼智信的品德说，提出人应该遵循自然之道，也应无为，保持质朴的本质。

④在教育教学方法方面，不同于儒家重视对经验知识的积累，道家重视的则是对经验事物的逐步远离，由外向内，返回内心的深观远照，排斥间接知识，强调的是一种思辨方式的直观能力。道家强调的“贵师”“用反”“虚静”“道观”等教育教学原则充满了辩证法的色彩。

三、论述题

1. 荀况教育思想的理论基础是什么？价值何在？

答：荀况是战国末期的思想家、教育家，是先秦诸子思想的综合者，以唯物主义哲学观作为他教育思想的理论基础，但这种唯物主义哲学观又是不彻底的，但总体来说其是积极进步的，具有非常重要的价值。

(1)荀况教育思想的理论基础

作为荀况教育思想理论基础的唯物主义哲学观主要表现在以下几个方面：

①宇宙间存在着客观规律

他批判地吸取了道家的“天道自然”思想，否定了“主宰之天”和“意志之天”，以“天地之变，阴阳之化”来解释自然界的各种现象，否定了鬼神怪异的存在，发挥了无神论思想。他认为宇宙间存在着不以人的意志为转移的客观规律，“天行有常，不为尧存，不为桀亡”，并提出了光辉的“制天命”的思想。荀况提出“制天命而用之”的思想，是早期的“人定胜天”

思想。

②肯定世界是可以认识的

荀况对唯物主义认识论有重要贡献，他抛弃了道家的不可知论，肯定世界是可以认识的。他认为人的认识器官包括感官和心两个部分，耳、目、口、鼻和形体叫“五官”，各自接触外界而得的感觉，这是“闻见之知”；心在体内，总管五官，它根据五官接触外界所得的闻见之知进行审察，以认识事物的真相，叫作“征知”。荀况肯定知识的来源是感官接触外界，经过心的审查，分析异同，做出结论，才可谓真知，荀况把“行”作为检验“知”的标准和“知”的最终目的。

不过荀况有时过分强调“心”的作用，认为“心”似乎是绝对自主的。特别是他把“心”与“君”联系起来，在于强调“君”的作用，已经离开认识论的范畴，不得不与其认识论的其他命题发生矛盾，而陷入主观唯心主义。

③性恶论

荀况学说中最突出的是与孟轲“性善论”相对立的“性恶论”。孔丘说：“性相近也，习相远也”。孟轲强调“性相近”发展为“性善论”，荀况则强调“习相远”而发展为“性恶论”，他认为人之所以能为善，全靠后天的努力。性善论与性恶论从本质上说都是唯心主义的，都是用统治阶级的道德来衡量善与恶。荀况坚持人性本恶而非人性本善的观点，具有唯物主义色彩，在教育理论上有更积极的意义。

(2)荀况教育思想理论基础的价值

荀况的唯物主义哲学观对他的教育思想有重要的价值意义：

①荀况从其唯物主义的宇宙观、认识论和性恶论出发，十分重视教育的作用，认为教育在人的发展中起着“化性起伪”的作用。荀况认为，个体努力、环境条件在人发展过程中具有重要的影响。一方面，他将个体努力的功夫称为“积”，“故不积跬步，无以至千里；不积小流，无以成江海。”个体只有通过不断努力地学习，“善假于物”，才能积累起知识才能和道德。另一方面，他将环境对人的影响作用谓之“注错”或“渐”，环境对人的作用是一个潜移默化的过程，处于什么样的环境，就受什么影响。但人也不是被动地适应环境、接受环境的影响，环境对人的作用如何根本上还取决于人的主观努力。只有外在的教育督促、主观的积极努力以及客观环境的有力支持等三者之间的协调统一，并发挥最大化的合力作用，才能达到“涂之人可以为禹”的目标。

②在教育目的和内容方面，荀况认为教育的内容就是《诗》《书》《礼》《乐》《春秋》，教育目的是培养由士到圣人等各种治术人才，这对中国封建社会教育目的和教育内容的论述起着奠基作用。荀况还非常重视乐教，他认为音乐能促进人们关系的和谐，但他同时也强调要提倡健康的音乐，抵制低级庸俗的音乐。

③在教学的主张方面，荀况从唯物主义认识论出发，不同于孟轲的“内发”，他强调“外向”。在学与思的关系上，荀况则特别重视“学”，他认为经过学习，掌握知识，才能利用自然，改造自然。荀况将教学过程或学习过程具体化为闻、见、知、行四个各具作用又统一连贯的环节，并把行看作是学习的最终目标；“不闻不若闻之，闻之不若见之；见之不若知之，知之不若行之，学至于行之而止矣。行之明也，明之为圣人。”孟轲曾把学习解释为保存和发扬先天固有的“善性”，荀况把学习解释为接触外界，掌握知识，见诸行为，以

美其身。

此外，他还提出了积微见著、积善成德，虚壹而静、专心有恒，解蔽救偏、兼陈中衡等学习方法。强调学习要注意积累、专一，不能先入为主，不能以偏概全，这些也深刻反映了他认为教育教学要遵循一定规律的思想。

总之，荀况从唯物主义世界观出发，肯定了教育在人发展中的决定作用，并在教育作用、教育目的内容、教学方法等方面做了非常精辟的论证，其中的宝贵思想至今仍有巨大的启迪意义。但我们也要看到荀况的教育主张最终是为统治阶级服务，而且他提出的性善论虽有一定进步意义，但却是建立在肯定了“性”先天有善恶的唯心主义观点的基础之上的，所以要批判地继承。

2. 试评述儒家思想对我国教育思想传统的影响。

答：春秋战国时期，思想战线空前活跃，私学的兴起和养士之风盛行，直接推动了各种学派的发展，形成了诸子蜂起、百家争鸣的局面，学术文化空前繁荣，儒家思想是其中影响最大并且与教育关系最密切的学说之一。

儒家思想、儒家文化虽然并不等于中国传统文化的全部，但确实最能代表中国传统文化，而中国的传统教育则深受儒家思想影响，形成与西方截然不同的儒家教育思想，这种教育思想也对中国的现代化教育有重要的影响。儒家思想对我国教育思想传统的影响表现在以下几个方面：

(1)高度重视教育

儒家文化的道德伦理性，决定了教育在儒家文化中具有极其特殊的地位，教育对中国人的意义和价值，远远超出了功利性的范围。对个人而言，教育具有使一个人安身立命、被社会容纳、体现自己人生目的的价值；对家族而言，教育具有荫泽后代，荣耀门楣的意义；对社会而言，教育具有使社会保持秩序与发展的作用；对国家而言，具有保江山，稳天下的功能。儒家文化正是始于教育，并通过教育的中介作用，来为个人、家庭、社会、国家、民族的延续服务的。

(2)重世俗而轻神性

重世俗而轻神性是中国古代教育理念的一个重要特质，也是东西方教育思想从起源处即表现出来的思维方法上的第一个重大差异。中国教育思想传统注重在现实的社会中培养人，又主张通过培养具有人伦精神的人为社会的政治、经济生活服务，而不以超然出世的目的为教育的宗旨，表现出一种积极入世的精神。这种积极入世的精神，使人们在生活中能够忍辱负重，顽强生存，形成了中华民族特有的强烈的生存意识与生活能力。

(3)重道德而轻功利

儒家是中国历史上最注重道德的学派，中国古代教育理念所表现出来的重道德而轻功利的价值观，表现在教育实践上，就是崇尚教育的伦理价值而贬低教育的实用价值。这也是中国长期以来重道德而轻功利的教育经济思想的原因所在，这在很大程度上制约了教育对社会经济发展的能动作用。

(4)重政务而轻自然

中国古代教育理念中这种重政务而轻自然的特质具有明显的两重性格，从积极方面讲，它鼓励人们介入社会的政治生活，使中国的知识分子具有很强烈的社会责任感，在国家的生死存亡的关头能不畏缩退避，慷慨就义。从消极方面讲，由于过分强调了教育所具有的治国安邦、教化人民的政治作用，虽然在形式上抬高了教育的地位，但实际上却导致了教育功能的“狭窄化”，从而限制了古代自然科学的发展，限制了生产技术的进步，也限制了自然科学与生产技术的教育。

(5)重和谐而轻竞争

和谐是中国文化所追求的最高境界，中国古代儒家教育思想也贯穿着和谐的精神。重和谐而轻竞争的价值取向，也对中国古代的儒家教育方式、方法产生了一定影响，形成了注重自我教育和道德反省的传统。如孔丘就把能否自觉反省自己作为区别君子与小人的标志。孟轲则把自我教育与道德反省称为“求放心”，认为做学问的要旨就是不要舍弃义的必由之路，抛弃仁的固有善心，反求诸自身，恢复自然的善德。这种自我教育与道德反省的方法，被宋明理学家发展为体系化、程序化的教条如“存养”“省察”“慎独”等，形成了中国古代儒家教育理念的内向化的特点。

(6)重整体而轻个体

中华民族重视人伦道德、重和谐中庸、重世俗政务的价值取向，也决定了其教育理念的整体倾向。儒家教育的理念将国家、民族、家族、家庭的利益放在前面，而将个人利益放于末尾，非常强调整体性。重整体而轻个体的价值取向，对于教育人民讲求国家与民族的整体利益，强化民族的凝聚力，以及培养学生的整体系统思维能力，具有一定积极意义，但也在某种程度上激发了家长主义、主权主义，甚至专制主义，压抑、约束了人的个性与能动性。这种价值取向既能塑造出虚怀若谷、尊敬师长、热爱集体的高尚品质，也可能会培养出谨小慎微、阳奉阴违、自卑自抑的消极的人格特征。

第4章　秦汉时期的教育

4.1　复习笔记

【知识框架(庖丁解牛)】

- 秦汉时期的教育
  - 秦朝的教育政策及其措施
    - 统一文字
    - 严禁私学
    - 吏师制度
  - 汉朝的文化教育政策
    - 各家并存，推重“黄老之学”的汉初文教政策
    - 汉武帝“独尊儒术”的文教政策
  - 汉朝学校教育的发展和经学教育的特点
    - 学校教育的发展
    - 今古文经学之争与汉朝经学教育的特点
  - 董仲舒的教育思想
    - 生平和著述
    - 《对贤良策》和三大文教政策
    - 论人性和教育在人发展中的作用
    - 论道德教育
    - 论教学内容和教学方法
    - 对董仲舒教育思想的评价
  - 王充的教育思想
    - 生平和思想特征
    - 论人性和教育的作用
    - 培养“文人”和“鸿儒”的教育目标
    - “博通百家”的教育内容
    - 论学习
    - 对王充教育思想的评价

【考点剖析与拓展(游刃有余)】

考点一、秦朝的教育政策及其措施

秦国采用法家学说，实行耕战政策，国富兵强，终于在公元前221年统一了中国，实行郡县制，废除了分封制。秦始皇为了根除儒家“以古非今”的思想，又实行了文化教育上一系列统一的措施；促进了国家统一。秦朝在文化教育上主要采取了以下措施：

1. 统一文字

“书同文”，“行同伦”，是推行共同文字，促进共同文化和共同伦理习俗的政策。

2. 严禁私学

秦始皇严禁私学，并采取“焚书”“坑儒”等残暴措施来达到统一思想的目的。

3. 吏师制度

“以吏为师，以法为教”是指“百姓”和“一般官吏”都向“法官、法吏”学习法律，加强普法教育。

(1)设置法官：天子设置三个方面的法官，宫殿中设置一个，御史府设置一个法官、一个法吏，丞相府设置一个法官。

(2)选择法官：为了使法令得到贯彻，国家应当设置官吏，选用通晓法令的人来担任这个职务。

(3)制定法条的标准：制定法令做到明白易懂，愚人智者都能懂。

(4)管理法条：法令复制一份放在天子的殿中，殿中给法令建一个禁室，用封条把它封起来，把法令的副本藏入其中，用禁印封上。

(5)高效普法：众官吏和百姓若向主管法令的官吏询问法令的具体内容，主管法令的官吏必须根据他们的问题明确答复。

(6)依法办事：官吏和百姓想知晓法令的，都询问法官，所以天下百姓、官吏没有不知晓法令的人。

考点二、汉朝的文化教育政策

1. 各家并存，推重“黄老之学”的汉初文教政策

表4－1　各家并存，推重“黄老之学”的汉初文教政策

要点	具体内容
重视知识分子作用	①汉初几位皇帝对知识分子都比较重视，汉文帝尤为突出。 ②知识分子的地位提高了，在政治上也有了施展宏图的机会
允许开办私学	汉代初年，尚无太学的设立，汉武帝接受董仲舒、公孙弘等的建议，于元朔五年(前124年)下诏在长安设太学，置博士弟子，同时令郡县察举孝廉秀才，供朝廷选用。当时的太学，由太常选年十八以上，仪状端正者五十人，随博士学习
废除“挟书律”	惠帝四年，宣布废除“挟书律”，在法律上为儒家的发展除去了障碍。汉文帝、汉景帝时，虽然信崇道家的“无为”政策，但所用儒生逐渐增多，对于宣传儒家思想发挥了一定的作用。允许人们自由收藏、携带、讨论《诗》《书》。学者开始传写、抄录书籍

2. 汉武帝“独尊儒术”的文教政策

表4－2　汉武帝“独尊儒术”的文教政策

要点	具体内容
背景	①董仲舒是当时最负盛名的儒家学者之一，有“汉代孔丘”之称，最先提出“独尊儒术”思想。 ②汉武帝时，经济得到了恢复和发展，政治上出现了统一的局面(平息了各侯国的动乱)，当时迫切需要巩固这个局面，这就需要最适用的上层建筑来为当时的政治服务。汉武帝总结了自战国以来的统治思想、经验，尤其是总结了秦和汉初几十年的经验后，决定采纳董仲舒提出的“独尊儒术”思想

续表

要点	具体内容
推明孔氏，抑黜百家	汉高祖曾以最高祭礼祭孔丘，尤其汉武帝以后各皇帝都尊孔祭孔。于是各级学校每年都举行祭孔仪式，尊孔与读经结合在一起成为封建社会有力的统治工具
兴太学以养士	①目的是保证封建国家在统治思想上的高度统一和改变统治人才短缺的局面。 ②公元前 124 年(汉武帝元朔五年)开办太学，以研究弘扬儒家经学，造就儒术治国人才
重视选举，任贤使能	专立五经博士、开设太学、察举制的完全确立
措施	①立五经博士。“五经”即儒家的《诗》《书》《礼》《易》《春秋》五种经典。 ②开设太学。是中国教育史上的一件大事，以后各代王朝都依例设立。 ③察举制的完全确立。确立选举取士的制度(贤良方正、孝廉、秀才等科)，取士条件和考核内容皆是儒家的标准，尤其道德要求更是儒家的标准。考试经书的成分逐渐加强，要做官则必须学儒术
影响	①汉武帝以后的汉朝皇帝都非常重视儒术，有些皇帝亲自召集一些儒生讨论经学，以示重视儒学并借以统一对经学的看法。 ②汉朝统治者一直沿用这些文教政策

考点三、汉朝学校教育的发展和经学教育的特点

1. 学校教育的发展

表 4－3　学校教育的发展

要点		具体内容
概述		①汉朝为封建社会学校教育制度的发展和完善奠定了基础。学校有官学和私学。 ②官学分为中央官学和地方官学，中央官学是以传授儒家经典为主的太学，在东汉还曾设有鸿都门学、宫邸学等特殊性质的学校。地方官学主要是指郡国学。 ③私学按其程度可分为书馆和经馆两类
太学	设置发展	①为博士置弟子，标志着太学的正式设立。也意味着以经学教育为基本内容的中国封建教育制度的正式确立。 ②汉武帝接受董仲舒、公孙弘等人的建议，于公元前 124 年(元朔五年)正式成立太学，安排太学生五十人。商周时代我国虽然已有太学的初步形式，但严格地说，以传授知识，研究专门学问为主要内容的最高学府，却是从汉武帝设立太学开始的。所以汉武帝设立太学的举动，在中国教育史上，乃至世界教育史上都有重要意义
	教师学生	①教师：正式教师是博士，应具有封建道德风范，在博通儒学和其他载籍的基础上，对其中一经有精深的造诣，足以胜任博士之职，有教学经验，还规定年龄在 50 岁以上，严格遵守师法与家法也是博士的条件。 ②学生：又称“博士弟子”“诸生”“太学生”等，博士弟子的来源有两个途径： a. 由太常选拔京都或京郊内年龄在 18 岁以上，仪状端正者 50 名，作为正式的太学生。 b. 从地方上(郡、国、县)选择，是一种非正式的特别生

续表

要点	具体内容	
太学	内容形式	①太学教学以经书为主要内容，儒学经典是主要的教材。古文经学重本源、考据，有保守、烦琐的倾向。今文经学附会谶纬，多迷信色彩，直接为当时的政治服务，因此汉代太学的教育内容被今文经学派所垄断。 ②教学形式：最初采用个别或小组教学，后来出现了“大都授”的集体上课形式，主讲的博士称为“都讲”。 a. 采取大班型讲课的形式。 b. 采取以高年级学生教低年级学生的形式。 c. 注重自学，因太学博士少学生多，多数时间要靠学生自修，并允许学生向校外的某经专家学习，这种注重自修的经验是太学的宝贵传统，后来的书院就继承了这种优良传统
	考试	汉代太学注重考试，因为课堂教学不太严格，教师少，平日的检查也难，所以只有用考试的办法来督促检查学生的学习成绩。主要目的在于督促学生平日自觉自动地用功。
鸿都门学	①创设于东汉，是中国古代最早的一所传授书法绘画艺术的专科学校，同时它也是世界上最早的文学艺术专门学校。 ②是宦官集团培植私人势力的场所，有政治斗争的背景，但从中国教育发展史尤其是专科教育史上看，它的设置具有重要意义	
宫邸学	①是政府专为皇室及贵族子弟创办的贵胄学校，如专为外戚子弟办的四姓小侯学(“四姓”，即樊、郭、阴、马四大氏族，因他们不曾列侯，故称“小侯”)。 ②是以宫人为教育对象的宫廷学校，为邓太后所办	
地方官学	①又称郡国学，发轫于西汉蜀郡太守文翁，文翁治蜀郡，首先设立郡学。 ②汉武帝时下诏建立郡国学，教师称郡国文学官，学生称文学弟子或郡学生。 ③汉代地方官学的主要任务在于奖进礼乐，推广教化，不是像今天经常进行教学的学校。没有正规的课程设置，有的学官只有在每年的某些时节召集一些知识分子讲经，也有的青年自动地到学官那里去问业。地方官学与中央官学没有从属关系，师资质量也差，所以，从严格意义上讲，汉代学校并没有形成一个真正的系统。但为后代学校的发展，奠定了初步基础	
私学	分类	①书馆。书馆又称书舍。前期主要是从事识字和书法教育，后期则开始接触儒学基础内容。实行个别教学，重视口授和背诵，体罚现象较严重。 ②经馆。经馆实际上是一些著名学者聚徒讲学的场所。经馆教师中有在职和退隐的官员，也有终生不仕的学者。其中有不少古文经学的学者，因为其学术不能立于学官，只能在民间传授。有些经馆的规模很大，弟子众多，老师不能个个当面传授，只有少数高足才能直接聆听私学大师的教诲，这部分人常称为“及门弟子”或“授业弟子”，其他人只能在教师那登记姓名，临时请教，称为“著录弟子”。书馆又称精舍或“精庐”等
	兴盛原因	私学产生于春秋时期，以孔丘私学规模最大，影响最深，历时2000余年，在中国教育史上占有重要地位。私学产生原因，除社会需求外，还有赖于两个基本条件，即有可教学的内容和有从事教学的人
	弟子	只有少数高足才能直接聆听私学大师的教诲，这部分人常称为“及门弟子”或“授业弟子”，其他人只能在教师那登记姓名，临时请教，称为“著录弟子”

续表

要点	具体内容	
私学	方法	从董仲舒开始，汉代私学多实施“次相授受”的教学法，即由经师先把学业传授给少数高足弟子，再由这些高足弟子分别传授给其他弟子，逐次相传，即可应付所有弟子的求学需要
	影响	私学作为教育事业的重要组成部分，对中华文明的发展做出了巨大的贡献 ①私学的兴起冲破西周以来“学在官府”、学校教育为官府垄断局面，扩大了教育对象。 ②私学是专门的教育场所，这就打破了政教合一、官师合一的旧官学教育体制，使教育成为一种独立的活动。私学使教育内容与教育方式得到新的发展。 ③私学的发展积累了丰富的教育经验，促进了先秦教育理论的发展

2. 今古文经学之争与汉朝经学教育的特点

表 4－4　今古文经学之争与汉朝经学教育的特点

要点	具体内容	
今文经学与古文经学	背景	在学术思想定于一尊的形势下，学术之争并没有停止，而是将重心转移到经学内部，有了内容、观点上的分歧，同一经可有数家博士，但最为激烈的还是反映朝野对立的今、古文经学之争
	含义	①今文经学。多为汉初凭经学大师的记忆、背诵，并采用当时流行的隶书记录下来的六经旧典，发展在先。太学自创立开始，所传授的知识基本是单一的儒家经典。两汉太学中设置博士的经学有 14 家，它们是“鲁诗”“齐诗”“韩诗”“欧阳书”“大夏侯书”“小夏侯书”“大戴礼”“小戴礼”“施氏易”“孟氏易”“梁邱易”“京氏易”“严氏公羊”“颜氏公羊”，而且都属于今文经学。 ②古文经学。依据汉武帝时从地下或孔壁中挖掘出来，或通过其他途径保存下来的儒经藏本，初本是先秦的古文字，发展在后。古文经学多在民间传授，较富于学术性，反对灾异、谶纬之说，讲求实学，将六经作为古代史料来研究，侧重经义训诂和典章制度考据，以求把握经籍的本来意义，但也容易流于脱离现实、琐碎考据之弊。 两者各依的学统也不同，今文经学以《公羊传》为主，古文经学以《周礼》为主
	争论	①汉朝今文经学先于古文经学得以发展，而且得到统治者的扶持。 ②今文经学占据博士职位，为政治服务的色彩浓厚，将六经视为孔丘治国安邦之道的寄托，从中探究隐藏在经籍文字内的所谓“微言大义”，偏重以经术缘饰吏事。这种学习和研究方式过于重视学术思想的政治实用价值，极力迎合统治者的需要，带来了牵强附会、望文生义的学术弊病，导致谶纬之学泛滥。 ③古文经学多在民间传授，较富于学术性，反对灾异、谶纬之说，讲求实学，将六经作为古代史料来研究，侧重经义训诂和典章制度考据，以求把握经籍的本来意义，但也容易流于脱离现实、琐碎考据之弊
	影响	①在王权的扶植下，汉代经学逐渐有了强制性的统一规范，但在各异思想观点的辩论、争议过程中，汉代经学教育逐渐形成了问难论辩、思想批判的传统。激烈的学术论争也促使各学派不断充实和完善自己的学说，为后学者提供了比较与鉴别的条件，最终打破宗派门户界限。实现今、古文各家经学融合的，是东汉末年的经学家郑玄。 ②郑玄所注的经书打破了汉朝经学学派林立，门户森严的局面，并力求简洁明了，受到当时学术界的广泛推崇

续表

要点	具体内容	
章句之学与师法家法	章句之学	汉朝经学教育中多采用章句的形式教学。章句是经师教学所用的讲义。经师按照经文的篇章结构，逐字逐句进行解说。章句之学在内容上不受什么限制，只要按照经文的顺序解说即可，表现了不同经师的学术风格，师法、家法正是体现在不同的章句之学中
	师法、家法	①定义 a. 师法是指汉初立为博士或著名经学大师的经说。汉代经学教育极推崇师传，师传的重要性首先是由当时的学习条件决定的，因为西汉以前，书写材料为竹木简册和丝帛，简册制作不易、携带不便，丝帛成本又太高，因此书籍是很珍贵的，非一般人能随意获得。除少数有条件藏书者外，学生自学是极为困难的，获得书本知识的关键在于师传。 b. 家法是指当大师的弟子对师说有所发展，能够形成一家之言，被学术界和朝廷认可后形成的经说。先有师法，后有家法，二者在发展过程中是相对的。师法演变为家法，表明学术在稳定中发展。 ②形成原因 一方面，在当时学术传授主要靠手抄甚至是口授的条件下，要防止杜撰经文和主观臆断的解说，最有效的保障就是严格辨明师传体系并恪守师说，否则就会产生思想混乱；另一方面，汉代的经学教育之所以离不开经师，因为教师的学术一般被视为弟子学术的渊源，弟子的学术被视为教师学术的必要延伸，能否得起真传是学者跻身于士林的关键。 ③消极影响 章句之学和师法、家法的结合会阻碍学术交流，导致经学教育中宗派性和封闭性加强，使士人思想僵化，盲从书本和权威，不利于个人智慧和文化发展
经学会议	为了提供经学研究和教育的规范思想，两汉皇帝召集一些著名学者对儒学进行讨论，进而统一经学。其中最重要的是：石渠阁会议和白虎观会议	
石经	旨在提供经学的规范教科书，将教育纳入政府所希望的轨道。在石经上镌刻有《尚书》《周易》《春秋公羊传》《礼记》《论语》等经的本文，作为规范的经学教科书	

考点四、董仲舒的教育思想

1. 生平和著述

(1)董仲舒(公元前179～前104年)，广川(今河北景县境内)人，是研究《公羊春秋》的大家，汉景帝时曾为博士。他吸取秦朝任刑而不尚德的灭亡教训，提出刑德并用而以德治为主的政治原则；根据西汉王朝建立统一的中央集权的封建国家的政治要求，吸收燕齐文化的阴阳五行、神仙方士和三晋文化的刑名思想，改造和发展了先秦时期的原始儒家思想，提出了“君权神授”和“王道三纲”的理论主张，为西汉政治、经济和文化教育政策的制定提供了重要的理论依据。

(2)其著作很多，以《春秋繁露》和《对贤良策》影响最大。

2.《对贤良策》和三大文教政策

董仲舒的这三大建议适应了当时政治、经济、文化教育发展的需要，被汉武帝采纳，促进了汉代思想的统一和文化教育的发展，并对中国整个封建社会思想和文化教育产生了深远的影响。

(1)统一思想，独尊儒术。

(2)设立太学，用以培养人才和推行教化。

(3)重选举、选用贤才。

3. 论人性和教育在人发展中的作用

表4－5 论人性和教育在人发展中的作用

要点	具体内容
论人性	①认为人性就是指人天生的素质，人性之“质”中，有“仁气”和“贪气”。 ②在人性论问题上，董仲舒调和了孟轲的“性善”论和荀况的“性恶”论，将“性”确定为受命于天的先验禀赋，有“性”善和“情”恶两端，既具有善的可能性，也具有恶的可能性，但归根结底，“善质”不能自动发展为善。 ③把人性分为上、中、下三等，即圣人之性、中民之性和斗筲之性
论教育在人发展中的作用	①人的先天善质只是提供了为善的潜在可能和内在根据，要使成善的潜在可能变成善的现实，必须依靠后天的人为和教育，“性待教而为善”。 ②中民之性，经过教化可以达到善；不加教化则不能达到善。这是董仲舒重视教育的一种依据

4. 论道德教育

表4－6 论道德教育

要点	具体内容
德教是立政之本	道德教育是董仲舒教育思想的核心。董仲舒主张教化与刑法并重，但强调以道德教化为本、为主，以刑法为末、为辅
道德教育内容	所谓教化，就是要实行普遍的儒家伦理道德教育。“三纲五常”是其思想的核心内容。 ①“三纲”即“君为臣纲，父为子纲，夫为妻纲。”董仲舒提取其中君臣、父子、夫妇三种关系，与儒家等级名分思想和法家专制法权思想结合，在中国历史上第一次构造出“王道三纲”说，即君为臣纲、父为子纲，夫为妇纲。 ②“五常”，又曰“五纪”，即仁、义、礼、智、信，是与个体的道德认知、道德情感、道德意志、道德行为具体相关的道德。 董仲舒把“三纲”与“五常”相配合，并使之系统化，构成了中国封建社会基本的社会人伦关系及其伦理道德规范体系，所谓的“纲常名教”成为此后中国封建道德教育的基本内容
道德修养原则方法	①确立重义轻利的人生理想，认为个体行为的动机比行为的效果更具有道德价值。要求人们要心正意诚，立志做一个符合封建国家要求的人。 ②“以仁安人，以义正我”。这实际上是对先秦儒家强调主体道德自觉精神的继承与发展。 ③“必仁且智”，认为在道德修养中必须做到“仁”与“智”的统一

5. 论教学内容和教学方法

表4－7 论教学内容和教学方法

要点	具体内容
教学内容	董仲舒重视教学，他说：“君子不学，不成其德。”教学的主要任务，在于培养德性。从“独尊儒术”的思想出发，董仲舒所提倡的教学内容也完全的儒学化了，他主张以“六艺”培养人才。他认为各经所起的教育效果不同，六部教材都有重要的教育价值

续表

要点	具体内容
教学方法	①强勉努力。学习本身是件艰苦的事情，并不是每一项学习内容都令人感兴趣。董仲舒认为教学贵在强勉努力，才能前进，达到“博”与“明”的境地。 ②专心致志。学习必须专一，始终好善求义，才能知“天道”。要真正深人悟解，体会精微，必须虚静。他认为这是受天赋能力的限制所决定的。只有心志专一，才能保持高度的学习和工作效率，精力集中为认识深人创造条件。 ③精思要旨。董仲舒要求学者在学习经书时，要精心深人思考，从微言之中把握大义。他还要求教师在教学艺术修养上达到“圣化”的出神入化的境界

6. 对董仲舒教育思想的评价

董仲舒的这三大建议适应了当时政治、经济、文化教育发展的需要，被汉武帝采纳，促进了汉代思想的统一和文化教育的发展，结束了春秋战国以来的百家争鸣的现象，并对中国整个封建社会思想和文化教育产生了深远的影响。

考点五、王充的教育思想

1. 生平和思想特征

东汉时期的王充(27～97年)，不屈从于任何学术权威，面对“紫朱杂厕、瓦玉集糅”的学术现实，他继承了先儒的怀疑主义传统，同时发展了扬雄、桓谭等人的唯物主义无神论，以一种独立的“疾虚妄”、辨是非的批判精神，撰写《论衡》一书，对谶纬化严重和崇古宗圣的经学学风以及僵化教条、缺乏创造性的经学教育进行了深刻的学术批判，以期“锋轻重之言，立真伪之平。”他具有强烈的批判精神，提出“天道自然”“万物自生、万物一元”等观点。

2. 论人性和教育的作用

表4－8　论人性和教育的作用

要点	具体内容
教育与人性的改良	①对人性形成过程有自己的看法。他认为决定人性的因素有三个方面，它们分别是：正性，随性，遭性。他也将人分为三个等级，即善、恶，以及两者之间善恶难分的部分。 ②充分肯定了教育的作用。他强调胎教能够保证胎儿发育阶段内外环境的和谐，让出生后的幼儿在走向自身发展的道路之前有个良好的起点。 ③教育还能决定人性的发展方向。教育不仅可以改造人性，更是人类实现自身价值的必然途径
论教育对改造社会的作用	王充认为，世界上存在着各种各样的力，其中最容易被人忽视的力量，便是知识的力量。王充还认识到教育在发挥社会作用时所表现的隐效性，他认为，有些事本身好像不产生任何效益，但它们是那些直接产生效益的事业赖以存在和发展的基础。这里，王充极其深刻地揭示了教育作为其他教育事业基础的作用

3. 培养“文人”和“鸿儒”的教育目标

(1)王充之所以把培养“文人”和“鸿儒”作为最高的教育目标，重视的应该是创造性思维能力、兴论立说的学术类、政治类人才的培养。因为儒学被定为一尊后，在东汉前期光武帝、明帝、章帝三朝得到迅猛发展，士人习以为常地去注释经书，阐发经义，但很难从根本上去思索经书所言是否合理，当然更难以有创意。王充明确提出教育的目的在于培养“才智开通”“精思著文”，且具有一定的社会理想，在自我完善的同时，也能促成社会完善而有独创精神和实际才干的人才，是有一定的针对性的。

(2)王充将人才分为四等：能说一经者为儒生；通览书籍而不能古为今用者为通人；能博学强记、出谋划策者为文人；能精思著文、联结篇章者为鸿儒。“儒生过俗人，通人胜儒生，文人逾通人，鸿儒超文人。”

(3)培养目标是后两种人，即文人和鸿儒。文人是行政人才，鸿儒是理论学术人才。

(4)把培养杰出的政治人才和学术人才作为教育的最高目的，首次明确地提出教育应培养创造性的学术理论人才。

4. “博通百家”的教育内容

(1)王充认为不仅儒家学术有益于政治，诸子百家的学说同样需要学习。

(2)王充反对狭隘的专经研究和学习，力主“博通古今”，但多闻多识的学习价值“不徒诵读”，而在“学为世用”，劝善惩恶、治世济民。所谓“人有知学，则有力矣”。

5. 论学习

表 4－9　论学习

要点	具体内容
学知与闻见	①王充认为所谓“圣人”的“独见之明，独听之聪”，都是建立在一定的经验凭据的基础上，所以圣人过人的料事能力并不是“不学自知，不问自晓”，而是他们积累了比常人更为丰富的可以作为“准的”的经验和知识。 ②“闻见”是圣人积累经验知识的一个基本手段。一方面要留心周围的事物，注意积累生活经验；另一方面广闻博览，通过书本或其他间接途径吸收他人的生活经验、他人的思想，接受间接知识
思考与求是	①王充强调不仅要有经验和知识，还要将知识转化为分析解决问题能力的过程。 ②王充还认为，许多书本中的知识是经过夸张歪曲、虚伪失实的，因此分辨知识真伪的一个行之有效的方法是坚持“效验”“有证”的原则，要使立论成立不仅仅要有雄辩的推理，更要有事实的根据，有实践的检验，“事莫明于有效，论莫定于有证”
“问难”与“距师”	①王充认为要获得真正的知识，必须打破唯师是从、唯书是从的心理，打破崇拜古人，崇拜权威的心理。要敢于提出疑问，对于明显的错误，要敢于否定，敢于批判。 ②王充看到一般人之所以唯书是信，主要是懒于用心思索，唯师是从，只求禄利不肯或不敢有所创见。他因此提倡“师弟子相诃难”，进而提出“距师”的教育命题，指能够抗拒教师不正确的观点学说，不一味盲从教师。 ③“师弟子相诃难”的学风便是对这一学习思想的运用。通过激烈辩论充分调动师生双方的思维积极性。 ④“距师”不仅需要摒弃师法、抗拒世俗的勇气，更需要刻意追求学术真谛的志向和勤思索的精神，才能真正做到从道不从师、尊道而距师

6. 对王充教育思想的评价

王充的教育思想以鲜明的批判精神为特征，尤其是他“不避上圣”的风格具有强烈的学术民主精神。在章句和谶纬神学弥漫整个社会的时候，他敢于破除传统，批判权威，给人以耳目一新之感，在一定程度上起到了解放思想的作用。

4.2 课后习题详解

1. 评述秦朝的文教政策与措施。

答：秦朝的文教政策与措施主要有：

(1)统一文字

有利于统一政令的推行和各地间的文化交流；有利于汉字走向统一，规范化，定型化；同时文字的统一，对中国文化和教育的发展有重大意义，对维护中国统一，形成中华民族统一的文化心理也有不可忽视的作用。

(2)严禁私学

具体表现为焚书坑儒。在一定程度上加强了思想的统一，满足加强中央集权的君主专制政治的需要。它也是文化专制和愚民政策的反映，不利于文化的发展，堵截了文化传播的途径。

(3)吏师制度

进一步加强思想统一，使法家思想深入人心，使教育上出现了一种法律之外无学，官吏之外无师的局面。但人为地官师合一，取消了专职教育，是教育发展史的一大倒退。

2. 汉朝文教政策是如何演变的?

答：汉朝文教政策演变包括两个阶段：

(1)汉初的文教政策

汉武帝时，经济得到了恢复和发展，政治上出现了统一的局面(平息了各侯国的动乱)，当时迫切需要巩固这个局面，这就需要最适用的上层建筑来为当时的政治服务。汉武帝总结了自战国以来的统治思想、经验，尤其是总结了秦和汉初几十年的经验后，决定采纳董仲舒提出的“独尊儒术”思想。随着政治思想的转变，汉初文教政策也与秦朝截然不同。包括以下几个方面：

①重视知识分子作用

汉初几位皇帝对知识分子都比较重视，汉文帝尤为突出。知识分子的地位提高了，在政治上也有了施展宏图的机会。

②允许开办私学

汉代初年，尚无太学的设立，汉武帝接受董仲舒、公孙弘等的建议，于元朔五年(前124年)下诏在长安设太学，置博士弟子，同时令郡县察举孝廉秀才，供朝廷选用。当时的太学，由太常选年十八以上，仪状端正者五十人，随博士学习。

③废除“挟书律”

惠帝四年，宣布废除“挟书律”，在法律上为儒家的发展除去了障碍。汉文帝、汉景帝时，虽然信崇道家那套“无为”政策，但所用儒生逐渐增多，对于宣传儒家思想发挥了一定的作用。允许人们自由收藏、携带、讨论《诗》《书》。学者开始传写、抄录书籍。

(2)汉武帝“独尊儒术”的文教政策

汉朝首先提出“独尊儒术”思想的是董仲舒。他是汉朝最负盛名的儒家学者之一。其独尊儒术文教政策内容如下：

①“推明孔氏，抑黜百家”

汉高祖曾以最高祭礼祭孔丘，尤其汉武帝以后各皇帝都尊孔祭孔。于是各级学校每年都举行祭孔仪式，尊孔与读经结合在一起成为封建社会有力的统治工具。

②兴太学以养士

公元前 124 年（汉武帝元朔五年）开办太学，以研究弘扬儒家经学，造就儒术治国人才。目的是保证封建国家在统治思想上的高度统一和改变统治人才短缺的局面。

③重视选举，任贤使能

董仲舒提出专立五经博士、开设太学、完全确立察举制三项建议被汉武帝采纳。

3. 概述汉朝学校教育制度发展的基本情况，并对其历史地位进行评价。

答：汉朝为我国封建社会学校教育制度的发展和完善奠定了基础。汉朝的学校有官学和私学，官学分为中央官学和地方官学两种，私学按其程度可分为书馆和经馆两类，在我国学校教育制度发展中具有重要地位。

（1）汉朝学校教育制度的基本情况

①官学

a. 中央官学：主要为太学，汉武帝时期，公孙弘奏请为五经博士设立博士弟子，这就是中国历史上出现的第一所太学。博士，即是太学的教师，博士弟子，即是太学的学生，东汉称谓“诸主”或“太学生”。其性质是为国家培养“经明行修”的官吏；使用御定统一的教材，即孔丘删订的儒家经典——“五经”；传经必须遵守“师法”和“家法”；建立了定期的考试制度。

b. 鸿都门学：创设于东汉灵帝，是中国古代最早的一种传授书法绘画艺术的专科学校，由三公推荐入学，其设置、招生、任官均与太学不同，是宦官集团培植私人势力的场所，有政治斗争的背景。

c. 宫邸学：可分为两种，一种是政府专为皇室及贵族子弟创办的贵胄学校，如专为外戚子弟办的四姓小侯学；另一种是以宫人为教育对象的宫廷学校，为邓太后所办。

d. 地方官学：汉代地方官学称为郡国学，汉代行政建制以郡国为单位，郡直属朝廷，郡下所辖为县、道、邑、乡，国是分封给各王族的管辖区。郡国学的教师称为郡国文学官，或称郡文学、文学师、文学祭酒等，学生称文学弟子或郡学生。汉代地方官学的主要任务在于奖进礼乐，推广教化，不是像今天经常进行教学的学校。

②私学

a. 初级程度的蒙学：教师称“塾师”，教学以识字、习字为主，并且有了比较适用的教材，初级程度的蒙学还有“乡塾”，“乡塾”的教师称“塾师”或“孝经师”。

b. 高级程度的专经研习：汉代的“经馆”“精舍”“精庐”等多属专经研习阶段的私学，这类私学，有的设在经师家里，也有经师带领弟子在外传授的。

（2）对其历史地位的评价

汉朝从中央到地方兴建起来比较完整的学校教育体系，从最高学府的太学到地方郡国学，培养了大批人才，巩固了汉朝的统治。

①太学将培养人才和选拔人才结合在了一起，解决了人才缺口问题，从中央到地方的

学校体系，促使各种类型人才的培养和完善，保障人才的来源。

②汉朝对私学的发展比较宽容，促进了私学的发展，使其对儒家思想的发展起了重大的推动和促进作用，经学教育的流行使得儒家思想在汉朝的思想体系中居于统治地位，保障了思想的统一和汉朝政权的巩固。

③鸿都门学不仅是中国最早的专科大学，而且也是世界上创立最早的文艺专科大学。在独尊儒术的汉代，改变以儒家经学为唯一教育内容的旧观念，提倡对文学艺术的研究，是对教育的一大贡献。

4. 评述汉朝经学教育的基本特点。

答：经学教育是以儒家经典及对经书的阐发为内容的教育。汉朝经学教育的基本特点如下：

(1)今古文经学呈融合趋势

在王权的扶植下，汉代经学逐渐有了强制性的统一规范，但在各异思想观点的辩论、争议过程中，汉代经学教育逐渐形成了问难论辩、思想批判的传统。激烈的学术论争也促使各学派不断充实和完善自己的学说，为后学者提供了比较与鉴别的条件，最终打破宗派门户界限。实现今、古文各家经学融合的，是东汉末年的经学家郑玄。郑玄所注的经书打破了汉朝经学学派林立，门户森严的局面，并力求简洁明了，受到当时学术界的广泛推崇

(2)重视师法、家法

汉朝经学教育中多采用章句的形式教学，章句实际上是经师教学所用的讲义。汉代经学教育极推崇师传，师传的重要性首先是由当时的学习条件决定的，因为西汉以前，书写材料为竹木简册和丝帛，简册制作不易、携带不便，丝帛成本又太高，因此书籍是很珍贵的，非一般人能随意获得。除少数有条件藏书者外，学生自学是极为困难的，获得书本知识的关键在于师传。

(3)师法、家法起阻碍作用

师法、家法体现于章句之中，今文经学者多擅长章句之学，一方面，后学者既要严守先师的经说，又要力争自立成家，于是在继承先师章句的基础上极力扩充自己的经说内容；另一方面，由于章句的形式便于经师旁征博引，阐释发微，因此章句的篇幅便越来越长。章句之学和师法、家法的结合，严重地阻碍了学术的交流，导致经学教育中宗派性和封闭性加强，浩繁的章句也成为学者沉重的负担。

(4)儒学与政治关系密切

儒学作为一个古代政权的主流思想确立在汉代，汉代的政治需要长久的稳定选择了儒学，但是又在政治制度等多方面向儒学靠拢，也反之推动了儒学的发展，以至于在中国千年的封建王朝中政治制度的塑造都充满了儒学的影子。政治制度、政治思想、法律思想、法律制度都是往儒学进行靠拢，儒学在一个时代的发展也是呈现一个漫长的过程。

5. 评述董仲舒教育思想的基本内容和历史影响。

答：董仲舒(公元前179～前104年)，广川(今河北景县境内)人，西汉最著名的今文经学大师。提出了“君权神授”和“王道三纲”的理论主张，为西汉政治、经济和文化教育政策的制定提供了重要的理论依据。

(1)教育思想的基本内容

①《对贤良策》和三大文教政策

董仲舒的这三大建议适应了当时政治、经济、文化教育发展的需要，被汉武帝采纳，促进了汉代思想的统一和文化教育的发展，并对中国整个封建社会思想和文化教育产生了深远的影响。

a. 统一思想，独尊儒术。

b. 设立太学，用以培养人才和推行教化。

c. 重选举、以选用贤才。

②论教育在人发展中的作用

董仲舒认为性包含性与情两种成分，性属阳，是仁的、善的；情属阴，是贪的、恶的。而善的成分并非就是善德，它必须通过教育，才能继续发展成为人的善德，即所谓“性非教化不成”。在董仲舒看来，人有上、中、下三等，即有圣人之性、中民之性和斗筲之性之别。董仲舒所关注的是中民之性。

③论道德教育

董仲舒认为德教是立政之本，以“三纲五常”为核心的道德教育内容，道德修养的原则与方法有：确立重义轻利的人生理想；“以仁安人，以义正我”；“必仁且智”。

④论教学内容和方法

a. 教学内容

董仲舒重视教学，他说：“君子不学，不成其德。”教学的主要任务，在于培养德性。从“独尊儒术”的思想出发，董仲舒所提倡的教学内容也完全的儒学化了，他主张以“六艺”(《诗》《书》《礼记》《乐》《易》《春秋》)培养人才，各经所起的教育效果不同，六部教材都有重要的教育价值。

b. 教学方法

董仲舒在教学方法上没有系统的论述，他强调学习者应该尽主观努力，才会学有成就。具体的方法有：强勉努力；专心致志；精思要旨。

(2)历史影响

董仲舒是一位对汉朝政策，特别是文教政策产生重大影响的人物。董仲舒的这三大建议适应了当时政治、经济、文化教育发展的需要，被汉武帝采纳，促进了汉代思想的统一和文化教育的发展，结束了春秋战国以来的百家争鸣的现象，并对中国整个封建社会思想和文化教育产生了深远的影响。

但是，当统治者开明时，文教政策就可以发挥教育的社会功能作用，促进社会文化教育与经济发展。当统治者端专制，文教政策流于形式僵化时，就阻碍文化教育的发展。如秦朝的焚书坑儒、明清的文字狱及烦琐严酷的学规，使知识分子的文人气节荡然无存，成为不问政治，唯喏迂腐的书呆子。文化专制桎梏了人们的思想，而钦定儒学经典为教材的教学内容，腐败的科举制度限制了人们的创造思维的发展。

6. 评述王充教育思想的基本内容和特征。

答：东汉时期的王充(27 ~ 97 年)，不屈从于任何学术权威，面对“紫朱杂厕、瓦玉集糅”的学术现实，他继承了先儒的怀疑主义传统，同时发展了杨雄、桓谭等人的唯物主义无神论，以一种独立的“疾虚妄”、辨是非的批判精神，撰写《论衡》(约218000多字，实有84矗)一书，对谶纬化严重和崇古宗圣的经学学风以及僵化教条、缺乏创造性的经学教育进行了深刻的学术批判，以期“锋轻重之言，立真伪之平。”他具有强烈的批判精神，提出“天道自然”“万物自生、万物一元”等观点。

(1)教育思想的基本内容

①教育的作用

a. 教育与人性的改良

王充充分肯定了教育的作用。他强调胎教能够保证胎儿发育阶段内外环境的和谐，让出生后的幼儿在走向自身发展的道路之前有个良好的起点；同时，教育还能决定人性的发展方向；教育不仅可以改造人性，更是人类实现自身价值的必然途径。

b. 教育对改造社会的作用

王充重视知识的力量，认为“筋骨之力，不如仁义之力荣也”。世界上存在着各种各样的力，其中最容易被人忽视的力量，便是知识的力量。王充还认识到教育在发挥社会作用时所表现的隐效性，他认为，有些事本身好像不产生任何效益，但它们是那些直接产生效益的事业赖以存在和发展的基础。这里，王充极其深刻地揭示了教育作为其他教育事业基础的作用。

②培养“文人”和“鸿儒”的教育目标

王充之所以把培养“文人”和“鸿儒”作为最高的教育目标，重视的是创造性思维能力、兴论立说的学术类、政治类人才的培养。因为儒学被定为一尊后，在东汉前期光武帝、明帝、章帝三朝得到迅猛发展，士人习以为常地去注释经书，阐发经义，但很难从根本上去思索经书所言是否合理，当然更难以有创意。王充明确提出教育的目的在于培养“才智开通”“精思著文”，且具有一定的社会理想、在自我完善的同时，也能促成社会完善而有独创精神和实际才干的人才，具有一定的针对性。

③“博通百家”的教育内容

王充反对狭隘的专经研究和学习，力主“博通古今”，但多闻多识的学习价值“不徒诵读”，而在“学为世用”，劝善惩恶、治世济民。所谓“人有知学，则有力矣”。从某种意义上说，现实的知识比书本知识更为重要。

④论学习

a. 学知与闻见

王充认为所谓“圣人”的“独见之明，独听之聪”，都是建立在一定的经验凭据的基础上，圣人过人的料事能力并不是“不学自知，不问自晓”，而是他们积累了比常人更为丰富的可以作为“准的”的经验和知识。

“闻见”是圣人积累经验知识的一个基本手段。“圣人”一方面留心周围的事物，注意积累生活经验；另一方面广闻博览，通过书本或其他间接途径吸收他人的生活经验、他人的思想，接受间接知识。

b. 思考与求是

经验和知识是形成个体分析解决问题能力的第一性因素。王充认为，分辨知识真伪的一个行之有效的方法是坚持“效验”“有证”的原则，要使立论成立不仅仅要有雄辩的推理，更要有事实的根据，有实践的检验，“事莫明于有效，论莫定于有证”，强调“以心原物”“是非者、不徒耳目，必开心意”。而且，许多书本中的知识是经过夸张歪曲、虚伪失实的。

c. “问难”与“距师”

王充认为，要获得真正的知识，必须打破唯师是从、唯书是从的心理。要打破崇拜古人，崇拜权威的心理。王充看到一般人之所以唯书是信，主要是懒于用心思索，唯师是从，只求禄利不肯或不敢有所创见。他因此提倡“师弟子相诃难”，进而提出“距师”的教育命题，“距”又通“拒”，指能够抗拒教师不正确的观点学说，“距师”就是指不一味盲从教师。

(2)特征

王充的教育思想以鲜明的批判精神为特征，尤其是他“不避上圣”的风格具有强烈的学术民主精神。在章句和谶纬神学弥漫整个社会的时候，他敢于破除传统，批判权威，给人以耳目一新之感，在一定程度上起到了解放思想的作用。

4.3　考研真题与典型题详解

一、概念题

1. 文翁兴学[北京师范大学 2022 年研]

答：文翁兴学是西汉最早兴办地方官学之举。文翁自景帝末为蜀郡(今四川)太守，及武帝设五经博士，因感蜀地偏僻，有蛮夷风，欲激励后进，乃从郡县小吏中，选拔张叔等开明有才者十余人，派遣至京师，受业于博士，或学习律令。减省太守府私人用度，购置土产馈赠博士。数年后，蜀生学成还归，皆予重用，并向朝廷荐举，有官至郡守、刺史者。又兴建官学于成都市中，招收郡治以外四郊属县子弟。学生均免除徭役。其才学高者补为郡、县属吏，次等的亦可获孝悌力田的荣誉称号而享受种种优待。平时常选学生至官衙，就便座协理政务。每出行巡视各属县，多以诸生中明经学、有德行者为随从，使之出入于官府内外，传送教令。吏民见诸生荣耀显达，争欲为之，至有不惜出重金以求入学为弟子者。蜀地于是教化大行，形成好文雅的习俗风尚，集于京师的学者之多，亦不亚于文化先进地区。武帝令天下郡国皆立学校，即为文翁兴学的推广。蜀民为其立祠堂，岁时祭祀不绝。至唐代，其祠堂尚在成都城内。

2.《对贤良策》[北京师范大学 2015 年研]

答：《对贤良策》是董仲舒针对汉武帝的策问所做的答对。在答对中，董仲舒较系统地阐述了自己的政治思想与教育思想，在教育思想上，董仲舒主要针对文教政策提出三点建议：①罢黜百家，独尊儒术。董仲舒建议汉武帝，要使国家强大，首先要统一思想，国家政策和文化教育均以儒术为本，以儒家经典为教育内容，用严格的师法代替自由讲学，书本知识在教学中占重要地位，长句古训代替了对现实问题的探讨。②立五经博士，兴办太学。实行设太学以养士，以落实独尊儒术的教育政策。为五经博士设置弟子，标志着太学正式成立，以经学教育为内容的中国封建教育制度正式确立。③行贡举以选士。依据考试成绩的优劣分配职位是对太学养士选材的补充，保障了读书做官，以儒取士的落实，是科举制度的先导。

3. 鸿都门学

答：鸿都门学是经过两次党锢之祸后，宦官为了培养拥护自己的知识分子，在公元178年(灵帝光和元年)创办的与太学对抗的新大学。因校址设在洛阳的鸿都门，所以名叫鸿都门学。从教育上看，鸿都门学提倡文学艺术的研究。学习辞赋、小说、公文、书信、字画等等。并且提拔出身微贱的豪强，是有一定进步意义的。鸿都门学是世界上最早的文学艺术专门大学。汉灵帝不顾士族反对，打破以儒家经典为大学唯一的教学内容的旧观念，坚持办起鸿都门学，这不能不说是对教育上的一大贡献。鸿都门学突破了独尊儒术的樊篱，而为以后，特别是为唐代各种专门学校的建立开辟了道路。

4. 次相授业法

答：次相授业法是汉代私学所采用的一种转相授受的教学方法，汉代高等私学一般称“精舍”“精庐”。汉代高等私学经师身份大致有二：一是官吏兼经师，所谓“居官教授”；二是经学专门家，所谓“隐居教授”，经师们的教学风度颇有不同，生徒身份也有区别，有及门弟子和著录弟子之分。及门弟子，指亲自到精舍，向经师问学，直接从师受教的学生；著录弟子，是列名某一经师门下，有师弟子之名分，但不必亲自来受业，没有授受经学之实的学生。史书记载，有的经师门下，著录弟子达数千人或万余人。即使是及门弟子，人数若太多，经师也不得不采用高年级学生教低年级学生的办法，使弟子次相授业。这种弟子间转相授受的办法，非常流行，形成了以名儒讲诵为主、弟子们转相授受为辅的教学方法，由此可以说汉代的私学教学还是个别教授。

5. 汉代太学

答：汉代太学是汉代设在京师的中央官学。为了培养和选拔精通儒经并能“尊王明伦”的治术人才，汉武帝采纳董仲舒的建议，罢黜百家，定儒于一尊，于建元五年，即前136年在长安立太学，设五经博士。元朔五年，即前124年置博士弟子。西汉博士以名流升任，东汉须经过考试，弟子入学，一由太常于京师地方直接挑选“年十八以上，仪状端正”者；一由郡国选送“好文学、敬长上、肃政教、顺乡里、出入不悖”者。汉代太学没有规定修业年限，只要通过了考试就可以毕业授官，汉武帝时一年一考，东汉时改为两年一考。太学作为汉代的最高学府，统治者十分重视，形成了视学的传统。

6. 焚书坑儒

答：焚书坑儒是秦代统制文化学术、镇压知识分子的事件。秦始皇三十四年(前213)，博士淳于越抨击秦不师古，而废分封之举。丞相李斯予以驳斥，认为古今异治，三代之事不是法。进而建议：史书非秦纪皆烧之；非博士官所职，所有《诗》《书》及诸子百家书，一律上交守尉焚毁，惟医药、卜筮、种树之书除外。此议获准，于是民间所藏书籍多被付之一炬。次年，有侯生与卢生相与攻击秦始皇，后逃亡，始皇闻之大怒，使御史拿问诸生，将其中犯禁的四百六十余名方士及儒士坑于咸阳，并告之天下。后世多认为这是秦代暴政的一条主要罪证。

7. 经今古文之争

答：经今古文之争是汉代儒家经学两大派在学术和争立学官问题上的争论。一派所依经籍为当时通行的隶书书写的，故称经今文学；另一派所依经籍据称为发掘出的先秦古文字本，故称经古文学。两派所据经籍，不仅书写字体和字句篇章不同，在治经观点方法和传经学统宗派上亦不同。今文经学师传严守师法家法，重在探索经籍的“微言大义”，为汉政权服务。经古文学重在训诂考索经籍文字典故。前者把持西汉太学，先后立博士14家，后者多在民间传授。西汉末年，刘歆议立经古文学官，招致经今文学博士激烈反对，两派之争自此开始。新莽时和东汉初，经古文学几度跻身博士之位，亦均未能成为官方显学，但在学术上则逐渐居于上风。东汉末年，郑玄不守经今古文的家法，博学多闻，以经古文学为主干，并吸收经今文学某些观点而遍注群经，参互各说，以成一家之言，在一定程度上实现经学的统一，经今古文之争遂告一段落。

8．设科射策

答：设科射策是汉代太学采用的考试形式。“策”是指教师（主考）所出的试题。所谓“射”，是以射箭的过程来形象描写学生对试题的理解和回答过程；“科”则是教师用以评定学生成绩的等级标记，从优到劣依次分为甲科、乙科（有时也细分为甲、乙、丙三科或上第、中第、下第等）。学生所取得的实际等级是将来授官的依据，通常甲科（上第）为郎中，乙科（中第）为太子舍人，丙科（下第，通两经）为文学掌故，下等（不能违一经）和不勤学者要被黜令退学。太学以此鼓励士人博通儒家的“五经”。

二、简答题

1．简述西汉“独尊儒术”的文教政策。［浙江师范大学2015年研］

答：西汉董仲舒首先提出“独尊儒术”思想，他站在儒家的立场上，从《春秋》大一统的观点出发，确立了“罢黜百家，独尊儒术”的文教政策，汉武帝采纳了董仲舒的建议。“独尊儒术”文教政策的基本内容包括：

（1）设五经博士

汉武帝设置五经博士，此后，博士的职位就只有被官方认可的儒家五经大师才能担任，其他学派虽然没有像秦代那样被明令取缔，但已不能取得官方学术的地位了。

（2）建立太学

由朝廷为五经博士选置弟子，有固定的名额和选拔标准，并享有官方给予的待遇，博士弟子制的设置标志着汉代太学的建立。学习儒经者日益增多，并逐渐成为一种社会风尚。

（3）以儒术取士

汉武帝时逐步确立了以察举为主的取士制度，在取士的标准上，强调精通儒术和具有儒家伦理道德修养。察举最盛的孝廉科，就是选取具备儒家的“孝”“廉”美德的人士，而明经科则是专取通晓一门儒经的学者。

（4）视学制度

汉代帝王对其最高学府太学非常重视，有时亲临太学视察，有时指令要员视察太学。东汉时，皇帝视学成为一种制度。视学时要举行各种隆重的仪式，要召集博士讲论五经，有时还要考查学生的学业，还要与师生欢聚。为了弘扬儒学，皇帝在每次视学时，还要聚众宣讲。

“独尊儒术”文教政策的确立，使国家政策和文化教育皆以儒术为本。汉武帝用功名利禄来诱导士人研习儒家经典，大大激励起士人的学习积极性，儒学取得了独尊的地位，得到了广泛的传播，长期成为中国封建社会的正统思想，绝对控制了教育事业，对后世封建社会的教育产生了深远的影响，巩固了封建统治阶级的利益。但是，儒学独尊，必然黯淡了其他学派的光芒，士人都将精力投注于儒学，最终使儒学越来越精致，衍生的条框束缚也越来越多，从而走向了极度保守。

2. “教，政之本也；狱之末也”表达董仲舒什么教育思想?

答：“教，政之本也；狱之末也”是汉朝董仲舒在《春秋繁露》中的论述，表达了他重视儒家学说，强调儒家道德教育的思想。

(1)“教，政之本也；狱之末也”。政教即德教，是软的一手；狱即刑罚，是硬的一手。两手软硬兼施，本末并用、缺一不可，但又非平均用力，而是德主刑辅，共同服务于政，充当政的工具。

(2)董仲舒强调教育在人发展中的作用，他几乎把一个国家的治乱兴废都归之于礼乐教化。他强调政治上首要的事情就是“德教”。王者最重要的任务就是教化。他强调教育的社会作用，指出要用“三纲五常”的封建道德，对人民加强思想统治，使他们自觉地听从地主阶级的剥削和奴役，达到“变民风，化民俗”“万民正”的目的。他认为如果不在政治统治中强调教育的作用，民众就会为了追求利益，铤而走险，便会形成如同洪水一样的灾难。教育就是要起到提防社会“奸邪”的作用。

3. 王充对学习有哪五点重要论述?

答：王充是东汉的哲学家与教育家，他关于学习有非常精辟而独到的论述，值得后世借鉴。

(1)重视学习的作用。王充提出了“在化而不在性”的观点，重视学习与教育的作用。他认为性可以变化，人性善可变性恶，恶也可变善，重要的是教育。

(2)确定鸿儒为学习的目标。王充把鸿儒作为学习的目标。鸿儒博古通今，又能著书立说，是社会的有用之才。他认为当时经学教育之下的“章句之生”对社会没有用处。

(3)重视知识的力量。王充反对先验论。他反对认为圣人能前知千岁、后知万世的说法。他认为人只有经过学习，拥有知识才有力量。

(4)教学过程分为见闻为和开心意。王充认为教学过程应包括“见闻为”的感性阶段和“开心意”的理性阶段。前者指学生要通过所闻所见来获得感性知识；后者指要把感性知识加以深化提高。

(5)以“效验”来考查学习效果。王充的“效验”是以实际效果来检查知识真伪的论证功夫。他认为认识和理论必须符合客观事实，必须通过实际效果来检验。

4. 简述独尊儒术政策对中国教育的影响?

答：“罢黜百家，独尊儒术”是汉武帝为了加强封建中央集权制而在思想文化领域内实行的专制政策，这一政策由董仲舒提出，被汉武帝采纳施行。从此，儒学取得了唯我独尊的地位，并长期成为中国封建社会的正统思想。独尊儒术对中国教育的影响如下：

汉代统治者在思想文化领域内实行“罢黜百家，独尊儒术”的政策，不但对汉代的教育，而且对汉以后整个封建社会的教育，都有极大的影响作用。汉代实行“独尊儒术”的结果，无论对养士还是选士均有极大的影响。这种影响可以用四句话加以概括：兴官学以养士，重选举以取士，养士皆学儒经，取士皆选儒生。其对教育制度的影响有积极影响也有消极影响。

（1）积极影响

①独尊儒术政策实施后，国家政策和文化教育皆以儒术为本，儒学成为统一的指导思想。并根据这个指导思想，培养人才，选拔人才，对人民加强思想教化。在这个政策指导下，儒经受到了极大的尊崇，并有了广泛的传播。经学的昌盛有力地推动了学校教育的发展，教学目的、内容及教材空前地统一起来，学校教育基本上成了经学的教育。这是汉代教育的重要特点，对后世封建社会的教育产生了深远的影响。

②独尊儒术政策不仅有利于巩固集权主义的统治，还有利于维护封建国家的稳定。可见，在当时的条件下，儒家学说思想较为适应封建统治阶级的需要。

（2）消极影响

①儒学占据正统思想地位，必然黯淡了其他学派的光芒，久而久之，原本一些很有特色的思维方式不仅不得光大，甚而渐渐失传，大大压缩了中国人的哲学思维空间。

②独尊儒术使得士人都将精力投注于儒学，最终使儒学越来越精致，但其衍生的条框束缚也越来越多，这种文化因成熟过度而走向了极度保守，使中国在向近代科学迈进时步履艰难。

第5章　魏晋南北朝时期的教育

5.1　复习笔记

【知识框架(庖丁解牛)】

- 魏晋南北朝时期的教育
  - 魏晋的学校教育
    - 三国时期的官学教育
    - 两晋时期的官学教育
    - 魏晋时期的私学教育
  - 南朝的学校教育
    - 宋与齐的官学教育
    - 梁与陈的官学教育
    - 南朝的私学教育
  - 北朝的学校教育
    - 北朝的中央官学
    - 北朝的地方官学
    - 北朝的私学教育
  - 魏晋玄学教育思潮
    - 以顺应天性自然发展为教育旨归
    - 以“真性”“无为”为理想人格
    - 顺应自然的道德教育论
    - 魏晋玄学教育思想的历史贡献
  - 傅玄的教育思想
    - 论教育的地位与作用
    - 论学校教育
    - 论道德教育
  - 颜之推的教育思想
    - 论士大夫教育
    - 论儿童教育
    - 论学习态度和方法

【考点剖析与拓展(游刃有余)】

考点一、魏晋的学校教育

魏晋时期封建门阀制度高度发展，选士制度保证士族优先做官的权利，这对学校教育有消极影响，挫伤了人们求学的积极性。儒学衰微，“魏晋经学”注重义理之学，吸收佛、玄思想，注经力求简洁明了，标举大义，对学校教育产生了很大的影响。在此影响下，魏晋时期的学制体系也发生了变革。

1. 三国时期的官学教育

表5－1 三国时期的官学教育

要点	具体内容	
魏的学校教育	背景	魏政权建立初年，对文教事业开始加以重视。官学设置承袭汉制
	太学	①曹魏统治者重视儒术，使其为维护统治服务，相继采取了一系列崇儒措施，使太学得到初步恢复。 ②魏文帝制定“五经课试法”，使考试与选拔统一起来，这是在东汉的以通经多少来决定官员升迁的考课制度基础上形成的，但把学校教育与文官选拔考试统一起来是魏与东汉的不同之处。 ③魏太学虽兴办数十年，但其始终未能较大地发挥育才的功能。其原因一是学官遴选不精，生员择取不严；二是学官升迁及官员考选制度有弊，挫伤了教师和学生的积极性
	地方官学	①魏时太学生增到几千人，但其中有许多是为避役而来，太学的质量越来越差。魏也曾设置官立乡学，但无甚起色。一些地方官员中的热心者仍然兴学。 ②行政官不热心者，学官及学校均为虚设，有名无实
	律学	①曹魏在教育制度上的新发展是律学的创办。 ②227年，依尚书卫觊所请，于廷尉属下设律博士。 ③这是我国律学设置的开端，打破了经学一统的局面
蜀与吴的学校教育	蜀、吴两国也有兴学之举，并分别有其中央官学与地方官学。 ①蜀国：原为汉时文翁创立郡学的地方，教育原有一定的基础。刘备入川后，又兴办了太学，并任命谯周为典学，主管益州的教育。 ②吴国：230年孙权下诏立都讲祭酒，对诸子进行教诲；至258年，立学校，文武官吏子弟有志者皆可入学；吴国有些地方官也提倡办学，聘请儒生教部下子弟、将吏子弟	

2. 两晋时期的官学教育

表5－2 两晋时期的官学教育

要点	具体内容	
西晋的中央官学	太学	西晋太学是曹魏太学的继续与发展，其规模不逊色于两汉太学
	国子学	①除继续兴办传统的太学外，还创办了旨在培养贵族子弟的国子学。 ②这是我国古代在太学之外，另外设立一所传授同样内容的中央官学的开始，也是西晋教育制度的一个主要特点。 ③国子学的设置，使中央官学多样化，等级性更明显
东晋的中央官学	①在东晋统治的100多年间，时有兴学之举。但东晋统治者兴学并不是想通过学校来培育人才，而是想用以粉饰太平。 ②两晋官学的教学内容，以儒家经学占据主导地位。与两汉比较，两晋教育领域几乎为古文经学所覆盖，而今文经学的师法遂归于消亡。 ③造成两晋国学不振的原因除了与曹魏相同的因素外，还突出表现在：学校管理松弛和学官中缺乏名师	

续表

要点	具体内容
两晋的地方学校	①开办主要得力于某些热心的地方长官。 ②由于两晋地方学校绝大多数为地方官员自动设立，因而没有统一规划，经费也无固定来源，这都严重影响了学校的存在和发展。 ③由于没有得到国家制度的保障，一旦热心者调离或去世，这些盛极一时的学校就难逃衰废的厄运
十六国的学校	①北方各国的统治者都崇儒立学，借以取得汉族人，尤其是中小地主的拥护。北方少数民族统治者需要利用儒学进行统治，儒学对于促进少数民族的封建化、汉化、民族大融合都有好处。十六国时佛教盛行，儒学虽有政治上的崇高名义，儒生却只能传授经学，不能反对佛学。 ②此时的学校教育事业由于各少数民族统治者的倡导，仍处于恢复和发展中。 ③虽然它们大多沿袭魏晋的教育模式，并无多大独特性，而且由于战争和佛教的兴盛影响了学校教育，但它们为后来北魏教育的发展奠定了基础。 ④推进了各民族的封建化过程，加速了各少数民族提高文化水平的步伐，在促进各民族的大融合中起了积极的作用

3. 魏晋时期的私学教育

魏晋时期官学教育的发展极不正常，私学成为占主导的教育形式，一方面承继了汉代私学的传统，但另一方面也呈现出时代特色：

(1)私学设置范围延伸至边陲。

(2)授业内容不限于五经，百家之言、文史之学皆在教授之列。

(3)开办的私学多元化，道家、天文、占卜等均有私学。

魏晋南北朝时期官学所以办得不好，首先在于士族大地主控制政权，他们的子孙不入学校学习也能做官，因此他们不积极办官学。其次士族大地主、大官僚怕庶族地主通过官学登上统治地位。再次士族大地主崇尚玄学，反对儒学的礼法约束和烦琐的经学。但私人教育却较繁荣，在质量上和规模上超过官学，成为教育的台柱。这一时期的私学形式，包括著名学者自行开办学馆或者四处巡游讲学，以及士族门阀的家学传承等。

考点二、南朝的学校教育

1. 宋与齐的官学教育

表5-3 宋与齐的官学教育

要点	具体内容	
宋朝学校教育	设四馆	①儒学馆，玄学馆，史学馆，文学馆。四馆并列，各自招收学生进行教学、研究。 ②宋文帝下令在京师开办单科性的四馆，开创了玄、儒、史、文四科教育并立的局面，丰富了中央官学的教育内容和专业设置
	设总明观	①宋明帝开办的总明观中设有道、儒、文、史、阴阳五科(后因阴阳无人而废)。总明观应该近似综合性质的大学和研究院。虽然很快废止，但教育史学家认为这是中国古代大学教育发展史上的一大进步。 ②四科虽与原来的四馆分科相同，但它在四科之上以机构较完备的总明观作为总的领导机构，在管理上要更加完善，也使原来四个单科性质的大学发展成在多科性大学中实行分科教授的制度

续表

要点	具体内容
齐朝学校教育	①南齐的兴学，也与统治者的思想倾向，政治、经济情况直接相关。 ②永明年间，由王俭担任国子学祭酒，使国子学得到了极大的发展，成为南齐儒教与国学最为兴盛的时期

2. 梁与陈的官学教育

表 5－4 梁与陈的官学教育

要点	具体内容
梁朝学校教育	①梁朝于 502 年代齐而立，梁武帝主张儒佛调和，比较注重文教事业，大兴儒学。 ②在政治上重用儒林学者，并下诏令，选官不通一经者不得为官，这种用人制度，有力促进了教育的发展。 ③在学校建设方面也很有建树，中央官学有五所：五馆、集雅馆、国子学、士林馆和律学。 ④505 年设置五经博士，大建校舍，法令上规定入学考试没有等级限制。有不少寒门子弟得以入学，由朝廷供给伙食。学生共达千余人。为了调和士族与寒门的矛盾，后来又设立了国子学。又在各州郡立学，在京城立了孔庙。 ⑤在发展地方教育方面也采取了措施，曾派遣博士祭酒分赴州郡立学，文教事业曾盛极一时。 ⑥梁武帝晚年，国力逐渐衰弱，学校教育也难以发展
陈朝学校教育	①国子学在建制上多因袭梁朝，教学内容深受清谈玄学影响，教学方式也不过以儒经为谈资进行诘辩而已，处于没落衰弱状态。此外，陈还设有太学。 ②梁、陈的专科教育主要是律学，但律学地位较五经低。 ③国学时兴时废，总的趋势是日渐衰落，但儒学并非一统学校，反映文化学术发展的专门学校相继设立，学校类型多样化，为以后的教育繁荣奠定了基础

3. 南朝的私学教育

南朝仍沿袭魏晋时期的社会动乱、朝代更替频繁的特点，因此，官学时断时续，私学展现出勃勃生机，成为传授知识、繁衍学术文化之地。总的来说，私学的特色主要有：

(1)南朝不少私学家逃隐山林，乡居不仕，但却热心于教育；家传成为士族子弟最主要的学习途径。

(2)教学内容多元化。魏晋南北朝的风尚毕竟发生了变化，学术的追求随之变化，玄学、佛教、道教的流行给士族以新的精神寄托。传统儒学注疏形式在当时显然不利于人们情感的自由释放，有的学者以玄学、佛学解经。就非儒学教育而言，以传授史学、文学、道家学说为主的私学也不在少数。

(3)特殊性质的家学得到较大发展。一是家训、家诫之类的撰写极为盛行，颜之推的《颜氏家训》更是家庭教育的代表作；二是家庭(族)教育注意家风培养和家族学术的传承。

(4)学馆兴盛。学馆是魏晋南北朝后期出现的一种新型教育机构，尤其是在南朝，学馆的兴起成为教育兴旺的标志。

考点三、北朝的学校教育

北朝包括了魏、齐、周三朝，而以魏朝的教育事业较为发达。教育的大融合成为民族大融合的一个重要组成部分。

1. 北朝的中央官学

表 5-5 北朝的中央官学

要点	具体内容
北魏中央官学	①拓跋氏魏原是一个由畜牧射猎为业的原始社会刚刚进入封建社会的国家，需加速封建化的进程。因而在文化教育方面也就必须采取崇儒政策，开办学校宣传儒家思想，以加速汉化和封建化的进程。魏道武帝建都平城(大同)后，就立太学，安排五经博士，学生千余人，不久，增至三千人。 ②统治者重视的是贵族的教育，这种情况下，学校教育的实效是非常有限的
北齐中央官学	①只设国子一学，学生只有数十人，学官徒有虚名，生徒学无成效，国学衰落。 ②在学制上的贡献是设置了国子寺。齐建于550年，齐的几代皇帝都是暴君，但都选名儒教自己的儿子。虽下诏复兴学校，但无其实。同时又令郡学立孔庙，为以后州县皆立孔庙之端，对普遍尊孔起了很大作用
北周中央官学	①经学极为兴盛，学制也有创新，学校教育很发达。 ②除了太学，还进行文学教育的麟趾学和相当于小学性质的露门学。 ③除上述学校外，还与南朝一样设有专门学校

2. 北朝的地方官学

(1)北朝学校较南朝发达：一则由于国君的提倡，二则由于时局比较的安定。

(2)北魏建立了州郡立学的制度，且学制完备，但总的教学实效并不理想。

(3)以经学为主要教授内容。虽然北朝佛教、道教很盛，然始终未能超过儒学。因博涉的学风，因此，纯粹的儒门学者很少。官学学官也大多为博学洽闻之士，这是与汉代学风不同之处。

(4)北朝的学校的兴盛时间略长于南朝，而且在地方官学制度的完备方面也强于南朝。但非儒学的发展不尽如人意，比如第三个皇帝周武帝以儒学为第一，灭佛教，释放奴婢，又令各地举贤才。

(5)北朝经学虽比不上南朝，但在政治上仍保持其正统地位，因为北方少数民族统治者也看得明白，要想很好地统治汉族人，就必须兴儒风。

3. 北朝的私学教育

北朝时期私学教育曾一度遭受挫折。公元444年，北魏太武帝曾下诏禁绝私学，但私学反而更加昌盛。北齐给私学发展以更大空间。北周私学依然得到较大发展。北朝私学的发展特点：

(1)私学在学校规模和数量以及设置地域方面胜过南朝。

(2)私学的教学内容进一步拓展。除儒学、天文学等教育内容外，还有医学的传授。

(3)北朝儒学教育较少受玄学影响，对于经典的好尚也与南朝不同。

考点四、魏晋玄学教育思潮

汉魏之际是学术思想发展史上重要的转折时期。玄学是兼融儒道而成的一种新的思想体系，虽然不是一种教育理论，却成为一种教育思潮。“自然”是其教育主张的灵魂，“自然主义”是其主要特征。

1. 以顺应天性自然发展为教育旨归

表 5－6　以顺应天性自然发展为教育旨归

要点	具体内容
概述	魏晋玄学是指魏晋时期以老庄思想为骨架的一种特定的哲学思潮，玄学家大多是当时的“名士”，如何晏、王弼、嵇康、阮籍、向秀、裴、郭象、张湛等。玄学家虽然对于一般的教育原则及教育内部规律无甚兴趣，但在反对传统的儒家教育思想方面却别开生面，富有批判精神
自然无为观	①嵇康等玄学家的观点虽然不一定能与卢梭的自然教育相提并论，但他们在早于卢梭一千六百多年前就提出了“任自然”的教育主张，不能不被认为是中外教育思想史上的一次革命。 ②教育不可能改变人的自然本性，也不需要改变人的自然本性。认为顺应人的自然本性的发展是教育的最终归宿
自然主义教育观	①教育要淡化功利性色彩，尊重人性，遵循个体的身心发展规律。 ②教育要看到个体之间的差异性，顺应个体的自然本性，做到因人而异，因材施教。 ③教育要善于创设适合个体发展的良好环境，不以既定的条条框框束缚个体的发展
评价	①玄学家对于自然本性持肯定的态度则是一致的。 ②合理的教育应是顺应人的自然本性，对个性自由的张扬。 ③教育的本质不是给人外加什么，而是保持其自由畅达的本性

2. 以“真性”“无为”为理想人格

(1)玄学家的理想人格不是儒家世俗性、道德型的“全人”，而是与世无争、无欲无为、精神自由的自然型“圣人”，玄学教育的最高理想就是培养“文明在中，见素抱朴。内不愧心，外不负俗。交不为利，仕不谋禄。鉴乎古今，涤情荡欲”的“至人”。

(2)魏晋士人的审美人格理想，在《世说新语》中有鲜明而生动的体现。嵇康临行东市，神气不变，回顾日影，索琴长弹，不叹生命之将终，而叹《广陵散》之将绝，以本真的人格昭示对虚假名教的鄙夷；刘伶肆意放荡，以宇宙为狭，常乘鹿车，使人荷锸随之，云：“死便掘地以埋”；阮籍为酒求官，送嫂还家，眠于邻妇之侧，曰：“礼岂为我辈设耶?”以诸人傲岸绝俗的个性精神，昭示了对名教束缚的冲决，对生命本真的归复。

3. 顺应自然的道德教育论

(1)道德教育的起源

玄学家的道德教育论有不同的起源，不同学派对于三纲五常一类道德规范(即名教)与自然本性的关系有不同看法。以何晏为代表的正始玄学认为自然是名教之本，要让名教回归自然无为的真实面貌，挽救名教的危机；阮籍、嵇康从道德起源和道德本体的角度对名教道德的存在予以批判和否定，认为社会上一切虚伪、狡诈的道德败坏的现象都是儒家礼乐名教破坏自然本性的结果；郭象要重新确立名教的地位，其方法是对“自然”内涵重新进行诠释。

(2)顺应自然的道德教育法则

玄学家将自然法则作为教育的最高要求，一是要顺应人的自然本性、自然性情，二是要因循自然无为的发展进程。自然主义的教育方法是一种无为的方法，教育只能顺应人的自然本性，使其个人的“性分”得到满足即可，而不是通过教育去改变人性。

4. 魏晋玄学教育思想的历史贡献

表5-7 魏晋玄学教育思想的历史贡献

要点	具体内容
在思维方式上	玄学教育思潮是中国传统教育理论的一次否定地发展，对传统教育和世俗教育做出了批评，打破了教育思想领域的沉闷封闭局面，呈现出活跃的生机
在思想内容上	玄学教育思想是中国传统教育理论的一次全面深化。玄学教育思想虽然是历史新生事物，但它是以先秦道家思想为重要理论依据，并以此作时代的引申和发展的，如自然主义的教育特征
在理论重心上	玄学教育思想是中国传统教育理论的一次多向转移。魏晋以前的传统教育理论的重心主要探讨教育与社会的各种关系。玄学教育思想却冲破了传统的局限，把理论重心转移到对人的个性发展、教育的能动作用、生理心理与教育和学习的关系的探讨上

考点五、傅玄的教育思想

傅玄，字休奕，是晋初的一位教育理论家，教育规划的首倡者。其所著《傅子》，大抵系阐明儒家的经济政策与伦理哲学，关于社会经济方面的议论，尤具卓识。他是一个唯物主义思想家，他的教育思想很有独到之处。

1. 论教育的地位与作用

(1)人性论

教育对人性的作用表现在因善与攻恶两方面，教育就是扬善抑恶的日长日消的过程，只有以教育为主导，以法度为调节因素，教育才能达到教育者所要求的目标。

(2)治国安邦

通过教育，养成礼义之德，最终才能达到上安下顺、国家长治久安的目的，他把教育看成政治的一部分，是统治的辅助手段。

2. 论学校教育

表5-8 论学校教育

要点	具体内容
教育目标	傅玄认为教育的目的就是培养能“弘道”的治国安民的人才。傅玄经过三国曹魏的分裂割据之后，极其珍惜西晋的统一政治，为了巩固统一的封建政权，他提出了“尊儒贵学”的主张
教育举措	①要求西晋统治者设立太学，采取定名分的措施，使士农工商各就其业，各司其职，清除社会上游手好闲的人员。 ②学校教育应以国家需要为目的，按计划招生，并经过严格选拔，剩余者全部转归田亩，这样保证了学校教育质量又不影响农业生产。 ③教育应发挥育才的功效，根据社会各行各业的需要培养相应数量的专业人才，国家则应由此拟订全国士农工商的就业计划，实行分民定业

续表

要点	具体内容
学生	①认为太学的招生对象应为士以上的百官子弟，设学的目的在于培养候补的文武官吏，而社会对官吏的需求量是有限的。 ②学校的发展规模应在考察、统计社会需求量的基础上拟定，学生的数量需加以控制，以使供需平衡，且以不妨碍农业生产的发展为前提
教育与经济、政治	认为教育必须有经济的基础，经济的发展能促进道德的培养；同时也要求政治清明，主张省刑罚，平赋役。他认为只有在这样的条件下，教育才可以发生效力

3. 论道德教育

(1)非常注重道德教育的地位和作用，认为道德对于个人和国家都具有重要的意义。

(2)提出进行道德教育工作必须以了解教育对象为前提，认为要正确了解教育对象，因材施教。

(3)道德教育的内容：孝义之教；仁、信、廉耻；节欲也是修身的重要方面。

(4)道德教育的方法与原则：强调“内省法”，注重自我修养和“因善恶以训诫”。

(5)认为道德教育必须以经济的发展为基础，经济决定论在当时有着积极的意义。

考点六、颜之推的教育思想

颜之推，字介，梁朝金陵人。他根据自己的经历和体验，写出了我国封建社会第一部系统完整的家庭教育教科书——《颜氏家训》，用以训诫其子孙。

1. 论士大夫教育

表 5－9 论士大夫教育

要点	具体内容
重视教育	①继承了前辈从人性的角度来论述教育作用的传统，认为人性分为三品，性的品级与教育直接相关。 ②认为一个人有无知识，决定着他社会地位的高下。一个人如掌握了知识，通明《论语》《孝经》等儒家经术，虽百世小人，也可为人师。所以他认为，士大夫子弟要保持其原有的社会地位，只有重视教育，通过学习获得特殊知识，并依靠这些所占有的知识才能实现。 ③从“利”的角度，从知识也是一种谋生的手段等方面，论述了知识教育的重要性，有别于儒家“君子喻于义，小人喻于利”的传统思想，一定程度上反映了社会现实
教育目标	①认为教育要培养的是治国人才，包括：朝廷之臣、文史之臣、军旅之臣、藩屏之臣、使命之臣、兴造之臣。 ②冲破了儒家的传统，并使教育功能的发挥不再局限于道德修养与“化民成俗”方面，而更重要的在于对各种人才的培养
教育内容	①“德”的教育。强调进行以孝悌为中心的伦理道德教育。 ②“艺”的教育。主张以广博知识为教育内容，以读书为主要教育途径；还应该掌握提纲挈领与灵活应用的能力，反对当时烦琐而不得要领的学风。 ③德育与艺教的关系。认为德育与艺教两者是互相联系的，德育是根本，知识教育是道德教育的基础，并为道德教育服务。 ④还提出士大夫子弟也应重视农业生产知识。仅限于认识上的重视，以及对农事活动有所了解，以便于齐家治民，这与他的教育目标一致

2. 论儿童教育

表 5 - 10　论儿童教育

要点	具体内容
重要性	①非常重视儿童教育，尤其注重儿童的早期教育，因为此时的儿童可塑性大并且记忆力好。 ②强调虽然晚学不如幼学效果好，但总强于不学
原则方法	①认为人的一生都要学习，因此提倡对儿童要及时早教，抓住儿童的最佳学习时机，“宜当早学，勿失天机”。 ②认为在家庭中对儿童进行教育时，应当遵循严慈相济的原则。只有严格的教育，子女才能成器。 ③重视切磋交流在学习中的作用，认为只有在学习上好文求教与切磋交流，才能互相启迪、增进知识和避免错误
教育内容	①语言教育。认为儿童时期是学好语言的关键时期，强调儿童学习语言要标准化，应该学习通用语言而不是方言；教育子女学习正确的语言是父母必须认真完成的重要任务。 ②道德教育。认为道德教化是一种自然的仿效，即上行下效的过程，潜移默化，润物无声。 ③立志的教育。即生活理想的教育，要求士族教育其后代有高尚的政治理想，注重气节的培养

3. 论学习态度和方法

表 5 - 11　论学习态度和方法

要点	具体内容
学习态度	①主张虚心务实、博学广师，不可自高自大、目空一切。他认为只有尽可能地扩大获取知识的范围，并把所学的知识进行比较、鉴别，才能更接近客观的真理。 ②提倡既要博览群书，又要接触世务，藉以培养自己的独立思考能力
学习方法	根据自己积累的经验与当时的现实，提出勤学、切磋、眼学。 ①勤学。认为人的一生都要学习，应珍惜时光，尽早学习，甚至哪怕晚学也比不学好。 ②切磋。赞赏《尚书》中的“好问则裕”和《学记》中的“独学而无友，则孤陋而寡闻”的说法。 ③眼学。在学习上提倡踏实的学风，重视亲身观察获取的知识，认为耳闻的知识也有一定的价值，只不过应采取存疑的审慎态度，不轻易地转述
评价	颜之推的教育思想是当时社会现实的反映，许多主张是自己治学治家经验的结晶，所揭露的士大夫教育的腐朽也是他耳闻目见的产物。他的教育思想至今仍有着相当的价值，值得后人研究与吸取

5.2　课后习题详解

1. 试述魏晋时期教育制度方面出现的新变化。

答：魏晋时期的教育事业，总体上呈衰落景况，但仍有许多值得后世承继的教育特色和教育成就，在教育制度上也出现了一些新变化，主要表现在以下几个方面：

(1)专科教育得到发展。南朝宋文帝开办了儒、玄、史、文四个学馆，虽存在的时间并不长，但这种分科的教学制度，对于隋唐时代专科学校的发展是有直接影响的，也可以说这是后代专科大学的开端。

(2)地方教育制度的正式确立。不仅普遍设置州郡学，而且建立了州郡学校教育制度，这是我国正式实行地方学校教育制度的开始。

(3)私学得到发展，并成为教育的台柱。儒学、玄学、佛学、道教的结合，是这个时期私人讲学的特色。

(4)家庭教育得到重视。士族十分重视家族教育，并以家学为专业，出现了许多儒学世家，家训、家诫等有关家教的著述也大量出现。

(5)文化教育事业重心南移。当时北方战乱不休，特别是永嘉之乱后，北方被少数民族政权侵略、占据，先后有十六国建立割据政权，生灵涂炭，所以北方的士族大家举家南迁，并带去许多能工巧匠和先进技术。

(6)少数民族教育的兴盛。这个历史时期加速了民族大融合，各民族经济、文化的大交流，对教育起了相当的促进作用。

2. 比较南北朝学校教育之异同。

答：南北朝时期处于长期的分裂和朝代更替的过程中，南朝包括宋、齐、梁、陈四个朝代，北朝包括北魏、北齐、北周。南北朝之间的教育既具有共同点，又具有不同点，具体分析如下：

(1)南北朝教育的相同点

①南北朝的各个朝代中，都注重对教育的发展和兴盛，推进教育体制的完善，从中央到地方建立起来一个较为完善的教育体制，保障教育的质量和进步。同时由于朝代的更替，战乱的发生，学校教育处于时断时续的状态，在乱世中也没有发挥出自身的正常作用。

②南北朝无论中央官学，还是地方官学，都崇尚学校教育中儒家思想的统治地位，基本上是以经学为主要教授内容。

③盛行博涉的学风，以至罕有纯粹的儒门学者。学校类型多样化，出现专门学校，学制及教育机构设置也有所调整。

(2)南北朝教育的不同点

①从经学的具体内容来看，南朝经学受玄学影响较深，注重义理之学，但北朝由于不受玄谈之风的影响，故其治经亦不掺杂玄学因素。北朝佛教、道教很盛，然始终未能超过儒学，北周武帝定儒道佛三教先后，以儒学为第一。

②北朝对佛教只注重宗教形式上的修行，而不重佛理的研究，故佛学在理论上对经学的影响亦是微乎其微的。虽佛道盛行，但只重形式，儒学始终第一。

③北朝在非儒学教育方面不如南朝发达，对经学的发展也不如南朝；从总体上讲，北朝统治者在利用儒学维护统治、培训人才方面成就大，崇儒兴学，学习汉朝文化。南朝儒学一统局面受冲击，学制体制及学校类型更加多样化，如中央官学的设置。

3. 试论玄学的自然主义教育思想的价值。

答：玄学的自然主义教育思想盛行于魏晋南北朝，经历了魏正始之音、竹林清谈、东晋南北朝等几个阶段。每个阶段关于教育问题的主张有其共同性，都强调自然无为，重视个体的地位和价值；强调顺应儿童的个性发展，因性自然；主张崇尚理性，得意忘言。玄学的自然主义教育思想具有重要的历史意义和价值。具体体现在以下几个方面：

(1)在思维方式上，玄学的自然主义教育思潮是中国传统教育理论的一次否定的发展，对传统教育和世俗教育做出了批评，打破了教育思想领域的沉闷封闭局面，呈现出活跃的生机。

(2)在思想内容上，玄学自然主义的教育思想是中国传统教育理论的一次全面深化。玄学的自然主义教育思想虽然是历史新生事物，但它是以先秦道家思想为重要理论依据，并以此作为时代的引申和发展的，这是对中国传统教育理论的全面深化。

(3)在理论重心上，玄学的自然主义教育思想是中国传统教育理论的一次多向转移。魏晋以前的传统教育理论的重心主要探讨教育与社会的各种关系。玄学自然主义的教育思想却冲破了传统的局限，把理论重心转移到对人的个性发展、教育的能动作用、生理心理与教育和学习的关系的探讨上。它不仅深化了人们对自然教育、儿童教育等方面的认识，而且使汉代传统教育理论和重心从单一走向多元、由单轨变为多轨，丰富了理论的深度和广度。

总之，玄学的自然主义教育思想突破了汉代传统教育理论的束缚，它从思维方式、思想内容、理论形态上对后世尤其是唐、宋、明、清时期教育理论造成了深远影响。从总体上说，玄学教育思想是一次历史革新；从整个历史进程来看，是中国传统教育理论发展链条中不可缺失的重要一环，有其特殊的历史意义和价值。

4. 傅玄的教育思想有何理论价值?

答: 傅玄，字休奕，是晋初的一位教育理论家，教育规划的首倡者。其所著《傅子》，大抵系阐明儒家的经济政策与伦理哲学，关于社会经济方面的议论，尤具卓识。他是一个唯物主义思想家，他的教育思想很有独到之处。傅玄教育思想的理论价值有以下几点:

(1)反对崇虚无，贵刑名，要求尊儒理教。

(2)对人性对教育的影响分析，人性有善有恶，可变性大，重视环境对教育和人性的影响。

(3)设置太学，采取定名分措施，使社会人员各就其业，把振兴教育与发展农业相协调，把尊儒尚学与贵农贱商同样看成事业之要务。

(4)涉足教育经济学，兴学不妨农事，有计划地发展教育。

(5)重视道德教育，正心，内省，因善恶以训诫。

(6)经济决定论。傅玄认为道德教育必须以经济的发展为基础，经济的发展能促进道德的培养。经济决定论在当时有着积极的意义。

傅玄发展了儒家的教育思想，是在新的社会条件下提出的有针对性的治世良言。但傅玄的教育理论在社会矛盾复杂、思想领域混乱的情况下很难全部施行，特别是太康之治的消失和八王之乱的发生，儒学被抛在了一边，傅玄的良苦用心也付之东流。然而从整个教育思想史来看，其对隋唐时期的国家教育产生了一定的影响，唐朝时期的许多书籍辑录了许多傅玄关于教育方面的言论。

5. 试析颜之推教育思想与社会历史现实的关系。

答: 颜之推的教育思想与南北朝时期的社会历史现实是密切相关的。颜之推自述“生于乱世，长于戎马，流离播越，闻见已多”。为保持自己家族的传统与地位，在前代《诫子书》《家诫》等写作形式的影响下，他根据自己的经历和体验，写出了我国封建社会第一部系统完整的家庭教科书——《颜氏家训》20 篇，这部著作是我们了解颜之推在家庭教育、学习方法等方面思想的主要依据。其教育思想与社会历史现实之间的关系主要体现在以下几个方面：

(1)受时代背景影响，颜之推教育思想的基础是儒家思想和佛教思想的结合。

魏晋南北朝时代思想状况比较复杂，一方面以老庄为宗的玄学盛行，另一方面佛教在中国立根并开始产生重大影响，这就动摇了儒学一统的地位。颜之推少承家学，以儒学为宗，但他又受时代风气影响，熟悉老庄，研究佛理，博览群书，这就使他的思想不可能是单一的儒家，同时也接受了玄学和佛学的影响。尤其是他晚年笃信佛教，佛教思想的色彩尤为浓重，力主儒佛调和，认为“内外两教，本为一体”，应以儒学为主体，佛学为附庸。这在他教育理论和实践上都有所表现。

(2)当时社会士大夫阶级轻视教育的现实，使得颜之推提出士大夫必须重视教育。

南北朝时期，士大夫阶级虽垄断教育，但又轻视教育。针对当时世族子弟蒙混于世、不学无术的教育现实，颜之推清醒地意识到这种状况的危害性，为此要求整个士族阶层应该注重教育。

(3)社会历史现实影响了颜之推关于教育目的、教育内容的看法。

①教育目的方面

颜之推从当时士族地主的利益出发，认为玄学教育必须抛弃，传统的儒学教育也应改革，要培养的既不是难于应世经务的清谈家，也不是空疏无用的章句博士，而是于国家有实际效用的各方面的统治人才。

②教育内容方面

颜之推认为，作为国家的管理人才必须是“德艺周厚”，在德育方面，他承袭了儒家以孝悌仁义等道德规范为主要内容的传统，同时还将儒家的仁义道德和佛教的清规戒律相比附，这从某种程度上受到了当时佛教在中国迅速发展的影响。关于“艺”的教育内容，颜之推主张除了经史百家等书本知识外，还应包括处身于士大夫社会生活中所需要的“杂艺”。

(4)颜之推关于家庭教育的思想也与当时的社会历史现实紧密相关。

魏晋南北朝时期，由于官学的衰微，家庭、家族教育十分兴盛。特别是门阀世族为维持门第不衰，对此尤为注重。在此历史背景下，颜之推也非常重视家庭教育，尤其注重儿童的早期教育。

(5)颜之推着重从“利”的角度来强调教育的重要性，这也是当时社会现实的反映。

颜之推的教育思想中，更着重论述的是“为己”“修身”的问题，这主要是由于南北朝时期政治风云变幻莫测，士大夫阶层要想图存，就不能身事一主，而必须朝秦暮楚，随例变迁。在这种特殊的政治条件下，士大夫阶层的国家观念、忠君观念势必比较淡薄。因此，颜之推在《颜氏家训》中主要从保证自我生存的个人主义思想出发，强调教育和学习的重要性，从而有别于儒家“君子喻于义，小人喻于利”的传统思想。

总之，颜之推的教育思想是当时社会现实的反映，他的许多主张是他自己治学治家经验的结晶，他所揭露的士大夫教育的腐朽也是他耳闻目见的产物，因此，其教育思想仍有着相当的价值，值得后人研究与吸取。

5.3 考研真题与典型题详解

一、概念题

1.《颜氏家训》[北京师范大学2019年研]

答:《颜氏家训》为颜之推所作，是我国封建社会第一部系统完整的家庭教科书，用以训诫其子孙，体现了颜之推在儿童教育、学习方法等方面的某些真知灼见。该书对后世封建家庭教育产生了重大影响，被誉为“家教规范”。《颜氏家训》一书在家庭教育上提出了许多有益的思想，如高度重视早期教育的重要意义，指出儿童“精神专利”，易于背诵经典，再如关于爱子与教子相结合的思想，直到今天仍有一定的借鉴意义，但《颜氏家训》又不放弃棍棒教育的主张，使其家教理论具有明显的封建专制主义的色彩，体现了其历史局限性。

2. 五经课试法[南京师范大学2023年研]

答:五经课试法是魏文帝时期制定的考试办法，由东汉的“二年试经”发展而来并在太学推行。五经课试法将学业、考试、选官联系在了一起，对太学生的学习内容、考试制度、奖励措施进行了规定，完善了太学制度，加强了对学生的管理，提高了太学的教学质量，积极地促进了太学的发展。它把学校教育与文官的考试任用结合起来，以此来提高教育管理的控制能力。初入太学称门人的这一规定，标志着我国古代大学已有预科制。

3. 九品中正制

答:九品中正制是魏晋南北朝时期的选士制度。魏晋南北朝时期分裂动乱，乡亭里地方组织遭受破坏，致使汉代以来的“察举”推荐制度难以实行。这时豪强地主垄断政权，形成了势力强大的门阀世族集团。曹丕即帝位之后，听从吏部尚书陈群的建议，推行“九品中正制”：设置大小中正官，品第人物，依家世和才德区分为高下九等(上上、上中、上下、中上、中中、中下、下上、下中、下下)作为任官授爵的根据，然后再按品授官，实际上承认了门阀世族集团的特权。后门阀世族集团势力逐渐走向衰落，庶族地主的势力抬头并不断扩大，他们在掌握经济实力的基础上要求参与政治，分享政治权利，于是九品中正制在对门第出身的要求方面不断放松，而对考试的要求方面却越来越严。九品中正制到隋文帝时开始废除，代以科举考试制度。

二、辨析题

颜之推提出“德艺同厚”，其中“艺”是指经史百家书。[统考2020年研]

答:此观点错误，理由如下:

(1)颜之推提出“德艺同厚”，“德”指的是他承袭了儒家以孝悌仁义等传统的道德规范为主要内容，认为树立仁义的信念是德育的重要任务，而实践仁义则是德育的最终目的；“艺”指的是他主张以广博的知识为教育内容，以读书为主要途径，他强调读书的作用，并重视《五经》的地位。

(2)除经史百家等书本知识外，还应学习身处士大夫社会生活中所需要的“杂艺”。关于德育与艺教两者之间的关系，他认为两者互相联系：德育是根本，艺(知识教育)是道德教育的基础，并为道德教育服务，他强调通过阅读记载前人道德范例书籍的途径来进行道德教育。在教育内容方面，颜之推还提出士大夫子弟也应重视农业生产知识。

因此，颜之推提出的“艺”不是指经史百家书，而是指广博的知识，包括经史百家书和杂艺等众多内容，故该题错误。

三、简答题

颜之推教育思想的特色。

答：颜之推是南北朝时期的教育家。他的教育思想主要围绕如何加强士大夫子弟的教育而展开，其特色主要体现在以下几个方面：

(1)重视家庭教育

①教育要及早进行。颜之推认为家庭教育应从胎教开始，纵然做不到胎教，也要及早从幼儿教起，越早越好，不要错过教育的最佳时期。

②把爱子和教子结合起来。他强调教子要严，反对溺爱偏爱，主张对子女爱得其所，爱得其法，把爱护子女和教育子女结合起来。

③注意环境习染对子女的影响。他很注意环境习染对子女的影响，告诫子弟要“慎交游”，要求审慎地看待子女左右的人，以防导入歧途。

④重视家庭的语言教育。一事一物，不经查考，不敢随便称呼，以免以讹传讹，给儿女留下不好的影响。颜之推在中国家训发展史上首次提出语言教育的问题，而且详加阐释，至今仍有教育意义。

(2)注重士大夫教育，主张“实学”

①揭露士大夫教育的腐朽空泛。认为当时士大夫教育严重脱离实际，培养的人缺乏任事的实际能力；对这种腐朽空泛教育的批判切中时弊，在中国古代教育史上很有影响。

②主张“实学”。提出“实学”教育以培养国家实际有用的人才，以代替士大夫腐朽空泛的教育；主张广积生活经验、注重经世致用知识的见解，是有一定积极意义的。

(3)重视学习态度和方法

①虚心。颜之推认为学习目的是“多智明达”，“所以求益”，补自己的不足。他提倡虚心务实，博学广师，反对骄傲自大，目中无人。

②惜时。他认为人的一生都要学习，应该珍惜时光。他提倡刻苦钻研，赞扬了许多惜时苦学而有成就的人。

③眼学。他认为学习上最重要的是“眼学”，即亲眼直接观察获得知识。认为耳闻未实，眼见为真。他反对士大夫那种道听途说的学风。

④勤勉。他强调学习要勤勉努力，认为即使迟钝的人，只要勤学不倦，也可以达到精通和熟练的程度。

⑤切磋。他推崇《尚书》中的“好问则裕”和《学记》中“独学而无友，则孤陋而寡闻”的说法，提倡在师友之间相互切磋，切不可“闭门读书，师心自是”。他认为在学习上好问求教，与良师益友共同切磋，相互启发，能较快地增进知识而避免错误。

第6章　隋唐时期的教育

6.1　复习笔记

【知识框架(庖丁解牛)】

- 隋唐时期的教育
  - 隋唐时期的文教政策
    - 崇儒兴学
    - 兼用佛道
    - 发展科举
    - 任立私学
  - 隋唐学校教育的发展
    - 学校因时而起伏
    - 中央官学
    - 地方官学
    - 私学
    - 学校教育制度的特点
  - 隋唐科举考试与学校教育
    - 隋代科举考试制度的产生
    - 唐代科举考试制度的发展
    - 科举考试制度对学校教育的影响
  - 隋唐的中外教育交流
    - 隋唐与新罗的教育交流
    - 隋唐与日本的教育交流
  - 韩愈的教育思想
    - 复兴儒学与反对佛老
    - 论人性与教育的作用
    - 论学校教育与措施
    - 论教学
    - 论师道
    - 对韩愈教育思想的评价

【考点剖析与拓展(游刃有余)】

考点一、隋唐时期的文教政策

隋唐统治者根据儒、佛、道三者的关系，制定了以儒为主干，佛道为两翼的文教政策，同时根据政治的需要和统治者主观的爱好，不断调整三者的关系，以达到巩固统治的目的。

1. 崇儒兴学

表 6－1　崇儒兴学

要点	具体内容
概述	隋朝建立后，为了巩固统治的需要，统治者积极提倡儒家教化，统一思想
重振儒术	①尊孔。 ②提高儒士的地位。 ③皇帝亲临国学观释奠。 ④重视儒经的整理和研究
评价	①使得科举考试和学校的学习，都以儒经为主要内容，其目的在于选拔和培养儒术人才，学校教育成为经学教育，《五经正义》成为统一的教材。 ②统一儒学，基本上结束了儒学内部的派别之争，维护了儒学的统治地位

2. 兼用佛道

表 6－2　兼用佛道

要点	具体内容
隋朝对佛教的提倡	①佛教的兴衰与统治者的信仰密切相关。由于统治者采取了提倡佛教的政策，使佛教在这一时期得到了很大发展。 ②隋文帝和隋炀帝大力提倡佛教，佛教的地位已超过了儒学，隋朝也成为当时佛教研究的中心。 ③隋朝对道教也予以一定的重视，但远不及佛教的地位高、影响大
唐朝对佛教、道教的提倡和利用	①唐朝统治者重视佛教，但注重平衡儒、佛、道三者的关系。 ②佛教在唐朝由于统治者的或抑制或推崇，屡遭打击又屡次兴起。 ③从整体来看，佛教在唐朝获得了长足的发展。 ④道教到了唐朝，由于统治者的支持，空前活跃起来

3. 发展科举

(1)隋文帝为加强中央集权，把任用官吏的权力收归中央，废除九品中正制。他先恢复利用察举制度并进行改革，逐步形成以文化才能为选拔标准的科举考试制度并与官学培养人才的制度进行衔接。

(2)隋炀帝大业二年“始建进士科”，标志着科举考试制度的形成。后逐步完善科举制，一方面强化分科取士，另一方面广泛选拔人才。

(3)唐代承续隋代科举考试制度，确立为一种常规的以考试选拔人才的制度。科举所要选拔的是从政治民的管理人才。

4. 任立私学

(1)隋朝时期，私学很受重视，鼓励私学发展成为政府的政策之一。

(2)唐代继续提倡私学。唐朝政府采取鼓励私学与官学共同发展的政策，由此唐朝的私学遍布城乡，既有蒙学性质的村学、里学，又有名士大儒收徒讲学。官学与私学相互影响、相互补充，构建了唐朝完备的教育体系。

考点二、隋唐学校教育的发展

1. 学校因时而起伏

表6-3　学校因时而起伏

要点	具体内容
隋朝学校两起两伏	①开皇兴学。开皇三年隋文帝下诏全国“劝学行礼”，鼓起隋初的兴学运动，从京师到天下州县，皆设置博士讲习礼教。 ②隋文帝晚年指责官学未能提供人才，因此州县学停废，国学压缩，学校教育受挫。 ③大业元年，隋炀帝复开庠序，颁《劝学诏》。这表明被停废的学校再度恢复，而且还有所发展。 ④大业年间，由于隋炀帝对内横征暴敛，对外征战不息，导致社会阶级矛盾和民族矛盾日益加深。随着政治腐败以及社会动荡，学校也随之衰落
唐朝学校发展起伏	①唐初百废俱兴，唐高祖恢复国子学、太学、四门学，地方州县学校也恢复招生，同时为皇族及功臣子弟开办了小学。 ②唐太宗极度重视文教事业，强调崇儒兴学，制定教材，加强对教育事业的管理和领导。由于唐太宗的大力倡导，学校教育的发展出现了一个高潮，达到完备状态。兴旺发达的文教事业，不仅促进了思想的统一，而且巩固了统治，使唐朝成为世界文化交流的中心之一。 ③武则天当政年代，文教政策改变，崇佛抑儒，对教育制度进行频繁变动，任命一些不懂儒学的人担任学校的领导和教师，重科举轻学校，由此导致学堂荒芜，学校教育的发展陷入低谷。 ④唐玄宗时期，整顿政治，经济文化繁荣，学校教育的发展也随之达到了一个新的高度。到了天宝年间，学校教育发展到了鼎盛时期，封建教育制度已经形成了完备的形态，具有一套较为有效的管理体系，学校得到了极大的发展。 ⑤“安史之乱”，使学校教育受到极大的破坏。战后相当长的时间难以恢复，即使有所恢复也很难达到以前的规模
评价	①统治者的主观喜恶以及政策变化是影响学校发展状况的关键因素，决定学校发展的走向。 ②唐代宗永泰年间、唐宪宗元和年间、唐文宗太和年间都曾下令强调学校整顿，但都只能取得短期效果。 ③阶级社会中学校教育与政治的关系密切，政治决定学校教育的性质、主导权掌控者、教育目的、教育内容

2. 中央官学

表6-4　中央官学

要点	具体内容	
中央专设的学校	隋代	①中央官学初称国子寺，隶属于太常寺，教育行政官员是国子祭酒、主簿、录事各一人。 ②后来国子寺从太常寺独立出来，改称国子学，又改称国子监，既是全国最高教育行政机构，又是国家高等教育学府，具有两方面的职能。国子监的设立，标志学校管理走向专门化
	唐代	①唐朝中央官学的主干为国子监领导下的六学一馆。唐朝对六学一馆中教师和学生的人数、招生标准以及教学内容都有具体规定。 ②六学一馆：六学为国子学、太学、四门学、书学、算学、律学，一馆为广文馆。国子学、太学、四门学属于大学性质，书学、算学、律学属于专科性质。 ③唐朝中央官学较为发达，种类繁多、人数众多、等级森严、学习内容丰富，远超以往任何一个朝代

续表

要点	具体内容	
中央专设的学校	唐代管理	①入学制度。唐朝学校等级性突出，学生按出身门第的高低、父祖官位的品级入相应的学校，平民百姓的子弟被排斥于官学之外。 ②学礼制度。主要的学礼制度有：束脩之礼；国学释奠礼；贡士谒见及使者观礼。 ③教学制度。国子学、太学、四门学从学习的课程内容主要是儒学经典。律学主要学习唐律令和格式法例。书学主要学习文字学、训诂学和书法，教材有《石经》《说文》《字林》以及其他字书。算学主要学习算经。广文馆主要以备考科举为主。 ④考核制度。国子监为了督促学生课业，每阶段都有考试，考试形成系列；毕业考试合格者，名册经祭酒审阅，然后报送礼部，参加科举考试。 ⑤惩罚制度。国子监主簿负责监督学校的教学和生活秩序，执行处罚，学生如若有不遵守学校规定，学业无成等情节，可令其退学。 ⑥休假制度。中央官学的休假制度既有国家统一规定的休假安排，也有其自身的休假安排，以此保证学生身心健康发展。学校常规的休假有旬假、田假、授衣假
中央附设学校	①除了六学一馆，唐朝还在中央各专职行政机构中附设学校。最主要的是二馆，即门下省主办的弘文馆和东宫主办的崇文馆。学习内容为儒家经典，是培养最高层统治人才的场所。 ②其他行政部门分别主办了一些专科学校，如太医署主办医学、太卜署主办卜筮学、司天台主办天文学等，这些门类齐全的学校，为朝廷培养了专门人才	

3. 地方官学

（1）隋朝在地方上实行州县二级制，为了加强思想控制，隋朝设立了州县学，要求天下州县普遍设置博士，以教化于民。

（2）隋文帝开国初，重视教育，地方州县学得到了一定的发展，后因崇佛而改变了政策，便废除了州县学。隋炀帝即位后，重振教育，州县之学盛于开皇之初，地方官学再度得到发展。后因政治腐败，地方官学也随之衰落。

（3）唐承隋制，地方官学也有比较完备的制度，主要行政单位是州、府、县，各级单位都根据其大小设立相应规模的地方官学，在县还设有市学和镇学。

（4）既有专统的儒学专门学校，各府州还有医学和崇玄学。地方学校学生的毕业考试由长史主持，合格者每年冬季报送尚书省参加科举考试，亦可以升入四门学，即地方官学向中央官学选送学生的开端。

4. 私学

表 6－5　私学

要点	具体内容
隋唐私学蓬勃发展原因	①社会民众的需要。地方官学无法满足平民百姓子弟的受教育需求，由此广大民众尽可能利用多种条件，寻找教育资源，开办私学以满足众多学生的受教育需要。 ②政府政策的倡导。隋唐重视学校教育，鼓励民众举办私学，从而推动私学的发展。同时，政府对私学的管理较放松，不触犯禁令便可自由发展，这种宽松的政治环境促进了私学的发展。 ③隋唐经济的繁荣。隋唐经济发展繁荣，为私学的产生及发展提供了物质基础以及稳定的社会环境

续表

要点		具体内容
初级私学	办学主体	①乡学(乡校),面向本乡儿童,乡学的设置促进了一般文化知识的普及,以及为培养专门人才打下基础。 ②村学,以村为办学主体。村学不仅招收本村子弟,邻村的儿童也可要求入学。村学的规模比乡学小,而数量要比乡学多。 ③私塾,由塾师自己办学,自己招生教授,称之为私塾。 ④家塾,以一家或家族为办学主体。是为教自家子弟而设,一般不接受外人,但也有例外。 ⑤家学,由家庭中的父母或亲属长辈为子弟启蒙,传授道德、经史、文章或所擅之业
	办学形式	①制度:初级私学没有成文的制度,但遵守历史形成的习俗。 ②入学年龄:主要看儿童成长的情况以及家长的意愿,有的在四五岁,有的在八九岁,较为通行的习俗是在六七岁开始入学受教。 ③学期规定:春季始业,始业即新学年开始,春季始业是指从农历正月下旬开学到腊月中、下旬结束,不分学期。学习时间长短,要依据课程内容以及学生入学后的学习进度快慢而决定。 ④班级组织形式:单班学校,把学校所有年级的学生集中在一个班级,由一位教师分别对不同年级的学生进行轮流教学。 ⑤基本内容:教学的基本内容为读、写、算。尤其是读写最受重视,占用绝大部分时间。 ⑥教材:唐代为了进行识字阅读教学的需要,有多种教材流传于社会私塾。 ⑦学费:教师以教授乡里儿童而获得有限的束脩,为其生活的基本来源
高级私学	学生教师	①教育对象:初步接受初级私学教育已有知识基础的学生,没有阶级门槛的要求。 ②师生关系:以教师为中心,自由设置。教师来源广泛,没有过多限制。只要自身具备足够的专业知识及专业能力且有从事教育的欲望,即可开学授课。 ③师资队伍:一是学有专长的人士;二是在职官员;三是失职的官员;四是退休官员;五是避世隐居的学者
	传授内容	①隋唐是中国封建社会鼎盛时期,也是文化繁荣的阶段。 ②从私学传授内容来区分,比较突显的私学有:《三礼》学、《易》学、《春秋》学、《汉书》学、谱学、《文选》学、文学和科学技术
书院的创立		①书院创于唐朝,是一种集教育、藏书、祭祀、学术研究多种活动于一体的机构。 ②书院由私人创办,作为讲学之所,既有藏书,又有教学活动,学习内容适应科举考试的需要,是一种新型教育机构,促进了中华文化的传播与发展

5. 学校教育制度的特点

表6-6 学校教育制度的特点

要点	具体内容
形成学校体系	①隋代官学不断发展,中央官学与地方官学不断发展,但是受统治者主观喜恶的影响,隋代官学经历了两次起伏,尚未形成完备的学校体系。 ②到了唐代,不仅官学得以恢复,并有了较大发展,逐渐形成了一个全面稳定的学校体系。地方官学向中央官学选送学生,使地方官学与中央官学衔接。

续表

要点	具体内容
形成学校体系	③私学与官学并存，私学承担基础教育与专业教育两个层次的教育任务。在教育行政上官学是教育的主干，私学是官学的重要补充。 ④官学与私学相互补充的教育体系影响了后期学校教育的发展，为后续学校教育的发展奠定了良好的基础
教育行政体制分级管理	①隋代设立了专门管理学校的教育管理机构国子监，负责监督中央官学的教育教学事务，保证教育教学稳定有序运行。国子监的设立，标志着国家对培养统治人才的重视，学校管理走向专门化，以适应教育事业大规模发展的需要。 ②地方官学由州县长官负责管理，专科学校由所属行政部门管理。分级管理的教育行政体制提高了教育管理的效率，促进了学校教育的发展
完善学校内部教学管理制度及法规	①隋唐通过系统梳理以往的教育教学规定，依据实际情况，制定了完备的教育教学规定，并将之法制化。 ②隋唐对学校内部管理加以完善，以法制化的方式组成了一套管理制度，包括入学制度、学礼制度、教学制度、考核制度、惩罚制度、休假制度
重视专业教育	①隋以前的中央官学，多重视五经的传授，至于科学和技术，则被忽视，没有独立设置专业进行人才培养。 ②到了隋唐时期，开始添设算学、医药等专科，以培养专门人才。从教育制度发展过程来考察，这是实科教育的首创
结合学校教育与行政机构事务部门	①设立了专门的事务机构，为相关部门服务，并承担管理职能。 ②专门的事务机构不仅承担服务管理职能，而且承担培养人才的任务，作为专门学校培养专门人才，将专业知识与专业实践紧密结合

考点三、隋唐科举考试与学校教育

科举制产生于隋朝、发展于唐朝，是我国封建社会中持续时间最长、影响范围最广的选士制度。后不断发展完善，清末 1905 年废除，在中国历史上存在 1300 年，对隋唐及以后封建社会的发展产生了重大影响。

1. 隋代科举考试制度的产生

(1)产生于隋朝，是隋朝社会政治、经济等因素发展和中国古代选士制度发展的必然产物。

(2)隋朝建立统一、多民族的封建国家后，需要有新的选士制度代替九品中正制，科举制应运而生。

(3)隋炀帝大业二年(606 年)开始设置进士科，标志着科举制的正式产生。

2. 唐代科举考试制度的发展

表 6－7　唐代科举考试制度的发展

要点	具体内容
唐循隋制与恢复科举	①唐代选官，在承续隋代科举制度的基础上有发展有创新，逐步调整，使科举考试制度趋于健全。 ②唐高祖武德四年，唐代恢复科举考试，明确规定了贡士的范围、主要条件和县初试州复试后每年十月入贡的程序，以后基本上依照此先例实行

续表

要点	具体内容	
科目标准与贡举名额	州县地方官以考试选拔贡士，不同科目标准不同，并且唐代按州的大小规定了贡举的分配名额	
考试程序、科目与方法	生源报考	①唐代参加科举考试的考生主要有：生徒，乡贡。每年冬天，学校都要将经考试合格的学生送到尚书省参加考试，这些考生称为生徒。 ②那些不在学校学习而学有所成的人，向所在县提出书面申请，经本县考试、州重试也合格，由州送至尚书省参加考试。 ③由于他们因随各州进贡的物品发送，故称为乡贡。生徒和乡贡都是常科的考生，常科每年都举行
	科目内容	①科举考试大体有两种类型：一种是常科(包括秀才、明经、进士、明法、明字、明算六科)，每年定期举行；一种是制科(包括一史、三史、开元礼等)，由皇帝根据需要下诏举行。制科地位不如常科。 ②除常科和制科之外，科举考试还包括武举。但由于当时人们重文轻武，并不重视武举。 ③实际上经常举行且又为人们所重视的，只有明经和进士科，其考试以儒家的经典为中心内容，以《五经正义》为标准，反映出唐代教育中儒家思想仍然占据统治地位
	考试方法	①科举制自产生后，就不断探索考试的方法，经过唐代200多年的发展，终于形成了帖经、口试、墨义、策问和诗赋五种方法。 a. 帖经，主要考查考生的记诵能力。 b. 口试，是让考生当场口头回答问题。 c. 墨义，是笔试问答，主要考查考生的记忆能力，也较为简单。 d. 策问，要求考生针对当时社会政治、经济、文化等方面出现的问题，发表自己的看法，类似于政治性的论文。 e. 诗赋，要求考生当场写作诗赋各一篇，主要考查考生的文学修养和文学创作能力。 ②五种考试方法，从不同侧面考查了考生对所学知识的掌握程度。在各科考试中普遍采用的帖经、口试和墨义，主要考查了考生的记忆力。 ③反映了唐朝统治阶级为了向人们灌输统治思想，强迫诱使人们死记硬背儒家的教条，这也是中国封建教育的特点之一

3. 科举考试制度对学校教育的影响

表6-8 科举考试制度对学校教育的影响

要点	具体内容
学校与科举的关系	①学校与科举相辅相成，关系密切。一方面，学校为国家培养人才，为科举输送人才，学校教育围绕科举考试展开。另一方面，科举在选拔人才以充实官员队伍的同时也为学校培养的人才开辟了政治出路。 ②随着政权的稳定，统治者更加重视科举考试选拔人才的功能，忽视了学校教育培养人才的功能，由此逐渐忽视学校教育。 ③科举是学校学生必经出路，由此成为支配学校教育的重要力量。随着科举的发展，学校逐渐成为科举的预备机关或附庸，学校教育受到科举的限制

续表

要点	具体内容
科举影响学校培养目标	①科举考试是选拔人才的重要制度，国家通过科举考试选拔优秀人才，并任命其为政府官员。 ②科举考试将教育与做官联系起来，成为平民百姓成为官员的重要途径，进而激发平民百姓受教育的欲望。 ③平民百姓通过科举考试可以走上仕途，进入仕官阶层，提高社会地位。而学校教育则是通过科举考试的必经之路，由此科举考试推动平民百姓积极接受学校教育。 ④民众需要学习文化知识，成为学校发展的动力。民众受教育的积极性被科举激发，开始重视学校教育，由此推动学校教育的发展。 ⑤学校教育围绕科举考试展开，做官成为学校的教育目标，学校的教育内容也以科举为主
科举影响学校教育内容	①科举是学生进入仕途的必经之路，所以科举考试内容成为学生在校学习的主要内容。 ②科举考试的内容成为学校的教学内容，学校的分科与科举的分科存在相互对应的关系。 ③由于科举考试通过率较低，由此导致考试竞争异常激烈，进而导致考生在备考中做出不当举动
科举影响学校考试方法	①科举考试影响学校的考试方式，学校的考试方式都尽量仿照科举考试的方法，从而帮助考生能够通过科举考试。 ②学校会在教育教学中安排多次模拟考试，帮助考生进行科举考试前的实际演练
评价	科举是国家管理和控制学校教育的重要手段，也是教育行政的有机组成部分。随着科举考试的发展，学校逐渐成为科举的附庸，学校的教育教学围绕科举展开

考点四、隋唐的中外教育交流

隋唐时期，政治稳定，经济繁荣，科学技术和文化教育更进一步，且政策较开放，因此与亚洲各国的文化教育交流愈加频繁，长安成为亚洲文化教育中心。派遣留学生是中外教育交流的一种主要形式。

1. 隋唐与新罗的教育交流

表 6－9　隋唐与新罗的教育交流

要点	具体内容
新罗派遣学生留唐的教育制度	①派遣留唐学生：新罗初期很重视政治身份，所以都选自王族子弟；后期较重视学习专业，多选取六头品官的子弟。留学生的身份称为宿卫学生或宿卫。 ②留学的年限：通常以 10 年为限，期满申报归还本国。 ③派遣人数：派遣人数根据实际情况而变化，一般数量在二到二十人不等。 ④留学费用：留学生受到唐政府的优待，在学期间的费用由唐政府供给。 ⑤来往的组织：留学生主要由新罗使者接送，新罗使者来唐交流时将留学生送来以及接回。 ⑥学成之后的去向：多数留唐学生学成之后回归本国，为国家服务。少部分优秀留学生通过科举考试后会留在唐朝任职做官
新罗仿唐官学制度形成	①国学制度。新罗吸收唐的教育经验，结合新罗国情，逐步建立起适应新罗需要的国学制度。 ②附属专科教育。仿效唐朝，在政府机构的一些部门附设专科学校，利用其人才和设备资源开展专业教育，如医学、律令学、天文学等科。 ③地方官学。新罗的中央集权行政体系的确立后，在各州创立州学，实施经学教育

续表

要点	具体内容
评价	①新罗与隋、唐的文化交流，推动了本国中央集权制的政治改革，建立了官学制度，培养了成批人才，发展了本民族的文化。 ②由于移植和吸收唐文化，大大缩短了与唐文化的差距

2. 隋唐与日本的教育交流

表 6-10　隋唐与日本的教育交流

要点		具体内容
背景		隋唐时期，中国是世界上最先进的文明国家，为世界许多国家所仰慕。日本对中国的优秀文化醉心于学习和模仿，形成一股学习的热潮
中日留学交流		①日本从607年开始，随同遣隋使遣唐使派遣留学生和留学僧。留学生和留学僧在隋唐学习后，将所学内容传播至本国，促进了中日教育文化交流。 ②一些中国人随遣唐使前往日本，传播文化，促进了日本文化教育的发展
唐朝的教育对日本奈良时期教育的影响	对官学	①官学的层次。日本效仿唐朝，建立了上下层相衔接的官学，下层为上层输送人才。 ②官学职能。日本官学也和唐朝的官学一样，都具备政教双重职能。 ③教师名称。日本大学教师的名称同唐朝的一样，称作博士、助教。同时，也重视提高教师的地位。 ④学生的入学资格。虽允许庶民子弟入学，也只是限制在某些专业，而且要在学员不满额的情况下才按此例，受唐朝严格等级制的影响。 ⑤教育内容。以儒家经学为主要教育内容，并对教材规定了固定的版本。也重视史学、数学、医学和文学人才的培养，模仿唐朝学制设置必修、选修课。 ⑥管理制度。日本效仿唐朝设置了教学管理制度，包括入学制度以及休假制度等。 ⑦考试制度。日本官学的考试制度，除了定的标准比较低以外，其他几乎与唐朝完全一样。 ⑧医学教育制度。日本典药寮仿照唐制设科，教材也选用唐朝医学的教材。由于留学生来往频繁，唐朝医药新成果能够快速传入日本，促进了日本医学教育的发展
	对私学	①私学教育在隋唐之前已经传入日本，隋唐时期大规模教育交流兴起之后，私学在日本也逐渐被重视，很快兴盛起来。 ②日本留学生学成归国之后，大力创办私学，促进了私学的发展。 ③私学培养出的部分人才后来也成为大化改新的中坚力量。 ④大化改新之后，日本私学与官学并行，私学蓬勃发展。隋唐时期的中日教育交流，使私学这一重要的教育形式在日本生根开花，取得明显成效
	对文字	①汉字传入日本之前，日本是没有文字的。随着时间的推移，汉字逐渐进入日本，日本人逐渐认识汉字。随后，日本将汉字作为日语的表记手段，创造了日本的文字。 ②据说先由吉备真备根据汉字的偏旁部首创造了片假名。后由空海根据汉字的草书创造了平假名。 ③平假名和片假名的完成与广泛使用，标志着日本人完成了创造自己文字的工作。可以说，中日教育交流对日本文字的创造具有积极推动作用

考点五、韩愈的教育思想

韩愈是唐代著名的文学家、思想家和教育家。韩愈极力维护儒家道统独尊地位，主张复兴儒学，反对佛老学说。他强调发扬儒学传统的重要性，并对儒家学说作了简要的归纳，使之条理化、通俗化。韩愈的著作甚多，流行于世的有《韩昌黎全集》。

1. 复兴儒学与反对佛老

表 6－11　复兴儒学与反对佛老

要点	具体内容
复兴儒学	①认为儒学纲领是仁义道德，这就是先王之道，也是先王之教。先王之道包括了封建社会精神生活和物质生活的一切方面。道德问题是出发点和归宿。 ②在道德规范方面，把仁义与道德并提，基本内容是仁义。仁义道德是总纲，体现在政治制度上就是礼乐刑政，具体的制度规定君臣上下劳心劳力的分工。 ③把仁义道德说成是历代圣人相互传授的传统，认为有了这个道统，与佛教宗派传法世系的祖统相抗衡也就更有力了。 ④特别推崇孔丘和孟轲。他把孔丘尊为历史上超过尧舜的最高圣贤，并高度地评价孟轲是孔学最忠实的继承者，认为孟轲之后，圣人之道无人继传。 ⑤他鼓起任道的勇气，欲挽救先王之道，再兴而传
反对佛、老	①在儒家文化熏陶下成长的韩愈，站在维护皇权的立场上，要求加强中央集权，反对藩镇割据，猛烈抨击佛老，极力维护儒家的道统及独尊地位。 ②其对佛、老的批判包括：佛、老是社会祸乱的根源；是破坏仁义道德的罪人；求出世而破坏纲常

2. 论人性与教育的作用

表 6－12　论人性与教育的作用

要点	具体内容
论人性	①把性与情结合起来论述人性问题，认为性为情的基础，性是与生俱来的，情则是受外界刺激而产生的。性和情的关系完全相应。 ②性之品有上中下，情之品也有上中下与之对应。仁、礼、信、义、智乃是人生来所具有的五种善性，喜、怒、哀、惧、爱、恶、欲是人具有的七情。 ③性三品理论的现实政治意义是以人性的等级作为社会阶级划分的依据，进而维护封建政治统治
教育作用	①人性决定教育所起的作用。上品的人具有仁义礼智信五种美德，但是还需要不断接受教育，进而使其美德得以呈现。中品的人，可引导往上也可引导向下，使他们往上品靠拢。下品的人，对他们只有用刑罚，使他们害怕刑罚而避免犯罪，以此来保证社会秩序。 ②由人性而规定教育的权利。韩愈认为人性是先天的，除中品之性外，上品和下品之性都不可改变。由于教育无法对每一个人发挥作用，因此教育不必普及到每一个人。 ③由人性决定教育的主要内容。教育内容主要是政治思想品德教育，主要包括三方面：仁义道德儒家伦理的道德教育、《书》《易》《春秋》的知识教育以及礼乐刑政的政治教育

3. 论学校教育与措施

表 6-13 论学校教育与措施

要点	具体内容
概述	认为治国人才依靠教育培养，主张发展学校教育，并采取一些措施
用德礼而重学校	继承儒家德治的思想，把教育作为首要的政治工具，要实行德治，必先德礼而后刑法
学校的任务在训练官吏	指出学校是宣扬封建道德的中心，又是训练封建官吏的机构，特别是中央官学，是补充官员的重要来源，应选拔最优异的人才来加以训练
整顿国学	①在招生制度方面，建议考虑现实，调整招生制度，稍微放宽入学等级限制。 ②在学官选任方面，主张以实际才学为标准选任学官，新学官一概拔用儒生，经过考试合格，才能正式委派。 ③在转变学风方面，以恢复教学秩序为首要，形成了师生研讨学问的新风尚
恢复发展地方学校	韩愈任潮州刺史时，要求恢复地方官学，并从潮州实际做起，下令恢复州学，聘请了学官，帮助筹集经费。州学的恢复，促进了该地区文化的发展

4. 论教学

表 6-14 论教学

要点	具体内容
教学的目的、内容	①要求培养学生“德艺周厚”，这需要教师的教学。 ②教学的目的在于“修先王之道”，而其途径则是“读六艺之文”。 ③以儒学为教学的指导思想，严格选择学习内容，规定学生“读六艺之文，修先王之道”
文与道	①认为文是手段与形式，道是目的与内容，文道合一，而道为主。他还鼓励青年根据仁义之道用古文的形式去写作。 ②认为要学习古文应该选择古代名家作为学习的典范。学习古文首先要熟识其著作，吸收其精华，在此基础上推陈出新。 ③对于“为文之道”，提出了自己的独创见解。文章要在继承优秀传统的基础上有所创新，不因循守旧，而且要文句通顺
论学习	①要努力勤学。把自己的经验概括为“业精于勤，荒于嬉”。 ②要多读博学。博学是精学的基础，要多读书，进而达到博学的目的。 ③要积极思考。学习时不能囫囵吞枣，而应深入钻研古籍，细细品味其精华
论教学方法	①重视因材施教。认为每个时代都有人才，关键在于教育者善于识别和培养。要求当权者在用人方面做到人尽其才，能容纳和使用各种人才。 ②注意生动活泼。在讲课过程中力求运用多种形式活跃课堂教学，使教学生动有趣，有张有弛

5. 论师道

《师说》是韩愈论师道的重要教育论著，起了解放思想的作用，具有进步意义。从教育思想发展的历史来看，《师说》在理论上是具有新意的。具体表现为：

（1）由“人非生而知之者”出发，肯定“学者必有师”

《师说》认为“人非生而知之者”，否定“生而知之”，强调后天学习的重要性，人人都有学习的必要。学习一定要有教师指导，教师是社会必需。

(2)“传道、授业、解惑”是教师的基本任务

①“传道”是传授儒家的仁义之道，也是探讨自然与社会规律、法则的本质所在，以达到治国平天下为目的。

②“授业”是“传道”的重要途径，“业”是儒学的“六艺经传”与古文。

③“解惑”是解决学“道”与“业”过程中的疑问。

韩愈这个观点强调了教师的主导作用，其影响延续到现代。

(3)以“道”为求师的标准，主张“学无常师”

韩愈认为，求师的目的是为学“道”，办法是“学无常师”。韩愈认为，无论年龄大小，只要掌握“道”在自己之前，就可以拜他为师，“道”是择师的根本标准。韩愈以是否先掌握“道”作为择师的标准，鼓励人们抛弃各种顾虑和成见，勇于拜师求学。

(4)提倡“相师”，确立民主性的师生关系

韩愈认为在教学过程中，师生关系是民主的，而不是相互对立的，师生相互之间只是角色不同，但是这种角色是可以相互转换的，而不是绝对固定的。同时，韩愈也告诫教师要实事求是，不能满足于现有的知识，要不断提高，精益求精，而且要尊重学生，不能以权威的姿态对待学生，压制学生的发展，可以在学生身上取长补短。教学过程实质是教学相长的过程。

6. 对韩愈教育思想的评价

韩愈的教育思想主要包括以下几方面：为实现“古道”而提出的教育目的学说，与人性论相关联的教育作用学说，尊师重道的师说，在教育实践中概括出的教学思想。韩愈的政治品德是儒家师徒的基本内容，使其成为一代师表。他在文学和哲学上的成就及才华使其教育思想大放异彩，开启了宋明理学的前导。他的教育思想流传至今仍具有旺盛的生命力，值得我们学习、研讨与借鉴。

6.2　课后习题详解

1. 隋唐时期的文教政策对其教育的发展有何作用？

答：隋唐统治者根据儒、佛、道三者的关系，制定了以儒为主干，佛道为两翼的文教政策，同时根据政治的需要和统治者主观的爱好，不断调整三者的关系，以达到巩固统治的目的。隋唐时期的文教政策对其教育的发展起到了以下几个方面的作用：

(1)就教育制度而言，以儒家为代表的经学教育体系仍然是隋唐时期封建教育的核心，另外还有学习道经的崇玄馆，开创了道举取士。实际上每一座道观、佛寺都是一座带有宗教色彩的学校，接受教育的道士、僧徒并不少于儒生，教学的形式方法也自成系统。

(2)传统的儒家教育为了在竞争中取胜，也积极吸收佛教、道教的教学内容、形式、方法及其组织管理的特点，这为以后书院的产生奠定了基础。就教育思想而言，由于统治者大都兼重儒、佛、道，不独尊一家，所以隋唐时期的教育思想也呈现出杂糅融合的特点，许多教育家都是出入于佛老而归结于儒家的人物。

(3)隋炀帝始置进士科，标志着科举制的正式产生，后来成为隋唐选拔人才的重要途

径。科举考试以考试成绩作为选拔人才标准，提高了封建官吏的文化素养，同时促进了社会形成努力求进、积极向上的求学风气，推动了学校教育的发展，考试内容的确定统一了思想，结束了思想混乱的局面。但是，科举也在一定程度上使学校成为其附庸，影响了学校的培养目标、教育内容、教育方式等，使学校成为有名无实的机构。

2. 隋唐时期在教育制度上有何创新?

答: 隋唐时期建立了中央和地方分级管理的教育行政体制，相对于前朝的教育制度，有了一些新的变化，主要体现在:

(1)教育管理体制的确立

隋代设立了专门管理学校的教育管理机构国子监，负责监督中央官学的教育教学事务，保证教育教学稳定有序运行。国子监的设立，体现了国家对培养统治人才的重视，标志着学校管理走向专门化，以适应教育事业大规模发展的需要。模式之一是中央和地方实行分级管理，中央官学由国子监祭酒负责，地方官学由地方官长史领导。模式之二是统一管理和对口管理并举，以统一管理为主，中央设有国子监，负责统一管理教育事业。

(2)专科性学校的建立

除了六学一馆，唐朝还在中央各专职行政机构中附设学校。最主要的是二馆，即门下省主办的弘文馆和东宫主办的崇文馆。学习内容为儒家经典，是培养最高层统治人才的场所。其他行政部门分别主办了一些专科学校，如太医署主办医学、太卜署主办卜筮学、司天台主办天文学等，这些门类齐全的学校，为朝廷培养了专门人才。

(3)教育、研究和行政机构三者合一

弘文馆和崇文馆一方面担负着整理图书、详正图籍的任务，另一方面还招收生徒，进行教育活动。双重的任务使其既是一个研究机构，又是一个教育机构。太医署、司天台、太卜署、太乐署等则兼有行政机构、研究机构和学校的性质。隋唐设立了专门的事务机构，为相关部门服务，并承担管理职能。专门的事务机构不仅承担服务管理职能，而且承担培养人才的任务，作为专门学校培养专门人才，将专业知识与专业实践紧密结合。

3. 隋唐时期教育发展的特点是什么?

答: 区别于前朝，隋唐时期对教育的发展大力扶持，奉行重振儒学、兼容佛道的文教政策，形成具有隋唐特色的教育体系。其教育发展的特点主要体现在:

(1)建立中央和地方分级管理的教育行政体制

隋代设立了专门管理学校的教育管理机构国子监，负责监督中央官学的教育教学事务，保证教育教学稳定有序运行。国子监的设立，标志着国家对培养统治人才的重视，学校管理走向专门化，以适应教育事业大规模发展的需要。地方官学由州县长官负责管理，专科学校由所属行政部门管理。分级管理的教育行政体制提高了教育管理的效率，促进了学校教育的发展。

(2)形成一系列教学管理制度

从入学开始到毕业都有制度化的规定，入学之始，学生要拜谒师长，行束脩之礼，以示尊师重道之意。学校有严格的考试、考核、选拔制度，同时与科举制度紧密结合在一起，另外对学校放假的时间也做了规定。

(3)增添教育内容，扩大知识范围

把儒经分为大经、中经和小经，作为中央和地方官学的学习内容，各种类型的专科学校为学生开设了较为宽广的专业课程，大大地丰富了学生的知识。总的来说，学校的主要学习内容仍是儒家经典，以传授儒经为职责的各级学校仍然是封建教育的主体，但是也开始扩展了学习经典的范围。

(4)教育具有明显的等级性

唐朝政府明文规定了各级各类学校招生的身份标准，将教育的等级性以法令的形式加以制度化。达官显贵的子弟大都进入了以讲授儒学为主的学校，毕业后就成为各级各类封建官吏的候选人；庶民百姓子弟只能进入一些专科性的学校，接受专业知识的教育，毕业后成为一名专业人才。

(5)学校类型的多样化

既有以儒经为教学内容的传统学校，也有以传授专业知识为主的专科性学校。隋唐教育体系以经学为主、专科性学校为辅，学校类型多、数量多、涉及面广，远胜于前代。

(6)学校的分布面较广

唐朝中央有中央官学，地方有州县学，甚至在乡、里这样的基层组织也鼓励人们创办学校，还有无数的私学和家学，共同担负着培养人才、传播文化的重任。唐朝根据各个州县面积的大小，人口的多少，明确规定了各个州县学校教师和学生的人数，这使学校的分布有了制度上的规定和保证。

(7)重视医学教育

在中央和地方都设有医学校，负责招收学生，研究医术，解除人们的疾病痛苦，甚至在一些偏僻的州也设有医学校，政府还派遣医学生外出进行巡回医疗。

(8)教育、研究和行政机构三者合为一体

设立了专门的事务机构，为相关部门服务，并承担管理职能。专门的事务机构不仅承担服务管理职能，而且承担培养人才的任务，作为专门学校培养专门人才，将专业知识与专业实践紧密结合。

4. 隋唐科举制对学校教育发展有何影响？

答：隋唐科举制对学校教育发展的影响体现在以下几个方面：

(1)学校与科举的关系

①唐初的统治者重视兴办学校，又重视利用科举。学校与科举相辅相成，关系密切。一方面，学校为国家培养人才，为科举输送人才，学校教育围绕科举考试展开。另一方面，科举在选拔人才以充实官员队伍的同时也为学校培养的人才开辟了政治出路。

②随着政权的稳定，统治者更加重视科举考试选拔人才的功能，忽视了学校教育培养人才的功能，由此逐渐忽视学校教育。科举是学校学生必经出路，由此成为支配学校教育的重要力量。随着科举的发展，学校逐渐成为科举的预备机关或附庸，学校教育受到科举的限制。

(2)科举影响学校的培养目标

科举考试是选拔人才的重要制度，国家通过科举考试选拔优秀人才，并任命其为政府官员。科举考试将教育与做官联系起来，成为平民百姓成为官员的重要途径，进而激发平民百姓受教育的欲望。平民百姓通过科举考试可以走上仕途，进入仕官阶层，提高社会地位。而学校教育则是通过科举考试的必经之路，由此科举考试推动平民百姓积极接受学校教育。民众受教育的积极性被科举激发，开始重视学校教育，由此推动学校教育的发展。学校教育围绕科举考试展开，做官成为学校的教育目标，学校的教育内容也以科举为主。

(3)科举影响学校的教育内容

科举是学生进入仕途的必经之路，所以科举考试内容成为学生在校学习的主要内容。科举考试的内容成为学校的教学内容，学校的分科与科举的分科存在相互对应的关系。由于科举考试通过率较低，由此导致考试竞争异常激烈，进而导致考生在备考中做出不当举动。

(4)科举直接影响学校的考试方法

科举考试影响学校的考试方式，学校的考试方式都尽量仿照科举考试的方法，从而帮助考生能够通过科举考试。学校会在教育教学中安排多次模拟考试，帮助考生进行科举考试前的实际演练。

综上所述，科举是国家管理和控制学校教育的重要手段，也是教育行政的有机组成部分。随着科举考试的发展，学校逐渐成为科举的附庸，学校的教育教学围绕科举展开。

5. 韩愈在教育理论方面有什么新的发展?

答: 韩愈是唐代著名的文学家、思想家和教育家。韩愈极力维护儒家道统独尊地位，主张复兴儒学，反对佛老学说。他强调发扬儒学传统的重要性，并对儒家学说作了简要的归纳，使之条理化、通俗化。韩愈的著作甚多，流行于世的有《韩昌黎全集》。韩愈在教育理论方面的发展有:

(1)在教育作用方面，除了提出“性三品”外，还提出了“情”，认为人们要遵从封建的道德规范，顺性而克情，正确处理两者关系。

(2)提出了“学所以为道”的教育目的，通过教育手段，使人们重新认识儒家的仁义道德，以便恢复儒学的独尊地位，应对佛教和道教的挑战。

(3)抨击了科举选士的弊端及考试内容的不合理，要求统治者要不拘一格地选拔人才。

(4)在官学衰落、人们耻学于师的情况下，他重振师道，扭转当时的不良学风，提出自己的师道观，认为教师要“传道、授业、解惑”。

(5)总结出了一套行之有效的教学方法，学业的精通在于勤勉，在博学的基础上求精通，把学习和独创结合起来；要重视因材施教，要注意生动活泼。

韩愈的教育思想主要包括以下几方面：为实现“古道”而提出的教育目的学说，与人性论相关联的教育作用学说，尊师重道的师说，在教育实践中概括出的教学思想。韩愈的政治品德是儒家师徒的基本内容，使其成为一代师表。他在文学和哲学上的成就及才华使其教育思想大放异彩，开启了宋明理学的前导。他的教育思想流传至今仍具有旺盛的生命力，值得我们学习、研讨与借鉴。

6.3　考研真题与典型题详解

一、概念题

1. 六学二馆

答：六学二馆是唐代中央官学的简称。六学指国子监所属的国子学、太学、四门学、书学、算学和律学。二馆指门下省所属的弘文馆和置于东宫的崇文馆。隋唐时官学有了较完善的发展，唐在隋的基础上，中央设有国子学、太学、四门学、书学、算学、律学六学。六学中前三学似属大学性质，学习儒家经典，后三学似属专科性质，六学属于直系，归国子监统领。此外，唐还设有崇文馆、弘文馆，属于旁系。弘文馆、崇文馆这“二馆”为收藏书籍、校理书籍和研究教授儒家经典三位一体的场所。

2. 制举

答：制举是皇帝亲诏临时设置的唯策取士的制度，经历了沿袭传统的问对口试到定型为分科笔试的演变过程，于高宗显庆时完全纳入科举取士体制。制举考录程序较简单，一般不定期，由皇帝临时决定考试科目，应考者自举或被举到京师，在殿廷直接参加考试，登科者可立即授官。唐代制举考试的方式，有别于科举取士的其他考试，凸显了选拔非常人才的广泛性和特殊性。唐代制举既是整个科举取士体制的一部分，又自成相对独立的系统，皇帝亲临主考、唯令试策和举选合一，乃是三个最为显著的特点。

二、简答题

1. 谈谈韩愈的教师思想。［北京师范大学2022年研］

答：韩愈是唐代著名的文学家、教育家、思想家，主张复兴儒学，反对佛老学说，提出以儒家的“道统”来对抗佛老的“法统”。韩愈提倡师道的一个中心任务就是为保卫儒家的道统而斗争，为了提倡师道，写下了著名的《师说》，其中包含了他的教师思想。

(1)关于尊师原因，韩愈指出，首先，“人非生而知之者”，后天的学习十分重要，继而肯定“学者必有师”；其次，重视师道，是儒家“天地君亲师”纲常体系的体现，学生在学校能尊敬师长，在家庭能孝敬父母，自然在国家事务中就能效忠君王；再次，针对当时儒学不振、人们耻于求师的社会现实，强调尊师是重振儒家道统的需要。

(2)在关于教师的任务的论述中，韩愈提出“古之学者必有师，师者，所以传道、授业、解惑也”的著名论断。教师这三项基本任务是紧密相连的，重在传道，授业是为传道服务的，古文、六经之文只不过是载道的工具，而传道又是通过授业完成的。这体现了“存师卫道”的儒家传统的基本精神，把“传道”当作首要任务，把“授业”当作第二任务，把“解惑”提到应有的地位，这样排列顺序是明确的。

(3)在师与道的关系上，韩愈分析的“师”与“道”之间的辩证关系也是合理的，指出“道之所存，师之所存”，师与道密切结合，不可分离。学生“从师”，就是从师的“道”，传道必有师，卫道必先向师学习，尊重了师道就可以卫道了。为师是“传道”的，如教师不能“传道”那就不能称其为师了。

(4)在择师标准上，“道之所存，师之所存也”，即以“道”为求师的标准，“学无常师”。提出不管出身、地位高低、年龄长少如何，只要学有专长，合乎儒道，就应该从而师之，坚决反对不以“道”而以地位高低、官职大小作为选择教师标准的世俗作风，从师学习首先应该是“唯道是从”。

(5)在师与生的关系上，韩愈提出谁先掌握了“道”，懂得了“业”，谁就是教师，教师不应受什么年龄、地位、资格等限制。指出“弟子不必不如师，师不必贤于弟子，闻道有先后，术业有专攻，如是而已”的观点。“道”是师存在的基础以及前提条件，这是符合客观规律的教育思想。

总之，韩愈对教师问题的阐述包含了朴素辩证法的因素。这些见解丰富了中国古代的教育思想，而且对当前的教育也具有一定的参考价值和启发意义。

2. 我国隋代采用何种方式集中选士大权？有何特点？

答：(1)我国隋代采用了科举考试制度也就是采取考试的办法，以分科举人取代了魏晋以来的九品中正制，集中了选士大权，巩固了中央的统治。

(2)隋代科举制度的特点表现为以下几个方面：

①隋代采用科举制是为了革除汉代以来的选官制度的弊端，使之更加符合中央集权的需要。隋代的中央集权制度比秦汉又有加强，以门第取人的九品中正制既不利于中央集权制度的加强，又不利于合乎要求的人才的选择和任用，其已经不适应社会发展的要求，迫切需要一种新型的选官制度来替代它，隋文帝为了集中选士大权，采用考试的办法，终于以分科举人取代了九品中正制，科举制度便应运而生了。

②隋朝科举考试制度开创了开科考试的方式。隋炀帝大业三年(607)定十科举人的科目，大业五年(609)又将十科减为四科，分科考试选拔士人的旨意越来越明确，其中仍有“文才美秀”科，即进士科，进士科以考试策问为主，一般把隋炀帝创设的进士科作为科举考试制度正式产生的标志。开科考试的特点是录取标准专凭试卷，专重资才，而不是由地方察举，所谓声名德望已不再是主要的依据了。两汉、魏晋南北朝时期的察举和九品中正制，虽也含有考试，但是以推荐察举为主，而隋以后的科举则以考试为主。隋代以前是察举，隋代以后是考试，这是中国古代选士制度的一大分界线。

③隋朝的科举制未能发挥出应有的作用。由于国运短暂，加上隋朝统治者多好佛老而不尚儒术，所以也不是很重视科举取士。因此科举考试制度并没有发挥出应有的作用，直到唐代才将科举制度发扬光大。

科举考试制度的开创，在一定程度上限制了门阀世族把持选士的局面，为庶族地主参加政权开辟了道路，扩大了统治阶级的社会基础。科举考试毕竟有相对稳定的客观标准，它轻门第，重才学，任人唯贤。这在中国古代选士制度上确实是一次变革，是一个进步。科举制度为以后的历代王朝所沿用，维持了1300年之久。

三、论述题

1. 简述韩愈《师说》的师道观。[武汉大学2017年研]

答：韩愈是唐代著名的文学家、思想家、教育家，著作甚多。在教育方面，韩愈作有《师说》。《师说》是中国古代第一篇集中论述教师问题的文章，体现的主要师道观有：

(1)肯定教师的重要性

“人非生而知之”，因而人人都有学习的必要，学习需要老师的指导，教师是社会必需的一个职业。

(2)明确提出教师的任务

韩愈明确提出：“师者，所以传道、授业、解惑也。”教师的任务包括三个方面：

①传道，即传授儒家仁义之道。

②授业，即讲授古文典籍和儒家经典。

③解惑，即解答学生在学习道和业过程中所提出的疑难问题。

这三个方面紧密联系，构成了教师的任务。其中，传道是教师的首要任务，为了使学生更好地体道悟道，就需要进行授业和解惑。传道是目的，是方向；授业和解惑是传道展开的过程和手段。三者有主有次，前后有序，职责分明。

(3)强调以“道”为求师的标准

韩愈认为“学无常师”，主张不管门第、出身、相貌等如何，只要学有所成，并且合乎儒道，就可为人师表。他主张广泛地向他人学习，以开阔自己的视野，增长自己的知识和才干。而且，教师要在“道”和“业”这两个方面严格要求自己，加强这两方面的学习和修养。

(4)建立平等的师生关系

韩愈提出师生之间可以互相为师，二者的关系是相对的，可以相互转化的，“弟子不必不如师，师不必贤于弟子。”只要闻道在先，术业有专长者，皆可以为人师表。学生向教师学习道和业，而不迷信盲从教师。韩愈认为在教学过程中，师生关系是民主的，而不是相互对立的，师生相互之间只是角色不同，教学过程实质是教学相长的过程。

总之，《师说》是中国古代第一篇集中论述教师问题的文章，体现韩愈对教师问题的见解。他既肯定了教师在传道、授业、解惑方面的主导作用，又强调教师要尊重学生，向学生学习；既要求学生虚心向教师学习，又鼓励学生敢于超过教师；既提倡乐为人师，勇为人师，又强调不耻下问，虚心拜人为师。韩愈的教育思想在中国教育思想发展史上占有重要的地位。

2. 试从文教政策的视角谈谈唐代文化教育与政治经济的关系。

答：唐代是我国统一的封建专制国家的再建和高度发展时期，也是我国封建教育进一步发展和完善时期，唐代的文教政策深刻体现了唐代文化教育与政治经济之间的关系。

(1)唐代的文教政策

唐代实现了国家的高度统一，为了巩固政权，加强控制，儒家思想又成了维护这个制度的主要统治思想。唐代的统治者选择儒学作为封建统治的主要思想工具，从儒学中寻求制度、方针、政策的理论依据。在这种政治思想的指导下，唐代实行了“重振儒术”的文教政策，主要体现在以下几个方面：

①尊孔

为了提高儒学的地位，唐高祖武德二年就在国子监立周公孔庙各一所，四时致祭。唐太宗贞观二年，置周公祠，以孔丘为先圣，颜回为先师。唐玄宗开元二十七年追封孔丘为文宣王，把孔丘捧上帝位，并赠孔门弟子数十人为公、侯、伯。贞观以后全国学校无不遍设孔丘牌位，从此官学就沿袭成习，尊孔以确立思想权威。

②提高儒士地位

唐太宗未即帝位时，就召名儒房玄龄、魏徵、杜如晦等十八人为学士，共议天下大事。即位以后又置弘文馆，精选天下儒士虞世南、姚思廉等，各以本官兼学士，常与他们讲论经义、商略政事，确立了“偃武修文”的指导思想。十四年诏前代通儒子孙，特加引擢，唐玄宗时在秦朝坑儒的地方为遭难的几百儒生立祠宇，以示重儒，同时提高儒士的地位，以掌握儒术为用人标准。

③皇帝亲临国学观释奠

唐高祖武德七年，幸国子学，亲临释奠，引道士、沙门与博士杂相驳难。唐太宗屡次到大学观释奠，贞观十四年，亲率百官至国学，命祭酒孔颖达讲《孝经》，对祭酒、博士及优等生分别赐帛。唐代宗自称“尤重儒学”，到国子学释奠，宰相以下的大官和六军将领都去听讲。这些都表明唐王朝对学校教育的重视，鼓励师生积极向学，为封建主效忠。

④重视儒经的整理和研究

唐太宗命国子祭酒孔颖达等撰定《五经正义》，令天下传习，以统制思想。《五经》是儒家全部政治、哲学、道德思想的集中体现。由于西汉末儒家经典的烦琐和谶纬神学的盛行，以及魏晋南北朝玄学的要求，必须重振儒术，对儒经加以整理和统一。《五经正义》的撰定与颁布标志着儒家经典的统一，儒家思想又居正统地位，成为统治阶级有力的统治工具。撰定《五经正义》对于教育和选士也有重要作用，自此教育思想、教育内容又趋于统一，科举取士以儒经为准。

唐代的文教政策除了重振儒术之外，还提倡佛教和道教，即以崇儒尊孔为基本，以佛道两教为辅助手段。佛教对唐代的教育和学术思想的影响也很大，虽然它并未专立学校或设置科举。为了提高道教地位，唐代还开设了崇玄学，置博士，助教各一人，学生百人，还立了道举，加试《老子》。

(2)唐代文化教育与政治经济之间的关系

唐代文教政策的制定与完善，深刻反映了唐代文化教育与政治经济之间的关系。唐代的政治经济发展制约着文化教育的进步，同时文化教育又推动了唐代政治经济的发展。

①唐代的政治经济制约着文化教育的发展。文化教育的发展必须有一定的社会物质基础，文化教育的进步与完善必须建立在经济发展、政治稳定的基础上。

a. 唐代结束了五代十国诸侯割据、战乱不断的分裂局面，实现了封建王朝的统一，中央集权得到了巩固与发展，强化的中央集权、安定的政治局面是文化教育发展必不可少的基础。中央统治的加强，不仅有助于对全国的文化教育事业进行有效地规划，也有助于全国形成比较系统的文化教育体制，有助于学校各项制度、学校行政管理和各项措施的健全，有助于教育教学内容的统一化和标准化。

b. 唐代实现了国家的统一，社会生产力也有了很大的进步，这为文化教育的发展奠定了经济基础。学校的建立、教师的选聘、考试的举行，都离不开一定的物质条件，社会经济的发展制约着文化教育的内容、方法和手段的进步。

②唐代的文化教育推动政治经济的发展。文化教育的发展受制于社会政治经济的进步，但教育自身也是有主观能动性的，反过来又可以对社会政治经济的发展起推动促进作用。

文化教育，可以培养出满足社会政治经济发展需要的各类人才，推动社会政治和经济的进步。特别是在封建社会，通过教育能造就出符合统治阶级政治立场、政治观点和思想意识的人才，为维护封建统治服务。通过文化教育，还能宣传统治阶级的政治纲领、方针、路线和政策，起到影响大众舆论的作用。唐代采取重视儒术的文教政策，正是为了有力地巩固自身的统治，推动经济的发展。

第7章　宋辽金元时期的教育

7.1　复习笔记

【知识框架(庖丁解牛)】

- 宋辽金元时期的教育
  - 宋朝的文教政策和教育制度
    - 文教政策、
    - 教育制度
  - 辽金元时期的教育
    - 辽朝的教育制度
    - 金朝的教育制度
    - 元朝的教育制度
  - 宋元时期的书院
    - 书院的萌芽
    - 宋朝的书院
    - 元朝的书院
  - 宋元时期的蒙学
    - 蒙学教育的发展
    - 蒙学教育的内容和方法
    - 蒙学教材
  - 宋元时期的科举制度
    - 宋朝的科举制度
    - 元朝的科举制度
    - 宋元科举制度对学校教育的影响
  - 王安石的教育思想
    - 主持“熙宁兴学”
    - 崇实尚用的教育思想
    - 系统的人才理论
  - 朱熹的教育思想
    - 生平和教育活动
    - 关于教育的作用和目的
    - 论“小学”和“大学”教育
    - 关于道德教育的思想
    - 论读书法
    - 对朱熹教育思想的评价

【考点剖析与拓展(游刃有余)】

考点一 宋朝的文教政策和教育制度

1. 文教政策

表 7－1 文教政策

<table>
<tr><th>要点</th><th colspan="3">具体内容</th></tr>
<tr><td>概述</td><td colspan="3">宋初的统治者在统一国家之后，对统治策略做了重大改变，由原来的重视“武功”，改为强调“文治”。与统治策略的这一转变相适应，确立了“兴文教，抑武事”的国策</td></tr>
<tr><td>重视科举
重用士人</td><td colspan="3">①北宋统治者为了巩固政权，开始重用文人，充任全国各级政权的官吏，军队也受文官节制。
②正因为政治上迫切需要文人，于是便利用传统的科举考试，大量取士</td></tr>
<tr><td rowspan="7">三次兴学
广设学校</td><td rowspan="2">庆历兴学</td><td>概述</td><td>是由范仲淹在宋仁宗庆历四年主持的</td></tr>
<tr><td>措施</td><td>①普遍设立地方学校，诏州县立学。
②改革科举考试，规定科举考试先策，次论，次诗赋，罢贴经、墨义。
③创建太学，并在太学中推行胡瑗的“苏湖教法”</td></tr>
<tr><td rowspan="2">熙宁兴学</td><td>概述</td><td>是由王安石在宋神宗熙宁年间主持和推进的</td></tr>
<tr><td>措施</td><td>①改革太学，创立“三舍法”。
②恢复和发展州县地方学校。
③恢复与创立武学、律学、医学等专科学校。
④编撰《三经新义》，作为统一教材。
⑤改革科举制度</td></tr>
<tr><td rowspan="2">崇宁兴学</td><td>概述</td><td>是蔡京在宋徽宗崇宁年间主持的</td></tr>
<tr><td>措施</td><td>①全国普遍设立地方学校。
②建立县学、州学、太学三级相联系的学制系统。
③新建辟雍，发展太学。
④恢复设立医学，创立算学、书学、画学等专科学校。
⑤罢科举，改由学校取士</td></tr>
<tr><td>评价</td><td colspan="2">①上述三次兴学运动，虽然前两次均未能取得预期的效果，但都不同程度地将宋朝教育事业向前推进了一大步。
②第三次兴学，对宋朝教育事业发展所起的促进作用，超过了前两次。
③这三次兴学运动是宋朝“兴文教”政策最直接，也是最重要的体现</td></tr>
<tr><td>尊孔崇儒
提倡佛道</td><td colspan="3">①宋朝统治者尊孔崇儒，大力提倡佛、道，其主观目的是维护统治，但积极提倡的结果，使儒、佛、道三家在长期而激烈的斗争中，逐渐走上了融合的道路。
②最后终于孕育出以儒家思想为主体，糅合佛、道思想而成的新的思想体系——理学思想，后经元、明、清统治者的不断提倡，成为中国封建社会后期的统治思想</td></tr>
</table>

2. 教育制度

表 7-2 教育制度

要点	具体内容
概述	①宋朝的教育制度基本上沿袭唐制。 ②宋初由于重视科举取士，虽设官学，而未被重视，自三次兴学运动后，才在中央和地方陆续建立起了完备的官学教育体系。 ③南宋虽偏安江南，但在绍兴、乾道、淳熙年间，官学亦有一定程度的发展
中央官学	①国子监管辖：国子学、太学、辟雍、四门学、广文馆、武学、律学、小学等。 ②中央各局管辖：医学、算学、书学、画学等。 ③直属于中央政府的有资善堂、宗学、诸王宫学、内小学等
地方官学	有州学、府学、军学、监学以及县学，属于地方政府及诸路提举学事司管辖

考点二、辽金元时期的教育

1. 辽朝的教育制度

表 7-3 辽朝的教育制度

要点	具体内容
概述	辽朝的教育制度草创于辽太祖时期，经过几代统治者的努力才逐渐确立起来
中央官学	①辽朝在南京、上京、东京、中京、西京都设国子学，总称为“五京学”。 ②除了5所国子学外，还设有上京、中京、西京3所国子监
地方官学	有府学、州学和县学。州学和县学亦设博士、助教
其他形式	辽朝统治者也十分重视贵族子弟教育，曾专门创立“诸王文学馆”，设有“诸王伴读”和“诸王教授”，还曾吸收朝鲜留学生
评价	①契丹虽属游牧、狩猎民族，但在辽朝立国的200余年间，积极学习中原文化，尊孔崇儒，努力发展文教事业，从中央到地方建立起了官学体系。 ②尤其是澶渊结盟以后，社会相对安定，经济较为繁荣，各地设学渐多，教育得到进一步发展，有力地促进了辽朝社会的进步

2. 金朝的教育制度

表 7-4 金朝的教育制度

要点	具体内容
概述	金朝的学校教育制度效法唐、宋，逐渐建立起了较为完整的官学体系和相应的管理制度。至世宗、章宗时期，金朝教育达到全盛
中央官学	①隶于国子监的6所中央学校：国子监、小学、太学、女真国子学、女真小学和女真太学，也被称为“六学”。 ②司天台办学和宫女学校。司天台是政府机构，掌天文历数，观察风云气色，隶秘书监。宫女学校设在宫廷内，专事教授诸宫女
地方官学	主要有府、镇、州学和女真府、州学，此外还有医学

续表

要点	具体内容
特点	①建立起了较为完整的女真族教育体系。 ②学生入学资格的规定更为严格。在有关中央官学学生入学资格的规定方面，采用唐制。 ③是政权在其社会性质从奴隶制向封建制转化过程中，封建性不断加强的反映

3. 元朝的教育制度

表7-5　元朝的教育制度

要点	具体内容
概述	元朝的学校教育，开始于太宗窝阔台时期。至世宗忽必烈时期，学校教育的发展进入兴盛时期，从中央到地方建立起了较为完备的官学体系和教育管理机构。
中央官学	①主要有国子学、蒙古国子学和回回国子学。其中回回国子学是我国中央官学最早的外国语学校，它对于当时中西文化交流起了积极的促进作用。 ②在司天台和太史院附设学校。天文、星历学生的教育工作主要归司天台负责
地方官学	①按路、府、州、县的行政区划，在地方上建立起了路学、府学、州学、县学以及小学、社学的儒学系统。 ②还开设了蒙古字学、医学、阴阳学等专门学校
教育管理机构	①元朝在建立从中央到地方的官学体系的同时，设置了相应的教育管理机构。 ②在中央，国子学隶属于国子监。国子监又属集贤院管辖。蒙古国子学隶于蒙古国子监。回回国子学隶于回回国子监。天文、星历学生归司天台管辖。 ③在地方上，设置儒学提举司管辖各级地方官学

考点三、宋元时期的书院

1. 书院的萌芽

表7-6　书院的萌芽

要点	具体内容
含义	①书院是我国封建社会自唐末以后一种重要的教育组织形式。“书院”的名称始出现于唐朝。 ②类型有二：一是由中央政府设立的主要用作收藏、校勘和整理图书的机构；二是由民间设立的主要供个人读书治学的地方
特点	①在私人设立的书院中，出现了授徒讲学的活动。 ②虽然具有授徒讲学活动的书院在当时还不普遍，但它作为中国封建社会的一种新的、重要的教育组织形式正式萌芽了
产生原因	①官学衰落，士人失学。社会动乱，官学衰落，是书院萌芽的直接原因。 ②我国有源远流长的私人讲学传统。当社会发生动乱，官学无法维持时，私学往往能以顽强的生命力生存下来，甚至还会有一定程度的发展。 ③受佛教禅林的影响。佛教徒往往在山林名胜之处建立禅林精舍讲经说法，这对于书院的选址和教学活动也产生了影响

2. 宋朝的书院

表 7－7　宋朝的书院

要点	具体内容
背景	书院萌芽于唐末，但作为一种教育制度形成和兴盛则在宋朝
北宋书院	①官学没有得到应有的发展，书院便以新生事物所特有的强大生命力，得到较大程度的发展，并成为一种重要的教育组织。 ②在当时影响较大的书院有六大书院：白鹿洞书院、岳麓书院、应天府书院(睢阳书院)、嵩阳书院、石鼓书院和茅山书院
南宋书院	①南宋偏安江南，虽设置了国子监和太学，恢复和建立了地方州县学校，但由于重科举轻学校，学校有名无实。 ②理学发展到南宋已趋成熟，形成各个学派，并积极创设书院，授徒讲学。在这些因素的推动下，南宋书院得到很大发展。 ③当时影响较大的有四大书院：白鹿洞书院、岳麓书院、丽泽书院和象山书院
《白鹿洞书院揭示》	南宋书院的兴盛与发达，与朱熹修复白鹿洞书院有密切的关系。白鹿洞书院，原为唐后期李涉、李渤兄弟隐居读书处，南宋时期朱熹修复，征集图书，筹措经费，并亲任洞主，亲自掌教，制定《白鹿洞书院揭示》作为书院的学规和教育宗旨。 ①《白鹿洞书院揭示》的内容： a. 教育目的："父子有亲，君臣有义，夫妇有别，长幼有序，朋友有信"。 b. 治学顺序："博学之，审问之，慎思之，明辨之，笃行之"。 c. 修身之要："言忠信，行笃敬，惩忿窒欲，迁善改过"。 d. 处事之要："正其义不谋其利，明其道不计其功"。 e. 接物之要："己所不欲，勿施于人，行有不得，反求诸己"。 ②评价： 朱熹明确了教育的目的，阐明了教育教学的过程，提出了修身、处事、接物的基本要求；朱熹把这些儒家思想汇集起来，用学规的形式固定下来，形成较为完整的书院教育理论体系，成为后世学规的范本和办学准则，使书院教育逐步走上制度化的发展轨道，其贡献不可低估
书院特点	①书院作为一种教育制度已经确立。以《白鹿洞书院揭示》为代表的书院教育理论的形成，明确了书院教育宗旨、教育教学原则等根本问题，标志着书院作为一种教育制度正式形成。 ②书院促进了南宋理学的发展和学术文化的繁荣。南宋的理学家将其作为讲论和传播自己学说思想的重要基地，从而形成了不同的学术流派，也成为不同学术流派之间展开讨论争鸣，相互交流的重要场所，促进了理学的兴旺发达和文化学术的繁荣。 ③书院官学化的倾向已经出现。由此带来的效应：一是这些书院本身由于得到朝廷的褒奖而名闻天下，刺激了其他书院的发展；二是政府加强了对书院的控制，书院逐渐纳入官学体系，有的直接变成地方官学，成为准备科举的场所

3. 元朝的书院

(1)元朝统治者对于书院采取保护、提倡和加强控制的政策。

①在数量上得到了较大的发展，遍及于全国许多地区。

②官学化的倾向越来越严重，许多书院甚至已完全被纳入地方官学系统，与路、府、州、县学一样，成为科举的附庸，丧失了书院淡于名利，志在问学修身的初衷。

(2)元朝的书院对当时文化教育的普及，理学的传播，以及人才的培养，仍发挥了一定的积极作用。

考点四、宋元时期的蒙学

在中国封建社会时期，一般将8至15岁儿童的“小学”教育阶段，称为“蒙养”教育阶段，对儿童进行启蒙教育的学校称为“蒙学”，所用的教材称为“蒙养书”或“小儿书”。

1. 蒙学教育的发展

表7-8 蒙学教育的发展

要点	具体内容
背景	①宋元时期蒙学教育得到较大发展，在全国城乡设立了不少蒙学。 ②统治者重视蒙学教育，曾多次下令在中央和地方设立小学。 ③宋元的蒙学就其设立的性质而言，既有民间办的私学，又有政府办的官学
政府办的官学	宋元时期由政府办的蒙学可以分为两种：一种是设在京城宫廷内的贵胄小学，另一种是设在地方上的庶民小学
民间办的私学	①民间设立的私学有各种不同的名称。有的称为“小学”；在农村地区农家子弟利用冬闲时节读书的蒙学，则称为“冬学”。还有称作“乡校”“家塾”“私塾”“蒙馆”等。 ②由于官方设立的小学数量有限，而办理蒙学一般所需经费不多，所以在中小城镇和乡村地区，这一类私人设立的蒙学较为普遍

2. 蒙学教育的内容和方法

宋元时期蒙学教育的基本内容，包括初步的道德行为训练和基本的文化知识技能学习这样两个方面。宋元蒙学在长期的教学实践中，积累了一些成功的经验，最突出的有以下三点：

(1)强调严格要求，打好基础。蒙学教育是基础教育，在这个阶段严格要求，打好基础，对于儿童日后的发展将会长期起作用。因此，宋元蒙学教育十分强调对儿童进行严格的基本训练。

(2)重视用《须知》《学则》的形式培养儿童的行为习惯。蒙学阶段的儿童可塑性大，为了培养儿童的行为习惯，宋元时期的教育家制定了各种形式的《须知》《学则》等，以此作为规范儿童行为的准则。

(3)注意根据儿童的心理特点，因势利导，激发他们的学习兴趣。蒙学阶段的儿童活泼好动，宋朝教育家已经注意到儿童的这个特点，积极引导，唤起他们的学习兴趣。

3. 蒙学教材

表7-9 蒙学教材

要点	具体内容
概述	①我国古代一直重视蒙学教材的编写，早在周秦时代，就已经编写了一些有影响的蒙学教材。西汉时，以史游所作的《急就篇》流传最广，影响最大。 ②宋元时期的蒙学教材，继承和发展了前人编写蒙学教材的经验，开始出现分类按专题编写的现象，使我国古代蒙学教材的发展进入了一个新的阶段

续表

要点	具体内容
类型	①识字教学的教材，如《三字经》《百家姓》等最为出名。主要目的是教儿童识字，掌握文字工具，同时也综合介绍一些基础知识。 ②伦理道德的教材，如吕本中的《童蒙训》等，侧重于向儿童传授伦理道德知识以及为人处世、待人接物的准则。 ③历史教学的教材，如宋代王令作《十七史蒙求》等。 ④诗歌教学的教材，如朱熹的《训蒙诗》等。选择适合儿童的诗词歌赋供他们学习，对他们进行文辞和美感教育。 ⑤名物制度和自然常识教学的教材，以宋代方逢辰的《名物蒙求》为代表
评价	①宋元的蒙学教材开始分类按专题编写，使蒙学教材在内容和形式上呈现多样化。 ②一些著名学者亲自编撰蒙学教材，对提高蒙学教材的质量起了重要作用。 ③蒙学教材注意儿童的心理特点，采用韵语形式，文字简练，通俗易懂，并力求将识字教育、基本知识教育和伦理道德教育有机地结合起来，值得认真研究

考点五、宋元时期的科举制度

1. 宋朝的科举制度

表 7－10　宋朝的科举制度

要点	具体内容
概述	①宋朝科举考试有常科和制科之分。 ②常科是指常设科目，有进士、明经、明法诸科。 ③制科为非常设科目，是由皇帝根据需要临时设置并亲自主持的特种考试，选拔特殊人才，以应特殊需要，地位不如常科。 ④文科之外还有武科。武科考试始于宋仁宗天圣八年。 ⑤成人科目之外又有童子科。童子科为非常设科目，至南宋理宗后废止
扩大科举名额	①唐朝进士科，每榜录取人数很少。 ②自宋太宗起，科举名额大为扩张。宋朝科举考试除按照常例录取正奏名之外，还增设特奏名。 ③在扩张录取名额的同时，又提高科举及第后的地位和待遇
确定“三年一贡举”	①宋朝科举考试的时间，最初没有明确的规定。 ②宋英宗治平三年，确定科举考试时间为“三年一贡举”。 ③三年一科举成为定制，一直延续到清末科举考试制度被废除
殿试成为定制	①殿试始于唐朝武则天，但没有成为制度。开宝六年，宋太祖在讲武殿亲自主持考试，殿试成为常制。 ②形成三级科举考试制度：州试(由地方官主持)——省试(由尚书省礼部主持)——殿试(由皇帝主持)。 ③自宋太宗太平兴国八年，开始将殿试成绩评定等第，把进士分成三甲，影响了元、明、清的科举考试制度

续表

要点	具体内容
建立新制，防止科场作弊	①为了维护考试的客观性和公平性，防止作弊，宋朝在科举考试的实践中，逐渐建立了一些新制度。 ②其主要内容有：建立锁院制；实行别头试；采用糊名法；创立誊录制。 ③尽管在防止科场舞弊方面，宋朝做了积极的探索，在实际中也取得了一定的成效，然而科场仍有舞弊现象
评价	①宋朝科举考试制度在扩大科举名额，提高及第者的社会地位和待遇的同时，在制度建设方面也做了积极而有成效的探索。 ②为中国科举考试制度的日臻成熟和完善做出了独特的贡献，在中国科举考试制度发展史上占有十分重要的地位

2. 元朝的科举制度

表 7－11 元朝的科举制度

要点	具体内容
概述	①元朝统治者入主中原，建立疆域横跨欧亚大陆的庞大帝国，仿照前朝建立了科举考试制度。 ②元朝科举考试，每三年举行一次，分为乡试（行省考试）、会试（礼部考试）和御试（即殿试）三级。 ③将地方解送考试称之为乡试，即始于元朝
民族歧视明显	①元朝统治者将国人分为四等，由“优”到“劣”分别是蒙古人、色目人、汉人、南人。 ②四等人在考试科目、答题要求、考试结果等方面都各不相同，体现了明显的民族歧视
《四书章句集注》为答题标准	《四书章句集注》成为科举考试的答题标准，取得了与《五经》的同等地位，成为广大士人和各类学校必读的教科书，影响中国封建社会后期的文化教育长达数百年之久
科举制度日趋严密	①元朝科举考试实行试卷弥封、誊录制，建立严格的试卷处理流程和职官制度，各司其职，有越轨者治罪。 ②为科举考试制度进一步完善积累了经验，对明清科举制度产生了重要影响

3. 宋元科举制度对学校教育的影响

表 7－12 宋元科举制度对学校教育的影响

要点	具体内容
积极影响	①学校教育受到冷落。宋朝统治者只重视科举选拔人才，而忽视了兴建学校培养人才，把人才的培养和选拔完全割裂。 ②助长了士人功利心理，不尚实才，不务实学。 ③严重存在民族歧视，人为地造成各民族之间的不平等和矛盾。 ④它规定科举考试从《四书》中出题，以朱熹《四书章句集注》为考试答题标准，严重限制了士人的思想
消极影响	对提高官僚阶层文化素质，促进学校教育发展，加强民族文化交流，加快政权封建化进程起到了一定的作用

考点六、王安石的教育思想

王安石，字介甫，号半山，抚州临川(今江西省临川)人，人称临川先生，是北宋杰出的政治家、思想家、文学家、改革家，唐宋古文八大家之一。其现存著作主要有《王文公文集》等。

1. 主持“熙宁兴学”

王安石被列宁称为是“中国11世纪时的改革家”。他在宋神宗熙宁年间任副宰相和宰相期间，发动了在文化教育方面的改革，称为“熙宁兴学”。主要有以下四方面的内容。

(1)改革太学，创立“三舍法”。其主要措施有：

①扩增太学校舍。

②充实和整顿太学师资。

③创立“三舍法”。这是王安石改革太学最重要的措施。

(2)恢复和发展州县地方学校。

(3)恢复和创设武学、律学和医学。

(4)编撰《三经新义》作为统一教材。

此外，还主持了对科举考试制度的改革。熙宁四年二月，正式下令废除明经诸科，进士科考试罢诗赋、帖经、墨义，试以经义、论、策。

王安石的教育改革，不仅使北宋的教育出现了转机，进入了一个新的发展阶段，也使他自己以一个无可争辩的教育改革家的形象，出现在中国古代教育史上。

2. 崇实尚用的教育思想

王安石针对当时教育存在的严重弊病，从变法图强，兴利除弊的实际需要出发，在一些基本的教育理论问题上，发表了不少精辟的见解。主要有以下两点：

(1)学校应该培养具有实际才能的治国人才

王安石十分重视学校教育对于治国安民的重要作用。他明确提出国家兴学设教的根本目的在于培养“为天下国家之用”的人才。把人的道德修养置于人才培养的首要地位。

(2)教学内容应该是“为天下国家之用”

认为教学内容应该以是否“为天下国家之用”为标准。主要指：经术、朝廷礼乐刑政之事、武事。

王安石的教育思想具有崇实尚用的特征，不仅在当时有一定积极意义，而且对后来南宋事功学派陈亮、叶适，以及明末清初早期启蒙教育家黄宗羲、颜元等的思想，也产生了一定影响。

3. 系统的人才理论

表7-13　系统的人才理论

要点	具体内容
概述	王安石从变法图强的政治需要出发，提出了陶冶人才的系统理论

续表

要点		具体内容
教之之道	含义	即人才的教育培养问题
	要求	①从中央到地方普遍设立学校，并严格挑选学官。 ②教学内容以“实用”为准则，凡是对国家有实际用处的知识，“则无不在于学”；凡是对国家没有实际用处的内容，则一律不教。 ③以造就有实际才能的治国人才为培养目标
养之之道	含义	即人才的管理问题
	要求	①“饶之以财”，各级官吏应该有较高的俸禄。 ②“约之以礼”，明确规定各级官吏有关衣、食、住、用，以及婚丧、祭养等的标准，以此来约束他们的行为。 ③“裁之以法”，就是在上面两条的基础上，若有的官吏仍违反法律，则依法严罚
取之之道	含义	即人才的选拔问题
	要求	①选拔人才应该自下而上推荐。 ②对于推荐上来确是贤能者，则应根据其“德之大小、才之高下”，授以相应的官职。 ③考察人才不能偏听偏信，而应该察其言，观其行，试之以事
任之之道	含义	即人才的使用问题
	要求	①“任其所宜”，使用人才时应该做到用其所长，任其所宜。 ②“久其任”，任职要相对稳定
评价		①王安石认为四个环节是相互联系的，只要在某一个环节上出了问题，就会整个地影响人才的成长。 ②他所提出的一些具体主张，其中不少含有合理因素，反映了人才成长的共同规律，至今仍有积极意义

考点七、朱熹的教育思想

1. 生平和教育活动

(1)朱熹，字元晦，后改为仲晦，号晦庵。一生主要是从事学术研究和教育活动。他亲自拟订了著名的《白鹿洞书院揭示》，成为南宋以后书院和各地方官学共同遵守的学规。

(2)他一生还编撰了多种教材。其中影响最深广、最重要的是《四书章句集注》。

2. 关于教育的作用和目的

表 7－14　关于教育的作用和目的

要点	具体内容
教育作用	①重视教育对于改变人性的重要作用。其教育作用论是从他的理学思想体系出发来进行论述的。 ②认为理是万物产生的本原，气是构成万物的材料。 ③认为“性即理”，宇宙的本源只是一个理，人禀受理，这就是人性，性和理是一个东西。 ④认为人是“理与气合”的产物，既有“天命之性”又有“气质之性”。 ⑤指出教育的作用在于“变化气质”，“明明德”，以实现“明天理、灭人欲”的根本任务
教育目的	①强调学校教育的目的在于“明人伦”。 ②从“明人伦”的思想出发，严厉抨击了当时以科举为目的的学校教育，要求改革科举，整顿学校

3. 论“小学”和“大学”教育

表7-15 论“小学”和“大学”教育

要点	具体内容
概述	朱熹在总结前人教育经验和自己教育实践的基础上，基于对人的心理特征的初步认识，把一个人的教育分为“小学”和“大学”两个既有区别又有联系的阶段，并分别提出了两者不同的任务、内容和方法
“小学”教育	①年龄阶段：8岁至15岁。 ②教育内容：“教事”为主，强调让儿童在日常生活中，通过具体行事，懂得基本的伦理道德规范，养成一定的行为习惯，学到初步的文化知识技能。 ③教育方法： a. 主张先入为主，及早施教。 b. 要求形象、生动，能激发兴趣。 c. 首创以《须知》《学则》的形式来培养儿童道德行为习惯
“大学”教育	①年龄阶段：15岁以后。 ②教育内容：重点是“教理”，即重在探究“事物之所以然”。在小学教育培养“圣贤坯璞”的基础上“加光饰”，再进一步精雕细刻，把他们培养成为对国家有用的人才。 ③教育方法： a. 重视自学。 b. 提倡不同学术观点之间的相互交流
关系	①朱熹认为，尽管小学和大学是两个相对独立的教育阶段，具体的任务、内容和方法各不相同，但这两个阶段有内在联系，它们的根本目标是一致的。 ②它们之间的区别只是因教育对象的不同而所作的教育阶段的划分，并不是截然对立

4. 关于道德教育的思想

表7-16 关于道德教育的思想

要点	具体内容
概述	①道德教育是理学教育的核心，主张将道德教育放在教育工作的首位。 ②道德教育的根本任务是“明天理、灭人欲”，必须进行以“三纲五常”为核心的封建伦理道德教育。这是他道德教育的基本内容，也是他道德教育思想的重要特点
立志	①认为志是心之所向，对人的成长至为重要。 ②要求学者首先应该树立远大的志向，人立志成为像尧、舜那样的圣人
居敬	①即专心致志，谨慎认真。 ②只要坚持“居敬”的修养功夫，就能做到“明天理、灭人欲”
存养	①是“存心养性”的简称。他认为每个人都有与生俱来的善性，但同时又有气质之偏和物欲之蔽，需要用“存养”的功夫，来发扬善性，发明本心。 ②“存养”是从理学的角度对孟轲“存其心，养其性”和“求放心”思想的继承和发展
省察	①“省”是反省，“察”是检察。“省察”即经常进行自我反省和检查的意思。 ②认为一个人要搞好自身道德修养，就应当“无时不省察”。这一见解，表明他在道德教育中既强调防微杜渐，同时又重视纠失于后

续表

要点	具体内容
力行	即要求将学到的伦理道德知识付之于自己的实际行动，转化为道德行为
评价	朱熹的见解，反映了道德教育中某些带规律性的东西，至今仍有可借鉴之处

5. 论读书法

表 7－17　论读书法

要点	具体内容
概述	朱熹一生又酷爱读书，对于如何读书有深切体会，并提出了许多精辟的见解。他强调读书穷理，认为“为学之道，莫先于穷理；穷理之要，必在于读书”。其弟子将他的读书方法概括为“朱子读书法”六条，是朱熹教育思想的重要组成部分
循序渐进	读书应该按一定次序，不要颠倒；应根据自己的实际情况和能力，安排读书计划，并切实遵守它；要扎扎实实打好基础，不可囫囵吞枣，急于求成
熟读精思	读书既要熟读成诵，又要精于思考；提出了“无疑——有疑——解疑”的精思过程
虚心涵泳	①“虚心”，是指读书时要虚怀若谷，静心思虑，仔细体会书中的意思，不要先入为主，牵强附会。 ②“涵泳”，是指读书时要反复咀嚼，细心玩味
切己体察	强调读书不能仅仅停留在书本上，口头上，而必须见之于自己的实际行动，要身体力行
着紧用力	①必须抓紧时间，发愤忘食，反对悠悠然。 ②必须抖擞精神，勇猛奋发，反对松松垮垮
居敬持志	①“居敬”，即读书时精神专一，注意力集中。 ②“持志”，即要树立远大的志向，高尚的目标，以顽强的毅力长期坚持
评价	①积极性：朱熹的读书法是他自己长期读书经验以及对前人读书经验的概括和总结，比较集中地反映了我国古代对于读书方法研究的成果，在今天仍有借鉴作用。 ②局限性：a. 朱熹所提倡读的书，主要是宣扬封建伦理道德的“圣贤之书”；b. 他的读书法主要是强调如何学习书本知识，而未曾注意到与实际知识之间的联系

6. 对朱熹教育思想的评价

朱熹是中国古代教育史上继孔丘之后的又一个大教育家。他的教育活动和教育思想，大大地丰富和充实了我国古代教育宝库，对于我国封建社会后期教育的发展曾产生过重大影响。研究朱熹的教育活动和教育思想，不仅是研究宋朝教育的重点，而且也有助于了解元、明、清时期教育的发展。

7.2　课后习题详解

1. 北宋“三次兴学”的具体内容是什么？宋朝官学制度有哪些特点？

答：宋初通过科举考试，选拔了不少人才，但却忽视了兴建学校培育人才。于是，自庆历四年(1044 年)后，宋朝历史上先后出现了三次著名的兴学运动。

(1)北宋三次兴学的具体内容

①庆历兴学是由范仲淹在宋仁宗庆历四年主持的，兴学的主要措施有以下几点：

a. 普遍设立地方学校，诏州县立学。

b. 改革科举考试，规定科举考试先策，次论，次诗赋，罢贴经、墨义。

c. 创建太学，并在太学中推行胡瑗的“苏湖教法”。

②熙宁兴学是由王安石在宋神宗熙宁年间主持和推进的，教育的改革主要有以下几点：

a. 改革太学，创立“三舍法”。

b. 恢复和发展州县地方学校。

c. 恢复与创立武学、律学、医学等专科学校。

d. 编撰《三经新义》，作为统一教材。

e. 改革科举制度。

③崇宁兴学是蔡京在宋徽宗崇宁年间主持的，内容主要包括以下几个方面：

a. 全国普遍设立地方学校。

b. 建立县学、州学、太学三级相联系的学制系统。

c. 新建辟雍，发展太学。

d. 恢复设立医学，创立算学、书学、画学等专科学校。

e. 罢科举，改由学校取士。

上述三次兴学运动，虽然前两次均未能取得预期的效果，但都不同程度地将宋朝教育事业向前推进了一大步。第三次兴学，对宋朝教育事业发展所起的促进作用，更是超过了前两次。因此，这三次兴学运动是宋朝“兴文教”政策最直接，也是最重要的体现。

(2)宋朝官学制度的特点

宋朝建立了从中央到地方的官学教育体制，其特点主要表现在以下几个方面：

①管理体制进一步完备。不仅在中央设立国子监，管理中央官学，而且在诸路设置提举学事司，它的设立，在中国教育史上具有创新意义。从此，从中央到地方建立起了专门的教育行政管理机构。

②官学类型多样化。宋朝中央官学除设置儒学(包括国子学、太学、四门学等)、律学、医学、算学、书学之外，还创立武学和画学。在地方官学中，除儒学之外，也分别设置武学、医学和道学。在中央设立武学和画学，在州县建立武学与道学，这是唐朝官学中所没有的，它将自唐朝开始的突破儒学一统的格局又向前推进了一大步，在中国古代学制发展史上具有重要意义。

③中央官学的等级限制放宽。书学甚至取消了限制，这是学校教育的一大进步。

④学田制度的确立。五代时已有关于学田的记载，但学田作为一种制度被确定下来，实始于宋朝。在这以后，宋朝地方学校一般均有学田，作为学校经费的主要来源。这一制度为后来的元、明、清三朝所长期沿用。

2. 述评辽、金、元学校教育制度的特点。

答：为了巩固政权，维护统治，辽、金、元统治者都大力推行“汉化”政策，为了培养本民族人才，金、元两朝还专门设立民族学校，建立起了比较完整的民族教育体系，推动了民族教育事业的发展。辽、金、元学校教育制度的特点包括：

(1)建立起中央到地方的官学体制。依据以往汉族统治的经验，推行“汉化”政策，建立起一套自上而下的教育体制，促进了教育的发展。

(2)各级学校以儒家学说为主要学习内容。崇尚儒经，用儒家思想来治理教育事业，起到稳固国家统治和民众治理的作用。

(3)将学校教育体制和科举制度结合在一起。将学校养士和科举取士结合在一起，对人才培养和政权的稳固起到关键作用。

(4)建立起了较为完整的本民族教育体系。在正规的教育体制之外，从中央到地方建立起了一套较为完整的本民族教育体系，使本民族人才的培养教育工作走上了较为正规的发展道路。

(5)学生入学资格的规定更为严格，重新以法定的形式保证了上层官僚子弟享有文化教育的特权。这是民族政权在其社会性质从奴隶制向封建制转化过程中，封建性不断加强的一种反映。

3. 分析书院产生的原因及两宋书院的特点。

答：书院是我国封建社会自唐末以后一种重要的教育组织形式。“书院”的名称始出现于唐朝。当时有两种场所被称为书院。一种是由中央政府设立的主要用作收藏、校勘和整理图书的机构；另一种是由民间设立的主要供个人读书治学的地方。在私人设立的书院中，出现了授徒讲学的活动。虽然具有授徒讲学活动的书院在当时还不普遍，规模一般也不大，没有形成系统的规章制度，但它作为中国封建社会的一种新的重要的教育组织形式正式萌芽了。

(1)从事授徒讲学活动的书院在唐末萌芽，原因主要有以下三方面：

①官学衰落，士人失学。社会动乱，官学衰落，是书院萌芽的直接原因。

②我国有源远流长的私人讲学传统。当社会发生动乱，官学无法维持时，私学往往能以顽强的生命力生存下来，甚至还会有一定程度的发展。

③受佛教禅林的影响。书院大多也设立于名胜之处，显然是受到禅林的影响。此外，佛教禅林中，高僧讲经说法通常所采取的升堂讲说、质疑问难等方式，以及徒众把讲经说法的内容记录下来等做法，对于书院的教学活动也产生了影响。

(2)宋朝书院的特点

①书院作为一种教育制度已经确立。以《白鹿洞书院揭示》为代表的书院教育理论的形成，明确了书院教育宗旨、教育教学原则等根本问题，标志着书院作为一种教育制度正式形成。

②书院促进了南宋理学的发展和学术文化的繁荣。南宋的理学家把书院作为讲论和传播自己学说思想的重要基地，从而形成了不同的学术流派。同时，书院又成为不同学术流派之间展开讨论争鸣，相互交流的重要场所。总之，书院促进了理学的兴旺发达和文化学术的繁荣。

③书院官学化的倾向已经出现。所谓书院官学化，就是书院受制于政府，被纳入官学体系。这种倾向带来两种效应：一是这些书院本身由于得到朝廷的褒奖而名闻天下，同时也因为朝廷的提倡，而刺激了其他书院的发展；二是政府加强了对书院的控制，书院逐渐纳入官学体系，有的直接变成地方官学，成为准备科举的场所。

4. 试论宋元时期蒙学教育的基本经验及现实启示。

答：宋元时期，是我国古代蒙学发展的一个重要阶段，不仅在数量上得到了进一步的发展，而且在教育内容、方法以及教材等方面，都形成了自己的特点，对后世的蒙童教育产生了重要影响。

(1)宋元时期蒙学教育的基本经验

宋元时期蒙学教育的基本内容，包括初步的道德行为训练和基本的文化知识技能学习这样两个方面。宋元蒙学在长期的教学实践中，积累了一些成功的经验，最突出的有以下三点：

①强调严格要求，打好基础。蒙学教育是基础教育，在这个阶段严格要求，打好基础，对于儿童日后的发展将会长期起作用。因此，宋元蒙学教育十分强调对儿童进行严格的基本训练。

②重视用《须知》《学则》的形式培养儿童的行为习惯。蒙学阶段的儿童可塑性大，为了培养儿童的行为习惯，宋元时期的教育家制定了各种形式的《须知》《学则》等，以此作为规范儿童行为的准则。

③注意根据儿童的心理特点，因势利导，激发他们的学习兴趣。蒙学阶段的儿童活泼好动，宋朝教育家已经注意到儿童的这个特点，积极引导，唤起他们的学习兴趣。

(2)宋元时期蒙学教育基本经验的现实启示

①注意环境习染对儿童的影响

宋元时期的教育家从长期的教育实践中深刻认识到环境对幼儿成长有着重要的影响，从不同角度重视环境习染对儿童的影响，要求为儿童创造一个良好的教育环境。这提示当今的教育者首先要加强自身的思想品德和文化修养，处处以身作则，给儿童以良好的身教，其次要给儿童创造一个健康向上的外部环境，使他们的思想和行为不至于受到不良环境的影响。

②要为儿童提供丰富的蒙学教材

宋元的蒙养教材，流行甚广，有的到现在还为人们津津乐道。如今儿童读物铺天盖地，最为突出的特点是篇幅长、价位高、不易普及，有影响的、能够为人们所认可的、可以当作经典性读物教给孩子的几乎是没有。所以，如何编写出适合儿童阅读的、易于普及的、有明显社会效益的蒙养读物，这是每一位教育工作者的神圣使命。

③教育方法要适合儿童的特点

宋元时期的蒙养教育重在知识和道德启蒙，所以在教育方法上特别重视实践和行为习惯的培养，一般很少有空洞的理论说教，这是符合儿童心理发展特点的。这一点很值得现代人学习，因为当前的儿童教育总是步入三种误区：一是理论说教多，忽略实践和习惯的培养，以致使孩子对大的道理没有理解透，又没有养成好的习惯；二是过早定位，一些家长不顾孩子的兴趣所在，让孩子学习器乐、舞蹈、书法等，希望孩子将来在这些方面有所作为；三是受应试教育的影响所出现的家庭教育学校化现象，使蒙养教育应试化。教育工作者及家长应该从宋元时期的蒙学教育中得到启示，以走出误区，使孩子享受到真正的、适合其身心发展特点的教育。

当然，在积极肯定宋元时期蒙养教育价值和意义的同时，也不可忽视其消极的一面，诸如"三纲五常""男尊女卑"、封建迷信思想、因果报应、读书做官、光宗耀祖等。在吸取经验的过程中，必须认真加以辨认，取其精华，弃其糟粕，使它成为我国当代教育思想可资借鉴的优秀资源。

5．述评宋元时期的科举制度及对学校教育的影响。

答：宋元时期的科举制度，在沿袭唐制的基础上，又根据宋元社会的实际情况，有许多新的变化和发展。科举制度渐趋成熟和完善，成为各级官员选拔的主要途径，对社会发展和学校教育发生了重要影响。

(1)宋元时期的科举制度

宋代的科举考试制度基本上沿用了唐制，但有许多新的变化和发展：

①扩大了科举取士的名额。

②提高及第者的地位和待遇。宋代不需要经吏部考试，而凡科考及第后授官的级别也有提高，确立殿试制度也是提高科举地位的重要措施。

③严密立法，防止作弊。建立"别头试""锁院""糊名"和"誊录"制度；考官子弟和亲属赴考，考官必须回避。这些制度的建立，对防止考官徇私取舍确有一定作用，为科场上的公平竞争提供了一定的保证。

(2)科举制度对学校教育的影响

宋元时期，科举制度和学校教育之间关系密切，科举制度对学校教育的影响主要体现在以下几个方面：

①科举制度把选才与育才的标准和要求一致起来，促进了学校教育的发展。因为通过科举可以取得名位，一般出身低微的知识分子都强烈要求进学读书。科举制度的产生在客观上推动了封建教育的发展。科举考试主要是以儒家经典为内容，对于学校教育教学内容的统一和标准的一致，也是具有积极意义的。科举科目中有明法、明算、童子、武举等，这对于当时教育上出现的重文轻武、重经轻算、重成人轻儿童的陈规，或多或少进行了冲击，具有进步意义。

②学校逐渐成为科举的预备机关或附庸，学校教育反过来又受到科举的限制。学校逐渐成为科举的预备机关或附庸，科举制度本身的种种弊端和缺点也就直接影响着学校教育的各个方面。科举考试的内容局限于儒家的几部经典章句，考试方法又注重死记硬背，在这种风气下，学校教育工作也就重文辞少实学，重记诵不求义理，充满教条主义、形式主义的恶习。科举考试中的贪贿之风，毒害着知识分子的精神面貌，败坏着学校和社会的风气。

6．试论王安石的教育理论和人才思想。

答：(1)王安石的教育理论

王安石针对当时教育存在的严重弊病，从变法图强，兴利除弊的实际需要出发，在一些基本的教育理论问题上，发表了不少精辟的见解。主要有以下两点：

①学校应该培养具有实际才能的治国人才

王安石十分重视学校教育对于治国安民的重要作用。他从一个政治家的角度，明确提出国家兴学设教的根本目的在于培养"为天下国家之用"的人才。这种人才具体来说，应该具有实际的治国才能。同时，王安石把人的道德修养置于人才培养的首要地位。

②教学内容应该是“为天下国家之用者”

从学校教育的根本目的在于培养有实际才能的治国人才的思想出发，王安石认为教学内容应该以是否“为天下国家之用”为标准。所谓“为天下国家之用者”主要指以下三方面的内容：经术、朝廷礼乐刑政之事、武事。

王安石的教育思想具有崇实尚用的特征。他的教育思想不仅在当时有一定积极意义，而且对后来南宋事功学派陈亮、叶适，以及明末清初早期启蒙教育家黄宗羲、颜元等的思想，也产生了一定影响。

(2)王安石的人才思想

王安石从变法图强的政治需要出发，提出了陶冶人才的系统理论。它包括以下四个环节：

①“教之之道”

所谓“教之之道”，即是人才的教育培养问题。王安石认为应该做到以下三点：a. 从中央到地方普遍设立学校，并严格挑选学官。b. 教学内容以“实用”为准则，凡是对国家有实际用处的知识，“则无不在于学”；凡是对国家没有实际用处的内容，则一律不教。c. 以造就有实际才能的治国人才为培养目标。

②“养之之道”

所谓“养之之道”，即是人才的管理问题。王安石提出三条具体措施：a. “饶之以财”，各级官吏应该有较高的俸禄。b. “约之以礼”，明确规定各级官吏有关衣、食、住、用，以及婚丧、祭养等的标准，以此来约束他们的行为。c. “裁之以法”，就是在上面两条的基础上，若有的官吏仍违反法律，则依法严罚。

③“取之之道”

所谓“取之之道”，即是人才的选拔问题。王安石提出三点主张：a. 选拔人才应该自下而上推荐。b. 对于推荐上来确是贤能者，则应根据其“德之大小、才之高下”，授以相应的官职。c. 考察人才不能偏听偏信，而应该察其言，观其行，试之以事。

④“任之之道”

所谓“任之之道”，即是人才的使用问题。王安石的思想主要有两点。a. “任其所宜”，使用人才时应该做到用其所长，任其所宜。b. “久其任”，任职要相对稳定。

王安石认为，上述四个环节是相互联系的，只要在某一个环节上出了问题，就会整个地影响人才的成长。王安石所提出的一些具体主张，其中不少含有合理因素，反映了人才成长的共同规律，至今仍有积极意义。

7. 朱熹是怎样论述“小学”和“大学”教育的?

答：朱熹在总结前人教育经验和自己教育实践的基础上，基于对人的心理特征的初步认识，把一个人的教育分为“小学”和“大学”两个既有区别，又有联系的阶段，并分别提出了两者不同的任务、内容和方法。

(1)“小学”教育

8岁至15岁为小学教育阶段。朱熹十分重视这个阶段的教育，他认为小学教育对一个人的成长非常重要，必须抓紧，抓好。

①“小学”的教育内容。关于小学教育的内容，朱熹提出以“教事”为主的思想，强调让儿童在日常生活中，通过具体行事，懂得基本的伦理道德规范，养成一定的行为习惯，学到初步的文化知识技能。

②“小学”的教育方法。为了实现上述目标，在教育方法上，朱熹强调以下三点：a. 主张先入为主，及早施教。b. 要求形象、生动，能激发兴趣。c. 首创以《须知》《学则》的形式来培养儿童道德行为习惯。

(2)“大学”教育

①15 岁以后为大学教育。大学教育是在“小学已成之功”基础上的深化和发展，与小学教育重在“教事”不同，大学教育内容的重点是“教理”，即重在探究“事物之所以然”。大学教育任务也与小学教育不同。小学教育是培养“圣贤坯璞”，大学教育则是在坯璞的基础上“加光饰”，再进一步精雕细刻，把他们培养成为对国家有用的人才。

②在大学教育方法方面，朱熹在长期的教育实践中，积累了许多成功经验，其中两点值得注意：a. 重视自学。b. 提倡不同学术观点之间的相互交流。

朱熹认为，尽管小学和大学是两个相对独立的教育阶段，具体的任务、内容和方法各不相同，但是，这两个阶段又是有内在联系的，它们的根本目标是一致的。它们之间的区别只是因教育对象的不同而所作的教育阶段的划分，并不是截然对立。

8. 述评朱熹道德教育思想。

答：道德教育是儒家教育思想的核心，朱熹全部教育思想的精华亦集中于此。朱熹十分重视道德教育，主张将道德教育放在教育工作的首位。

(1)朱熹道德教育思想的主要内容

①道德教育的根本任务。朱熹认为道德教育的根本任务是“明天理、灭人欲”。他所说的“天理”，是指以“三纲五常”为核心的封建伦理道德。他所说的“人欲”，则是指“心”的毛病，是为“嗜欲所迷”的心。比如，饮食“要求美味”，穿着“必欲精细”，言行则“非礼而视听言动”，等等。

②道德教育的基本内容。基于道德教育的根本任务，朱熹认为必须进行以“三纲五常”为核心的封建伦理道德教育，也是他道德教育思想的重要特点。

③道德教育的方法。朱熹关于道德教育的方法，可以概括为以下几点：

a. 立志：要求学者首先应该树立远大的志向，人有了远大的志向，就有了前进的目标。

b. 居敬。即专心致志，谨慎认真的意思。“内无妄思”，即自觉抑制人欲的诱惑，自觉执守封建伦理道德；“外无妄动”，即在服饰动作、言语态度等外貌方面，“整齐严肃”，符合封建伦理道德规范。

c. 存养。朱熹认为每个人都有与生俱来的善性，但同时又有气质之偏和物欲之蔽，因此，需要用“存养”的功夫，来发扬善性，发明本心。

d. 省察。省是反省，察是检察，省察即是经常进行自我反省和检查的意思。朱熹认为一个人要搞好自身道德修养，就应当“无时不省察”。

e. 力行。将学到的伦理道德知识付之于自己的实际行动，转化为道德行为。

(2)对朱熹道德教育思想的评价

朱熹的道德教育思想是对古代教育经验的总结概括，既有一定的理论高度，又有其实用价值，对于今天的道德教育有着一定的现实意义。

①朱熹非常重视道德教育，这对今天中国的教育不无启迪。教育者，教书育人也，而“教”只不过是一种技术性的知识传授；“育”才是带有价值意味的人格塑造，是引导受教育者有健康而高尚的品德，因而，“育”应该是教育的中心。“育”使教育的本义更接近于道德教育。

②朱熹对基础教育的重视也值得我们借鉴。朱熹非常重视学龄前儿童的道德教育和小学教育。他曾言道：“是以方其幼也，不习之于小学，则无以收其放心，养其德性，而为大学之基本。”道德教育要从小抓起，朱熹的这种思想与他的人性观是一致的，因儿童还保有“本然之性”，未受太多物欲之蔽，道德教育就是要使他们秉承本性而“复其初”。朱熹的这种心性论虽未必正确，但他对基础教育的重视却值得人们效仿。

③朱熹在道德教育方法论上提倡的知行统一观也给人以深刻的启示。朱熹认为知与行是统一的，他说“知之愈明，则行之愈笃，行之愈笃，则知之愈明，二者不可偏废”。

但是应该看到，朱熹的道德教育中也存在一些糟粕性的因素，在学习其道德教育思想时要注意批判地继承。

9. 评析“朱子读书法”。

答：朱子读书法是关于朱熹读书原则和方法的总结。朱熹强调读书穷理，认为“为学之道，莫先于穷理；穷理之要，必在于读书”。他自己一生又酷爱读书，对于如何读书有深切的体会，并提出了许多精辟的见解。他的弟子将其概括为“朱子读书法”六条，这是朱熹教育思想的重要组成部分。其主要内容如下：

(1)循序渐进

朱熹主张读书要“循序渐进”，包含三个意思：①读书应该按一定次序，不要颠倒。②应根据自己的实际情况和能力，安排读书计划，并切实遵守它。③读书要扎扎实实打好基础，不可囫囵吞枣，急于求成。

(2)熟读精思

朱熹认为，读书既要熟读成诵，又要精于思考；他还提出了“无疑——有疑——解疑”的精思过程。

(3)虚心涵泳

虚心涵泳的读书方法包括两方面的含义：①所谓“虚心”，是指读书时要虚怀若谷，静心思虑，仔细体会书中的意思，不要先入为主，牵强附会。读书中发现了疑问，“众说纷错”，也应虚心静虑，切勿匆忙决定取舍。②所谓“涵泳”，是指读书时要反复咀嚼，细心玩味。知识只有经过反复涵泳才能消化吸收。

(4)切己体察

朱熹强调读书不能仅仅停留在书本上，口头上，而必须见之于自己的实际行动，要身体力行。

(5)着紧用力

着紧用力的读书方法，包含两方面的意义：①必须抓紧时间，发愤忘食，反对悠悠然。②必须抖擞精神，勇猛奋发，反对松松垮垮。

(6)居敬持志

居敬持志既是朱熹道德修养的重要方法，也是他最重要的读书法。①“居敬”，就是读书时精神专一，注意力集中。②“持志”，就是要树立远大的志向，高尚的目标，并要以顽强的毅力长期坚持。

朱熹的读书法是他自己长期读书经验以及对前人读书经验的概括和总结，比较集中地反映了我国古代对于读书方法研究的成果，其中不乏合理的内容，在今天仍有借鉴作用。但也存在一定的局限性，突出地表现为：其一，朱熹所提倡读的书，主要是宣扬封建伦理道德的“圣贤之书”；其二，他的读书法主要是强调如何学习书本知识，而未曾注意到与实际知识之间的联系。

7.3　考研真题与典型题详解

一、概念题

1. 朱子读书法[华中师范大学2023年研；山西师范大学2021年研；山东师范大学2013年研；福建师范大学2013年研]

答：朱子读书法是关于朱熹读书原则和方法的总结。朱熹强调读书穷理，因此关于怎样读书他曾提出过重要的原则和方法。他的弟子汇集他的训导，概括、归纳出“朱子读书法”六条，即循序渐进、熟读精思、虚心涵泳、切己体察、着紧用力和居敬持志。①循序渐进是指读书要按一定的次序和步骤，不能贪多务广；②熟读精思是指读书时必须多读、记住、背熟、勤于思考；③虚心涵泳是指读书时要探明原意、独立思考、勤苦奋进、保持虚心；④切己体察是指读书必须与自己的思想实际、生活经验等结合起来，还要以所读之书的道理来指导自己的实践；⑤着紧用力是指读书要有坚持不懈，勇往直前乃至不惜牺牲生命的读书精神；⑥居敬持志是指读书时要注意力高度集中，要树立远大的目标，明确读书的目的。朱子读书法在封建教育实践中影响很大，至今仍有重要的指导意义。

2. 苏湖教法[陕西师范大学2023年研；华中师范大学2021年研；陕西师范大学2013年研；河南师范大学2011年研]

答：苏湖教法是北宋著名教育家胡瑗在苏州、湖州两地讲学时采用的教学管理制度。他提倡经世致用的实学，设立经义斋和治事斋，创行分斋教学制度。经义斋学习六经经义，以培养高级统治人才；治事斋学习一些应用学科，属“达用”之学，培养专业技术和管理人才，学生可主治一科，兼治他科。苏湖教法是世界教育史上最早创立的分科教学和学科的必修、选修制度，在北宋庆历兴学中得到推广，对中国古代教育的发展产生了深远的影响。

3. 三舍法[北京师范大学2023年研]

答：三舍法是王安石改革太学时的一条重要措施。其主要内容是：将太学生员分为外舍、内舍、上舍三个等级，生员依学业程度，通过考核，依次升舍。三舍法对学生考查和选拔力求做到平时行艺与考试成绩相结合，学习优劣与对他们的任职、使用结合。这有利于调动学生学习的积极性，提高太学教学质量，同时又把上舍考试与科举考试结合起来，融养士与取士于太学，无疑提高了太学的地位。总之，三舍法是中国古代大学管理制度上的一项创新，它不仅对宋朝的学校教育产生了积极作用，而且对后来元、明、清的教育产生了深远的影响。

4. 书院[湖南大学2023年研]

答：书院是盛行于我国封建社会中后期的一种教育机构。最早的书院出现在唐代，到了宋代，书院得到极大的发展，宋代书院以讲论经籍为主，其中著名的有江西庐山的白鹿洞书院、湖南长沙的岳麓书院、湖南衡阳的石鼓书院、河南商丘的应天书院以及河南登封的嵩阳书院、江西上饶的鹅湖书院等；朱熹还创立了正式的书院制度。元代书院遍及各路、州、府；明朝初年书院转衰，直到王阳明崛起后书院再度兴盛。随后书院因批评时政，遭到当政者的忌恨，明世宗、张居正都曾禁毁过书院，尤其是无锡的"东林书院"，因为与阉党头子魏忠贤作对而被其下令拆毁。清代书院达两千余所，但官学化也达到了极点，大部分书院与官学无异，如张之洞在武昌建立的两湖书院、广州越秀书院等。到了光绪二十七年(1901年)诏令各省的书院改为大学堂，各府、厅、直隶州的书院改为中学堂，各州县的书院改为小学堂。至此，书院退出了历史舞台。中国古代的书院集教学、研究、藏书及祭祀于一身，是相对独立于官学和其他教育形式(如私学)之外的教育机构。书院提倡自由讲学，注重讨论，学术风气浓厚，开辟了新的学风，成为推动教育和学术发展的重要动力，在办学和管理领域创造了许多行之有效的经验措施。书院在中国古代教育史上具有十分深远的意义，它们扩大了中国古代学校教育的类型，起到了弥补官学不足的作用，成为中国封建社会中后期一种重要的教育组织形式。

5. 《三经新义》

答：《三经新义》是经学教材，为宋代王安石撰《周官新义》，王雱、吕惠卿撰《毛诗义》《尚书义》之合称，是熙宁变法的重要理论依据。王安石在《周官新义序》中说明，它训释《周礼》，意在“立政造事”。熙宁八年即1075年颁发给学校，成为法定教材，并用以取士，统一经义，以“一道德”。《四库全书总目》说：“新经《毛诗义》凡二十卷，《尚书义》凡十三卷，今并佚，《周礼新义》即《周官新义》本二十二卷。明万历中，重编内阁书目，尚载其名”，今本《周官新义》辑自《永乐大典》，共十六卷，附《考工记解》二卷。

6. 学田

答：学田是政府为学校置拨的田产、校产，以充办学经费。北宋熙宁兴学、庆历新政时，实行由政府向地方官学普遍地划拨一定量官田作为学田，以其租人充作办学经费的办法，在不增加百姓赋税的前提下，利用财政外收入巧妙地解决了一个极其重要和迫切的经费问题。此后，学田成为地方学校的生命线。学田制度，将封建国家和社会私人办学的积极性结合起来，有效地解决了当时地方官学的经费问题，扩大了社会教育面。它为封建人才的培养和从文化教育上加强专制主义中央集权、为形成多层次衔接的教育体制提供了一定的物质基础。

二、综合分析题

书院虽萌芽于唐代，但作为一种教育制度却形成和兴盛于宋代。南宋教育家朱熹在《潭州委教授措置岳麓书院牒》中有一段文字：

契勘本州州学之外，复置岳麓书院，本为有志之士不远千里、求师取友至于是邦者，无所栖泊，以为优游肄业之地。故前帅枢密忠肃刘公特因旧基复创新馆，延请故右司侍讲张公先生，往来其间，使四方来学之士，得以传道授业解惑焉。此意甚远，非世俗常见所到也。比年以来，师道陵夷，讲论废息，士风不振；议者惜之。

某叨冒假守，蒙被训辞，深以讲学教人之务为寄，顾恨庸鄙，弗克奉承。到官两月，又因簿书，未能一往。谒殿升堂，延见诸生，诣考所合罢行事件，庶革流弊，以还旧规。除已请到醴陵黎君贡生充讲书职事，与学录郑贡生同行措置外，今议别置额外十员，以处四方游学之士。依州县则例，日破米一升四合、钱六十文。更不补试，听候当职考察搜访，径行拨入者，庶几有以上广圣朝教育人材之意，使凡为学者，知所当务不专在区区课试之间，实非小补……

请根据上述材料并结合宋代书院、地方官学的发展状况，论述宋代书院相对于地方官学在教学管理方面的特点。［统考 2022 年研］

答：(1)宋代书院发展情况：

①教育场所的规模化。私学起初并无固定的教育场所，而书院则为一种较为独立的教育机构，有专门的、颇具规模的教育设施，从而达到了制度化。

②教育设备的制度化。书院具有丰富的藏书，并设置了祭祀用的专祠。

③教育管理的规范化。书院设置了总领其教学及行政管理的负责人“山长”（或称“堂长”“院长”），有的书院还设有副山长等职，这样使得书院有了较为规范的组织管理人。随着书院的不断发展，还出现了一些具体规定书院教学及运转程序的规则、学则等条规。

④教育经费的专门化。书院经费或由地方政府拨给，或由私人或社会集团捐赠，数目较为固定、充分，一般都足以保证其教学、学术研究、藏书、祭祀及书院本身建设之需。书院的经费，一般主要的来源为“学田”的田租收入。随着书院的不断充实发展，学田日渐形成书院固定的教育经费来源。

⑤书院在讲学方面，既注重教学，又注意学术研究，同时书院还允许不同学派相互间进行讲学，由此而形成了独具特色的书院“讲会”制度，这是书院区别于其他学校的重要标志。这种教学方式为后世所继承，并成为我国古代教育的优良传统。

(2)宋代地方官学发展情况：

宋朝地方官学在三次兴学的过程中逐步发展：庆历兴学中令州县立学，为地方办学提供了合法的依据，激发了州县地方兴学的热潮。在熙宁兴学中，王安石整顿地方官学。设置诸路学官，改变州县有学无教的状况，加强地方教育管理，并为地方官学拨充学田，每所学校给田 40 顷以充学粮，使地方官学有了显著发展。在崇宁兴学中，已经实现了全国普遍设立地方官学，并建立县学、州学、太学三级相联系的学制系统。

学田作为一种制度被确定下来，实始于宋朝。宋朝地方学校一般均有学田，作为学校经费的主要来源。

(3)宋代书院相对于地方官学在教学管理方面的特点：

朱熹在《潭州委教授措置岳麓书院牒》中，提出了一系列兴学岳麓的措施：

①聘请讲书职事与学录。聘请朱子门人贡士黎贵臣充当书院讲书职事，另又聘请郑一之为学录，掌管学规和辅助教授。

②别置额员，增其廪给。原重建岳麓时，定养士额二十人。朱熹别置额外学生十人，以满足不由课试而入者；给来院的学生以膏火费，并以安居；所廪给经费若田租不足，还从官费拨给。

③门户开放，学术自由。从整体来看，宋代书院与当时的地方官学相比，在管理方面呈现出更加独立、更加自由的特点：书院实行开放式的教学，实行门户开放。求学者不受地域、学派的限制均可前来听讲、求教，教学人员不限于书院本身，而是广邀学界名流以及不同学派的学者前来讲学，大大促进了学术交流和发展，也开阔了学生视野，深化了教学。

④实行山长负责制。其经费来源多样化，有来自官府的资助，也依靠民间自己筹集，主要靠学田供给。

三、论述题

1. 论述宋代三次兴学改革运动的代表人物与主要内容。[海南师范大学2023年研]

答：参见本章课后习题详解第1题答案第(1)点。

2. 简述宋朝的文教政策。[湖南师范大学2023年研；南京航空航天大学2015年研]

答：宋初的统治者在统一国家之后，对统治策略做了重大改变，由原来的重视“武功”，改为强调“文治”。与统治策略的这一转变相适应，确立了“兴文教，抑武事”的国策，即文教政策。概括地说，它主要表现为以下三方面：

(1)重视科举、重用士人

北宋统治者为了巩固政权，开始重用文人，充任全国各级政权的官吏，军队也受文官节制。正因为政治上迫切需要文人，于是便利用传统的科举考试，大量取士。

(2)“三次兴学”广设学校

①第一次兴学：范仲淹在宋仁宗庆历四年主持的，史称“庆历兴学”。

a. 令州县立学，规定应试科举的士人须在学校习业300日，方许应举。这项措施旨在避免学校流于形式，沦为单纯培训应试举人的场所，进而保障学校的正常教学秩序。

b. 改革科举考试内容，罢帖经和墨义，着重策论和经学。

c. 振兴太学，将胡瑗的“苏湖教学法”引进太学，创立分科教学和学科的必修、选修制度，体现对当时教育空疏、流于形式的批判。庆历新政实施不过一年多，便在旧官僚权贵集团的强烈反对下失败，兴学也告夭折。但毕竟促成了宋代学校教育的兴起，一些改革措施对后世也有重大影响。

②第二次兴学：王安石在宋神宗熙宁年间主持的，史称“熙宁兴学”。

a. 改革太学，创立“三舍法”。

b. 扩建和整顿地方官学。一是设置学官全权负责管理当地教育，地方当局不得随意干预学校事务。朝廷还为地方学校拨充学田，从而在物质条件上为州县学校的维持提供了保障。

c. 恢复与创立武学、律学、医学等专门学校，以培养具有一技之长的人才。

d. 编撰《三经新义》，作为统一教材。由朝廷正式颁行，成为官方考试、讲经所依据的标准教材。

③第三次兴学：蔡京在宋徽宗崇宁年间主持的，史称“崇宁兴学”。

a. 全国普遍设立地方学校。至此，形成了遍布全国州县的学校网络，无论在数量上、规模上，还是在分布的范围上，都远远地超过了以往任何一次兴学。

b. 建立县、州、大学三级相联系的学制系统。县学考生考试升州学，州学学生再根据成绩升入太学的不同舍，成绩上者升上舍，中者升下等上舍，下者升内舍，其余升外舍。

c. 扩建太学。

d. 罢科举，改由学校取士。

(3)尊孔崇儒，提倡佛道

①在尊孔崇儒方面，宋太祖为了加强中央集权的统治，解除武将的兵权，只让他们享受荣华富贵，同时重用儒臣，实行儒臣执政。太宗即位后，“用文德礼治”，“尊周孔之礼”，竭力提高儒学的地位。

②在提倡佛、道方面，宋太祖为调和统治阶级内部的矛盾，争取南方僧侣地主的支持，对佛教采取保护政策，促进了佛教和佛学的发展。

3. 试述书院的特色及其对当代创办“研究型大学”的借鉴意义。

答：书院是中国自北宋到清代的一种重要的教育组织形式，它在这一历史时期中，在政治和教育上都有其重要的地位，起过重大的作用。

(1)书院的特色

①书院是教学机构，同时又是学术研究机构，教学活动和学术活动研究紧密结合，互相促进。

②书院允许不同学派学者来书院讲学，重视学术交流，开展争辩，特别是南宋以后书院盛行“讲会”制度，成为书院的重要教学形式。

③书院讲学可自由听讲，不受地域限制，学生来去自由，师生之间自由交流。

④书院教学以学生个人读书钻研为主，注重培养学生的自学能力，发展学生的学习兴趣，书院教学多采取问难辩论式，注意启发学生思维，提高学生能力。

⑤书院内师生关系比较融洽，师生间的感情相当深厚。

(2)书院对当代办理研究型大学的借鉴意义

研究型大学是以创新性的知识传播、生产和应用为中心，以产出高水平的科研成果和培养高层次精英人才为目标，在社会发展、经济建设、科技进步、文化繁荣、国家安全中发挥重要作用的大学，书院这一古代的教育形式对当代研究型大学的办理仍有巨大的借鉴意义。

①中国古代的书院是教育教学单位和学术研究机构的结合体，当代研究型大学的建立发展也要继承这一传统。随着社会的发展和科技的进步，大学日益走向社会生活的中心位置，大学不仅仅是传播文化知识的地方，而且要能直接地参与到社会生活中来，研究社会生活中的热点和难点问题，为社会生产生活服务。

②中国古代的书院允许不同学派的学者自由讲学交流，在一定程度上体现了“百家争鸣”的精神，这也是建设研究型大学所不可忽视的方面，研究型大学应该是开放的，不断走向国际化的。一国研究型大学的形成与发展既是该国政治、经济与社会发展及教育自身发展的产物，同时也是国际借鉴与交流、合作的产物。在知识、信息的传输与交流日趋高速、

频繁的现代，一所大学要想成为真正的研究型大学，必须走国际化的道路。

③中国古代书院都非常重视自身特有的风格、内容，当代的研究型大学在创办和发展的过程中，也要在吸收外部经验的基础上，保持自己独有的特色。

研究型大学的形成与发展要充分体现个性化的办学思想，只有当一国的众多研究型大学都形成各自的科学研究与人才培养的特色之后，这些研究型大学才能真正全方位地服务于国家创新体系、加快综合国力的提升。

4. 试述宋代书院的起源及其在组织管理和教学上的特点。

答：“书院”名称起源于唐代，到宋代有了大规模的发展，产生了许多著名的书院，形成了一定的制度，并且这一办学形式一直保留到了明清时期。

(1)宋代书院的起源

①唐末五代十国时期，连年征战，文化教育受到了破坏，许多读书士子学者穷居草野，无由显身，私人书院开始出现发展。

②宋代统一海内，乱世渐平，文风日起，士子们纷纷要求就学读书，但当时政府尚无暇顾及教育，没有充足的实力兴学设校，书院就在这种形势下兴起。它既满足了读书人的求学要求，又为统治者解决了一个社会问题，因此一部分书院便兴盛起来并且得到了官方的支持和资助，可以说书院起于私学是有一定道理的。

③宋以后科举和官学教育趋于形式化，有名无实，造成了人才危机，这也呼唤着新的教育机构和教育形式的出现和发展。南宋时私人书院日益发达，几乎取代官学成为当时的主要教育机构。

④书院制度的产生还与佛教禅林讲学制度有密切关系。宋代形成了新的理学教学教育思潮，一些著名的理学家和知名学者，效法佛教徒于山林名胜之地修道讲习的制度，在一些风景优美的地方设院讲学。

⑤书院的产生还同雕版印刷的发明有密切关系。五代以后，雕版印刷术广泛采用，印书、藏书之风广为流行，这也为书院的产生提供了一定的客观条件。

总之，传统的私人授徒讲学，在具备充分的藏书基础上，在理学教育思潮推动下，演化为一种高于蒙学的高级的教育组织形式即书院，在宋代真正形成，并在明清继续保留。

(2)宋代书院的特点

书院继承发展了古代私学传统、吸取宗教特别是禅林精舍讲学制度和官学经验，成为与官学相平行发展且具有相对独立性的一种特设教育制度，程度一般在蒙学之上，或为本地、本省最高学府，或属于族学、义学、私塾性质，也有专供祭祀先贤、不授生徒者。

①书院在组织管理方面的特点

a. 机构简单，管理人少。往往主持人又是主讲人，一般由著名学者担任。负责人称为山长(也有称洞主、洞正、堂长、山主等)，除山长外有的还设副山长、助教、讲书等协理其事。有的还分派学生兼任管理。

b. 课程设置灵活，不同书院有不同安排，主要是学生自学、讨论。对学生考查，德才兼顾，注意平时考核，学生有日记册，季考或岁考，其成绩要参考平时成绩。

c. 学规严密。学规是书院教学的总方针，书院教学的方向、方法和程序多见于书院所定的“学规”或“教约”中，师生共同遵守，互相监督，有奖惩制度。

d. 经费自主。常设院田作为其经费来源，此院田或私人捐赠、或由官方拨充。学生来院听讲，由院供给膳食，教材书籍也由私人捐赠或官方颁发，开支主要用于教学、购书与研究。

e. 重视自己的特色，每个书院有自己独特的风格、内容。

②书院在教育教学方面的特点

a. 书院既是教育和教学组织，又是学术研究机构。书院的创建者或主持人，多数是当时著名的学者，或是某一学派的代表人物。每个书院往往就是某一学派教学和学术研究的基地，教学活动和学术研究紧密结合，相互促进。学术研究是书院教育教学的基础，而书院的教育和教学，又是学术研究成果得以传播和进一步发展的必要条件。

b. 允许不同学派讲学，在一定程度上体现了"百家争鸣"的精神。书院允许不同学派学者来院讲学，重视学术交流，开展争辩，特别是南宋以后书院盛行的"讲会"制度，成为书院的重要教学形式。这种"讲会"常常成为一个地区性的学术活动，书院成为一个地区的教育和学术活动中心。

c. 入学"门户开放"，不受地域限制。书院讲学可自由听讲，不受地域限制。书院著名学者讲学，其他书院和外地书院的师生前来听讲者，书院热情接待，并提供各种方便。

d. 教学以学生个人读书钻研为主，十分注重培养学生的自学能力，以发展学生的学习兴趣。教学注重讲明义理，躬行实践，讲习内容以儒家经籍为主，间有专攻武学、医学者。多采用问难论辩式，注意启发学生思维，培养学生的学习能力。名师讲学常把所讲内容整理为"讲义"，而学者听讲也将老师所讲认真记录编为"语录"，后世教学中教师的讲义和学生的听课笔记由此因袭而来。

e. 师生关系融洽，以道相交。师生之间感情深厚，书院名师不仅以渊博的学识教育学生，而且以自己的品德气节感染学生。

5. 评述王安石对科举制度和学校制度的改革。

答：(1)王安石对科举制度和学校制度的改革

王安石在宋神宗熙宁年间发动了政治、经济、军事和文化教育等方面的一系列改革。其对科举制度和学校制度的改革主要有以下几点：

①改革太学，创立"三舍法"

a. 扩增太学校舍。王安石于熙宁四年(1071 年)扩增太学校舍，基本保证了教学以及师生工作、生活用房。

b. 充实和整顿太学师资。规定除主管官员之外，增设太学直讲至 10 人，每两人负责讲授一经，为了保证质量，增设的直讲必须由中书亲自遴选，或由主管官员奏举。对于"教导有方"者，予以提升；而对"职事不修"者，则坚决贬黜。

c. 创立"三舍法"。这是王安石改革太学最重要的措施，其主要内容为：将太学分为外舍、内舍和上舍三个程度不同、依次递升的等级，太学生相应分为三部分，初入太学者为外舍生，外舍升内舍，内舍升上舍。评定成绩分为上中下三等，上等取旨授官，中等免礼部试，下等可免解试。

②恢复和发展州县地方学校

北宋普遍设立州县地方学校，始于"庆历兴学"，但成效不大，王安石执政后，即奏请恢复和整顿地方学校。

③恢复和创设武学、律学和医学

熙宁五年(1072年)，在京师武成王庙旧址恢复了已废近30年的武学，熙宁六年，在朝集院创立律学，并规定了教学内容和考核方式。同一时期，又对医学进行了整顿。

④编撰《三经新义》作为统一教材

为了统一思想，改变“谈经者人人殊”的局面，宋神宗下诏设置经义局，训释儒家三部经书:《诗经》《尚书》和《周礼》，命王安石主持。熙宁八年六月书成，“遂颁于学官，号曰《三经新义》”。自此在“熙宁兴学”期间，《三经新义》不仅成为士子必须学习的官定统一教材，而且也是科举考试的基本内容和标准答案。

此外，王安石还主持了对科举考试制度的改革，根据他的建议，熙宁四年二月，正式下令废除明经诸科，进士科考试罢诗赋、帖经、墨义，试以经义、论、策。

(2)对王安石改革的评价

王安石被列宁称为是“中国11世纪时的改革家”，他不避流俗，在熙宁年间对教育所做的一系列改革，不仅使北宋的教育出现了转机，进入了一个新的发展阶段，同时，也使他自己以一个无可争辩的教育改革家的形象，出现在中国古代教育史上。他的改革举措，对北宋及后来的封建王朝教育都产生了不小的影响，主要表现在:

①在主持“熙宁兴学”中，他创立的“三舍法”是在太学内部建立起严格的升舍考试制度，对学生的考察和选拔力求做到将平时行艺与考试成绩相结合，学行优劣与对他们的任职使用相结合，这有利于调动学生学习的积极性，提高太学教学质量。同时又把上舍考试与科举考试结合起来，融养士与取士于太学，无疑提高了太学的地位。“三舍法”是中国古代大学管理制度上的一项创新，它不仅对宋朝的学校教育产生了积极作用，而且对后来元、明、清的教育也有深远影响。

②通过一系列恢复和整顿措施，在“庆历兴学”以后沉寂了一个时期的北宋地方学校，又得到了一定程度的恢复和发展。尤其是学官制和学田制的设立，对北宋及此后封建王朝学校教育制度的发展做出了一定贡献。

③通过恢复和创设武学、律学和医学，使北宋的专科学校教育进入了一个新的发展阶段。

第8章　明朝的教育

8.1　复习笔记

【知识框架(庖丁解牛)】

明朝的教育
- 明朝的文教政策
- 明朝的官学制度
- 明朝的书院
  - 明朝书院的发展
  - 东林书院
- 明朝的科举制度
- 王守仁的教育思想

【考点剖析与拓展(游刃有余)】

考点一、明朝的文教政策

表8－1　明朝的文教政策

要点	具体内容
广设学校，培育人才	明朝统治者十分重视学校教育。明朝统治者广泛设立学校，在中央设置国子监，在地方颁布政策鼓励设立地方学校。由中央官学到地方官学，建成了一个庞大的学校网。明初学校教育事业的发展，超过了历史上任何一个朝代
重视科举，选拔人才	①明朝选拔人才的制度原来主要有两种：荐举和科举。科举与荐举相互平衡，同步推进，帮助国家选拔政府所需要的官员。其中，科举是明朝选拔人才的重要途径和根本制度。 ②明朝科举同学校教育之间的关系极为密切，学校成为培养人才的重要机构。“科举必由学校”，即要参加科举，必须先在官方举办的府州县学中读书，学校教育的直接目的是参加科举考试
加强思想控制，实行文化专制	明朝确立了“治国以教化为先，教化以学校为本”的文教政策，不仅高度重视学校教育，而且通过提高儒学地位控制人们的思想，使之与统治者的统治思想高度一致。重要的有以下三点： ①推崇程朱，删节《孟子》。 ②严格管理学校，禁止学生议政。 ③屡兴文字狱

考点二、明朝的官学制度

明朝官学按其设置可以分为中央和地方两大类。

表 8－2　明朝的官学制度

要点	具体内容
中央官学	中央设立的主要有国子监，此外还有宗学、武学等
地方官学	地方设立的主要有三类：儒学学校、专门学校、社学。 ①儒学学校包括都司儒学、行都司儒学、卫儒学、都转运司儒学、宣慰司儒学、安抚司儒学。 ②专门学校包括武学、医学、阴阳学。 ③社学，在乡镇设立的学校
性质	①中央官学：国子监等同于大学且为最高教育行政管理机关，武学、宗学等同于专科。 ②地方官学：儒学学校等同于中等学校，社学等同于小学。明朝地方教育行政具有一定的独立性

考点三、明朝的书院

1. 明朝书院的发展

由于强调儒学地位以及统治阶级内部矛盾斗争，明朝书院发展道路极其不平坦，经历了明初沉寂，明中叶以后的勃兴，又遭受四次禁毁的曲折过程。

表 8－3　明朝书院的发展

要点	具体内容
沉寂	①明初统治者重视学校教育，大力发展官学，对于书院则既不提倡，也不修复。由于不受统治者重视，书院的增长速度缓慢，没有得到发展。 ②由于科举与学校教育的结合，士人更加重视官学，学院受到冷落。 ③书院比较自由的学风，也有悖于明初的专制统治。 基于以上三种原因，明初很长一段时间内，书院的发展处于沉寂状态。但明初书院沉寂，并不是没有书院的设置，只是数量较少，没有得到应有的发展
勃兴	自明朝中叶以后，书院渐渐兴起，嘉靖年间则达到极盛。明中叶书院开始复兴的原因为： ①宦官专权，政治腐败，在野士大夫设立书院抨击朝政。 ②科举腐败，官学衰落。 ③湛若水、王守仁等著名学者的倡导
禁毁	明中叶以后书院曾先后四次遭到当权者的禁毁。书院先后遭到四次禁毁，最重要的原因是书院的讲学与统治者的思想相悖，统治者为了巩固统治，保证思想一致，开始禁止并销毁书院

2. 东林书院

表 8－4　东林书院

要点	具体内容
概述	明代中叶以后，设立书院之风盛行，众多书院中，影响最大者当数设在江苏无锡的东林书院。东林书院原为宋代学者杨时讲学的场所，万历年间，顾宪成与高攀龙、钱一本等讲学其中。东林书院的讲学活动主要是继承和发扬了王阳明学派的讲会方式
特点	①形成了一套完备的讲会制度，定期召开学术讨论会。 ②讲会过程中常和以诗歌，以调节气氛，活跃思想。 ③既论学，又议政，追求“为圣为贤”的“实学”。 ④主张学问必须“质诸大众之中”，相互帮扶，相推相引，相渐相摩

续表

要点	具体内容
影响	东林书院的讲会，经常“讽议朝政，裁量人物”，得到许多在野士大夫以及一批在职官吏的争相响附，形成了一股反对贵族大地主集团及其党羽的政治势力。东林书院，不仅是东林学派教育和学术活动的中心，也是制造舆论的政治活动阵地

考点四、明朝的科举制度

明朝科举制度是中国科举制度史上的鼎盛时期，基本沿袭唐宋旧制，比过去更为重视，考试制度和方法也更为完善和复杂。明朝完善并规范了科举制度，且将其与学校教育紧密结合，这严重地影响和制约着学校教育的发展。

表 8－5　明朝的科举制度

要点	具体内容
建立科举定式	①确定“三年大比”制度：正式规定了定期考试的时间和类型。“三年大比”是指每个三年举行一整套自下而上的考试步骤，包括“秋闱”和“春闱”。 ②考试过程改为四个阶段：在保留宋代乡试、会试、殿试三个步骤的基础之上，明朝科举考试又增加了童生试，由此形成了依次递进的四级考试
八股文成为固定的考试文体	①确定八股取士的考试形式：明朝规定考试的答卷必须使用八股文体。 ②八股文产生的意义：八股文作为一种固定的考试文体，保证了人才选拔的一定程度公平性。但是，八股文也明显地束缚了考试者的思想，使其固定于特定统一模式之中，严重败坏了士风、学风和社会风气
学校教育纳入科举体系	随着科举考试成为明朝重要的人才选拔制度，科举考试与学校教育的关系日益密切。一方面，科举必由学校，学校教育成为拥有科举考试资格的必备条件。另一方面，学校教育的目的逐渐变为参考科举考试，以及为国家培养人才
明朝的科举制度对学校教育的影响	①有利于士人向学，促进学校教育事业的发展。科举成为社会成员获取功名的重要途径，这在客观上促进了文化的普及，引导社会成员重视学校教育，推动了学校教育的发展。 ②学校教育被纳入科举体系，成为科举制度的附属物。科举将读书做官紧密联合，学校教学完全围绕科举展开，改变了学校教育的性质，使得学校成为科举的预备机关和场所，而且禁锢了人们的思想，不利于人才的创新

考点五、王守仁的教育思想

王守仁，字伯安，号阳明，明朝中叶的哲学家、教育家，是我国宋明时期主观唯心主义集大成者。王守仁提出了“心学”体系，包括“心外无物，心外无事，心外无理，心外无义”的宇宙观、“致良知”的认识论、“知行合一”的动机论。王守仁的“心学”强调客观事物是人的意念活动的产物，属于主观唯心主义哲学观。王守仁的著作由其后人汇编成《王文成公全书》，其中书中的《传习录》是研究王守仁教育思想的主要材料。

表8－6　王守仁的教育思想

要点	具体内容	
论教育作用	观点	“去人欲”以“致良知”。“良知”是指先天的、人人具备的、不教自能的封建道德品质。教育的作用就在于去除物欲对于“良知”的昏蔽，即“学以去其昏蔽”，进而“致良知”。教育不是为了扩充知识，而是“日减人欲”以“致良知”
	评价	王守仁的教育作用论的目的是让人们把封建道德看成是自发的，而不是强制的，内在的而不是外加的，使人们更易于接受三纲五常伦理道德说教，强化封建思想，巩固摇摇欲坠的封建统治。但是，王守仁的教育作用论也具有积极意义，即强调人的主观能动性，即尊重学生的主体性
论道德教育	概述	王守仁坚持了我国古代儒家教育的传统，把道德教育与修养放在学校教育工作的首要地位，认为培养学生形成优良的品德是学校中最重要的工作；在此基础上，也使学生的各种才能得到发展，日臻精熟。王守仁所要培养学生形成的优良品德，就是封建的伦理道德。他把“明人伦”作为道德教育的目的
	方法	关于道德修养的方法，王守仁提出下列四个基本主张： ①静处体悟：这是王守仁早年提倡的道德修养方法。即静坐澄心，摈弃一切私虑杂念，体认本心。 ②事上磨炼：这是王守仁晚年提出的道德修养方法。他认识到一味强调静坐澄心，会产生各种弊病，因此，他改而提倡道德修养必须在“事上磨炼”，即是结合具体事物，“体究践履，实地用功”。 ③省察克治：王守仁主张要不断地进行自我反省和检察，自觉克制各种私欲。省察克治源于孔丘，由王守仁正式提出并阐明。自省和内察是我国传统道德中的基本修养方法，强调道德修养的自觉性。 ④贵于改过：自省和内察的目的就是为了改过，只有改过才会提高修养。改过的关键在于勇气，在于对待错误的态度，有了过错就不要害怕改正，勇于改正错误。改过是一种重要的学习方式，也是一种提高道德修养的重要方法
论儿童教育	王守仁教育思想最可贵之处就是对儿童教育的特殊关注，其思想精华也是关于儿童教育的论述。王守仁在批判封建社会重视死记硬背以及体罚的儿童教育的基础之上，提出了自己的儿童教育思想，其儿童教育思想主要集中在《训蒙大意示教读刘伯颂等》一文。主要有以下内容： ①揭露和批判传统儿童教育不顾儿童的身心特点。 ②儿童教育必须顺应儿童的性情。 ③儿童教育的内容是“歌诗”“习礼”和“读书”。 ④要“随人分限所及”，量力施教	

8.2　课后习题详解

1. 述评明朝的文教政策及其具体表现。

答：明太祖朱元璋深刻地认识到学校教育对于治理国家的重要作用。因此，早在立国之初，就确立了“治国以教化为先，教化以学校为本”的文教政策。实行这一政策具体表现为以下三个方面：

(1)广设学校，培育人才

明朝统治者十分重视学校教育。明朝统治者广泛设立学校，在中央设置国子监，在地方颁布政策鼓励设立地方学校。由中央官学到地方官学，建成了一个庞大的学校网。明初学校教育事业的发展，超过了历史上任何一个朝代。

（2）重视科举，选拔人才

科举是明朝选拔人才的重要途径和根本制度。明朝科举同学校教育之间的关系极为密切，学校成为培养人才的重要机构。“科举必由学校”，即要参加科举，必须先进入官方举办的府州县学中读书，学校教育的直接目的是参加科举考试。

（3）加强思想控制，实行文化专制

明朝确立了“治国以教化为先，教化以学校为本”的文教政策，不仅高度重视学校教育，而且通过提高儒学地位控制人们的思想，使之与统治者的统治思想高度一致。重要的有以下三点：

①推崇程朱，删节《孟子》。

②严格管理学校，禁止学生议政。

③屡兴文字狱。

在“治国以教化为先，教化以学校为本”政策的指导下，明朝学校教育得到了很大发展，普及程度为“唐宋以来所不及”。同时，明朝统治者又通过多种手段加强思想专制，不利于思想文化的自由发展。

2. 明朝官学制度具有哪些主要特点？

答：明朝官学按其设置可以分为中央和地方两大类，官学体制较为完备。明朝官学制度具有以下四个特点：

（1）作为最高学府的国子监有许多新发展

①入学等级限制逐步消失，国子监的学生既有官员子弟，又有民间子弟，其中，民间子弟占大多数，这说明明代国子监已不再仅仅是贵族子弟学习的场所。

②创立监生历事制度，使学校培养人才与业务部门使用人才直接挂钩，有利于促进学校教学，提高人才素质。

③实行积分法，使起源于宋，发展于元的这一方法，更为完善。

（2）地方官学得到空前发展

明朝地方官学较为发达，类型多样，管理周密，制度健全，形成了一个较为庞大的学校教育系统。因此，明朝地方学校的普及，超过了以前任何一个朝代。

（3）社学制度更趋完善

社会创建于元朝，是设立于城乡基层的小学，一般以 50 家为一社，设学校一所，其中有官立、私立等多种形式。洪武八年，明政府下令广置社学，社学以民间子弟为教育对象，强制招收 8 ~ 15 岁儿童入学。明朝设置社学的目的为从小培养安分守己的“良善之民”，以维护王朝的统治。

（4）形成从地方到中央相衔接的学制系统

明朝统治者十分重视学校教育。明朝统治者广泛设立学校，在中央设置国子监，在地方颁布政策鼓励设立地方学校。由中央官学到地方官学，建成了一个庞大的学校网。明初学校教育事业的发展，超过了历史上任何一个朝代。

明朝官学制度的上述特点，对清朝教育产生了深刻的影响。清朝的官学体制建立，在某种程度上模仿了明朝官学制度的一些特点。

3. 述评明朝书院的发展及东林书院的特点。

答：由于强调儒学地位以及统治阶级内部矛盾斗争，明朝书院发展道路极其不平坦，经历了明初沉寂，明中叶以后的勃兴，又遭受四次禁毁的曲折过程。

(1)明朝书院的发展

①沉寂时期

从明朝立国至孝宗的130余年间，明朝书院处于沉寂状态。明初统治者重视学校教育，大力发展官学，对于书院则既不提倡，也不修复。由于不受统治者重视，书院的增长速度缓慢，没有得到发展。同时，由于科举与学校教育的结合，士人更加重视官学，学院受到冷落。此外，书院比较自由的学风，也有悖于明初的专制统治。基于以上三种原因，明初很长一段时间内，书院的发展处于沉寂状态。但明初书院沉寂，并不是没有书院的设置，只是数量较少，没有得到应有的发展。

②勃兴时期

书院自明朝中叶以后，又渐渐兴起，嘉靖年间则达到极盛。其兴盛的原因主要在于：a. 明朝统治者已经衰败，内部矛盾激化，尤其是出现了宦官专权，排斥异己，打击反对派；b. 科举腐败，官学衰落；c. 湛若水、王守仁等著名学者的倡导。

③禁毁时期

明中叶以后书院曾先后四次遭到当权者的禁毁。书院先后遭到四次禁毁，最重要的原因是书院的讲学与统治者的思想相悖，统治者为了巩固统治，保证思想一致，开始禁止并销毁书院。然而，书院是禁不住的。

(2)东林书院的特点

①形成了一套完备的讲会制度。东林书院针对讲会活动制定了一系列规范体现，规定了讲会活动的周期长短、会主的学术水平、会讲道德内容形式、参与的对象范围等。讲会的主要方式为论辩。

②讲学活动与政治斗争的结合。东林书院的师生积极参与政治活动，反对明哲保身，致力于讽议朝政，裁量任务，因此声名大振。

③推崇程朱理学，反对当时流行的王守仁“心学”。

④容纳各种实学。

4. 述评明朝的科举制度及对学校教育的影响。

答：明朝科举制度是中国科举制度史上的鼎盛时期，基本沿袭唐宋旧制，比过去更为重视，考试制度和方法也更为完善和复杂。明朝完善并规范了科举制度，且将其与学校教育紧密结合，这严重地影响和制约着学校教育的发展。

(1)明朝的科举制度

①建立科举定式

a. 确定“三年大比”制度：正式规定了定期考试的时间和类型。“三年大比”是指每个三年举行一整套自下而上的考试步骤，包括“秋闱”和“春闱”。

b. 考试过程改为四个阶段：在保留宋代乡试、会试、殿试三个步骤的基础之上，明朝科举考试又增加了童生试，由此形成了依次递进的四级考试。

②八股文成为固定的考试文体

a. 明朝规定考试的答卷必须使用八股文体。八股文的内容、格式、字数都有严格规定。

b. 八股文产生的意义：八股文作为一种固定的考试文体，保证了人才选拔的一定程度公平性。但是，八股文也明显地束缚了考试者的思想，使其固定于特定统一模式之中，严重败坏了士风、学风和社会风气。八股取士虽早已在考试制度史上退场，不过“八股”一词却成了人们对空洞、死板文章的讽称，也可用来比喻迂腐、古板的言行。

③学校教育纳入科举体系

随着科举考试成为明朝重要的人才选拔制度，科举考试与学校教育的关系日益密切。一方面，科举必由学校，学校教育成为拥有科举考试资格的必备条件。另一方面，学校教育的目的逐渐变为参考科举考试，以及为国家培养人才。

(2)明朝的科举制度对学校教育的影响

①有利于士人向学，促进学校教育事业的发展。科举成为社会成员获取功名的重要途径，这在客观上促进了文化的普及，引导社会成员重视学校教育，推动了学校教育的发展。

②学校教育被纳入科举体系，成为科举制度的附属物。学校教育被纳入科举体系，成为科举制度的附属物。科举将读书做官紧密联合，学校教学完全围绕科举展开，改变了学校教育的性质，使得学校成为科举的预备机关和场所，而且禁锢了人们的思想，不利于人才的创新。

5. 王守仁道德教育思想的基本内容是什么？有什么积极意义？

答：(1)王守仁道德教育思想的基本内容

王守仁提出了“心学”体系，包括“心外无物，心外无事，心外无理，心外无义”的宇宙观、“致良知”的认识论、“知行合一”的动机论。王守仁的“心学”强调客观事物是人的意念活动的产物，属于主观唯心主义哲学观。王守仁认为教育作用为“去人欲”以“致良知”，教育目的为“明人伦”。

在道德教育内容的基础上，王守仁提出关于道德修养方法的四个基本主张：

①静处体悟。王守仁早年提倡的道德修养方法，认为道德修养的根本任务是“去蔽明心”，即去除物欲的昏蔽，发明本心所具有的“良知”。因而，道德修养无须“外求”，而只要做静处体悟的功夫。

②事上磨炼。这王守仁认识到一味强调静坐澄心，会产生各种弊病，因此，他改而提倡“事上磨炼”，即是结合具体事物，“体究践履，实地用功”。“知行合一”是王守仁教育思想体系的重要部分，自始至终贯穿于整个教育思想之中。“事上磨练”是“知行合一”在道德教育上的体现，也体现了教育上的求实精神。

③省察克治。主张要不断地进行自我反省和内心审察，自觉克制各种私欲。省察克治源于孔丘，由王守仁正式提出并阐明。自省和内察是我国传统道德中的基本修养方法，强调道德修养的自觉性。

④贵于改过。自省和内察的目的就是为了改过，只有改过才会提高修养。改过的关键

在于勇气，在于对待错误的态度，有了过错就不要害怕改正，勇于改正错误。改过是一种重要的学习方式，也是一种提高道德修养的重要方法。

(2)积极意义

王守仁道德教育思想的根本目的，在于用儒家道德伦理体系来约束人们的思想，束缚人们的思维，以达到统一思想的目的，将人培养成为顺民，巩固封建统治的社会基础。王守仁的道德教育思想的实质是培养具有封建道德观念的“顺民”，从而维护和巩固封建伦常的社会秩序。但是，其道德教育思想也有积极意义，如其强调人的主观能动性对道德修养的重要性，深刻揭示了道德信念对道德情感、道德意志的调节作用，对道德教育具有启示意义。

6. 试论王守仁的儿童教育思想及其意义。

答：王守仁教育思想最可贵之处就是对儿童教育的特殊关注，其思想精华也是关于儿童教育的论述。王守仁在批判封建社会重视死记硬背以及体罚的儿童教育的基础之上，提出了自己的儿童教育思想，其儿童教育思想主要集中在《训蒙大意示教读刘伯颂等》一文。

(1)王守仁儿童教育思想的内容

①对当时儿童教育的批判

封建社会的儿童教育在教学过程中重视死记硬背和体罚，王守仁对此提出尖锐批判，认为其违背了儿童的生理心理特点，束缚了儿童个性，从而导致师生关系紧张、儿童厌学等一系列教育问题。

②儿童教育必须顺应儿童的性情

要用培养、诱导、顺应儿童情绪，鼓舞儿童兴趣的方法进行教学。

③儿童教育的内容

主张儿童的教育内容应以“歌诗”“习礼”“读书”为主，采用“诱之以歌诗”“导之以习礼”“讽之以读书”的教育方法，具有道德教育、知识教育、体育美育的功能。

④“随人分限所及”的原则

提倡“随人分限所及”的原则，即量力施教，认为儿童处于身体心理的重要发展期，教学内容与教学方法要考虑到儿童不断变化的生理心理特点，考虑其认知发展水平以及接受能力，量力而行。他把这种量力施教的思想，概括为“随人分限所及”，同时，教育也因人而异，开展个性教育。

(2)王守仁儿童教育思想的意义

王守仁儿童教育内容为学习封建伦理道德，培养维护封建统治的“顺民”，具有时代局限性。但是，王守仁儿童教育思想的核心是教育应适应儿童身心发展水平，符合儿童教育规律，是古代儿童教育史上的进步。同时，这也体现了“教育顺应自然”的自然教育倾向，具有积极意义。

8.3 考研真题与典型题详解

一、概念题

1. 历事制度[浙江师范大学2017年研]

答：历事制度是明朝重要的教学制度和人事制度，即在国子监内，选拔国子监生到京都各衙门历练政事。明统治者为了让这些人熟悉各个机关部门的政事，分派他们去干一些实际的工作，称为"历事"或"习史事"，在历事部门取得的资格或资历就是"实历"。历事生白天在各司练习政务，晚上回监读书休息，将读书学习和做官实践结合起来。换言之，历事制度，就是国子监学生在各部门的实习、见习，它是明初制定的重要人事制度之一，监生"历事"的成绩又往往与被分配官职的高低有直接的关系。监生历事制可以算是中国最早的教育实习制度，一方面可补明初官吏之不足，另一方面缩短了监生从学校到任职之间的距离，使监生在入仕之前，基本上具备了处理庶务的能力。同时，还可以尽早发现人才，便于将其中学优才异者遴选进政权机构中去，这就在科举仕进之外，另辟了一条选官任职的途径。通过历事来选拔人才的做法，虽属封建典制，其方法亦有可借鉴之处。

2. 东林书院［北京师范大学 2014 年研］

答：东林书院是由顾宪成兄弟建立的明代名声最大、影响也最大的书院，形成东林学派，其基本思想是推行程朱理学，反对王学。东林书院的特点是：①将学术与政治相结合，密切关注社会政治，批评政治，评判权贵，以正义的舆论力量给朝廷施加压力；②形成一套完备的讲会制度，制定《东林会约》，定期举行学术会讲，其讲会制度已经形成制度化。东林书院是当时重要的学术交流中心，时常开展地区性的学术讲学活动，推动了学术的发展。同时，东林书院也是政治活动中心，师生积极参与政治活动且讲学与政治相结合。

3. 八股文

答：八股文，又称制义、制艺、时文、八比文，是明清科举考试的一种文体。其考题往往取自四书五经中的章句，考生根据题目铺叙陈述经义，若题目取自圣人之言，则要模拟器口吻，语气代替圣人立言，故有"制义"之称。八股文的内容、格式、字数都有严格规定。八股文的体式结构分为破题、承题、起讲、入手、起股、中股、后股、束股八大段落，中间四段都要采用排偶的句式。八股文作为一种固定的考试文体，保证了人才选拔的一定程度公平性。但是，八股文也明显地束缚了考试者的思想，使其固定于特定统一模式之中，严重败坏了士风、学风和社会风气。八股取士虽早已在考试制度史上退场，不过"八股"一词却成了人们对空洞、死板文章的讽称，也可用来比喻迂腐、古板的言行。

4. 社学

答：社学是元、明、清三代设立于城乡的地方学校，有官立、私立等多种形式，以进行封建伦理道德教育为主要任务。元制五十家为一社，每社设学校一所，择通晓经书者为师，农闲时令民子弟入学，以学习《孝经》《论语》《孟子》等为内容。明承元制，于洪武八年即 1375 年下令广为设置，以 15 岁以下儿童为对象，内容增《御制大诰》、明朝律令及冠、婚、丧、祭等礼节。清初亦令各直省府州县广设，每乡一所，以通晓文义，品行谨厚者充任社师。

二、简答题

1. 简述王守仁"知行合一"学说的主要内容。

答：王守仁的"知行合一"学说的主要内容包括：

(1)知中有行，行中有知，知行原是一个工夫

①王守仁批判地吸收了朱熹的"知行相须"，"行重于知"的思想，扬弃了朱熹"知先行后"的割裂知行统一的观点。他认为知行是一回事，不能分为"两截"。

②王守仁把知行合而为一，知就是行，行就是知，行中有知，知中有行，行在知在，知在行在，相互包含，彼此融通。这就混淆了知行界限，否定了知行的本质区别，否定了知行的对立统一关系。但从道德修养和道德教育上看，王守仁极力反对道德修养和道德教育上的知行脱节及"知而不行"，突出地把一切道德归之于个体的自觉行动，这是有积极意义的。

(2)以知为行，知决定行，销行以为知

①王守仁本是反对朱熹的"知先行后"说的，然而实际上，他的"知行合一"说中也有知决定行的含义，认为"知是行的主意，行是知的工夫；知是行之始，行是知之成"。所不同的是，朱熹主张"行"之前，先须向外求"知"；而王守仁则认为"不假外求"，先天具备。至于"知"在"行"的前面，二人则是一致的。

②王守仁的"知行合一"的实质，是以"良知"为标准，统一于"良知"的内心活动，宣扬了道德动机论与先验论。他所谓"只说一个知，已自有行在，是以知为行"把行的客观内容主观化了；他所谓"只说一个行，已自有知在，是以行混知"把知的复杂过程简单化了。

总的来说，王守仁的"知行合一"论，突出地把一切道德归结于个体的自觉行动，看到了道德意识和道德行为之间的相互联系，相互转化的作用，表现了对道德的自我意识感的重视及对道德行为的能动性的极大强调。从道德教育与道德修养上看，他反对"知行脱节"与"知而不行"，在中国古代教育思想史上是有积极意义的。但他的"知即是行""以知为行"的结论，抹杀了两者的差别，混淆了知行概念，而且他的理论体系根本上是唯心主义的，是为封建统治服务的。

2. 明代科举考试有什么特点？

答：明代科举考试的特点主要有以下几点：

(1)考试科目的特点——重进士科

明代，荐举有贤良方正、孝悌力田等诸科。洪武十八年后，恢复科举，定进士为唯一科目，无论乡试、会试和殿试，均为进士科。

(2)考试文体的特点——创设八股

试文格式呆板，更加注重形式。八股文，又称八比文、制义、制艺、时艺、时文。因为明代科举考试，题目必须从《论语》《大学》《中庸》《孟子》中出，故又称"四书"文。考生答题须按经依传，代圣人立言，导致教育呆板，思想僵化，学校完全成为科举的附庸。

(3)进士之后的择录——馆选庶常

明代不同于唐、宋、元三代科举制度的一个特点是：中试后的二、三甲进士可再参加由翰林院主持的"馆选庶常"。"庶常"又名之曰庶吉士。明制规定，新科进士须将平日所作文字，如论、策、诗、赋、序、记等15篇以上，送礼部选考，中者方为庶吉士。

(4)授官程序的特点——观政进士

宋、元两代的科举考试制度，进士中试后均直接授予官职，明代有所不同，实行"观政进士"制度，这也是其授官程序上的一个特点。所谓"观政进士"，是指进士在中试之后，并不立即实授官职，而是将其分配到中央一些行政、军事机关去观察政治、军事事务，熟悉情况，一段时间之后，方实授官职。

第9章　清初至鸦片战争前的教育

9.1　复习笔记

【知识框架（庖丁解牛）】

清初至鸦片战争前的教育
- 清朝的文教政策
- 清朝的官学制度
- 清朝的书院
  - 清朝书院的发展
  - 诂经精舍和学海堂
- 清朝的科举制度
- 黄宗羲的教育思想
- 王夫之的教育思想
- 颜元的教育思想

【考点剖析与拓展（游刃有余）】

考点一、清朝的文教政策

表9-1　清朝的文教政策

要点	具体内容
概述	中国封建社会的知识分子一直以孔子与儒家思想为宗。清代统治者深知，如何对待孔子与儒家思想就决定能否笼络当时知识分子，能否笼络知识分子就决定了能否统治人民。因此，当时的统治者确定了“兴文教，崇经术，以开太平”的文教政策
表现	①崇尚儒家经术，提倡程朱理学。 ②广兴学校，严订学规。 ③软硬兼施，加强控制

考点二、清朝的官学制度

表9-2　清朝的官学制度

要点	具体内容
概述	清朝官学制度基本上沿袭明朝旧制，亦分为中央和地方两大类。中央主要设有国子监，地方官学则根据地方区域设有府学、州学、县学，三者不相统属

续表

要点	具体内容
特点	清代中央官学和地方官学基本承袭明代学制，但在发展过程中，也有自己的特点： ①中央官学中广泛设立各种名目的旗学，重视八旗子弟教育。 ②地方官学管理较为严格，生员有定额，需要经过考试才能录取。 ③设有培养俄语人才的俄罗斯文馆。 ④创新教学方法，在国子监中施行分斋教学制度；在府、州、县学中创立“六等黜陟法”，对生员定级

考点三、清朝的书院

1. 清朝书院的发展

清代初期由于政府对于书院的抑制政策，书院发展并无多大起色。直到雍正年代，社会比较安定，才在朝野上下对兴复书院的呼吁中正式开禁。清代书院的发展大致经历了两个不同的时期。

表9－3　清朝书院的发展

要点	具体内容
由沉寂转变为复苏时期	顺治元年(1644年)至雍正十年(1732年)为前期，具体可分为两个阶段： ①顺治年间为沉寂阶段。出于控制舆论、抑制清议及裁量人物之风，政府“不许别创书院，聚众徒党”。 ②康熙年间至雍正初为复苏阶段。这一阶段清朝统治已经稳固，对书院的控制松动，为了笼络汉族文人，清朝在文化上采取了怀柔措施，鼓励书院的修复和兴办
迅速发展时期	雍正十一年(1733年)至鸦片战争以前为后期。这一时期清政府谕知各省设立书院，官方提供经费，聘请山长，书院学生由地方政府考核入学，私办书院须报官府查核。这样不仅加强了政府对官办书院的领导，也形成了对私设书院的监控。书院官学化的倾向日趋严重，这是清朝后期书院发展的基本特点
清朝书院的类型	按书院讲学的内容来划分，大体上可以分为以下四种： ①以讲求理学为主的书院，谨守宋代书院的会讲、辩难等讲学方式。 ②以学习制艺为主的书院。所谓制艺，通称八股文，以学习应付科举的八股文为主，实为科举的附庸或预备场所。 ③以学习“经世致用”之学为主、反对学习理学和帖括的书院。此类书院虽沿用书院之名，但已类似近代商会学校了。 ④以博习经史词章为主的书院，它们提倡因材施教与自由研究的教学方式，最著名的是诂经精舍和学海堂

2. 诂经精舍和学海堂

清代乾嘉时期，出现了考订古书、研究语言文字的考据学派，成为当时支配学术界、教育界的一种潮流。考据学派代表人物阮元分别在杭州和广州开设了旨在由古文训诂以通经义的书院——诂经精舍和学海堂。

表 9－4　诂经精舍和学海堂

要点	具体内容
特点	诂经精舍、学海堂在办学宗旨、教学内容和方法等方面，形成了自己的特点，主要有以下三点： ①“以励品学，非以弋功名”，即只做学问，不问科举。 ②各用所长，因材施教。 ③教学和研究紧密结合，刊刻师生研究成果
影响	①打破了科举教育腐败僵化、士人功利读书的风气，主张根据考证博采证据进行朴实的说理。 ②放弃了空谈性命的理学说教，主张为学必须脚踏实地，提倡事必求其根柢，言必求其依据。 ③聚集了一批名师大儒，教学与研究结合，培养了大量学术和研究人才。 ④整个教学过程中，学生自由择师，独立研究，复活和创新先秦古学，促进了学术文化发展

考点四、清朝的科举制度

清朝的科举制度是国家人才选拔的根本制度。由于清代国家情形复杂，当时的科举在沿袭明代制度的基础上，进行了调整，制度体系更为严密。

表 9－5　清朝的科举制度

要点	具体内容	
科举为“国家抡才大典”	常科	是科举的主要形式，包括文科、武科和翻译科等。每三年举行一次，考试分为四级——童试、乡试、会试、殿试。文科是科举考试的主体，内容为八股文；武科以选拔文武兼备的军事人才为目的；翻译科是清朝创立的一个科目，意在选拔满蒙语言文字翻译人才，用于处理民族事务
	制科	是清代科举的特殊科目，目的在于招募“异等之才”，它包括博学鸿词科、经济特科、孝廉方正科。其中博学鸿词科影响最大。该科选拔方式是官员推荐同皇帝亲自考试结合，标准是学行优，文词卓越
科场舞弊丛生，积重难返	士人的出路十分狭窄，清朝又特重科举，这促使士人竭尽全力争取中举，甚至不惜舞弊。常见的舞弊手法包括冒籍、传递、通关节等，这些现象屡禁不止，积重难返	
学校成为科举的附庸	清朝的学校完全沦为科举的附庸，丧失了独立性，日渐衰败。其突出地表现在以下三方面： ①学校以科举中式为目的。 ②教学内容空疏无用。 ③教学管理松弛，官僚习气严重	

考点五、黄宗羲的教育思想

黄宗羲是 17 世纪伟大的启蒙思想家、史学家、教育家。他投身于教育活动中，培育了清代浙东学派，形成了有近代色彩的民主教育思想，影响了中国近代资产阶级的教育思想。其主要教育著作包括《明夷待访录》中《学校》《取士上》《取士下》三篇，以及《广师说》等。

表 9－6　黄宗羲的教育思想

要点	具体内容
“公其非是于学校”	①学校职能：不只是培养人才和改进社会风俗，还应包括议论国家政事。 ②基本精神：反封建君主专制，改变国家政事的是非标准仅由天子决断的局面，这是近代议会思想的萌芽。 ③措施：将寺庙庵堂改为书院和小学，学校将讲学议政结合，使所有人都接受教育并发挥才能

续表

要点	具体内容
论教育内容	包括经学、史学、文学和自然科学四部分内容。 ①“学必原本于经术”：认为经学是学问的根底，把经学列为最基本的教学内容。 ②“不为迂儒，必兼读史”：主张学习研究历史，广泛收集史料；强调重视志、表、诗的作用。 ③教授诗文：主张教授诗文必须有浓厚的兴趣；反对模仿，提倡独创；为文要情理交融；必须兼通经史百家。 ④传授天文、数学、地理等自然科学知识：将自然科学纳入教育内容中，开辟了清朝“浙人研治西洋天算之风气”和传授西洋历算之先河
论教学思想	①力学致知：主张躬行实践以求知，力学致知。 ②学贵适用：提出了“学贵适用”的思想，强调只有适于实用的知识才是真正的学问，还将是否有真才实学作为选拔人才的重要原则。 ③学贵独创：强调求学中的创新以及提出自己独到的见解，反对墨守成规，守一先生之言
论教师	①主张尊师，强调教师的作用，提出要提高教师社会地位。 ②主张教师议政，对传统教师职责给予拓展。 ③主张教师要德才兼备，既要有真才实学，还必须品行端正

考点六、王夫之的教育思想

王夫之，字而农，号姜斋，湖南衡阳人。晚年隐居于石船山，后人称他为船山先生。他的代表性的论述教育问题的著作包括《太甲二》《说命中二》《书院》等。

表 9－7　王夫之的教育思想

要点	具体内容
关于教育作用的思想	①教育是治国之本：认为治理国家不外乎政治和教育两大问题，其中教育最为根本，教育的发展受制于政治与经济。 ②教育对人发展起重要作用：认为人性不是一成不变的，而是在后天不断的生长变化过程中逐渐形成的。因此王夫之十分重视教育对人的发展所起的作用。他认为这种作用主要表现为两方面：一是继善成性，使之为善。二是可以使人改恶为善
教学思想	①“因人而进”：提出学生个体之间存在差异，教师应该依据实际进行针对性的教学。 ②“施之有序”：认为事和理都有序，人的能力也是逐步发展的。因而教学也应按顺序进行。 ③学思“相资以为功”：指出人们获得知识的途径有两条，即学与思，二者必须紧密结合，不可偏废
道德观和道德修养论	①强调立志：主张将教育学生树立正确的志向作为教育之本，要求专于一志向并执着地实现该志向。 ②主张自得：认为道德修养的关键在于学生的自觉。在学生形成了道德修养的自觉后，教师再乘势进行教育，才能有好的效果。 ③重视力行：认为道德修养的形成需要将道德知识变为实际行动，他极重视力行，认为在学问思辨行中，行是排在第一位的
论教师	①“必恒其教事”：要求教师应该热爱教育工作，乐意精心培育人才。 ②“明人者先自明”：认为只有教师自身知识渊博，对道理理解透彻，才能教育好学生。 ③要“正言”“正行”“正教”：认为教师要以身作则，规范自身行为，为学生树立模范

考点七、颜元的教育思想

颜元是清初杰出的唯物主义思想家和教育家。他毕生从事教育活动，其主要教育著作有《总论诸儒讲学》《上太仓陆桴亭先生书》《性理评》《漳南书院记》等。颜元的弟子李塨继承和发展了颜元的学说，形成了当时一个较为著名的学派，后人称为“颜李学派”。

表 9 -8 颜元的教育思想

要点	具体内容
对传统教育的批判	实学教育思潮强调批判传统教育尤其是宋明理学教育，颜元的批判主要有以下三方面： ①揭露传统教育严重脱离实际。 ②批驳传统教育的义、利对立观。 ③抨击八股取士制度
学校为“人才之本”	①学校的作用：人才是治国安民的根本，主要依靠学校教育培养。 ②学校教育目标：培养“实才实德之士”。具体来说有两种： a. “上下精粗皆尽力求全”的通才。 b. “终身止精一艺”的专门人才。 ③意义：这一培养目标冲破了理学教育的桎梏，呈现出经世致用的特征，反映出了新兴市民阶层对人才的新要求，在当时具有进步意义
“真学”“实学”的教育内容	认为教育内容是“真学”“实学”，并在漳南书院中实行“分斋教学”。各斋教育内容为： ①文事斋：课礼、乐、书、数、天文、地理等科。 ②武备斋：课黄帝、太公及孙、吴五子兵法，并攻守、营阵、陆水诸战法、技击等科。 ③经史斋：课《十三经》、历代史、诰制、章奏、诗文等科。 ④艺能斋：课水学、火学、工学、象数等科。 ⑤理学斋：课静坐、编著、程、朱、陆、王之学。 ⑥帖括斋：课八股举业
“习行”教学法	①“习行”含义：是指在教学过程中要联系实际，从亲身躬行实践中获得知识。 ②“习行”原因：一是静坐读书脱离实际，不能解决实际问题；二是终日久坐影响健康；三是培养经世致用人才的要求。 ③要求：读书、讲说必须与“习行”相结合，而且要在“习行”上下更多的功夫，花更大的精力。 ④意义：颜元强调接触实际，重视练习，这是对当时士人普遍空谈义理学风的重大革新

9.2 课后习题详解

1. 述评清朝文教政策的内容及其具体表现。

答：清朝统治者定都北京，经过四十多年平定反抗势力统一了中国。为了维护和巩固自身封建统治，他们采取了一系列措施以恢复和促进农业、手工业发展。

(1)清朝文教政策的内容

中国封建社会的知识分子一直以孔丘与儒家思想为宗。清代统治者深知，如何对待孔丘与儒家思想就决定它能否笼络当时知识分子，能否笼络知识分子就决定了能否统治人民的问题。当时的统治者确定了“兴文教，崇经术，以开太平”的文教政策。

(2)文教政策的具体表现

①崇尚儒家经术，提倡程朱理学。清朝统治者与历代统治者相同，将儒家经术奉为支配人的思想、行为的最高权威。定都北京后，清朝统治者采取了一系列尊孔措施。如大力推崇程朱理学，这使得程朱理学成为清朝办学育才的指导思想和科举考试的基本内容。

②广兴学校，严订学规。清初沿袭明制，在中央、地方均广设学校，并在各个省设置管理教育的行政长官。还在全国城乡地区和少数民族聚居地区设立社学、义学、井学等，从中央到地方建立起完整的学校体系。清政府仿照明朝的做法，制订各种严厉的学规，加强对各级学校的管理和控制。

③软硬兼施，加强控制。清政府采用软硬兼施的手段，加强对汉族知识分子的控制。a. 采用各种怀柔手段，笼络士人，主要体现为：首先，开科取士；其次，设制科，辟荐擢；再次，编辑书籍。b. 在对士人实行笼络利诱的同时，清政府亦采用高压手段，进行严厉钳制和残酷镇压，主要体现为：第一，严禁立盟结社；第二，销毁书籍；第三，大兴文字狱。

(3)对清朝文教政策的评价

清朝的文教政策是其政治制度和政策的重要组成部分，体现了压制与笼络兼施的精神。清朝统治者大力尊孔读经，得到了汉族大地主、官僚、文人的拥护，结果缓和了满汉间的民族矛盾，极大地加强了清王朝在思想上的统治。总之，清朝的文教政策，目的在于巩固其封建统治地位。

2. 试论清朝的官学制度及其主要特点。

答：清朝官学制度基本上沿袭明朝旧制，分为中央和地方两大类。中央主要设有国子监，地方官学则根据地方区域设有府学、州学、县学，三者不相统属。

清代中央官学和地方官学基本承袭明代学制，但也有其自身特点：

(1)重视八旗子弟教育，广泛设立各种名目的旗学。

(2)在府、州、县学中创立“六等黜陟法”，生员在学时的地位并不固定，地位的升降也是主要以岁考成绩为据。

此外，设有培养俄语人才的俄罗斯文馆以及在国子监中施行分斋教学制度。

3. 简述清朝书院的发展及诂经精舍和学海堂的特点。

答：(1)清朝书院的发展

清代初期由于政府对于书院的抑制政策并无多大起色。直到社会比较安定，朝野上下呼吁兴复书院的雍正年间，才正式开禁。

①由沉寂转变为复苏时期：顺治元年(1644 年)至雍正十年(1732 年)为前期。具体可分为两个阶段：

a. 顺治年间为沉寂阶段，政府禁止“别创书院”。

b. 康熙年间至雍正初为复苏阶段。这一阶段最高统治者常以赐匾额，赐书籍的形式褒扬书院，办理文化教育事业往往被视为封建官吏“善政”的重要标志，于是各地缙绅之士积极创立和修复书院，清朝书院逐渐由沉寂走向复苏，但在此期间清政府还没有明令创办书院。这一阶段清朝统治已经稳固，对书院的控制松动，为了笼络汉族文人，清朝在文化上采取了怀柔措施，鼓励书院的修复和兴办。

②迅速发展时期：雍正十一年(1733 年)至鸦片战争以前为清朝书院发展的后期。这个时期清政府改变了对书院的政策，在积极提倡的同时，加强了控制，使书院得到很大发展。这一时期清政府谕知各省设立书院，书院经费也由官方提供，同时规定书院的山长由各省督抚学臣聘请，书院的学生由各省道员和布政司会同考核，私创书院须申报官府查核。这样不仅加强了政府对官办书院的领导，也形成了对私设书院的监控。但其官学化的倾向也日趋严重。

(2)诂经精舍和学海堂的特点

阮元在办学宗旨、教学内容和教学方法等方面，积累了许多成功的经验，可归纳为以下三点：

①“以励品学，非以弋功名”。一反当时书院教育只为科举功名的腐败之风，不习时文、帖括，不事举业课试之文，但引导学生终日埋头从事名物训诂，辨白考订，脱离了社会实际，缺少“经世”才能。

②各用所长，因材施教。强调在教师的安排上要发挥教师学术上的专长。对于学生，则因材施教，使学生的专长得到发展。

③教学和研究紧密结合，刊刻师生研究成果。既进行教学活动，又从事学术研究。不仅师生能够合作编书，学生也能够独立著述，优秀的文章还能被书院编选刊刻。

4. 述评清朝的科举制度及对学校教育的影响。

答：清朝的科举制度是国家人才选拔的根本制度。由于清代国家情形复杂，当时的科举在沿袭明代制度的基础上，进行了调整，制度体系更为严密。

(1)清朝的科举制度概况

清朝的科举制度是国家人才选拔的根本制度。由于清代国家情形复杂，当时的科举在沿袭明代制度的基础上，进行了调整，制度体系更为严密。

①科举为“国家抡才大典”。

清朝科举考试分常科和制科两大类。

a. 常科

常科是科举的主要形式，包括文科、武科和翻译科等。清代科举以文科为主体，文科考试与武科考试均为每三年举行一次，考试分为四级——武童试、武乡试、武会试、武殿试。但文科武科考试内容不同。翻译科是清朝创立的一个科目，意在选拔满蒙语言文字翻译人才。分为满洲翻译和蒙古翻译。前者是将汉文翻译成满文，后者是将满文翻译成蒙古文。这是对于八旗满、蒙子弟的一种鼓励的法子：中试者一律给以秀才、举人及进士等名号。

b. 制科

制科属于清代科举的特殊科目，目的在于招募“异等之才”，它包括博学鸿词科、经济特科、孝廉方正科。其中博学鸿词科影响最大。该科选拔方式是官员推荐同皇帝亲自考试结合，标准是学行优，文词卓越。

②科场舞弊丛生，积重难返。

士人的出路十分狭窄，清朝又特重科举。因此，科举及第，入仕为官成为士人的理想，它不仅象征着社会身份、地位，也意味着财富与光宗耀祖。这些都促使士人竭尽全力去获取它，甚至不惜舞弊。清朝科场的条例最为缜密，但其舞弊现象也最为严重。科考舞弊手法常见的包括冒籍、传递、通关节等。清朝统治者对科考存在的舞弊行为进行了严厉打击，使得舞弊现象有所改观，但是舞弊行为的根源还是未改变。因此，时间一长，一有机会，各种舞弊行为又纷纷登场。清朝的科场舞弊已经是积重难返。

③学校成为科举的附庸。

清朝的学校完全沦为科举的附庸，丧失了独立性，日渐衰败。其突出地表现在以下三方面：

a. 学校以科举中式为目的。

b. 教学内容空疏无用。

c. 教学管理松弛。

(2)清朝的科举制度对学校教育的影响

科举制产生后，学校教育受其影响渐渐加深，后成为科举考试的预备机构，这一情况在清朝尤为明显。学校教育的目的、内容、方法等，都围绕着科举考试进行。清朝的学校完全沦为科举的附庸，丧失了独立性，日渐衰败。其突出地表现在以下三方面：

①学校以科举中式为目的。清朝重科举，科举中式是学校教育的目的，也是士人的志向所在。

②教学内容空疏无用。清朝科举考试实际上是八股文的考试。这就使八股文成为学校教学的主要内容。大部分考生将终生时间浪费在科场上，对其他古今治国之体，朝廷礼乐之制都不关心。

③教学管理松弛。学校在教学管理上仅以八股文考试为重。学校的讲学已经成为虚设，学校完全沦为八股文考试的训练场所。后来许多学生连考课甚至也不参加，缺考现象相当严重。受科举考试制度的影响，清朝的学校教育已经名存实亡了。

5. 试析黄宗羲“公其非是于学校”的思想。

答：黄宗羲认为学校不仅应具有培养人才改进社会风俗的职能，而且还应该议论国家政事，“公其非是于学校”，是他对于中国古代教育理论的独特贡献，闪烁着民主思想的光辉。

(1)“公其非是于学校”的主要内容

①黄宗羲认为，学校的职能不只是培养人才和改进社会风俗，还应包括议论国家政事。黄宗羲所谓“治天下之具皆出于学校”，指的是在学校中由大家共同来议论国家政事之是非标准。“公其非是于学校”思想的基本精神是反封建君主专制，改变国家政事的是非标准仅由天子决断局面。这种性质的学校，究其实已与近代资本主义制度下的议会相近。

②基于“公其非是于学校”的思想，黄宗羲提出将寺庙庵堂改为书院和小学，实现全国城乡人人都能受教育、人人都能尽其才的理想的主张，并提出学校需要将讲学与议政结合。他提出京师太学于每月朔日讲学，“政有缺失，祭酒直言无讳”，地方郡县学则于每月朔望讲学。学官对“郡县官政事缺失，小则纠绳，大则伐鼓号于众”，这样，学校集讲学和议政于一身，既是培养人才，传递学术文化的机构，又是监督政府，议论政事利弊的场所。

(2)对“公其非是于学校”的评价

“公其非是于学校”的思想反映了他要求国家决策民主化的强烈愿望。这种性质的学校，实际已与近代资本主义制度下的议会相近。黄宗羲“公其非是于学校”的思想被认为是近代议会思想的萌芽。

6. 王夫之的道德观有什么特点？他提出了哪些道德修养的方法？

答：王夫之的道德思想包含道德观和道德修养两部分。

(1) 王夫之的道德观的特点

①主张“天理”和“人欲”紧密联系，“天理”在“人欲”。王夫之认为人欲是指声色、货利等可欲且自身欲要得到的东西。它与天理并非对立关系，而是相互联系的。王夫之强调的这种联系，并非赞成纵欲，而是认为要根据天理适当地去满足人欲，也即“节欲”。

②提倡不以“一人之私”而废“天下之公”。王夫之指出：“以天下论者，必循天下之公，天下非一姓之私也。”君臣关系方面，臣是否应该忠于君主取决于君主能否为“天下所共奉”。

(2) 王夫之的道德修养方法

①强调立志。王夫之提出的立志是“志于道”，“道”是指封建伦理道德，这体现了他思想的局限性，但他所主张的将教育学生树立正确的志向作为教育之本，要求专于一志向并执着地实现该志向的观点是正确的。

②主张自得。王夫之认为道德修养的关键在于学生的自觉，首先，学生要能“自勉”。其次，道德修养的关键在于学生的自觉。在学生形成了道德修养的自觉后，教师再乘势进行教育，才能有好的效果。

③重视力行。王夫之认为，道德修养的形成需要将道德知识变为实际行动，他极重视力行，认为在学问思辨行中，行是排在第一位的。

总之，王夫之的道德观虽未从根本上脱离封建道德的限制，但他的“君非天下之君”等观点是对正统的封建伦理道德的否定，是具有进步意义的。在道德修养方面，王夫之的“立志”“力行”等观点揭示了道德修养形成的规律性的东西，值得后人借鉴。

7. 试比较黄宗羲与王夫之关于教师思想的异同。

答：(1) 黄宗羲的教师思想

①主张尊师，提出要提高教师社会地位，强调教师在人类文化知识传承发展过程中的作用。

②认为教师必须从事清议，这一思想是对传统教师职责的拓展。

③主张教师不仅要有真才实学，还必须品行端正。

④认为地方官学的学官应由“郡县公议”产生；其选拔范围应该“不拘已仕未仕”，皆可担任。这是他民主思想的反映。

(2) 王夫之的教师思想

王夫之认为教师应该在教育过程中发挥主导作用，他对于为师之道提出了以下几点要求：

①“必恒其教事”：王夫之提出教师应热爱教育工作，积极投入精心培育人才。

②“明人者先自明”：他认为只有教师自身知识渊博，对道理理解透彻，才能教育好学生。

③要“正言”“正行”“正教”：王夫之认为教师要以身作则，规范自身行为，为学生树立模范。

由此可见，王夫之对教师提出了热爱教育工作、知识渊博、为人师表这三点要求，这是他对自身教育实践经验的总结，至今仍具现实意义，是教师所必备的基本素质。

(3)二者教师思想的异同点

黄宗羲和王夫之是具有民主色彩的进步思想家的杰出代表。他们有类似的经历，早年都参加过抗清斗争，后来都隐居著书立说。但由于治学方法和所学内容不同，他们在思想上、学术上又表现了各自的特点和风格。黄宗羲比较强烈地表现了反对君主专制的倾向，王夫之把我国古代朴素的唯物论和辩证法思想发展到一个新水平。在教师思想上呈现出异同点如下：

①相同点

在教师观上，都重视教师的培养及其对学生的影响，强调教师的基本素质和教学方法。

②不同点

在教师的任务上，黄宗羲主张教师除了向学生进行传道、授业、解惑之外，还必须从事清议；而王夫之则强调教师需要“正言”“正行”“正教”，以身作则，以自己的模范行为去影响和教育学生。

除此之外，黄宗羲还强调了教师的任聘问题，认为地方官学的学官，不应该由政府决定，而应该由“郡县公议”产生，选何人为教师，也不应该局限于官吏，而应该“不拘已仕未仕”，皆可担任。

8. 颜元提出的“真学”“实学”以及“习行”的具体内容是什么？有何积极意义？

答：(1)颜元提出的“真学”“实学”“习行”的具体内容

①“真学”与“实学”的具体内容

为了培养“实才实德之士”，颜元针对理学教育内容的空洞提出了教育内容要是“真学”“实学”的主张。颜元认为尧舜周孔时代的学术便是“真学”“实学”，其核心是在于强调“六艺”教育。

②分斋教学

晚年，颜元在自己规划的漳南书院中，陈设六斋，并规定了各斋具体教育内容，实行“分斋教学”，有力地表达了他提出的“真学”“实学”的内涵。漳南书院的六斋及各斋教育内容为：

a. 文事斋：课礼、乐、书、数、天文、地理等科。

b. 武备斋：课黄帝、太公及孙、吴五子兵法，并攻守、营阵、陆水诸战法、技击等科。

c. 经史斋：课《十三经》、历代史、诰制、章奏、诗文等科。

d. 艺能斋：课水学、火学、工学、象数等科。

e. 理学斋：课静坐、编著、程、朱、陆、王之学。

f. 帖括斋：课八股举业。

③“习行”教学法的具体内容

a. 颜元所说的“习行”教学法，就是强调在教学过程中要联系实际，要坚持练习和躬行实践，唯有如此，学得的知识才是真正有用的，不和自己的躬行实践相结合的知识是无用的。颜元重视“习行”教学法，一方面同他朴素的唯物主义认识论有密切关系；另一方面，直接原因是为了反对理学家静坐读书、空谈心性的教学方法。

b. 颜元强调“习行”，并非排斥通过读和讲学习书本知识。他认为读书只是获取知识的一种途径，故主张读书、讲说必须与“习行”相结合，并且应该在“习行”上投入更多的精力。

(2)积极意义

①颜元“真学”“实学”的教育内容，与理学教育有本质不同，且较之“六艺”教育要更深、更广。它除了经、史、礼、乐等知识之外，还把诸多门类的自然科技知识、各种军事知识和技能正式列进教育内容，并且实行分科设教，这在当时确实是别开生面的，已经蕴含着近代课程设置的萌芽，将中国古代关于教育内容的理论推进到了一个崭新的发展阶段，这是颜元对于中国古代教育理论的重要贡献，值得重视。

②颜元提出的“习行”，虽并非面向社会层面，但他强调的接触实际、重视练习和躬行实践在当时脱离实际的文墨世界中着实是一种新思想。

9.3　考研真题与典型题详解

一、概念题

经世致用

答：经世致用是宋代后逐渐形成的一种治学思想，它提倡研究社会政治、经济等实际问题，强调将经书研究同社会迫切问题联系并从中寻求解决方案。明末清初，经世致用之学成为一股社会思潮，以顾炎武、黄宗羲、王夫之等为代表人物。早期启蒙思想家批评理学的空疏，无裨于国家危亡，强调做学问是为了“经世致用”，而不是为了“游谈”。他们批判理学家空谈心性、侈谈伦理的“学为圣人”，提出要以“明道救世”为教育目的，培养具有挽救民族危亡和治理社会能力的治术人才。这种主张敢于批判传统理学教育的束缚，追求教育变革，在当时具有进步意义。

二、简答题

1. 简述颜元的“六斋”“实学”的教育内容。［华东师范大学2017年研］

答：颜元，清初杰出的唯物主义思想家和教育家。为了培养“实才实德之士”，颜元针对理学教育内容的空洞提出了教育内容要是“真学”“实学”的主张。

(1)颜元晚年曾按自己的思想规划了漳南书院，书院分为“六斋”，各斋的教育内容为：

①文事斋：课礼、乐、书、数、天文、地理等科。

②武备斋：课黄帝、太公及孙、吴五子兵法，并攻守、营阵、陆水诸战法、技击等科。

③经史斋：课《十三经》、历代史、诰制、章奏、诗文等科。

④艺能斋：课水学、火学、工学、象数等科。

⑤理学斋：课静坐、编著、程、朱、陆、王之学。

⑥帖括斋：课八股举业。

(2)颜元在教学内容上大力提倡“实学”，其教育内容包括“六府”“三事”“三物”。

①“六府”是指水、火、金、木、土、谷。

②“三事”是指正德、利用、厚生。

③“三物”是指六德、六艺、六行。

a. “六德”是知、仁、圣、义、忠、和。

b. “六行”是孝、友、睦、姻、任、恤。

c. “六艺”是礼、乐、射、御、书、数。

颜元的“六宅”“实学”等教育内容，与理学教育有本质不同，且较之“六艺”教育要更深、更广。它将诸多门类的自然科技知识、各种军事知识和技能正式列进教育内容，并且实行分科设教，这已经蕴含着近代课程设置的萌芽，推动中国古代关于教育内容的理论进入了一个崭新的发展阶段，这是颜元对于中国古代教育理论的重要贡献，值得重视。

2. 简述清朝末期传统教育的困境。[南京航空航天大学2015年研]

答：清朝末期由于闭关自守，中国的教育依然保持着传统封建教育的特点。一旦国门被西方列强打开，传统封建教育是无法应对西方文化教育挑战的。

(1)官学教育有名无实

鸦片战争时期的教育制度，与清朝前期一脉相承，在形式上是相当完备的。另外，还有大量官学化程度不等的书院。但是各级学校中，仅有初等教育和部分私学进行正常教学，其余学校尤其是官学仅徒有虚名，甚至很少开展教学活动。早在乾隆十六年，就有因管理乏术，导致学生长期滞留官学，视学校为栖身避役之所的现象，府、州、县学教学活动也几乎停废，学生只在每月朔望到校祀孔，应付月、季考课。

(2)教育内容不切实用

清朝末期人们热衷的学问有义理、词章和考据等。所谓义理，是以程朱理学形式表现的儒家学说。清初将理学列为儒学正宗，作为统治思想贯穿在学校教育和科举考试之中，也成为学术研究的重要内容。在清初启蒙思想家那里是为了克服宋明理学的弊病，目的在“经世致用”。清末人们追求的学问在统治相对稳定时能够暂时维系人心，但在内忧外患之际，它便显得陈腐了。

(3)科举考试弊病丛生

科举考试的弊病，首先表现在使教育成为科举的附庸上。学校成为科举的预备机构，科考内容空洞、形式专制且舞弊丛生，命题中也常常出现偏题怪题刁难考生。特别是其中的八股文，成为约束禁锢士子思想的工具。在科举考试过程中，各种舞弊行为层出不穷，手段花样百出。常见的包括“通关节”“冒名顶替”“挟带”清末，形形色色的科举舞弊行为已成为公开的秘密。这体现出了当时政治腐朽不堪和统治者对于科举功效信心的消退。

3. 王夫之主张教师“必恒其教事”，他对教师提出的具体要求是什么？

答：王夫之对教师提出了以下具体要求：

(1)“必恒其教事”

王夫之要求教师应该热爱教育工作，乐意精心培育人才。王夫之提出教师应热爱教育工作，积极投入精心培育人才。

(2)“明人者先自明”

教师的责任在于向学生传授知识，讲明道理，“欲明人者先自明”。他认为只有教师自己具有渊博的知识，深刻领会了道理，才能胜任教育工作。他认为只有教师自身知识渊博，对道理理解透彻，才能教育好学生。

(3)要“正言”“正行”“正教”

王夫之强调教师应该以身作则，为人师表，要以自己的模范行为，即“正言”“正行”“正教”去教育和影响学生，以扶正世道人心。王夫之认为教师要以身作则，规范自身行为，为学生树立模范。

由此可见，王夫之对教师提出了热爱教育工作、知识渊博、为人师表这三点要求，这是他对自身教育实践经验的总结，至今仍具现实意义，是教师所必备的基本素质。

三、论述题

1. 论述颜元对传统教育的批判。

答：颜元是清代教育家，一生主要从事学术研究和生徒教授，他是清朝实学教育思潮的重要代表。其思想具有鲜明而强烈的战斗性，他从唯物主义世界观出发，对传统教育进行了深刻的批判，认为传统教育有三大祸害：“毁坏人才”；“灭绝圣学”；“败坏社会风气”。具体而言，颜元对传统教育的批判主要包括：

(1)揭露传统教育存在严重脱离实际的弊端

颜元提出，程朱理学将读书求学认为是训诂、清谈、佛老，因此，其脱离实际的问题十分突出。传统教育培养出的人既不能担荷圣道，又不能济世救民。所以他认为，这种教育“中于心则害心，中于身则害身，中于家国则害家国”，他指出：“误人才，败天下事者，宋人之学也”。这反映了他对于传统教育，特别是程朱理学脱离实际的严肃批判。

(2)批判传统教育的义、利对立观

颜元指出传统教育的另一个弊病，就是在伦理道德教育方面，把“义”和“利”“理”和“欲”对立起来。颜元针对这种偏见，继承和发展了南宋事功学派的思想，明确提出了“正其谊(义)以谋其利，明其道而计其功”的命题。他认为“利”和“义”两者并非决然对立，而是能够统一起来的。其中“利”是“义”的基础，“正谊”“明道”的目的，就是为了“谋利”和“计功”，同时“利”也不能离开“义”，而且“利”必须符合“义”。颜元的这种思想，冲破了传统的禁锢，使中国古代对于“义”“利”等有关问题的认识近乎科学。

(3)抨击八股取士制度

颜元深刻揭露了八股取士制度对于学校教育的危害，对八股取士制度进行了猛烈抨击。他认为学校是培养人才的正当途径，而那种传统的科举制度，以时文(八股文)取士，是用八股文代替实学，不仅不能选拔真才，反而会引学者入歧途、贻误人才。所以他指出：“天下尽八股，中何用乎！故八股行而天下无学术，无学术则无政事，无政事则无治功，无治功则无升平矣。故八股之害，甚于焚坑”，反对八股取士制度的激烈态度，跃然纸上。

总之，颜元敢于在当时的社会条件下，不顾自身安危，猛烈批判传统教育，尤其猛烈地抨击程朱理学，体现了他的无畏的精神。这在当时的思想界起了巨大震动。梁启超说颜元是当时思想界的大炸弹，这是颇有见地的。颜元在批判中创立了以“实学”为特征的教育理论体系。虽然受时代和阶级的局限，他的基本立场仍以维护封建统治为目的，唯物主义观点也有某些不彻底性，但从其主导思想来看，毕竟反映了资本主义萌芽出现后，新的市民阶级的利益，颜元敢于冲破封建专制思想的束缚，向统治思想的理学宣战，提出了与之相对立的唯物主义教育理论和主张，在中国古代教育思想史上具有重大意义并产生过深远影响。

2. 阐述“经世致用”思想在教育史上的发展，并指出其教育价值。

答：“经世致用”是宋代后逐渐形成的一种治学思想，它提倡研究社会政治、经济等实际问题，强调将经书研究同社会迫切问题联系并从中寻求解决方案。其特点是以解释古代典籍为手段，从中发表自己的社会政治见解，并用于社会改革。“经世致用”思想在教育史上具有重要的价值。

(1)“经世致用”思想的发展

①南宋时浙东学派中以吕祖谦为首的金华学派提倡经世致用，主张治经史以致用，反对当时的理学家奢谈心性命理的空疏之学，但金华学派对朱陆理学的争执却采取了调和折中的态度。同一时期，以薛季宣、陈傅良、叶适为代表的永嘉学派和以陈亮为代表的永康学派，把经世致用之学与功利之学结合起来，对理学的空谈作了猛烈的批评。

②明末清初，经世致用之学成为一股社会思潮，以顾炎武、黄宗羲、王夫之等为代表人物。清初学者在总结明亡经验教训的基础上，深感明末学风的空疏不实，对国家、民族造成了极大的灾难，“书生徒讲义理，不揣时势，未有不误人国家者”。他们要求学术反虚就实，提倡经世致用的真学问和“以实为宗”的新学风。他们学风的特点是：务当世之务，康济时艰，反对脱离社会实际；勇于任事，不务空谈，“生存一日当为民办事一日”；致力于创新，绝不蹈袭古人；实事求是，注重调查研究。他们的研究范围，几乎涉及社会问题的一切方面，包括政治、经济、军事、国家、民族、法律、边疆、地理、人情、风俗、自然科学等等，“事关民生国命者，必穷源溯本，讨论其所以然”。他们以社会问题为中心，在救世济时的思想指导下，提出了解决当前社会问题的各种方案：政治上，猛烈地批判封建专制制度，揭露封建专制君主的罪恶，并提出了一些带有初步民主启蒙因素的主张，如黄宗羲“公其非是于学校”、顾炎武“庶民干政”的主张。经济上，针对封建的土地兼并，提出了各种解决土地问题的办法。这些办法都贯穿着“均田”的精神。他们提出的“均田”虽与农民起义提出的“均田”有根本不同，但表现出对农民问题的关心和同情。教育上，他们激烈地批判束缚思想的科举制和八股时文，注重学校教育，要求培养出真正有学问有实际能力的有用人才。哲学上，他们各有所宗，各有所创，呈现出思想活跃的局面。

③清末，封建的清政府腐败无能，帝国主义的侵略日益加深，国家面临着生死存亡的严重局面。在这种情况下，经世致用之学，再度兴起。其代表人物是魏源、龚自珍以及稍后的康有为。他们以今文经学为主干，继承和发展了明末清初的经世致用精神，借经书的所谓“微言大义”宣传自己社会改革的主张，在救亡图存的旗帜下，揭开了历史的新篇章。

(2)“经世致用”思想的教育价值

①经世致用教育思潮使中国传统教育所潜伏的适于社会转型的变异基因更为明朗，为中国教育实现由旧而新的历史转型开启了道路。中国封建传统教育，受着儒家教育思想的支配与制约，表现为一种与西方教育完全不同的独立的发展体系。因此，以往一直处于世

界领先地位的中国传统教育，在其外在形态上，呈现出一种自我完善的封闭型模式，而在其内部，却蕴藏着十分活跃的变动因素。这种活性因素，不仅能使教育处于历史的转变或转型时期，因政治和经济发展变化的需要，而对外来文明进行适度的融合和包容，而且也能根据社会的变异而自我调整、推陈出新，激发和引动自身对现实做出一定的批判和反省，不断地为适应变化着的社会而转化。

②明清之际出现的启蒙教育思潮及其在教育实践中的相应反映，就显示出了这种转化的趋势。其时西学伴随传教士来华而催发中国教育领域形成一股重视研习西方科技的“实学”之风，为中国教育向近代转型奠定了一定的基础。但是，由于中国当时的传统观念和文教领域高压政策过于厚重，后来又转而闭关自守，使已东渐的西学发展中断，已兴起的实学教育思潮受到了阻滞而转为潜流，传统教育向近代教育的转化也随之停滞。然而，已经转为潜流的实学教育思想并非完全消失，而是一遇到合适的环境，就会重新萌发，并以一种新的态势表现出来。

③从对自身民族的教育传统的态度来看，无论其否定的内容还是勇于批判、反省的精神，经世致用教育思潮都是对明清之际启蒙教育思潮的继承和发展。尤其在扬弃传统教育时，它沿袭了实学教育思潮对于“实学”的重视，对于西学“科技”的讲求，对于“义理”“考据”“词章”等学问的非议，以及对于八股取士制度的批判等等，都体现了由中国传统教育向近代新型教育的自我转化，使传统教育中适于社会转型的变异基因更为具体而明朗。

④经世致用教育思潮，因其在中国教育思想领域中开始注意对西方文明的认同，故此成为中国教育实现由传统转入近代即由“旧”转为“新”的模式之转型起点，中西两大文明就在这一教育模式转型起点之处开始了历史的汇合，所谓中国教育早期现代化的道路也就由此而在思想认识上得以开启。

3. 试述王夫之的教学理论及其现实意义。

答：(1)王夫之的教学理论

王夫之认为教学是师生共同活动的过程，在这一过程中，教师是主导，学生是主体，教学的成功与否取决于学生的自觉。教师的作用在于指明学生应该如何“进善”，而“进善”的实现则需要学生“自悟”。在王夫之看来，教学是在教师指导下学生自觉的学习过程。他的这一思想，正确地揭示了教学活动的本质，值得重视。鉴于上述认识，他提出了若干关于教学的具体主张，主要有以下几点：

①“因人而进”

王夫之指出，学生之间存在着个别差异，因此，教师应该根据学生的实际状况，有针对性地施教，即“因人而进”。王夫之提出，学生个体之间存在差异，教师应该依据实际进行针对性的教学，也即“因人而进”王夫之还认为，实施“因人而进”的关键在于熟悉、了解学生。他的这些观点为在实际教学当中因材施教提供了理论依据。现实中，教师应该在平常教学中考查学生的品质，了解学生的志向等，从而针对性地施教。

②“施之有序”

王夫之提出事和理都有序，人的能力发展也是循序渐进的，因此教师教学也应该“施之有序”。在实际教学当中，作为教师，应当按照学生的身心发展规律循序渐进地教育学生。

③学思“相资以为功”

王夫之指出，人们获得知识的途径有两条，即学与思。对于学与思的关系，他的主张是：

a. 学习需要虚心，在吸取前人经验的基础上增长自身学识，独立思考，不墨守成规，发挥自身聪明才智。

b. “学”和“思”两者不可偏废，必须紧密结合，学与思并不矛盾，而是相辅相成，相互促进的。在实际教学当中，作为教师，既要督促、勉励学生努力学习，也要启发、诱导他们养成勇于思考、勤于思考的好习惯。

(2)王夫之教学理论的现实意义

王夫之是明清之际杰出的思想家和教育家，他的教育思想很有价值，除了唯物主义的认识论外，辩证法特色也非常鲜明。古代多数教育观点都是仅从一个方面而言，而王夫之则注重同时对教学双方提出要求或原则。例如学者当自勉，教者不俯从；学者立自修之心，教者因导之以顺；善教者必有善学者，欲人明者先自明等，都是很值得认真地加以领会和汲取的。

在现实教育中，教师应当严格要求学生，绝不能降低标准迎合学生的苟安心理；学生更不能迁就自己，放任自己，一味让教师“俯从”自己的“易为”，而应立志自勉、主动自得，否则，只能陷入“不知不能”的悲境之中。而他那始终不渝的爱国主义精神，孜孜不倦、勤勉自得的求学精神，居茅屋、处荒凉不畏险恶的刻苦教学的精神，是永远值得我们学习和发扬的。

第10章　中国教育的近代转折

10.1　复习笔记

【知识框架(庖丁解牛)】

- 中国教育的近代转折
  - 传统教育的危机和改革派的文化教育主张
    - 传统教育的危机
    - 改革派的文化教育主张
  - 教会学校的兴办和西方教育观念的引入
  - 洋务教育及中国教育近代转化的启动
    - 洋务学堂的创立和发展
    - 洋务留学教育
    - “中体西用”的演变与张之洞的系统阐述

【考点剖析与拓展(游刃有余)】

考点一、传统教育的危机和改革派的文化教育主张

1. 传统教育的危机

表10－1　传统教育的危机

要点	具体内容	
明末清初西学的输入	“西学东渐”是指近代西方学术思想向中国传播的历史过程，通常而言是指在明末清初以及晚清民初两个时期之中，欧洲及美国等地学术思想的传入。但是清朝实施的一系列海禁和闭关锁国政策在一定程度上阻碍了“西学东渐”的进程，使得中国与世界隔绝，中国的文化教育受西学的影响中断，仍旧按照传统文化发展的方向孤立发展	
传统教育的困境	①官学教育有名无实。鸦片战争时期的教育制度虽然形式完备，但大部分学校特别是官学已徒具虚名，甚至很少从事教学活动。 ②教育内容不切实用。当时人们热衷的学问有义理、词章和考据等，都还是传统儒学的范畴。这些学问在封建统治面临“内忧外患”之际日益显露出陈腐和无用。 ③科举考试弊病丛生。科举考试的弊病表现在两个方面：科举使教育成为其附庸；科举考试本身内容空疏无用、形式专制以及舞弊严重	
太平天国运动对传统教育的冲击	对儒学的批判	太平天国对儒学及其创始人孔子的无情批判，动摇了儒学在教育内容中的核心地位
	对文字、文风与科举制度的改革	①改革文字：使用简体字，引入标点符号便于书写和识读。 ②改革文风：要求“文以纪实”，使用大众化的语言。 ③改革科举考试的内容：废除从四书五经中出题，重视策论。 ④扩大科举考试的对象：废除门第等级限制，首开女科之先河

续表

要点	具体内容	
太平天国运动对传统教育的冲击	建立普及教育组织，改革教育内容	①教育的组织形式：教堂兼学校、育才书院、育才馆和义学，但没有建立完整的教育制度。 ②教育的基本内容：把政治思想、道德教育融汇到宗教教育与宣传之中，同时也可达到初步读写和文化知识教育的目的。教材主要有群众性的宗教、政治思想教育读物和儿童启蒙性读物
	意义	①批判以儒学为核心的传统教育，促进近代思想解放。 ②提出普及教育的组织形式，改革教育内容，促进教育近代化进程。 ③开放女科，促进了女子教育发展

2. 改革派的文化教育主张

在中国教育内外交困的背景下，为适应中国社会向近代变迁和与世界潮流融合的需要，在鸦片战争前后，以林则徐、龚自珍、魏源为代表的地主阶级改革派提出了一系列改革的主张。

表 10-2　改革派的文化教育主张

要点	具体内容
“不拘一格降人才”	龚自珍将人才问题作为批判现实社会各种弊端的出发点，提出了人才多样化的主张，提倡经世致用。在这种人才观下，龚自珍对以科举制度为主体的人才选拔和晋升制进行了批判，提倡“不拘一格”地选取人才的途径
复兴“经世致用”学风	①龚自珍：认为有关民生日用的知识都是士人应当学习研究的，儒学不能作为教育之唯一独尊的内容，儒经也应随世变通，因时制宜。 ②魏源：批判科举教育空疏无用，主张恢复古代“通经致用”的经学教育传统，倡导“经世致用”的学风
“师夷长技以制夷”	随着民族危机的加重，“经世致用”思想逐渐沿着制夷、悉夷、师夷的路径发展。林则徐和魏源组织专人翻译外文书刊并编译介绍西学的书籍，明确提出了“师夷长技以制夷”的思想。魏源还希望通过改革科举制度，以选拔精通西洋军事技术的人才
意义	地主阶级改革派在知识观上突出“经世致用”的标准，不拘泥于夷夏之辨，把被人们视为奇技淫巧的西方近代科技知识当成可以师、可以学的内容，这是促使中国教育由以民族文化为中心的传统封闭型向与世界文化交流的开放型转变的重要一步

考点二、教会学校的兴办和西方教育观念的引入

表 10-3　教会学校的兴办和西方教育观念的引入

要点	具体内容	
早期教会学校	英华书院	1818 年英国传教士马礼逊在马六甲创办了英华书院，这是第一所主要面向华人的新式学校。该校毕业的部分华人学生，成为近代中国第一批西学的传播者
	马礼逊学堂	马礼逊学校是最早设立于中国本土的、比较正式的教会学校，因纪念马礼逊而得名。该校开设了丰富的西学课程，帮助在此求学的中国青年开阔知识视野，形成近代社会观念基础，培养出了一批近代中国不可多得的高层次西学人才

续表

要点	具体内容	
早期教会学校的特点	①办学规模：集中在五个开放通商的沿海城市和香港。大多附设于教堂，规模小，程度低，绝大多数是相当于小学程度的学塾。 ②办学目的：为“传播福音开辟门路”，在中国人中培植一批传教助手，从而扩展传教的范围，加快宗教影响的速度。 ③招生对象：以贫苦人家的孩子为主，有些学生父母已经信教成了教徒，还有一些无家可归的难童。为吸引学生，早期教会学校多免收学费和膳食费，甚至还提供衣服和路费等。 ④开创女学：早期教会女学堪称是近代中国女子教育的先声。 ⑤学校课程：早期教会学校程度虽浅，但一般都设有数学、天文、地理等课程，在教学方法上也有别于传统蒙学，有的学校还开设外语课程	
教会学校的发展	①发展原因： a. 凭借不平等条约的保护，西方传教士逐步夺取了自由进入中国内地传教、通商、租买土地建造教堂及学校等特权，教会学校也从通商口岸发展到内地，数量迅速增加。 b. 西方列强在中国开办的企事业日益增多，洋务派兴办的洋务事业也不断发展，这些都需要越来越多的新式人才，促进了教会学校的急剧扩张。 ②发展结果：教会学校对传统教育的影响由微而著，形成了一个独立于传统封建教育体系之外的学校系统	
教会学校的组织	“学校与教科书委员会”	1877 年，第一次在华基督教传教士大会决定成立“学校与教科书委员会”，又称“益智书会”。这是近代第一个在华基督教教会的联合组织，极大地推动了教会学校的教材编写工作
	“中华教育会”	1890 年，第二次在华基督教传教士大会将“学校与教科书委员会”改组为“中华教育会”，标榜“以提高对中国教育之兴趣，促进教学人员友好合作为宗旨”，对整个在华基督教教育进行指导
	影响	从“学校与教科书委员会”到“中华教育会”，一方面是扩大了工作范围，另一方面是强调了工作的经常性和规范性。“中华教育会”后来实际上成为中国基督教教会教育的最高领导机构，并对当时中国教育的发展产生过较大影响
教会学校的课程	由于“学校与教科书委员会”的成立，教会学校的课程设置由各自为政逐渐走向统一，一般包括宗教、外语、西学、儒学经典等几个方面的内容	
教会学校的性质和影响	性质	①宗教性质：传教士宣称要以“基督教征服世界”，使中国完全的基督教化，其教育是以培养基督教教徒为目的的，教学内容和方式都带有浓厚的宗教性质。 ②殖民性质：教会学校是西方世界殖民扩张的产物。无论是传教士从事的宗教活动还是文化教育活动，甚至是医疗卫生活动，都是与各宗主国的政治、经济甚至军事目的紧密结合的，带有强烈的殖民性质
	影响	①积极影响：教会学校引入了先进的近代课程和教学管理方式，培养了大批实用人才和新式教育的师资，是中国传统教育向近代教育过渡的促进因素，客观上推动了中国近代教育发展。 ②消极影响：教会学校的存在严重损害了中国的教育主权，是近代中国半殖民地的国家地位在教育上的反映

考点三、洋务教育及中国教育近代转化的启动

洋务运动发生发展于19世纪60年代至90年代，其基本内容是引进和学习西方先进的科学技术。洋务运动时期的中国教育仍然以传统的封建教育为主体，但在传统教育主体中出现了近代新教育的萌芽。

1．洋务学堂的创立和发展

表10－4　洋务学堂的创立和发展

要点	具体内容
概述	洋务学堂是洋务运动的重要组成部分，其目的在于培养洋务活动所需要的翻译、外交、工程技术、水陆军事等多方面的专门人才，教学内容以所谓"西文"与"西艺"为主。从19世纪60年代至90年代，洋务派创办的洋务学堂约30余所，它们是随着洋务运动的展开而逐渐开办的，大致上可以分为外国语学堂、军事学堂和技术实业学堂三类
京师同文馆	①创立与发展：京师同文馆是为了培养外国语译员而设立的专修外国语的学校，是我国最早的官办新式学校。初创时只有英文馆，后来逐渐变为综合性学校，增设了不少自然科学和实用技术科目，相互衔接。1902年并入京师大学堂。 ②教师与学生： a. 教师：有外国人也有中国人，按职责又可分为总教习、教习和副教习。 b. 学生：入学途径主要是咨传、招考和咨送；待遇优厚，出路较好。 ③课程和考试： a. 课程：外语居于首位，汉文经学贯穿始终。 b. 考试：分月课、季考、岁试三项，用来督促和检查学生的学业。 ④地位：京师同文馆是洋务学堂的开端，也是中国近代教育的开端；地处北京，它的一些重要举措以及由此引起的争执非常具有代表意义
福建船政学堂	①创立和发展：在洋务学堂中，福建船政学堂是办得最有成效的一所。福建船政学堂是福建船政局的组成部分，由闽浙总督左宗棠1866年奏请创办。 ②地位：福建船政学堂，是近代中国第一个也是洋务运动时期最大的专门制造近代轮船的工厂，它为近代中国海军输送了第一代舰战指挥和驾驶人才，是近代中国海军人才的摇篮
洋务学堂特点	①培养目标：洋务学堂的培养目标是造就各项洋务事业需要的专门人才，这和传统学校培养科举入仕的人才有所不同。 ②教学内容：洋务学堂以学习"西文""西艺"为主，课程多包括外语、数学、格致、化学等一般性课程以及和各自专业相关的科学技术课程，注意学以致用，区别于传统学校的经史义理和八股文章。 ③教学方法：洋务学堂比较能按照知识的接受规律由浅入深、循序渐进地安排教学内容，重视理解，一定程度上改变了偏重死记硬背的传统学风。洋务学堂注意教学中的理论与实践结合，很多学校都安排有实践性课程，有的还建立了实习制度，不似传统学校完全把学生禁锢在书斋之中。 ④教学组织形式：洋务学堂普遍制定有分年课程计划，确定了学制年限，采用班级授课制，突破了传统的进度不一的个别教学形式。 ⑤总特点：新旧杂糅。 a. 洋务学堂是洋务大臣们各自为政办起来的，零星分散，缺乏全国性的整体规划和学制系统。 b. 在"中学为体，西学为用"的总原则下，洋务学堂必然在传授西文西艺的同时，不放弃四书五经的学习。

续表

要点	具体内容
洋务学堂特点	c. 洋务学堂为洋务大臣所举办，但洋务大臣也是封建官僚，因此，对洋务学堂的管理也免不了封建官僚习气。 概言之，洋务学堂初步具备了近代教育的特征。它产生之后，逐渐动摇和瓦解了旧的教育体制，实际启动了近代中国教育改革的进程

2. 洋务留学教育

洋务运动时期的留学教育主要表现在派遣留美幼童和留欧学生两个方面。

表 10－5　洋务留学教育

要点	具体内容
派遣留美	①幼童情况：1872 年出发的留美幼童是近代中国政府派出的首批留学生，他们的成行得力于容闳的倡导。选派幼童数量每年为 30 名，分四年共 120 名，学习年限为 15 年，年龄在 12～16 岁，经在国内试读考试合格后录取，由海关提供留学经费。 ②结果：并没有按计划完成学业而被中途撤回。 ③影响：成为近代中国科技、实业和管理等领域的一支重要力量，其中有铁路工程师詹天佑、北洋大学校长蔡绍基等中国近代史上的知名人物
派遣留欧	①幼童情况：留欧学生以福建船政学堂的学生为主，他们的派遣始于船政大臣沈葆桢的建议，从 1877 年到 1886 年共派遣三届学生到英、法、德等国留学，年限为三年。 ②学习内容：学习营造、枪炮、火药、轮机、驾驶、鱼雷等技术。 ③结果：1879 年起陆续学成归国。 ④影响：这批留欧学生将中国近代军舰制造技术推进到一个新水平，成为近代海军重要将领的人选，也推动了近代海军教育事业的发展，并在外交、实业和其他科技领域均有建树
影响	①有力地回击了守旧派"终鲜实效"的预言，传统教育再次受到冲击。 ②培养了一批新式人才，在军事、外交、实业等领域贡献巨大。 ③是中国教育走向世界过程中最名副其实的一步，推动了中国教育近代化进程

3. "中体西用"的演变与张之洞的系统阐述

"中学为体，西学为用"(简称"中体西用")，是洋务派关于中、西文化关系的核心命题，也是洋务教育的指导思想。

表 10－6　"中体西用"的演变与张之洞的系统阐述

要点	具体内容
形成和发展	"中体西用"是用于表明"中学"与"西学"两者应该何为主导，何为从属的观点。"中体西用"思想最先由冯桂芬提出，后张之洞在《劝学篇》中对其进行系统阐述，形成了一个比较完整的思想体系
张之洞的系统阐述	张之洞是晚期洋务派的主要代表，对清末教育思想和实践都产生过重大影响。张之洞的《劝学篇》是对洋务运动的理论总结，并试图为之后的中国改革提供理论模式。《劝学篇》的主要思想包括以下几点： ①"中体西用"的含义："中体西用"即"新旧兼学"：四书、五经、中国史事、政书、地图为旧学；西政、西艺、西史为新学。

续表

要点	具体内容
张之洞的系统阐述	②"中体西用"的基本思想: a. 主旨:"旧学为体,新学为用,不使偏废"。 b. 内容:中学是经史子集;西学包括西史、西艺和西政 c. 教学阶段:小学堂应先学西艺,再学西政;大学堂则要先学西政,再学西艺,并且学习西艺的时间长于西政。 ③关于"中学"和"西学"的关系:张之洞强调"中学"中的伦纪、圣道、心术是不可变更的立国之本,而法制器械、工艺等"西学",则属于可变的附庸。"中学"是本体,绝不能改;"西学"可以用来补助、强化、保存"中学",而绝不能替代"中学"
历史作用	①肯定了科技知识对救国强民的作用,引入近代军事技术,一定程度上延缓了列强殖民步伐。 ②在"中体西用"原则下实施的留学教育和举办的新式学堂一定程度上批判了传统教育,给僵化的封建教育体制打开了缺口,改变了单一的经学教育结构。 ③为"西学"教育的合理性进行了有效的论证,推动中国近代教育的转变。 ④西方资本主义社会政治学说和民主平等思想也被裹挟在一起引入中国,促进思想解放。 总之,在当时中国封建主义的儒学占绝对统治地位的时代,能把"西学为用"作为办学宗旨,是一个不小的进步,是中西文化在当时的一种特殊的结合方式,虽然其根仍为中学,但毕竟给僵化的封建传统文化打开了一个缺口,在客观上对封建制度的解体又起了一定的促进作用
局限性	①"中体西用"的根本目的在于维护清王朝的封建政治制度和儒家纲常名教的至尊地位,阻抑了维新思想更广泛地传播。 ②"中体西用"作为一种文化整合方案和教育宗旨,又是粗糙的,它是在没有克服中、西学之间固有的内在矛盾的情况下的直接嫁接,必然会引起两者之间的排异性反应

10.2 课后习题详解

1. 清末传统教育的危机主要表现在哪些方面?

答:清末传统教育的危机主要表现在以下三个方面:

(1)明末清初西学的输入

①"西学东渐"是指从明朝后期到近代的西方学术思想向中国传播的历史过程。其虽然亦可以泛指自上古以来一直到当代的各种西方事物传入中国,但通常而言是指在明末清初以及晚清民初两个时期之中,欧洲及美国等地学术思想的传入。西学的输入很大程度上得益于与西方国家的商务往来,以及伴随着商务往来的传教士的传教活动。虽然明末清初的"西学东渐"不是中国社会从自身的文化教育发展出发的主动交流与引进,而是一种缺乏自觉的被动输入,传教士宣传科技知识也仅是以其新异性来吸引中国的学者和皇帝,减少在中国传教的阻力,但它毕竟为中西文化交流提供了机会和渠道,也有利于中国传统教育观念的更新。

②但是清朝实施的一系列海禁和闭关锁国政策在一定程度上阻碍了"西学东渐"的进程,使得中国与世界隔绝,中国的文化教育受西学的影响中断,仍旧按照传统文化发展的方向孤立发展。

(2)传统教育的困境

清朝末年，延续二千多年的封建王朝到了穷途末路，成为一个衰老的封建帝国，清末的腐败统治，加剧了社会的动荡和文化的剧变，使传统教育走向衰败，具体表现如下：

①官学教育有名无实

清末教育制度，主要有官学和私学两种形式。官学包括中央学校和地方学校，中央学校包括太学、宗学、旗学；地方学校包括府学、州学、县学、义学和社学等。这些学校，除了义学、社学有一些实际作用外，大都徒具学校之名，都是科举的预备学校，管理制度混乱，教育内容空疏。如最高学府国子监，已无管理制度，学堂混乱，案位空闲，书声无闻。

②教育内容不切实用

实行专制主义和文化高压政策，大兴文字狱。只允许考据经典，不允许发挥创新。制订了“圣谕广训”和各种“教规”，对知识分子的思想牢固控制。由于思想文化上的高压、专制，导致教育思想，更加机械，教条，空疏无用；轻视生产教育和生活教育，脱离实际。

③科举考试弊病丛生

科举制度到了清末已经走到了绝境，但它仍然是清末教育的支柱。教育思想、教育制度都从科举出发，为科举服务。科举的目的是选拔官吏，笼络知识分子；参加科举的人，是为了做官。科举的内容和方法是僵化的八股文，这种考试形式要求作者必须用古人的思想代圣贤立言，不能随意发挥创造。同时，清末科举营私舞弊成风，有权势者用钱能买考官，考场作弊现象屡见不鲜。

(3)太平天国运动对传统教育的冲击

①太平天国是中国历史上规模空前的农民革命运动。太平天国的政治理想是为了推翻清朝统治，实现“有田同耕，有饭同食，有衣同穿，有钱同使，无处不均匀，无人不饱暖”的社会制度。因此，对于维护封建统治的文化教育，给予无情的打击和揭露，对封建教育的冲击与批判集中体现在以下三个方面：对儒学的批判；对文字、文风与科举制度的改革；建立普及教育组织，改革教育内容。

②太平天国的反孔批儒斗争，是中国教育史上破天荒的大事，沉重地打击了孔孟传统教育的权威。太平天国的教育改革，是在中国沦为半殖民地半封建社会以后，对封建教育的猛烈冲击，它的许多教育思想和教育改革措施，有重大历史意义。

2. 评述改革派的教育主张。

答：在中国教育内外交困的背景下，为适应中国社会向近代变迁和与世界潮流融合的需要，在鸦片战争前后，以林则徐、龚自珍、魏源为代表的地主阶级改革派提出了一系列改革的主张：

(1)“不拘一格降人才”

改革派批判以科举制度为主体的人才选拔制度和重出身资格、熬年月的官吏进用制度，这样的制度“摧锄天下之才”，剥夺了优秀人才脱颖而出的机会，埋没了无数有才之士，他们要求广开言路，改变当时官场和知识界“人心之寐”和“人才之虚”的弊病，选拔兴邦治国的人才。

(2)复兴“经世致用”学风

地主阶级改革派的代表人物揭露批评了传统的封建教育。他们认为，以空谈心性、脱离实际的“理学”和专事考据、脱离政治的“古文经学”为主宰的旧教育，培养的都是无识无学之才，致使士不知耻，百官无能，国家日益贫困。他们非常重视教育的改革，而改革教育，最重要的则是克服传统教育的无实无用，主张复兴“经世致用”之学，从古代经籍中探究微言大义，使学术为社会政治服务，号召士人们关注和研究社会的现实问题。

(3)“师夷长技以制夷”

鸦片战争的硝烟使本已危机四伏的清政府笼罩在深重的民族危机之中。地主阶级改革派“经世致用”的思想，也沿着制夷、悉夷、师夷的路径发展，他们不仅主张研究本国的历史和现状，也倡导研究世界的形势和“西学”，从而达到以夷制夷的目的。

地主阶级改革派关于改革中国教育的主张，虽然没有跨出封建主义的门槛，但他们是中国近代最早主张向西方学习的知识分子。他们反对传统教育的无实无用，主张经世致用，强调面向现实学习实用知识，不拘泥于夷夏之辨，提倡向西方资本主义国家学习，学夷而制夷，出夷而胜于夷，这在当时是很先进的见解。虽然只是沧海微澜，但对以后的维新变法运动也产生很大的影响，也迈出了中国教育以民族为中心的传统封闭型向世界文化交流型转变的第一步。

3. 概述近代教会学校的发展情况，评析教会教育的性质和作用。

答：19 世纪 60 年代以后，教会教育不断呈现出扩张的趋势，第二次鸦片战争后，西方列强通过与清朝政府新签或修订的一系列不平等条约，教会学校也随之由原来的五个通商口岸发展到内地，数量迅速增加。

(1)教会学校的发展情况

洋务运动时期，教会学校的发展可大致划分为两个阶段，表现如下：

①第一阶段从 19 世纪 60 年代初到 1876 年，教会学校数量猛增，学生人数达到很高的水平。这一阶段的教会学校，仍以小学为主，但已有少量中学出现。

②第二阶段开始于 1877 年的第一次基督教传教士大会。基督教势力在中国的发展和传教活动也不断扩大，大会之后，基督教教会学校改变了过去零星分散，各自为政的状态，加强了相互之间的联系。此后，成立了中华教育会，加强了各方之间的协调。

(2)教会教育的性质和作用

①教会教育的性质

教会学校是在我国土地上出现得最早的按西方资本主义国家办学方式创办的学校。是英、法、美等西方国家基督教会为在中国传播“福音”而建立的，教会学校是西方世界殖民扩张的产物。由于它的产生发展是以外国资本主义对华侵略为背景，因而它在理论上和实践上总是与侵略者的殖民扩张活动联系在一起，自觉或不自觉地成为外国资本主义侵华的一个组成部分。教会学校的存在是近代中国殖民地的国家地位在教育上的反映：各帝国主义所办教会学校一贯不受中国政府的领导与管理，学校工作全由教会和帝国主义分子操纵，严重地侵犯了中国教育主权。教育主权是国家主权的一部分，一个主权完整的国家绝不允许其教育主权受到如此公然的侵犯。教会学校所开设的课程，最主要的是宗教，它是一切学科的中心。此外，为了宣扬宗教，吸引学生，也开设了一些自然、史地等科目，但其真正的目的在于替代旧士大夫在中国的统治地位，从而在政治上、社会上、宗教上控制中国。

②教会教育的作用

教会学校的设立是对我国教育事业的侵略，其宗旨就是通过对国民的宗教教育和殖民教育，控制国民的思想，进而加强其殖民统治。教会学校充当着帝国主义侵略中国的工具，本质上违背了中国人民的意愿，不利于我国的发展。但是，教会教育客观上却促进了我国教育事业的发展，以及推动了我国的近代化进程。各种教会建立起从初等教育到高等教育的体制，设立西学化的课程，向近代中国输入各种思想、体制，对于解放思想、学习西方有着积极作用。此外，还培养了大批各种层次、各个方面的人才，促进近代思想的启蒙，具有一定的积极作用，因此对教会学校所起的作用应辩证地看待。

4. 简要介绍洋务学堂的发展情况，并评析其特点。

答：(1)洋务学堂的发展情况

1861 年，清政府成立“总理各国事务衙门”，总揽洋务全局，洋务运动由此揭开序幕。30 余年间，洋务派先后创办了 30 多所以外语教育、军事和实业技术教育为主要类型的新式学堂，为洋务运动培养了大批实用人才，具体学堂类型可以分为外国语(“方言”)学堂、军事(“武备”)学堂和技术实业学堂三类。在这些洋务学堂中，京师同文馆是开端。福建船政学堂是办得最有成效的一所。

①京师同文馆

a. 京师同文馆是洋务学堂的典型代表，是中国近代最早的新式学堂。于 1862 年 6 月正式开学，乃是近代中国被动开放的产物。该学堂之初衷是专修外语的学校，为培养外语专门人才而设。到 1887 年，同文馆学生已增至 120 人。该学堂先后开办了英文、法文、俄文、德文、东文等馆，学习各国语言文字。1867 年后，京师同文馆逐渐成为一所培养外语和自然科学人才的综合性学校。1902 年，该馆被并入京师大学堂。它是洋务学堂的开端，也是中国近代新教育的开端。

b. 京师同文馆首次尝试改变封建的传统旧教育，打开了中国两千多年封建教育的缺口，是中国近代教育观念进步的重要体现。它身处帝都北京，又为总理各国事务衙门这一洋务中枢所直接统辖，因而它的一些举措及由此引起的争论，往往能反映出各派于教育改革的观点，这就决定了京师同文馆在中国近代教育史上有着标志性和象征性的意义。

②福建船政学堂

a. 在洋务学堂中，福建船政学堂是办得最有成效的一所。船政学堂是清朝船政大臣沈葆祯在 1866 年于福建福州马尾港所设的海军学院，又称福建船政学堂，福州船政学堂或马尾水师学堂。船政学堂最初称“求是堂艺局”，是专门为福建船政培训人才而设。学堂成立之初即聘用外国教习教授造船、航海等专业知识，毕业生中优异者更会被派往西欧各国深造。船政学堂被称为中国海军摇篮，除了是近代中国首家海军及航海学院外，它亦是首家现代军事学院，和首家现代专业院校。船政学堂的毕业生不少成为北洋海军的高级将领外，部分也成为中国近代的著名知识分子。

b. 福建船政学堂尤其在近代中国海军事业的发展中占有重要地位。首先，它为近代中国海军输送了第一代舰战指挥和驾驶人才。其次，船政学堂除了为中国海军及航海事业培育人才外，还培育了不少在工程、科学以至文学、思想方面的杰出人才。

(2)洋务学堂的特点

①在三十多年的洋务运动期间，洋务派兴办的各类新式学堂，主要是适应当时外交、军事和制造的需要，为巩固清王朝的封建统治服务。这些学堂没有统一的学制，也没有形成从小学、中学到大学相互衔接的学校系统，都是个别的、不相统属的专门学校。但是，这些学堂毕竟是中国近代新教育的萌芽，是向西方学习从思想变为行动的产物，在很多方面与官学、书院、私塾等中国传统学校相比具有显著的差异。洋务学堂的历史特点主要表现为：

a. 在教学内容上，以学习“西文”“西艺”为主，注意学以致用，与传统学校的教学内容有明显区别。

b. 在教学方法上，注意按照知识的接受规律循序渐进地安排教学，一定程度上改变了传统的死记硬背学风。

c. 在培养目标上，旨在造就洋务事业所需要的专门人才，与传统学校培养科举入仕的人才有所不同。

d. 在教学组织形式上，采用班级授课制，有课程计划、学制年限，与传统学校进度不一的个别教学形式有很大不同。

②洋务学堂是洋务派根植于半殖民地半封建社会在教育文化领域开办的新式学堂，由于封建地主阶级性质的桎梏，新式的洋务学堂同时具有与传统教育体制杂糅的特点：

a. 洋务学堂零星分散，缺乏全国性的整体规划、长远发展目标和自成体系的学制系统。这说明，洋务学堂的兴办仍是洋务派的自发行为，并未摆脱“头痛医头，脚痛医脚”的模式。

b. 在“中体西用”的总原则下，洋务学堂在学习西学的同时，并不放弃对传统儒家经典的学习，还表现出浓厚的传统保守色彩。

c. 洋务学堂为洋务大臣所举办，经费也由官方筹措，因而其管理难免具有较为浓厚的封建官僚习气不过。

尽管如此，我们也应看到，洋务学堂产生之初，虽然并未有意与旧教育体制相对抗，甚至还求助于后者的容纳，但在其发展的历史过程中，事实上却逐渐动摇和瓦解了旧的教育体制，从而客观上启动了近代中国教育改革的进程。

5. 评价洋务留学教育的历史作用。

答：洋务运动时期的主要的留学活动主要有两个，一是1872年出发的留美幼童，是近代中国政府派出的首批留学生；二是1875年初开始的留欧学习。两次留学教育的历史作用非常重大，主要表现在：

(1)幼童留美的历史作用

①幼童留美活动因新旧不同观念的管理人员的争执，还有国内守旧派的反对，清政府做出了全数撤回留美学生的决定，幼童留美计划宣告夭折。尽管留学生未能按计划完成学业，但这些回国留学生个人的发展还是不错的，据高宗鲁《中国幼童留美史》的统计，第一批留美学生中，后来担任总理、外长及各级军政官员占53%，成为教师、工程师、技师、医生、律师等专业工作的占44%。这些青年学到了近代自然科学和生产技术知识，成为一批新型知识分子。

②幼童留美的教育活动是由清政府全权操办的，开创了由政府支持留学活动的先例，

为留学教育开启了一个先河，此后留学教育逐渐兴盛起来。留学欧洲、日本也随之兴起，开始了一个西学东渐的过程，西方的思想和各种理念兴盛于中国，对中国起了一个思想启蒙的作用。

(2)赴欧留学的历史作用

①赴欧留学主要是学习造船和航海技术。其中很多人从事海军教习，如严复、蒋超英等，为中国近代海军教育事业做出了重要的贡献。除培养了一大批海军人才外，还培养出了近代中国造船厂的技术骨干，为中国的造船事业做出了杰出的贡献。还有一批留欧学生成为近代中国第一代实业人才，他们在中国开办煤矿、铁矿，为中国近代实业的发展贡献了重要力量。

②洋务留学教育虽然规模小，人数少，但是它是中国教育走向世界过程中最名副其实的一步，就引进“西学”而言，没有比留学更直接的途径，洋务留学教育也有力地推进了中国教育近代化的发展。

6. 评述“中体西用”的洋务教育指导思想。

答：1898年，张之洞在维新变法运动的强大声势下，出版《劝学篇》，第一次比较系统、全面地阐述了“中体西用”的思想，对洋务运动进行了理论总结，并试图为中国以后的改革提供理论模式。所谓“中学为体”，就是以三纲五常为核心的封建制度作为立国之本。所谓“西学为用”，就是在以忠孝为本、中国经史为基的前提下，再“以西学瀹其智识，练其艺能”。“中学为体，西学为用”是洋务教育的指导方针。

(1)“中体西用”思想的形成和发展

①1895年甲午战争中清政府战败随后是丧权辱国的《马关条约》的签订，一时举国震惊，维新变法运动高涨。康有为的《新学伪经考》《孔丘改制考》，梁启超的《变法通议》，严复的《天演论》，谭嗣同的《仁学》等，提出了激烈的反传统思想，他们以西方进化论、民权平等学说为基础宣传君主立宪制，要求废三纲、倡民主、设议院等，对中国正统儒家思想价值体系以及社会政治制度，提出了空前未有的挑战和冲击。

②张之洞反对顽固派因噎而食废，只要“中学”而不要“西学”，但他也对维新派所提倡的资产阶级政治学说感到畏惧，认为在剧变的形势下稳住人心以维持封建秩序是关键。“新学”能造成人心不安，有碍清王朝的统治；“旧学”过于保守，脱离社会实际，不适应形势变化的需要，也就无助于稳定封建秩序。他主张以“中学治身心，以西学应世事”，即“中学为体、西学为用”。1898年，张之洞在维新变法运动的强大声势下，出版《劝学篇》，第一次比较系统、全面地阐述了“中体西用”的思想，对洋务运动进行了理论总结，并试图为中国以后的改革提供理论模式。《劝学篇》的主要思想包括以下几点：

a. “中体西用”的含义

“中体西用”即“中学为体，西学为用”，也称为“旧学为体，新学为用”。其含义，张之洞指出：“新旧兼学；《四书》《五经》、中国史事、政书、地图为旧学；西政、西艺、西史为新学。旧学为体、新学为用，不使偏废”。

b. “中体西用”的基本思想

教育首先要传授中国传统的经史之学，这是一切学问的基础，要放在率先的地位，是学习的主体。然后再学习西方中有用的东西，以补中学的不足，而学为自己所用。张之洞把中学的内容概括为经史子集。西学包括西史、西艺和西政。西史即西方各国历史；西艺、西政，指各国的科学技术及与之相应的管理制度。

c. 关于“中学”和“西学”的关系

至于中、西学的关系，张之洞将其概括为“旧学为体，新学为用，不使偏废”，并在内篇的《循序》和外篇的《会通》中进行了集中的阐发。中体西用的关系，实质上是一种主辅关系。“中学”是根本，“西学”是末节；“中学”为主，“西学”是从；讲西学必先通中学，这样才不失其根本。因此，“今日学者必先通经以明我中国先圣先师立教之旨，考史以识我中国历代之治乱、九州之风土，涉猎子集以通我中国之学术文章，然后择西学之可以补吾缺者用之，西政之可以起吾疾者取之”。只有在通“中学”的基础上，才能学“西学”，这一主一辅的关系清楚表现了中体西用的时代特色，也是对洋务教育指导方针的最完整的表达。

(2)“中体西用”的历史作用和局限

①历史作用

“中体西用”思想是在中国封建旧文化、旧教育面临资本主义的严峻挑战，而“西学”又被顽固派深恶痛绝的环境下产生的，只有以“中学”作为前提，“西学”才能有其生存的土壤，这是洋务派应对守旧派的策略。虽然提倡“中体西用”的并非都是洋务派，但大多附从洋务派，为洋务事业提供思想理论。作为洋务教育的指导方针，“中体西用”对中国近代教育产生了积极的推动作用。

a. “中学为体、西学为用”在一定程度上批判了传统教育，催发了新式教育的产生。“中体西用”斥责传统教育违背“中学”中“经世致用”、不适应时局变化的成分，为“西学”教育的合理性进行了有效的论证，催生了新式教育。在此原则指导下，洋务派派遣留学生、设立新式学堂，科举制度受到了冲击，也给僵化的封建教育体制打开了缺口。

b. 随着“中学为体，西学为用”内涵的深化，西学的范围也不断扩大。在洋务运动进行的过程中，“西用”不断纳入新的成分，西学的传播中心也逐渐由科技领域进而涉及政治体制、意识形态等上层建筑领域，特别是甲午战争后，随着维新派的大力宣传，西方资产阶级的政治学说、民主平等的思想也一起传播，这有利于近代思想的启蒙。

c. 在这一过程中，西方的教育制度也被进一步介绍到中国来，对清末教育制度改革予以很大启发。

②局限性

作为中西文化接触初期的结合方式，“中学为体、西学为用”有其历史必然性和合理性，然而它固守“中体”，从根本上说是维护封建等级制度及其意识形态的，没有克服中、西学之间内在的根本矛盾，必然引起两者的排异性反应，也不利于西学的深入传播。反映在教育上，30余年的洋务教育始终没有从根本上触动传统的教育体制，深受封建教育制度的阻碍，它也使此后清末新式教育，一直受着忠君、尊孔、读经的封建信条支配，未能摆脱封建传统教育的阴影，也不能真正完成由传统教育向现代新教育的过渡。

10.3 考研真题与典型题详解

一、概念题

1. 京师同文馆［华中师范大学2021年研；东北师范大学2015年研；北京师范大学

2012 年研]

答：京师同文馆是清末第一所新式学堂。鸦片战争以后，清政府为了适应日益频繁的中外交涉以及开展洋务运动的需要，先后在全国的一些地方开办了一批学习“西文”和学习“西艺”的新式学堂。1862 年清政府在北京设立同文馆，这是中国政府自行创建的第一所近代新式学堂，标志着中国近代新式学堂的诞生，京师同文馆是我国最早的官办新式学校。

2. 马礼逊学堂

答：马礼逊学堂是美国基督教徒布朗为纪念英国传教士马礼逊创办的一所教会学校，是外国传教士在中国开办的最早的学校。1839 年，布朗在澳门创办了马礼逊学堂，属小学程度。1842 年，该校由澳门迁至香港，发展为中小学，采用英语教学。校长为布朗，教师除布朗夫妇外，还聘请一个中国人教中文。课程除宗教外，还有中文、算术、生理学、地理、历史、英文、化学等。开办初期，颇受各方人士重视，校务发展顺利。1849 年，马礼逊学堂因受到官方和教会的双重压力而停办。

3. 洋务教育

答：洋务教育是 19 世纪 60 年代至 1894 年中日甲午战争期间，中国洋务派推行洋务运动过程中举办的教育，是洋务运动的重要方面。其主要活动分两部分：一是兴办新式学堂；二是办理留学教育，派遣学生往西方资本主义国家学习军事、技术和自然科学。洋务派举办的学堂，无统一的学制，未形成学校系统。教学内容除“四书”“五经”等外，主要是“西文”和“西艺”，比旧学堂讲求实用，并开始将近代天文、数学、物理、化学等自然科学知识和技术学科作为课程，有些学堂还学习万国公法、外国史地等人文科目。洋务教育建立了一套有别于封建主义的学校管理制度，对招生、考试、学习的年限、经费来源以及学生毕业后的任用等都有详细规定。它提出“中体西用”的指导思想，突破了传统中体中用的思想框架，对于促进中国近代教育的发展做出了一定的贡献。

二、简答题

1. 简述“中体西用”的历史作用和缺陷。[浙江师范大学 2017 年研]

答：(1)“中体西用”的提出

“中体西用”是“中学为体，西学为用”的简称，亦作“旧学为体，新学为用”，是近代中国重要的社会思潮。鸦片战争后，魏源首创“师夷之长技以制夷”，为中体西用思想之先导。1861 年冯桂芬在《校邠庐抗议》中提出“以中国之伦常名教为原本，辅以诸国富强之术”的主张，为洋务派采用，遂成为洋务运动的指导思想。1896 年孙家鼐、沈寿康等将其明确概括为“以中学为主，西学为辅；中学为体，西学为用”。1898 年张之洞发表《劝学篇》，进一步加以系统阐发，提出“中学治身心，西学应世事”，并作为治国方针。20 世纪初，清政府即以此为张本，实行“新政”。它是以封建主义文化为主体、结合西方资产阶级文化的产物，对中国近代政治、思想产生过重大的影响。

(2)“中体西用”的历史作用

①“中体西用”将西学作为一个整体予以认可，给封闭僵化的封建文化打开了一个缺口，使西学在中国的传播和发展由“可能”变为“现实”，为中国近代社会的变革注入了新的物质

力量和精神力量，加速了封建制度的解体，推动了中国近代化的步伐。

②在教育领域，中体西用作为洋务教育的指导纲领，对中国近代教育产生了深远的影响，具体如下：

a. “中体西用”开启了中国近代教育改革的步伐，加速了新式教育的产生、促进了自然科学知识的传授、新式学堂的兴办和留学教育的开展，打破了儒学一统天下的传统教育格局。

b. 在“中体西用”思想的指导下，教育领域可以较为充分地引进西方近代学科、课程及制度、措施，对清末教育制度的改革既有思想层面的启发，又有实践层面的推动。

c. “中体西用”思潮的扩展，极大地冲击了传统教育的价值观，逐步改变了封建士大夫对于新式教育的看法，为新式教育的推广扫清了障碍。

③随着“中学为体，西学为用”内涵的深化，西学的范围也不断扩大。在洋务运动进行的过程中，“西用”不断纳入新的成分，西学的传播中心也逐渐由科技领域进而涉及政治体制、意识形态等上层建筑领域，特别是甲午战争后，随着维新派的大力宣传，西方资产阶级的政治学说、民主平等的思想也一起传播，这有利于近代思想的启蒙。

(3)“中体西用”的缺陷

作为中西文化接触初期的结合方式，“中学为体、西学为用”有其历史必然性和合理性，然而它固守“中体”，从根本上说是维护封建等级制度及其意识形态的，没有克服中、西学之间内在的根本矛盾，必然引起两者的排异性反应，也不利于西学的深入传播。反映在教育上，30 余年的洋务教育始终没有从根本上触动传统的教育体制，深受封建教育制度的阻碍，它也使此后清末新式教育，一直受着忠君、尊孔、读经的封建信条支配，未能摆脱封建传统教育的阴影，也不能真正完成由传统教育向现代新教育的过渡。

2. 简述清末封建教育的衰落及向近代教育转型的历史趋势。

答：鸦片战争之后，中国逐步沦为半封建半殖民地社会，与此同时，封建传统教育日益空虚无用。封建教育向近代教育转型就成为不可逆转的历史趋势。

(1)清末封建教育的衰落

鸦片战争前后，清朝已成为一个衰老的封建帝国，教育仍沿用旧制，日益空疏、腐败，各种矛盾加深。

①科举制度的腐败。清末科举流弊百出。“四书”中可以出的题目大多出尽，于是便硬编出很多偏题、怪题，甚至把经书上毫无相关的词拼在一起命题作文，考试严格规定文章必以八股为体裁，书写字体必用小楷。士子即使是考上了进士，亦多无真才实学。而不学无术，花钱买取功名的现象也很常见。

②官学名存实亡，私学教育也空疏腐化。清末在教育制度上，中央设国子监，地方有府学、州学、县学、书院，此外还有义学、社学、私塾。但这些学校，大多徒具其名。并且学校与科举紧密相连，只有府、州、县学的生员，才有参加科举考试的资格，官学成为科举的附属。当时，遍布全国各地的各种形式的私塾，倒是清代士子真正读书受教育的地方，但教育内容仍以儒家经典为中心，士子苦读多年，同样无真才实学。

③实行思想钳制，大兴文字狱。为了维持摇摇欲坠的统治，清朝政府极端顽固守旧，闭关自守，对知识分子实行高压政策，进行思想钳制，不允许有任何新思想产生。他们大

兴文字狱，强调读书士子必须遵守“圣谕广训”“卧碑”等。在学术上，极力推崇义理学、考据学、辞章学，把这些定为学术正统，其他黜为异端。尤其推崇义理之学，将之视为儒家正宗，成为统治阶级的代表思想，特别提倡程朱学说，朱熹注的《四书》和程朱一派解释的《五经》，成为科举考试的标准，也是学校教学的依据，其他学派均视为邪说。考据之风延续到清末也很盛行，专讲古代训诂名物，校勘古典经籍，引导学者专钻故纸堆，脱离现实，保全自己。

(2)封建教育向近代化转型的历史趋势

①中国社会政治、经济的变化，是中国封建传统教育向近代教育转型的最根本的社会原因。资本主义列强用大炮轰开了中国的大门。中国社会遇到了数千年未有之变局，一个经过长期缓慢发展的古老的封建社会，一步一步地变成了一个半殖民地半封建的社会，中国社会进入了近代时期。政治上大一统的中央集权被打破；经济上自给自足的农业与家庭手工业相结合的自然经济逐步解体，宗法家族制度的经济基础被破坏；思想观念上占统治地位的儒家思想体系失灵，无论怎样“克己复礼”“忠君重道”均无法抵制洋枪大炮；只通过科举选取封建士大夫的人才培养模式，已不符合新形势对人才的要求。

②传统教育的空虚无用是其向近代教育转型的直接原因。随着中国社会的巨变，传统的教育日益显示出其不合时宜。封建的教育制度和教育内容已经不能满足社会发展的需要，教育也不能为社会的发展提供合格的人才。随着中国国门被打开，传统的教育观念与教育制度、内容、方法等都将受到难以避免的冲击，它必然也必须向近代教育转型。

3. 为什么说京师同文馆是近代中国“新教育”的开端？

答：京师同文馆是中国第一所培养熟谙外国语译员的新式学堂，它是近代中国“新教育”的开端，主要体现在以下几个方面：

(1)京师同文馆是洋务学堂的典型代表。京师同文馆于 1862 年 6 月正式开学，是中国近代最早的新式学堂，是近代中国被动开放的产物。该学堂之初衷是专修外语的学校，为培养外语专门人才而设。到 1887 年，同文馆学生已增至 120 人。该学堂先后开办了英文、法文、俄文、德文、东文等馆，学习各国语言文字。1867 年后，京师同文馆逐渐成为一所培养外语和自然科学人才的综合性学校。此外，京师同文馆还增设了不少自然科学和实用技术科目，相互衔接。

(2)京师同文馆的课程，外语居于首位。开始时只设英语馆，后来逐渐增加了俄、日、法、德等语言。四年后，开办科学馆，学习科目增加了算学、天文、化学、物理、万国公法、医学、生理学等。学生修业年限为八年，前几年偏重外语，后几年增加其他学科的学习。此外，汉文经学一致贯穿始终。

(3)学校的课程计划中注重外国语和自然科学课程的学习，前 3 年侧重外国语的学习；后 5 年偏重科学技术知识的掌握，没有“四书”“五经”等传统科目。自开馆后，即以译西书为要务，先由外国教习翻译，后由学生襄助或自译。京师同文馆为戊戌变法前国内译西书的重要场所，另附设翻译处、藏书阁、天文观察台等。

(4)京师同文馆在重视学生传统封建道德习惯培养的同时，还向学生灌输殖民主义思想。如由外国教习讲的万国公法课，其中就有宣传强国压迫弱国的强盗逻辑，帝国主义分子还以宗教麻醉学生的思想。外国教员课上、课下向学生自由谈论基督，以兜售他们的“基督文明”。

(5)京师同文馆在学校管理上受外国列强的控制。学校经费多由海关拨款，而海关则由海关税务司英国人赫德掌管，同文馆从学校经费到聘请校长教员都由赫德一手包办。管理学校的大权也逐步落到外国人手中，总教习为洋人，教员也以洋人居多。

京师同文馆是洋务学堂的开端，也是中国近代新教育的开端。京师同文馆首次尝试改变封建的传统旧教育，打开了中国两千多年封建教育的缺口，是中国近代教育观念进步的重要体现。它身处帝都北京，又为总理各国事务衙门这一洋务中枢所直接统辖，因而它的一些举措及由此引起的争论，往往能反映出各派于教育改革的观点，这就决定了京师同文馆在中国近代教育史上有着标志性和象征性的意义。

三、论述题

1. 科举制度的发展及对我国高考制度改革的启示。[华中师范大学 2019 年研]

答：科举制度是隋炀帝时期成立的一种选士制度，经由唐代发展逐渐完善，分为常举和制举两种，每年定期考试，设有秀才、明经、进士等科，为朝廷输送了大批的优秀人才，巩固统治者的执政基础。

(1)科举制度的发展

①隋朝科举制的创立

a. 背景：魏晋以来选官注重门第，不利于选拔有真才实学的人做官，为改变此弊端，隋朝创立了一种新的选官制度。

b. 创立：隋文帝开始用分科考试的方法选拔官员，隋炀帝时正式设进士科，按考试成绩选拔人才，我国科举制度正式诞生。

②唐朝科举制的完善

唐太宗时，扩充国学的规模，增加考试科目；武则天时，大量增加科举取士的人数，首创武举和殿试；唐玄宗时，诗赋成为进士科的考试内容。

③明清时期科举制度的演变

明清时期实行八股取士，规定科举考试只许在四书五经范围内命题，考生只能根据指定的观点答卷，不准发挥自己的见解。

④科举制度的废除：清朝末年

1905 年，在我国封建社会延续了一千三百多年的科举制度被废除。

(2)对我国高考制度改革的启示

①在改革的原则上，坚持公平、公正、公开。高考改革在注重选拔优秀人才的同时，也要兼顾人才选拔的区域公平，适当照顾文化水平相对落后的地区；注重加强考试公平氛围的营造，坚决抵制考试徇私舞弊的现象，以清代科场的没落为鉴，保证整个过程的公平公开。

②增加考试次数，改变“一考定终身”的考试模式，为考生提供多次的考试机会，也是满足教育公平，既可兼顾地区公平与考试公平，又可以解决考生盲目跟风填报志愿的现象。

③拓宽考试渠道，为有特殊才能的人开通“绿色通道”，秉承开放、包容的心态，为各路人才提供施展才能的机会，让一些偏才怪才也能有崭露头角的机会。

2. 论述清末科举制的特征及其弊端。

答：科举制度是封建王朝的选士制度，它采用分科考试的办法选拔人才。科举制度发展到清末，已经日益腐败，失去其应有的功能，越来越不适应社会历史的发展潮流。

(1)清末科举制的特征

①科举考试的步骤更加烦琐，清代科举制度大体因袭明制，然而其考试办法比较前代更为繁杂而周密。正式科举考试仍为乡试、会试、殿试，但在正式科举之前尚有“童试”，这是参加科举考试的前提。考试主要分为以下四个步骤：

a. 第一步称为“童试”，也可说是预备性考试，考生无论年龄大小皆称“儒童”或“童生”，先参加州县级考试，由州县长官主考，通过后称为“生员”，又名“庠生”，俗称“秀才”。

b. 第二步称为“乡试”，是省一级的考试，每三年举行一次，叫“大比”，一般在子、卯、午、酉年举行，因为考期定在农历八月，故又称为“秋闱”。乡试通过者称为“举人”。

c. 第三步称为“会试”，是中央级的考试，由礼部主持，在乡试后的第二年，即丑、辰、未、戌年在京城举行。会试录取后被称为“贡士”。

d. 第四步称为“廷试”或“殿试”，会试之后举行，由皇帝亲自主持。参加殿试的贡士均能获取进士资格，出榜分为三甲：一甲赐进士及第，只有三名(状元、榜眼、探花)；二甲赐进士出身若干名；三甲赐同进士出身若干名。

清代科举考试，除上述正科之外，还曾开设不定期的特科，如“博学鸿词科”“经济特科”“孝廉方正科”等等，名目繁多，不胜枚举。清朝科举考试名义上是为满汉选取官员而设，但实际上满人做官靠特权或单独进行的八旗满蒙翻译考试，科举只是为汉官铺设的一道参加政权的阶梯，所谓八旗满蒙翻译考试，形式类似科举但要求较低。

②采用八股取士，内容空疏、形式僵化，命题更不合理。明清科举考试采用排偶文体，称为“八股文”。它有固定的格式和一系列清规戒律，有不少烦琐而苛刻的要求，专取《四书》《五经》内容命题，内容诠释必须以程朱理学的注释为标准，不得自由发挥。清代考试自小考到会试，试文均重在八股，八股文题必须取之于“四书”“五经”，然而到了清末可出题都已出尽，为了避免士子剿袭成文起见，所以硬编了许多偏题、怪题，甚至把经书上毫无相关的词拼在一起命题作文，考试严格规定文章必以八股为体裁，书写字体必用小楷。

③科举制度的腐败舞弊司空见惯，清末科举考试制度达到了空前腐败的程度，科举制度营私舞弊现象非常严重。许多士子不读书、不作文、不写字，采用各种舞弊手段或干脆出钱买个监生、贡生甚至举人。一般知识分子如果没有靠山、门路，就很难有被录取的希望。在这种情况下，请托、重门第、通关节、贿赂、科场舞弊以及私门谢恩等等名利贪贿之风就公开泛滥起来，这严重地毒害了知识分子的精神面貌，败坏了学校和社会的风气。

(2)清末科举制的弊端

①清末科举制度摧残人才，很难选拔到真才实学之人。清末科举制度订立了一整套非常烦琐的考试步骤和程序，广大出身贫寒的知识分子要想做官，就必须沿着这条道路向上爬。复杂而周密的考试方法使想要以此作为进身之阶的知识分子把一生的宝贵时光都投入到准备和参加科考之中。

②科举考试的内容是八股取士，而且命题冷僻古怪，这使广大士子只能以应付这些形

形色色的题目为务，不仅经世致用之学不能顾及，就是四书五经经义及文史书籍也不能基本弄懂。即使考中科举者，也多无真才实学。

③清末科举制度使学校教育完全沦为科举的附庸，科举考什么，学校教育也跟着注重什么，这使学校教育完全屈从于科举的要求，在学校完全成为科举的预备机关的情况下，科举制度本身的种种缺点和弊端，也就直接影响着学校教育的各个方面。科举考试的内容局限于儒家的几部经典章句，考试方法又注重死记硬背。在这种风气的影响下，学校的教学工作也就重文辞少实学，重记诵不求义理，充满了教条主义、形式主义的恶习。这阻碍了近代自然科学知识和新的教育教学形式的引进，阻碍了中国学校教育的近代化过程。

④科举考试把读书、应考和做官三件事紧密联系起来，科举成了封建知识分子进入官场的阶梯，成为他们取得高官厚禄权势的最好门路。这种人生哲学支配了学校教育，严重影响着一般知识分子的思想。

⑤清末科举制度败坏了社会风气，科举考试的最终取舍权是由封建统治阶级所决定的，录取标准又多少以权势门第为转移，这使科举制度在其最初产生之时就为营私舞弊、贪污受贿打开了大门，而到了清末这种情况愈演愈烈，严重败坏了整个社会的风气。广大士子为了能够被录取，想尽一切办法去打通关节、抄袭作弊，这使得科举考试、整个官场和全社会都弥漫着这样一种贪污腐化之风，对社会的发展极为不利。

3. 分述洋务教育思潮与改良教育思潮主要代表人物(两个以上)的教育主张，进而比较这两种思潮异同，并论述它们对推进中国教育现代化的历史贡献及局限。

答：洋务教育思潮和改良教育思潮都是中国近代的重要教育思潮，对近代中国教育的发展产生了重要的影响。

(1)洋务教育思潮与改良教育思潮的主要代表人物的教育主张

①洋务教育思潮代表人物张之洞的教育主张

洋务教育思潮是19世纪60年代至90年代清朝统治阶级中的洋务派关于教育变革方面的主张，主要代表人物是张之洞。他的教育主张包括以下几方面的内容：

a. 张之洞的基本教育思想是“中学为体，西学为用”，也称“旧学为体，新学为用”，这个思想集中地反映在《劝学篇》中。这一思想，也是洋务教育的中心，以后又成为中国半殖民地半封建教育制度的纲领。

b. “中学为体，西学为用”的基本思想，教育首先要传授中国传统的经史之学，这是一切学问的基础，要放在率先的地位，是学习的主体。然后再学习西方中有用的东西，以补中学的不足，而学为自己所用。张之洞把中学的内容概括为经史子集。西学包括西史、西艺和西政。西史即西方各国历史；西艺、西政，指各国的科学技术及与之相应的管理制度。

c. 西学包括西史、西艺和西政。西史即西方各国历史；西艺、西政，指各国的科学技术及与之相应的管理制度。

②改良教育思潮代表人物康有为的教育主张

改良教育思潮是希望在不触动封建统治基础的前提下，进行自上而下的改革，发展教育，增强国力，康有为和梁启超都是改良教育思潮的主要代表。康有为的教育主张包括以下内容：

a. 他认为历史是变化发展的，中国要实现由封建主义的君主专制制度向资本主义的君主立宪制转化，转化的关键是变法，变法的第一步在教育。他强调教育在国富民强中的重要作用，还认为学习可以改变人的善恶。

b. 他主张变革科举，废除八股，强调要“立废八股”“罢试帖”“勿尚楷法”，以中国文学、策论、外国科学代之。武试要停止弓刀步石及旗兵弓矢，用武备学校培养人才。

c. 他强调兴办学校，建立资产阶级性的教育制度，他认为只有遍设各学，才能才艺足用，达到救国救民的目的。

③改良教育思潮代表人物梁启超的教育思想

a. 梁启超公开批评以八股为中心的科举考试制度，主张创办资产阶级性质的学校。此外，他还主张实行义务教育。

b. 他特别重视儿童教育。他十分赞赏西方的儿童教育，主张为孩子开办新式学校，学习要循序渐进，教育内容要丰富多彩，要合乎儿童年龄特征。

c. 他提倡女学。他认为妇女有了知识，便可就业，各能自养，便可使国强民富。他指出妇女受了教育，可以使家庭和睦，可以教育好子女。

(2)洋务教育思潮与改良教育思潮的异同

①二者的相同之处

洋务教育思潮和改良教育思潮，都非常重视教育对国家富强和个人发展的重要作用，并希望通过教育的改革能达到社会进步的目的。二者都强调在不动摇原有封建统治的基础上，对教育进行变革，二者的教育主张都强调向西方学习，包括开设新学堂，引进西方先进的自然科学知识等方面的内容。

②二者的不同之处

a. 改良教育思潮要求打破封建地主阶级一个阶级的专政，要参与政权，实现君主立宪。为此，他们在思想意识上，努力输入西方资产阶级的伦理道理观念，以西方某些民主观点，来反对封建专制思想，特别是君权思想；洋务教育思潮代表人物张之洞反驳资产阶级改良派对三纲五常的批判，他坚持三纲五常是国君立国、教师立教之最根本的原则，他认为如果放弃三纲五常而提倡民权，社会将大乱。

b. 改良教育思潮主张学习西学，包括西方资产阶级的社会政治学说和自然科学，他们批评“宋学义理”“汉学考据”和“词章”之学，认为这些被封建统治者提倡的“中学”无实无用，只能培养俗儒、鄙夫；洋务教育思潮主张“中学为体，西学为用”，其基本思想仍然是要维护旧学中学。洋务派的“中学”包括中国经学与史学，核心内容则为三纲五常。他们也讲西学，但其含义与资产阶级改良派不同，其内容是西文与西艺，而对西方的政治学说是反对的。

c. 改良教育思潮指出欲救中国，必须开民智，培养人才，这就必须废除八股，改变科举制度，建立资本主义的教育体系；洋务教育思潮虽然也主张兴办新式学校，但其目的在于培养体用兼备的“通儒”，对于资产阶级维新派要培养新政人才，是坚决反对的。

(3)洋务教育思潮与改良教育思潮对推进中国教育现代化的历史贡献及局限

①洋务教育思潮对推进中国教育现代化的历史贡献及局限

a. 洋务派把“中学为体，西学为用”作为办洋务教育的指导思想，这是鸦片战争以来向西方学习的一种教育思潮，是沦为半殖民地的中国走向近代化的教育观。“中学为体，西学为用”，实际上就是传统的经史儒学教育思想，吸取了西方近代的科学技术教育内容和教学手段，引进了“西学”和“西艺”，因此，这是中国传统教育思想的一次大变动，对中国教育史有不可忽视的重大影响。把“西学为用”作为办学宗旨，给僵化的封建传统文化打开了一个缺口，在客观上对封建制度的解体起了一定的促进作用。

b. 洋务教育思潮根本上是要维护当时日益腐朽的封建统治，并希望通过教育改革来达成这一目的，这在当时是不现实的。

②改良教育思潮对推进中国教育现代化的历史贡献及局限

a. 维新派竭力联合社会上层力量，以教育为改革突破口，在文教领域内掀起了声势浩大的维新运动。早期改良派在不触及封建统治的前提下，用和平的方式对旧中国进行自上而下的资产阶级改革。为实现君主立宪，使中国走向资本主义道路，他们就要培养大批掌握西学的政治、经济、军事、文化教育等领域的实用人才。正是基于这样的认识，他们批判科举制度的弊端，积极倡导学习西学，改革书院，设立新型学校，建立新学制等；同时这些也为随之而来的维新教育运动做了思想上的启蒙。

b. 改良教育思潮也是有其一定的历史局限性的，其对民权的要求是有限度的，只是在保留君主的情况下，允许资产阶级参政。他们对三纲五常的批判也不彻底，多数人不敢直接攻击封建纲常伦理，并且往往还会附会古代典籍。

4. 比较中国近代教育的“中体西用”与日本教育的“和魂洋才”之差异。

答：“中体西用”与“和魂洋才”分别是中国和日本对待外来文明总的态度，体现在教育方面尤为显著。洋务派与日本维新派在教育方面都花了较大的力气，然而，起点不同，具体的政策不同，所产生的社会效果相差也很大。

(1)“中体西用”与“和魂洋才”的含义

“中体西用”是指在保存或维护中国古老的精神文明的前提下学习或仿效西方的物质文明。“和魂”即以日本大和民族精神为特征的民族文化，“洋才”即以西方国家文化、科技为特征的现代西方文化。简言之，就是东洋精神、西洋技术。

(2)“中体西用”与“和魂洋才”在教育上的差异

尽管中日两国当时提出了类似观点，但具体贯彻在教育上却有着差别。“和魂洋才”与“中体西用”之间的差异具体表现在：

①“中体西用”中，“中体”和“西用”在本末、主辅、重轻地位上是不同的，“中学其本也，西学其末也，主以中学，辅以西学”；而在“和魂洋才”中，“和魂”与“洋才”二者处于平等地位。

②“中体西用”只局限于引进西方技术器物；“和魂洋才”能兼取西方文化器物及制度。

③“中体西用”意在“护体”；而“和魂洋才”意在“变体”。

④“中体西用”是一种文化道德论，强调文化的优越性和正统性；“和魂洋才”是一种民族血统论，强调民族的优越性和正统性，主张应当区别文化和民族两个概念。

⑤“中学为体”之“体”为中国传统精神文化与制度文化共同体；“和魂洋才”的内涵是日本传统精神文化与西方近代物质文化的结合，它相当于西方“资本主义精神加近代科学技术”。

⑥二者在对待西方与本国社会制度上的态度不同。日本认同并吸收西方的资本主义制

度，废除本国的封建制度；中国则拒斥西方的资本主义制度，维护本国的封建制度。

(3)“中体西用”与“和魂洋才”不同的历史作用

因为以上种种差异，才导致两种不同的结果，在两国历史发展中起到了不同的历史作用：中国的洋务运动半途而废，戊戌变法以失败告终，最终使中国陷入了半边缘化和衰败化深渊；日本的明治维新则获得成功，成功地抵制了边缘化趋势并发展为独立的工业国。

第11章　维新运动到清末新政时期的教育

11.1　复习笔记

【知识框架（庖丁解牛）】

维新运动到清末新政时期的教育
- 维新教育的渐次推进
- 维新代表人物的教育思想
  - 康有为的教育思想
  - 梁启超的教育思想
  - 严复的教育思想
- 清末新政下的教育改革
  - 清末学制的建立
  - 废科举、兴学堂
  - 改革教育行政体制，厘订教育宗旨
  - 留学教育的勃兴
- 资产阶级革命派的教育思想和实践

【考点剖析与拓展（游刃有余）】

考点一、维新教育的渐次推进

表11－1　维新教育的渐次推进

要点	具体内容
早期改良派的教育主张	①全面学习西学。早期改良派认为国家要自强，要赶上先进的资本主义国家，首先要培养出有用的人才，因此必须向西方学习。这个观点突破了民族文化本位观念，具有进步性。 ②改革科举制度。早期改良派认识到国家衰败的根本原因应是八股取士制度导致的人才衰竭，于是提出内政、外交、军事、文化教育全面改革。他们抨击科举制度，要求改革科举考试内容，废除八股文及试帖楷法。 ③建立近代学制。郑观应是国内最早将培养新型人才与设立学校联系起来的人，仿照西方提出了改造中国的旧教育体制和建立各级新型学校的设想，颁定各级学校教育制度；设立各种实业学校。他的观点反映了早期改良派要求系统地改革封建教育体制的思想，也远远超出了洋务派教育实践的水平，克服了洋务学堂孤立、分散和应急性的特点。 ④倡导女子教育。在近代西方男女平权观念的影响下，早期改良派非常关注女子的社会地位，陈虬、郑观应等人是中国近代教育史上女子教育的最早倡导者。他们针对封建礼教对妇女身心的摧残进行了深刻批评，反对妇女缠足，驳斥“女子无才便是德”的陈腐观念，要求解放妇女，并介绍了西方的女子教育。但他们主张将妇女培养成“佐子相夫”“三从四德”的贤妻良母为其教育目的却是不可取的

续表

要点	具体内容
维新教育实践	①兴办学堂。把兴办学堂培养维新人才作为推动维新运动的重要手段，兴建学校以培养具有维新变法的坚强意志，又通晓中外古今的广博知识和治理国家的专门人才。其中著名的学堂有“万木草堂”“时务学堂”“经正女学”“通艺学堂”。 ②兴办学会与发行报刊。通过创办学会和发行报刊来宣传维新思想，例如《万国公报》《强学报》《时务报》等
百日维新中的教育改革	①设立京师大学堂。京师大学堂教育原则为“中学为体，西学为用”。这不仅是全国最高学府，也是全国最高教育行政机关，还在中央设置专职教育行政官吏。这标志着我国近代高等教育进入了新阶段。 ②废除八股考试，改革科举制度。光绪帝废除八股文，改设经济特科，以选拔维新人才，加强了科举和现实的联系。 ③实力讲求西学，普遍建立新式学堂。清政府下令全国书院改为学堂，兼学中西学，教材由官方颁行
意义	百日维新中的教育改革措施，反映了资产阶级维新派的主张和愿望，对封建传统教育产生了强大冲击，虽以失败告终，但对于促进思想解放起到了积极作用

考点二、维新代表人物的教育思想

维新代表人物学习西方文化、科学技术和经营管理制度，发展资本主义，建立君主立宪政体，意图拯救民族危亡，使国家富强起来。

1. 康有为的教育思想

康有为，广东南海县人，原名祖诒，字广厦，号长素，人称南海先生。他是中国近代著名思想家、教育家、戊戌变法的领导人，是我国近代史上向西方寻求真理的先进人物之一。但是在戊戌变法失败后，他却并未跟上时代步伐，逐步堕落为保皇派。

表 11－2　康有为的教育思想

要点		主要内容
维新运动中的教育改革主张		①废八股，改策论。要求普遍开设新式学校，然后废除科举。 ②办学校，学西学。倡导建立相衔接的学校体系，并改变传统的教育内容，重视外语和实用学科，培养新型人才。 ③派游学、译西书。康有为认为只有广译西书，方可了解西方国家的政治、文化和科技情况，并提倡出国游学。该项主张对以后留学制度的建立产生了一定程度的影响。 ④倡平等、重女教。康有为从资产阶级民主主义出发，主张男女平等，妇女解放，认为妇女与男子都应享有同等的受教育权利，这在当时束缚妇女的中国是难能可贵的
《大同书》中的教育理想	观点	《大同书》是康有为的代表作之一，创造性地描绘了一幅“大同”社会的蓝图 ①理想的社会：人人平等、教育普及、废除私有制和等级制。 ②理想的学制体系：包括人本院、育婴院、慈幼院、小学院、中学院、大学院。 ③理想的教育：“公养”“公教”；重视学龄前教育；男女教育平等；对儿童实行德、智、体、美诸方面的教育等
	评价	康有为《大同书》中教育理想的观念背景，是中国传统的大同思想和近代空想社会主义的综合体，带有明显的未来乌托邦色彩

2. 梁启超的教育思想

梁启超，广东新会人，字卓如，号任公，又号饮冰室主人。梁启超是康有为的弟子，深受康有为维新变法思想的影响，在“百日维新”期间，力助康有为倡行新法新政，并提出许多先进和新颖的主张。

表 11－3 梁启超的教育思想

要点	具体内容	
教育作用和宗旨	①教育作用：认为国势强弱随人民的教育程度而转移，明确地将“开民智”与“兴民权”联系起来。 ②教育宗旨：培养“新民”，即具有资产阶级政治信仰、思想观念、道德修养和适应资本主义社会生活的知识技能的新国民	
维新运动时期的教育改革主张	变科举，兴学校	甲午战争后不久，梁启超即提出了变科举、兴学校的系统主张，设计了一种将科举合并于学校，实际上是废科举兴学校的方案
	倡导师范教育	①简介：梁启超在《时务报》上发表《变法通议・论师范》一文，专门论述了师范教育问题，这是中国近代教育史上首次专门论述师范教育的文章。 ②主张：参照日本并结合中国的国情设置师范学堂，强调对教师进行专门培养，“师范学校立，而群学之基悉定”。 ③目的：希望通过广设师范学校，统一课程设置，培养一批在知识结构和思想观念上都符合维新要求的新教师，推动维新教育活动的全面开展
	倡导女子教育	①简介：梁启超在《变法通议・论女学》中系统论述了女子教育问题，从女子自养自立、成才成德、教育子女、实施文明胎教等方面揭示了女子教育的必要性。 ②主张：认为接受教育是女子的天赋权利，也是男女平等的保障，提出女子有耐心、喜静、心细等特点，与男子相比，各有所长，可以相互补充，中国应充分开发和利用女性这一巨大的人才资源
	改革儿童教育	①简介：梁启超在《变法通议・论幼学》中倡导对儿童教育进行改革。 ②主张：要求为孩子办新式学校，学习要循序渐进，内容应丰富多彩，要合乎儿童年龄特征；建议中国应从编写儿童教学用书入手对儿童教育进行改革，同时反对体罚，强调减少课时，充分开展有益于儿童身心发展的课外活动，如游戏、体育、音乐等
介绍西方学制，指点教育新政	论学校教育制度	①简介：梁启超在《教育政策私议》中阐述了关于学校制度和义务教育的主张。 ②主张：建议模仿日本的学校制度，按照儿童的身心发展特点，建立中国的教育制度，还提议设立“政治学院”，以培养变法人才，适应变法之需。 ③评价：根据学生身心发展的阶段性特征来确定学制的不同阶段和年限是近代西方教育心理研究的成果，梁启超是中国近代最早系统介绍和倡导这一理论的人
	论教育经费	梁启超还通过对日、德、英、法等国教育经费制度的介绍分析，归结出这些国家在义务教育阶段的经费筹措原则，建议清政府通过税收或者村镇自筹来普及教育
评价	梁启超在维新变法和清末新政前期提出的许多教育改革建议多汲取了西方教育的新知学理，措施具体而观点新颖，在中国教育近代化发展的许多方面起到了思想先导的作用	

3. 严复的教育思想

严复，字又陵，又字几道，福建侯官人，翻译赫胥黎的《天演论》，首次把进化论的思想传播到中国，提倡“物竞天择”，“适者生存”，“优胜劣汰”。其在教育方面的主要著作有《原强》《救亡决论》《西学通门径功用说》《与外交报主人论教育书》《论教育与国家的关系》等。

表 11－4　严复的教育思想

要点	具体内容
培养德、智、体兼备的真国民	①认为一个国家的强弱，取决于国家的民力强弱、民智高下和民德的好坏，要以新的德、智、体三育武装国民，取代以儒学为中心的封建时代的教育。他是中国近代从德、智、体三要素出发构建教育目标模式的第一人。 ②在《原强》中首次阐发了“三育论”，即“鼓民力”“开民智”“新民德”，要求废缠足、禁鸦片、改科举、培养自由民主平等的人格道德观
指摘八股考试，比较中西学风	①认为智育处于基础地位，也是救亡图存的突破口和当务之急，而在八股考试主导下的封建教育有三大弊端：“锢智慧”“坏心术”和“滋游手”，这不仅不能启迪人的智慧，反而“适足以破坏人才”。 ②批判传统学风和近代科学精神格格不入，不利于西学传播；提倡翻译西书，通过思维训练的方式来改变这一学风
“体用一致”的文化教育观	①通过中西文化的比较，明确肯定了西方文化的先进性和优越性，倡导对西方的自然科学和社会政治学说要一体学习。 ②“体用一致”思想虽然表现为“全盘西化”和西学自成体用的倾向，但在当时多数人都故步自封的情况下，是具有历史意义的
评价	严复是维新派中绝无仅有的一位学贯中西的人物。他的论述都能从中西文化比较的角度进行深入的分析，从历史演变的规律和学理上进行阐述。因此其“德智体三育论”和“体用一致”的文化教育观等都具有较强的系统性并初具理论形态

考点三、清末新政下的教育改革

1. 清末学制的建立

表 11－5　清末学制的建立

要点	具体内容	
“壬寅学制”与“癸卯学制”	“壬寅学制”	①简介：即《钦定学堂章程》，由管学大臣张百熙主持拟定，这是中国近代第一个以中央政府名义制定的全国性学制系统。 ②内容：具体规定了各级各类学堂的性质、培养目标、入学条件、在学年限、课程设置和相互衔接关系。 ③实施情况：并未真正实施
	“癸卯学制”	①简介：即《奏定学堂章程》，由张百熙、荣庆、张之洞主持重新拟订，这是中国近代由中央政府颁布并首次得到施行的全国性法定学制系统，较“壬寅学制”更为系统详备。 ②内容：癸卯学制分为三段七级：初等教育共三级 13 年；中等教育一级 5 年；高等教育共三级 11～12 年。除直系各学堂外，另有师范教育及实业教育两个系统。 ③实施情况：颁行后真正实施

续表

要点	具体内容
清末学制的半资本主义半封建性	①性质： a. 半资本主义性质：清末学制直接参考了日本学制，间接吸纳了欧美的学制，反映了近代资本主义教育的诸多特点，例如：三级学制结构；对教育普及性的要求；德、智、体协调发展的“三育”模式；重视实业和师范教育；将分年课程规划、班级授课制作为基本的教学组织形式等等。 b. 半封建性质：在课程设置上，传统的中国经学教育内容仍占很大比重；延续时间过长，总计30年之久；学校管理上具有浓厚的封建性；仍没有女子教育的位置。 ②评价： a. 清末学制的制订是中国近代学习西方教育的系统性成果，是近代中国教育改革的承前启后之作，在中国教育近代化发展中具有标志性意义。 b. 清末学制包含了资本主义和封建性因素，是传统和近代的综合产物
清末学制的补充与修正	根据形势的发展和实施中的问题，癸卯学制颁布后又做过一些补充和修正，影响较大的有： ①在学制中开放了“女禁”。 ②规定民间初等小学堂课程和年限可适当删减，灵活变通，有助于扩大教育的对象和范围，促进了新式学堂的发展。 ③1909年对中学制度进行调整，实行文、实分科，课程各有侧重

2. 废科举、兴学堂

(1)科举制度从改革到废除共分为三个步骤：

①第一步是改革科举内容。

②第二步是递减科举中额。

③第三步是完全废止科举。1905年8月，清廷下诏“立停科举以广学校”。乡试、会试一律停考，各省岁科考试也随即停。至此，实行了1300年的科举制度终告废止。

(2)科举废除，意味着由封建王朝扶植的“学而优则仕”的传统教育体系的彻底崩溃，旧式学校或消亡、或改制，而对新兴的近代教育事业来说，则意味着消除了最大的障碍，各地纷纷开始兴学，出现了中国近代史上难得的兴办新学的热潮。

3. 改革教育行政体制，厘订教育宗旨

(1)1905年清政府效仿日本，正式建立学部作为中央教育行政机构，各省设提学使司统辖全省学务，后在各厅、州、县建立劝学所，地方官员管理学务并派专人视学。由此，从中央到基层的教育行政体制遂告建立。

(2)1906年，清政府正式确定以“忠君，尊孔，尚公，尚武，尚实”为教育宗旨，体现了“中体西用”精神。这是中国近代第一个正式颁布的教育宗旨。宗旨强调维护君主专制制度和儒家礼教，以及国家本位的德、智、体三育，体现了封建教育的根本性质。

4. 留学教育的勃兴

表11-6 留学教育的勃兴

要点	具体内容
留日高潮的兴起	①留日原因： a. 甲午中日战败的刺激。

续表

要点	具体内容
留日高潮的兴起	b. 日本路近费省。 c. 中日文字接近易于通晓，风俗习惯近似于中国。 d. 科举制废除，知识分子要寻找新的出路。 ②评价：清末留日归国学生虽然在输入近代西方科技方面整体层次不高，但他们充实了新式学堂的师资，壮大了实业技术人才的队伍，翻译了大量日文西学书籍，较广泛地传播了资本主义思想观念；特别是以留日学生为骨干形成了资产阶级革命派群体，促成了辛亥革命的爆发，对中国近代社会的变革产生了重大影响
“庚款兴学”与留学潮的转向	①概况： a. 1901 年《辛丑条约》规定中国付各国战争赔款本息共计白银 9 亿多两，分 39 年还清，史称“庚子赔款”。 b. 1908 年，美国国会通过议案，决定从 1909 年起，将美国所得庚子赔款的一部分以“先赔后退”的方式退还给中国，并和中国政府达成默契，以所退庚款发展留美教育。美国的这一举动后来被部分相关国家仿效，这就是所谓的“庚款兴学”，或称“退款兴学”。 c. 为了实施庚款留美计划，中国政府专门拟定了《遣派留美学生办法大纲》，规定在华盛顿设立“游美学生监督处”作为管理中国留美学生的机构，在北京设立“游美学务处”，负责留美学生的考选派遣事宜，并筹建留美预备学校——清华学堂。 ②影响：通过“退款兴学”，美国确实达到了“把中国的留学潮流引向美国”的目的，1909 年之后，留美人数逐年增加，中国留学生的流向结构从此发生了重大变化

考点四、资产阶级革命派的教育思想和实践

戊戌变法的失败和八国联军的入侵，使许多人对清政府由失望转变为反对，反清情绪日增，革命声势日涨，革命逐步代替改良而成为时代的主流。资产阶级革命派也通过开展各种形式的革命宣传和革命教育活动，推动了革命形势的发展。

表 11－7　资产阶级革命派的教育思想和实践

要点	具体内容
批判封建教育	①资产阶级革命派批判封建文化，抨击封建专制主义教育是奴隶教育。 ②这一观点尽管有潜在的偏颇性，但对引导人们认清封建教育的本质，具有振聋发聩的作用，将近代思想启蒙的进程推进到了一个新的境界
革命与改良政治之争中的教育定位	①改良派的观点：改良派主张教育救国，认为当务之急是发展教育，开通民智，提高人民的文化程度和素质水平。至于国家政体则转向君主立宪，通过渐进改良的方式最终实现民主共和。 ②革命派的观点：革命派主张革命救国，教育是革命的工具，认为改造中国的第一步只有革命，先以革命的方式推翻专制腐败的清政府，建立起民主共和国，才能谈得上发展教育和其他事业
开展革命教育活动	资产阶级革命派开展的革命教育活动形式多样，如创办报纸杂志，印发革命书报，面向整个社会宣传革命思想；同时，还亲自创办学校和成立学会，例如中国教育会、爱国女校、爱国学社和大通师范学堂，成为宣传革命道理、培养革命骨干的重要阵地

11.2 课后习题详解

1. 概述维新教育的发展过程和基本内容，它对中国教育近代化发展有何历史意义?

答：19世纪60年代以后，随着“西学东渐”的深入和近代资本主义工商业的产生和发展，一部分地主、商人、官僚开始向资产阶级转化，成为民族资产阶级的前身。这批具有初步资本主义思想的知识分子，要求改革现状、发展资本主义，形成了早期的资产阶级改良思潮。以及后来应用西方思想进行维新运动，并用这种思想指导实践改革活动的维新派，他们在对社会的改良过程中也触及教育领域。

(1)维新教育的发展过程和基本内容

维新教育的发展过程包括三个主要阶段，即早期改良派阶段、维新教育实践阶段以及维新变法时期，在每个阶段都独立提出自己的教育思想，并付诸实践。其基本内容主要表现在以下几个方面：

①早期改良派

维新教育总的特点是渐次推进的，以薛福成、郑观应、马建忠等为代表的早期改良派在改革封建传统教育制度，培养新型人才上提出了一系列的主张，实现整体改革方案，主张全面学习西方、改革科举制度、建立近代学制、倡导女子教育等。

②维新教育实践

维新派认为中国国困民穷的根本原因在于其教育陈腐，学术落后，他们认为改革教育、培养新式人才是实现变法维新的基础和前提。主要措施包括：兴办学堂，一类是维新运动的代表人物为培养维新骨干、传播维新思想而设立的学堂，另一类学堂是在办学类型与模式、招生对象、教学内容等某个或某些方面对洋务办学观念有所突破，领风气之先的学堂；兴办学会与发行报刊，维新派还通过创办各种学会和发行报刊来宣传维新思想，主要有《万国公报》《强学报》《时务报》等。

③维新变法运动

维新变法针对教育方面采取了一系列的措施，如设立京师大学堂，对大学堂的性质、办学宗旨、课程、入学条件、学成出身、教习聘用、机构设置、经费筹措及使用都做了详细规定；废除八股考试、改革科举制度，设立经济特科，以选拔维新人才；讲求学习西学，普遍建立新式学堂，计划设立铁路、农务、茶务、蚕桑等实业学堂，广派人员出国游学游历，设立译书局和编译学堂，奖励开设报馆，开放言论，书籍、报纸免税等。

(2)维新教育的历史意义

①戊戌维新运动时期，维新派开设报馆、创办学会、兴办学堂，从舆论和实践两个方面入手，传播维新变法思想，唤起了人们改革社会的热情，扩大了教育面，使人民从封建思想的桎梏中解放出来，起到了开民智、新民德的作用，为维新变法运动提供了思想准备和人才准备。

②百日维新期间，还计划建立译书局、编译局，编译外国教科书及其他书籍，并鼓励自由设立报馆、著书、发明创造、开放言论等。对于发展留学教育也采取了进一步的措施，令各省督抚，选拔学堂中有志深造的聪颖子弟，派赴日本等国游学。这些除旧布新的举措，对当时的教育改革乃至社会进步都有一定的促进作用。但是，百日维新中那种“人人谈时

务，家家言西学”的局面，激荡起一股思想解放的潮流，放眼世界，渴求新知，已成为不可遏止的士林风尚。

2．分析康有为、梁启超、严复等维新代表人物的教育思想及整体特征。

答：维新代表人物学习西方文化、科学技术和经营管理制度，发展资本主义，建立君主立宪政体，使国家富强。

(1)康有为、梁启超、严复各自的教育思想

①康有为的教育思想

康有为对教育改革的迫切愿望源于对教育作用的认识。他主张通过维新变法、改革社会来挽救民族危亡。在其维新变法活动中，教育活动占有重要位置，他主张改革科举制度、废除八股、兴办学校、培育新人、倡学西学等。针对每一阶段提出不同的学习任务和教育内容，倡导“公养”“公教”，每个社会成员都有权享受教育，皆为公费；重视学龄前教育；主张男女教育平等；指出对儿童应实行德、智、体、美诸方面的教育等。康有为创造性地描绘了一幅“大同”社会的蓝图，体现大同世界人人平等，教育普及，施教合理，使人健康发展的远景，在当时给人以耳目一新的感觉，对传统封建教育是一个很大的冲击。

②梁启超的教育思想

梁启超明确地将“开民智”与“兴民权”联系起来，为“兴民权”而“开民智”。教育应以培养“新民”为目标，而“新民”必须具有新道德、新思想、新精神、新的特性和品质，应具有自动、自主、自治、自立的品质，融民族性、现代性和开放性于一体。梁启超主张以新的学校体系代替科举制度，提出中国学制模仿日本的学校制度，根据儿童的身心发展特点，把教育划分为四个阶段。此外，在女子教育、儿童教育、师范教育上也提出了很多有意义的建议。

③严复的教育思想

严复主张用三育救国：“一曰鼓民力，二曰开民智，三曰新民德”。以新的德、智、体三育武装国民　取代以儒学为中心的封建时代的教育，而这三育是统一的，相互联系不可偏废的。他极力提倡学新学，即西方的自然科学和社会科学，不同意“中体西用”之说，主张体用一致，含有全面学习西方之意。严复主张改革中国旧教育，建立新的教育制度，认为新的教育体系包括：蒙养学堂、中学、高等学堂预备科、留学、师范学堂等。

(2)教育思想的整体特征

康有为、梁启超、严复虽然提出自己的思想体系，各具有其特色，但也具有一些共同点，他们所具有的整体特征主要表现在：

①在思想意识上，努力输入西方资产阶级的伦理道德观念，以西方某些民主观点，来反对封建专制思想，特别是君权思想。不过，资产阶级维新派对民权的要求是有限度的，是要求在保留君主的情况下，允许资产阶级参政；他们反对三纲五常也并不彻底，多数人还不敢直接攻击封建纲常伦理。

②主张学习西学，包括西方资产阶级的社会政治学说和自然科学；批评“宋学义理”“汉学考据”和‘词章”之学，认为这些被封建统治者提倡的“中学”无实无用，只能培养俗儒、鄙夫。

③认为欲救中国，必须开民智，培养人才，这就必须废除八股，改变科举制度，建立

资本主义的教育体系。他们按照资本主义教育制度，提出了在中国建立学校体系的主张，对于改革封建官学、私学、书院等也都提出了具体的建议。

3. 清末新政教育改革的基本内容有哪些？请评价其历史地位。

答：(1)清末新政教育改革的基本内容

①建立学制系统

清末学制系统始于《钦定学堂章程》，成于《奏定学堂章程》。其过程及内容具体为

a. 壬寅学制。1902年，管学大臣张百熙主持拟定了一系列学制系统文件，统称《钦定学堂章程》。因该年为壬寅年，又称“壬寅学制”。从形式上看，它已经形成比较完备的学校体系，这是中国近代第一个以中央政府名义制定的全国性学制系统。“壬寅学制”公布后未及实行，很快被“癸卯学制”所取代。

b. 癸卯学制。1904年1月，颁布了张百熙、荣庆、张之洞主持重新拟订的《奏定学堂章程》，这是中国近代由中央政府颁布并首次得到施行的全国性法定学制系统，较“壬寅学制”更为系统详备。

第一，纵的方面：把整个学程分为三段七级。第一段为初等教育，分蒙养院四年，初等小学五年，高等小学四年，共三级十三年；第二段为中等教育，仅设中学堂一级，五年；第三阶段为高等教育，分高等学堂三年，分科大学堂三年到四年，通儒院五年。共三级十一年到十二年。

第二，横的方面：除直系各学堂外，另有师范教育及实业教育两个系统。按照这一学制规定，儿童从七岁入学到通儒院毕业，长达二十几年，毕业时已过而立之年，即使不将通儒院计算在内，学龄也长达二十一年，这是我国历史上最长的学制。横的方面除直系各学堂外，另有师范教育及实业教育两个系统。

第三，完善：

由于在实施过程中出现了困难与挑战，加上形势的变化，随后又对“癸卯学制”进行了一定的完善，主要内容有：在学制中开放了“女禁”，后又颁布《女子小学堂章程》和《女子师范学堂章程》，规定女子比男子修业期限缩短一年。1909年5月15日，学部奏准变通中学课程，全科可删课程，简易科可缩短年限。1909年，学部奏请实施中学“文实分科”，这可以说是开近代以来中学文理分科改革和争议之端。

②废科举、兴学堂

科举制度的废除大致经过以下三个阶段：

a. 废八股，改试策论。

b. 递减科举取士名额。义和团运动之后，清政府的一些官员和封疆大吏纷纷要求递减科举取士名额。

c. 废罢科举。清政府迫于形势，在光绪三十一年(1905年)八月，颁诏天下：“自丙午科为始，所有乡会试一律停止，各省岁科考试亦即停止。”至此，自隋朝开始的科举取士制度，运行一千三百年后，寿终正寝。中国旧教育制度在形式上完全结束，新的教育制度得以建立。中国教育由此进入了一个新的发展阶段。

③改革教育行政体制，厘订教育宗旨

a. 科举制度废除以前，清朝的中央教育行政工作是由礼部主持的，但礼部并不是管理

教育的专门机构。自 1862 年同文馆建立之后，新式学堂逐渐增多，1898 年，开办京师大学堂，规定大学堂管理各省学堂，派孙家鼐具体负责，此为中国新教育行政管理之滥觞。1901 年特设管学大臣，管学大臣既是京师大学堂的校长，又是全国教育行政长官。1903 年张之洞奏请专设总理学务大臣，管理全国的教育，京师大学堂另设总监督。为保证教育宗旨的贯彻、学制颁布后兴学政策的落实和新学校教育制度的实施，加强教育管理，清政府又进一步对教育行政体制进行了改革。1906 年，清政府撤销各省提督学政，撤销学务处或学校司等省级教育行政机构，各省改设提学使司，专管全省教育事务，设提学使一员，下设总务、专门、普通、实业、会计和图书六课，还设省视学员。同时，在府厅州县设立劝学所，作为教育行政机关，设总管一人。自此，从中央到基层的教育行政体制遂告建立。

b. 1906 年，为形势所需，学部制定了“忠君、尊孔、尚公、尚武、尚实”的五项教育宗旨。前两项意在维护帝制政体，并以中国的封建伦理道德去反对各种民权学说；后三项注意到了近代实业发展的需求，强调培养国民具备维护封建国家的公共心，并增强封建国家的实力。这实际上是典型的“中体西用”，与《奏定学堂章程》所定宗旨是一脉相承的。

④留学教育的勃兴

a. 中国真正开始大规模引进或传入西方教育学说与思想，是在甲午战争以后，而且主要是以日本为主。1898 年 8 月 2 日，清光绪帝发布上谕：“现在讲求新学，风气大开，惟百闻不如一见，自以派人出洋游学为要。至游学之国，西洋不如东洋。诚以路近费省，文字相近，易于通晓，且一切西书均经日本择要翻译，刊有定本，何患不事半功倍。”这样，优先向日本派遣留学人员就作为政策确定下来，一时间留学日本的人员激增。

b. 1900 年，八国联军入侵中国，次年签订《辛丑条约》，根据规定，中国赔付给相关十四国军费、损失及各国公共杂费等，共计白银四亿五千万两，分为 39 年还清。因为这一年是中国的庚子年，因而又称“庚子赔款”。然而，庚子赔款并未按照规定交付。1908 年美国国会通过法令，同意将部分中国交付美国的庚子赔款退还，此款为中国做兴学专款，专项支付中国派遣留学生赴美大学深造，此后俄、日、法等国相继退还或放弃庚子赔款。“退款兴学”帮助美国达到了吸引中国留学生的目的，从 1909 年之后，留美热潮逐渐形成，中国留学生的流向结构发生了重大的变化。

(2)历史地位评价

清末新政是 20 世纪中国社会现代化的重要一步，清政府在考试制度、教育体制、行政机构等方面实施改革，无疑推动了中国教育制度的现代化进程。但同时，其改革宗旨和目的在一定程度上并未摆脱封建传统，展现出了半资本主义半封建的性质，包含了资本主义和封建性因素，是传统性和近代性的综合产物。

4. 如何认识清末学制的性质和特点？

答：(1)清末学制的性质

清末学制以壬寅学制和癸卯学制为代表，具有半资本主义半封建性质，是传统性和近代性结合的产物。

(2)清末学制的特点

①壬寅学制

这是中国近代第一个以中央政府名义制定的全国性学制系统，具体规定了各级各类学堂的性质、培养目标，入学条件、在学年限、课程设置和相互衔接关系。壬寅学制虽经正式公布，但并未实行。

②癸卯学制

这是中国近代教育史上第二个颁布并第一次在全国实行的新学制。这一学制的建立与实行改变了中国长期封建式的官学、私学、书院等学校形式，为中国现代式的学校制度奠定了基础。但是由于中国处于半殖民地半封建的社会条件下，加之整个学制改革是在“中学为体，西学为用”指导思想下进行的，所以这个学制形式上已披上资本主义的外衣，但实质上却受着封建思想的支配。整个学制，几乎完全是抄袭日本的学制，表现出明显的半殖民地半封建性：a. 具有封建性。在学制的教育宗旨中规定：“无论何种学堂，均以忠孝为本，以中国经史之学为基。”强调以封建伦理道德为学生最基本的素质，将培养学生对封建王朝的效忠为首要任务。在教学内容中，各级学校里经学占很大比例，例如在高小阶段，读经时间占总课时数的1/3，在中学占1/4，大学则设有经学科。b. 暗含封建等级性。这个学制从表面上看，取消了门第等级的限制，但却在《奏定大学堂章程》关于录取学生条件中规定：“凡已准入学之学生，须觅同乡京官为保人，出具确实具保印结，京堂翰林御史部属皆可，不必据是部属。但京城学堂常有保人在京，外省学堂须常有保人在省。”实际上，一般老百姓很少有人能找到在京或在省为官的保人的，这样的条件是对老百姓的苛刻要求，是实质上的不平等，暗含着严重的封建等级性。c. 整个教育系统将女子教育排斥在学校教育之外，这一学制具有“男尊女卑”的封建意识。

5. 从文化教育因素出发，分析资产阶级革命派教育活动产生的条件。

答：19世纪末，戊戌变法的失败和八国联军的入侵，使得对清政府抱有希望的人们转为失望，同时也开始意识到，将中国的命运和前途寄托于腐朽堕落的清政府是不切实际的，因而，反清情绪开始不断高涨，革命逐步代替改良成为时代的主流。而这样一股革命浪潮也大大地影响了文化教育事业，对文化教育提出了新的要求，同时文化教育也成为宣传革命思想、培养革命志士的重要途径。资产阶级革命派教育活动产生的条件主要有：

(1)封建教育体制仍然是比较完整的，从上到下，从中央到地方，为封建社会制度服务，其目标就是培养驯服的奴隶，对人民实行奴化教育，激起了革命派的反对和反抗，希望推翻这个旧有的封建教育体制，建立新的资产阶级教育体制。

(2)封建的“纲常名教”作为封建教育的重要内容，是维持奴隶教育的教科书，也是资产阶级革命派抨击封建专制教育的主要目标。他们认为，封建礼教是束缚人们思想的精神枷锁，是对人性的残暴践踏。针对封建思想体制，革命派提出应该推翻封建礼教的束缚，解放人身自由和思想自由。

(3)资产阶级自由、民主思想的传播，从天赋人权思想出发，指出封建礼教制度是对人性的残暴践踏和人身自由的巨大束缚，西方资产阶级思想对国民的启蒙，以及国民思想的解放，为其准备了民众基础。

(4)在对国家所走的道路上，资产阶级革命派和改良派思想进行争辩，孙中山在《〈民报〉发刊词》中正式提出民族、民权、民生三大主义，揭示了革命的方向，促进了思想的自由和解放，为资产阶级革命派活动提供了思想基础和理论指导。

(5)资产阶级革命派虽然否定了资产阶级改良派教育救国的主张，但是，他们仍然强调教育对于革命的意义，提出了革命与教育并行的观点，以革命的教育来动员群众参加政治活动。因此，他们努力提倡广兴学堂，普及教育，并积极创办新型学校。

正是由于以上一些文化教育因素的作用，资产阶级革命派的教育活动轰轰烈烈地展开，并取得了许多成就，在教育史上写上了浓重的一笔。

11.3　考研真题与典型题详解

一、概念题

1. 时务学堂[北京师范大学 2018 年研]

答：时务学堂是清末戊戌变法运动期间，维新派最早一批建立的新式学校。1897 年 1 月，在谭嗣同的推动下，由岳麓书院山长王先谦领衔正式呈报立案、湖南巡抚陈宝箴批准在长沙创办，当年 11 月开学。聘梁启超为中文总教习，李维格为西文总教习。在教学方法等方面，以经世致用，中西结合教育学生。培养了蔡锷、范源濂(后任中华民国教育部长)等高材生。

2. 癸卯学制[海南师范大学 2023 年研]

答：癸卯学制是中国近代由国家颁布的第二个规定学制系统的文件。清管学大臣张百熙和荣庆、张之洞拟定。1904 年 1 月(清光绪二十九年十一月)清政府颁布了《奏定学堂章程》，史称“癸卯学制”，规定了各级各类学堂的目标、年限、入学条件、课程设置及相互衔接关系。癸卯学制从纵的方面可分三段七级，儿童从 7 岁入学到通儒院毕业，全部学习时间共 25 ~ 26 年。其中，小学教育 9 年(包括初等小学堂 5 年、高等小学堂 4 年两级)；中学堂 5 年(一级)；高等教育 11 ~ 12 年(包括高等学堂或大学预科 3 年、分科大学堂 3 ~ 4 年、通儒院 5 年三级)。横的方面有师范学堂和实业学堂。师范学堂分为初级和优级；实业学堂分为初等、中等、高等。此外，还设有实业补习普通学堂和艺徒学堂及译学馆。该学制突出体现了“中学为体，西学为用”的思想，其实业学堂和师范学堂各自成系统，增加了幼儿教育机构，系统更周密完备，对以后学制的组织形式影响较大。癸卯学制虽然具有资本主义教育的形式，但并没有脱离封建教育的精神。而且这个学制从学校体系、课程设置、教育行政组织都抄自国外(主要是日本)，不符合中国实际，并特别重视外语教学，所以它又具有半殖民地教育的特性。

3. 万木草堂

答：万木草堂是戊戌维新运动的主要领导者康有为于 1891 年在广州长兴里创设的一座新式学堂，是他讲学的场所。万木草堂是一所由旧式书院向新式学堂过渡的学校。办学宗旨是培养兼通中西学说，德智体多方面发展的人才。康有为著有《长兴学记》作为学规。他对教学内容和形式进行了改革，开设义理之学、考据之学、经世之学和文字之学四种课程。学生除听讲外，主要靠总结读书、写笔记、记功课簿，每半月呈交一次。康有为对功课簿反映的问题或做批示、或讲解，引导学生学习。康有为自任总教授，另从学生中选出若干名高材生作为学长，带领学生读书。还要求学生练习演说、做体操和假期“游历”。康有为在万木草堂宣传维新思想，培养和造就了大批变法维新骨干，如梁启超、麦孟华、徐勤等人，他们都成为戊戌变法中的重要人物。随着戊戌变法的失败，康有为逃亡日本，万木草堂于1898年9月被清政府查封停办。

4.《大同书》

答：《大同书》是康有为在晚年出版的一部向西方寻求真理的代表作，全书约20万字，共30卷，分为10部。在书中，康有为构造了一个大同式的社会理想蓝图，没有国家、没有阶级、没有家庭，全世界人类尽为平等，是一个具有高度物质文明、精神文明的社会。在大同社会中，设“育婴院”“小学院”“中学院”“大学院”，分阶段进行教育，男女平等接受教育。全书从大同社会的政治原则、经济基础、社会结构以至社会道德风尚等方面，详细而系统地描绘了康有为理想中的未来人类社会的美景。《大同书》里的教育理想，虽然也反映了一些封建主义的教育思想，尤其是德育方面，含有封建主义的色彩，但是总体来说，其实质是以资本主义教育制度为蓝本而加以理想化，甚至带有空想社会主义的色彩。虽然在当时不可实现，但是也包含着一些合理的成分和科学的内容，如男女平等教育、义务教育、注重年龄特征、强调校舍的选择等。

二、简答题

1. 简述严复教育思想。［北京师范大学2016年研］

答：严复是中国近代著名的思想家、教育家。曾赴英国留学，接触了大量的西方近代社会政治学说，深受影响。回国后，他大量译书著说，宣传民主平等思想，抨击封建专制统治，主张彻底效法西方，实行资本主义。严复的教育思想十分丰富。

(1)废科举、兴学校

严复对封建传统教育及科举制度深恶痛绝，进行了尖锐批判，主张效法西方，建立新式教育制度。他提出了一个包括小学、中学、高等学堂三级纵向衔接、比较详细的学校教育制度蓝图。主要观点有：

①主张实行强迫义务教育，主张学习西学为主。

②中等学校的课程，洋文功课要占十分之七，中文课程占十分之三，并且一切皆用洋文授课。

③高等学校完全以西学为主，讲课用洋文，教习也要用洋人，中国教员只能担任助教，不设中文课程，也没有讲中学的教师。

(2)“鼓民力”“开民智”“新民德”的“三育论”

严复是中国近代从德智体三要素出发构建教育目标模式的第一人：

①“鼓民力”就是提倡体育。

②“开民智”就是要全面开发人民的智慧，其核心是改革科举制度，废除八股取士和训诂辞章之学，讲求西学。

③“新民德”是以西方资产阶级的民主、平等、自由观念，批判中国封建的宗法观念和纲常伦理，以增强自己的国家民族观念，达到“德行仁义之强”，进而合力同心。

(3)“体用一致”的文化教育观

严复极力提倡学习西学，他认为这些学问是救亡图存强国富民的急务。但与洋务派不同，他认为西学除“西艺”外还包括“西政”。他不同意“中体西用”的说法，认为体和用本不可分，中学与西学各不相同，主张全面学习西方的自然科学和社会科学。

总之，严复极力提倡学习西学，虽有“全盘西化”的倾向，但在当时多数人都“好古而忽今”，故步自封的情况下，他积极提倡西学则有历史进步意义的。尤其是他提出的德、智、体三位一体的教育目的体系，科学合理的文化教育观等都对中国新学制的产生具有积极的促进作用。

2. 列举清末所创设的各级各类新式学堂。

答：清末教育的发展主要经历了洋务教育、戊戌变法中的教育改革和清末新教育制度的确立等几个阶段，在不同的阶段都开办了不同类型级别的新式学堂。

(1)洋务运动时期的新式学堂

自19世纪60年代开始到90年代，洋务派举办了一系列“自强”“求富”的洋务事业，史称“洋务运动”。洋务教育是洋务运动的一个重要组成部分。洋务运动中遍设洋务学堂，主要有三类：

①方言学堂即外国语学堂。以学习外国语为主，主要培养翻译人员。如北京的京师同文馆、上海的广方言馆、广州同文馆、湖北自强学堂等。京师同文馆是我国最早的官办新式学校。它逐渐从专修外国语的学校，发展为综合性学校。

②军事学堂。培养能使用洋枪、洋炮的士兵和军官。主要有：福州船政局附设船政学堂、天津创办的北洋水师学堂、天津武备学堂、广东水陆师学堂、江南水师学堂以及天津创办的军医学堂、湖北设立的武备学堂等。

③技术学堂。培养会使用和维修洋机器的人员和一些通讯人员等。主要包括：上海江南制造局附设的机械学堂、福州船政学堂、天津设立的电报学堂、上海设的电报学堂以及湖北省矿务局附设的采矿工程学堂等。

(2)戊戌变法时期建立的新式学堂

①维新派在变法运动中创办的新式学校。资产阶级维新派办的重要学堂有万木草堂、时务学堂、通艺学堂、浏阳算学馆、时敏学堂、务本女学、经正女学等，影响最大的是万木草堂和时务学堂。万木草堂由康有为在广州长兴里设立，是康有为宣传变法思想，形成变法理论，培养变法人才的重要阵地。时务学堂由熊希龄等人在湖南长沙创办，梁启超被聘为中文总教习。

②“百日维新”中的教育改革。百日维新中，在北京设立了京师大学堂。京师大学堂的任务，不仅在管理自身，还要成为各省学堂的表率，而且还有统辖各省学堂的大权。此外，清政府在此期间还筹办高等、中等、初等各级学堂和各种专门学堂。

(3)清末新学制建立中设立的新式学堂

癸卯学制是由国家颁布的第一个在全国范围内实行推行的系统学制，其中对新学堂的建立做出了一系列规定：在直系教育中，设立蒙养院、初等小学堂、高等小学堂、中学堂、高等学堂、大学堂和通儒院。在师范教育中，分设初级师范学堂和优级师范学堂。在实业教育中，分实业学堂、补习实业学堂和实业师范学堂三类。实业学堂分初、中、高三级。每级又分为农业、商业、工业和商船四个种类。其中初级实业学堂相当于高等小学堂程度，中级实业学堂相当于普通中学堂程度，高等实业学堂都相当于高等学堂程度。此外，还有实业补习普通学堂、艺徒学堂和实业教员讲习所。

三、论述题

1. 评述梁启超教育宗旨。[北京师范大学2018年研]

答：梁启超从救亡图存的角度出发，对教育的作用给予了高度评价。在他看来，国家的强弱是以教育为转移的，“世界之运，由乱而进于平，胜败之原，由力而趋于智，故言自强于今日，以开民智为第一义”。

(1)梁启超的教育宗旨

①梁启超认为国家的强弱取决于民权的多寡有无，而民权又依赖于民智的开发。维新变法期间，他明确地将“开民智”与“兴民权”联系起来，认为“权生于智”，“有一分之智，即有一分之权；有六七分之智，即有六七分之权”，所以“今日欲伸民权，必以广民智为第一义”。总之，“开民智”对国家具有重大的作用。可以看出，梁启超的这一思想，在一定程度上揭示了专制与愚民、民主与科学的内在联系，具有民主与科学启蒙的内涵。只有变法，兴学校，育人才，才能开民智，使国家强大，摆脱民族危机。这样，从“兴民权”“开民智”出发，梁启超论述了教育之于国家和民族的重大作用。

②戊戌政变后，梁启超觉察到“民智”与“民权”并不能画等号，因为教育可以培养人的“权利”意识，也可能培养人的奴隶性。正是由这点出发，他提出教育应当确定宗旨，因为教育是一项极其复杂的活动，必须以正确的宗旨作引导。在他看来，教育应以培养“新民”为目标，而“新民”必须具有新道德、新思想、新精神、新的特性和品质，应具有自动、自主、自治、自立的品质，融民族性、现代性和开放性于一体。

(2)评价

梁启超早年受过中国古代经史典籍的熏陶，后来向往西方，深受西学的影响，在思想上明显地反映出中西杂糅、新旧并存。他的有关学校制度、国民义务教育、学龄前公共教育，德、智、体、美多方面的教育内容，改革教育方法等，对中国教育的改革有着积极影响。其有关教育宗旨的观点是从救亡图存的角度出发，倡导政学主义和新民学说，又从未来教育发展的角度提出了人格的健全和个性的张扬。对我们当代教育的理论的认识发展有着重要的作用。

2. 概述近代康有为变法主张中的教育思想。

答：康有为是戊戌变法时期资产阶级改良派的领袖，近代著名的思想家、政治家和教育家。康有为对教育改革的迫切愿望源于对教育作用的认识。他主张通过维新变法、改革社会来挽救民族危亡。在其维新变法活动中，教育活动占有重要位置，他主张改革科举制度、废除八股、兴办学校、培育新人、倡学西学等。通过这些变法主张，可以看出康有为的教育思想，主要包括以下几个方面：

(1)十分重视教育的作用

康有为对教育改革的迫切愿望源于对教育作用的认识。康有为的变法维新活动多半是教育活动，他对教育的认识异常深刻，也非常重视教育的作用，他甚至把教育当作改良社会的重要手段。他从庸俗进化论的观点出发，认为要解决亡国灭种的危机，根本之策在教民，变法的起点在于“开民智”。变科举，兴学校，是康有为反复强调的维新变法的重要内容，也是他改革传统教育的重要主张。

(2)关于“变科举、兴学校”、建立资本主义教育制度的思想

①“变科举、兴学校”是康有为教育思想的核心内容，也是以他为首的近代资产阶级改良派在文教领域实行变法维新的基本思想。康有为猛烈批判流弊广、为害深的八股取士制度，他上书光绪帝，“请废八股试帖楷法试士改用策论”，希望把青年从“惟事八股”的囹圄中解放出来，使他们把精力用在学习和研究科学等实用之学上去，成为经世致用的人才。这样选拔的官吏不能应变，不能做实事。并指出清政府在军事上失利实源于八股。变科举、废八股，目的在于否定传统的封建主义的教育制度和选拔人才的制度。兴学校的目的，则在于建立资本主义的教育制度。

②康有为在《请开学校折》中设计了一个学校系统：在乡间设立小学，时间为 8 年，7 岁以上儿童必须入学。县立中学，儿童 14 岁入学。中学分初等和高等两个阶段，各 2 年。中学初等科毕业后可以升入专门学校。省府立专门高等学校或大学，在京师设京师大学堂。康有为力图仿照西方建立近代中国学制。

(3)派游学、译西书的思想

对于人的培养，康有为认为除了兴学校之外，还应派人到资本国家去考察留学，“以通世界之识，养有用人才。”1898 年 5 月，他在《请广译日本书派游学折》中，力陈派游学，译西书的重要性，他指出，当今的形势，必须是顺应历史潮流，广译西书，以了解欧美、日本的政治、文化和科学技术的情况。派游学、译西书的思想，对变法维新，发展我国的资本主义有积极作用，对以后留学制度的建立也有较大影响。

第 12 章　民国成立初期的教育

12.1　复习笔记

【知识框架(庖丁解牛)】

- 民国成立初期的教育
  - 民国教育方针与政策
    - 教育部的成立及对教育的维持与改革
    - 民初教育方针的确立
    - 封建教育的回潮
  - 壬子癸丑学制
    - 学制的形成过程
    - 学制体系
    - 课程标准
    - 学制的调整
  - 蔡元培的教育思想
    - “五育”并举的教育方针
    - 改革北京大学
    - 教育独立思想

【考点剖析与拓展(游刃有余)】

考点一、民国教育方针与政策

1．教育部的成立及对教育的维持与改革

(1)教育部的成立

民国元年即 1912 年 1 月 3 日，民国临时政府大总统孙中山任命蔡元培为教育总长，蔡元培是民国第一任教育总长。1 月 9 日，南京临时政府教育部正式成立。

(2)教育政策的颁布

①民国成立伊始，未及颁行新学制，教育部于 1 月 19 日颁布《普通教育暂行办法》和《普通教育暂行课程标准》及各类学校课程表。

a．规定：学堂改称学校；监督、堂长改称校长；初等小学校男女同校；废止小学读经科；教科书务合乎共和民国宗旨；清政府学部颁行之教科书，一律禁用；废止奖励科举出身等，共十四条。

b．影响：这两个文件是中国资产阶级首次以中央政府名义发布的教育文件，是民国初年改革封建教育的纲领性文件，直接指导了民初的教育改革，对保障政体变更之际普通教育的顺利过渡和稳定发展发挥了重要作用。

②1912 年 3 月初，临时政府教育部又电告各省宣布废除前清各项教育条例以及“其他有碍民国精神及非各学校应授之科目”。

③北京政府成立后，蔡元培继续留任教育总长，后不断进行教育部官制改组，逐渐形成较为完备的教育行政组织体系。

2．民初教育方针的确立

表 12－1　民初教育方针的确立

要点	具体内容
内容	①1912 年 7 月 10 日至 8 月 10 日，全国临时教育会议召开，这次会议讨论通过民国教育方针，于 9 月 2 日由教育部公布施行。 ②其内容为："注重道德教育，以实利教育、军国民教育辅之，更以美感教育完成其道德。"它基本反映的是蔡元培的思想
意义	①民国教育方针包含了德、智、体、美四育因素，体现了对培养身心和谐发展的资产阶级健全人格的追求。 ②公民道德教育是五育的中坚，是养成健全人格之本，其他教育等都必须以道德为根本。 ③以军国民教育引导体育，以实利教育引导智育，希望通过教育实现民族独立、实现民族复兴、提高国民经济能力和改善人民生活，具有一定积极意义

3．封建教育的回潮

表 12－2　封建教育的回潮

要点	具体内容
背景	辛亥革命失败以后，胜利果实被袁世凯所窃取。在帝国主义的支持和封建势力维护下，袁世凯在全国复辟帝制，并在文化教育上掀起了尊孔、复辟的封建主义逆流
主要措施	①恢复尊孔祀孔，利用孔子的封建文化教育偶像效应。 ②重新颁定教育目的，概括为："爱国、尚武、崇实、法孔孟、重自治、戒贪争，戒躁进"。规定：国民教育以孔子之道为修身大本，孔教立为国教。 ③重新确定儒学作为学校教育的基本课程。 ④严禁学生购买民主书籍，实行思想束缚
主要影响	①袁世凯掀起的尊孔复古逆流使得封建的三纲五常、三从四德又重新成了学校教育内容。 ②随着帝制的破产和袁世凯的病死，特别是在新文化运动的冲击下，封建教育回潮势头受到遏制

考点二、壬子癸丑学制

1．学制的形成过程

(1)1912 年 9 月教育部公布了教育会议所决定的学制系统，因为阴历为壬子年，故称之为"壬子学制"。

(2)在推行新学制的同时，教育部于 1912 年 9 月至 1913 年 8 月，陆续颁布了一系列法令规程，对各级各类学校的课程设置、入学条件、职员任用等都做出了具体的规定，这充实和完善了壬子学制，逐步形成了一个新的学制系统，合称"壬子癸丑学制"，又称"1912～1913 年学制"。

2. 学制体系

表 12-3 学制体系

要点	具体内容
内容	①纵向：规定整个教育期限为 17～18 年，分为三段四级：初等教育(包括初等小学 4 年、高等小学 3 年两级)；中等教育 4 年；高等教育(也只一级，但分预科 3 年、本科 3～4 年)。下设蒙养院，上有大学院。 ②横向：有师范教育和实业教育两个系统，师范教育分师范学校和高级师范学校两级，实业教育有甲种实业学校和乙种实业学校两种，分农业、工业、商业、商船等类
特点	①缩短了学生修业年限。由“癸卯学制”的 25 年或 26 年缩减为 18 年，一方面增加了国民受教育的机会，更有利于教育的普及，另一方面缩短了培养人才的周期，有利于学生能够尽早服务社会。 ②体现了鲜明的反封建色彩。“壬子癸丑学制”明确宣布废止旧的“忠君”“尊孔”的教育宗旨，在学校系统中，取消了按学校等级奖给毕业生出身制度，并取消读经讲经科目，这样它就从教育宗旨、学校系统的构成和课程设置上，形成了对封建成分的全面肃清

3. 课程标准

南京临时政府在教育改革的过程中，还颁布了各级各类学校的课程标准和内容，对学校的课程内容做了很大的调整。各级各类学校课程标准的特点如下：

(1)废止了的普通学校的读经讲经科。

(2)必修课中增加了知识技能科目，如图画、手工、农业等。

(3)重视了实用和实践性科目，为学生就业做了必要的准备，如手工、师范学校的实习课等。

这样的课程设置，有利于教学质量的提高、教育的发展和社会的进步。

4. 学制的调整

民国初年经历了袁世凯政府的建立与倒台，颁布的一系列教育方案使得壬子癸丑学制在局部上有所调整，主要表现在以下两个方面：

(1)学制结构上进行了局部调整。首先表现在初等教育方面，初等教育由单轨制改为双轨制；其次是调整大学预、本科的年限和设置办法。

(2)经学教育内容的增添与复废。从 1915 年《颁定教育要旨》公布到 1916 年初，教育部修正或重新颁布了各级各类学校的课程标准，普遍增添了读经课程，但在袁世凯死后又都予以废除。

壬子癸丑学制是中国近代第一个资产阶级性质的学制，为“五四”新文化运动打下了一定的基础，促进了学校教育事业的发展。它也是民国初期的中心学制，到 1922 年新的学制出台前，虽有局部调整，但其整体结构框架基本保持不变。

考点三、蔡元培的教育思想

蔡元培是中国近代著名的资产阶级革命家和民主主义教育家。1912 年任南京临时政府教育总长，1917 年任北京大学校长，从自由、民主的原则出发，对北京大学进行了卓有成效的改革，是中国近代高等教育的奠基人。

1. “五育”并举的教育方针

表 12－4 “五育”并举的教育方针

要点	具体内容
背景	①1912 年初，蔡元培发表《对于教育方针之意见》一文，根据专制时代和共和时代对教育的不同要求，从“养成共和国民健全之人格”的观点出发，提出“五育”并举的教育思想。 ②“五育”包括军国民教育、实利主义教育、公民道德教育、世界观教育和美感教育，成为制定民国元年教育方针的理论基础。文章系统阐述了“五育”各自的内涵、作用和相互关系
军国民教育	即体育。 ①目的：一是出于举国强兵的形势需要；二是养成健全人格的需要。 ②内容：“是中国固有的礼、乐、射、御、书、数这六种文武合一，智德兼备的六艺教育，而同时应该注重的是智、信、仁、勇、严五种武德的培养”
实利主义教育	即智育。 ①目的：提高人民的富裕程度，增强国家的财力，提高国际地位；教育不仅可以传授知识，更应训练学生的思维，达到“臻于细密”。 ②内容：文化科学知识和科学技术教育
公民道德教育	即德育。 ①目的：健全人格的根本；试图通过公民道德教育，把人从封建伦理的束缚下解脱出来。 ②内容：西方资产阶级道德观，即自由、平等、博爱
世界观教育	①目的：培养人们一种立足于现象世界但又能超脱现象世界而贴近实体世界的观念和精神境界。 ②地位：是一种超越现实的精神教育，是教育的最高境界
美感教育	即美育。 ①目的：陶冶人的感情，纯洁人的习惯，消除人的私心。 ②地位：把美育列为教育方针的组成部分，是我国教育史上的首创
意义	①在中国近代教育思想发展史上，蔡元培是第一位提出五育并举的教育思想家。 ②五育并举是蔡元培教育思想的一个显著特点，也是他对于中国近代教育理论的重大贡献，顺应了当时中国社会的变革

2. 改革北京大学

表 12－5 改革北京大学

要点	具体内容
背景	蔡元培就任北京大学校长后，对北大进行了全面改革
抱定宗旨，改变校风	①改变学生的观念，一要学生抱定为求学而来的宗旨；二要学生砥砺德行；三要学生敬爱师长。 ②整顿教师队伍，延聘“积学”“热心”的教员。 ③发展研究所，广积图书，引导师生研究兴趣。 ④砥砺德行，培养正当兴趣

续表

要点	具体内容
思想自由，兼容并包	①基本原则："思想自由，兼容并包"。 ②要求： a. 高校研究上："囊括大典，网罗众家"。 b. 教师聘任：以学译为主而不论国籍、思想倾向，都可以加以聘任。 c. 教育对象：开创我国公立大学招收女子之先河。 d. 高等教育服务社会：开启旁听生制度
教授治校，民主管理	①采用德国大学"教授治校"的办法，组织评议会，作为全校最高权力机关，凡学校重大事务都必须经过评议会审核通过。 ②主张成立学生自治会，由学生自己管理自己，培养学生的自治精神
学科与教学体制改革	①强调文理两科基础理论的地位，改革学科设置，使北大成为文理法三科大学。 ②提倡文理兼习，以扩大学生的知识面。 ③实施废科设系，方便文理科学生相互沟通；仿效美国改年级制为选科制
评价	①蔡元培对北大的改革是中国高等教育近代化过程中的里程碑，成为大学改革的先导和示范，其他大学纷纷按照北大的制度办学，推动了中国高等教育的近代化改革。 ②体现了蔡元培的资产阶级民族主义的思想，在当时具有冲破封建专制思想的作用，推动了新文化运动和马克思主义的传播，其影响远超教育领域

3. 教育独立思想

表 12－6　教育独立思想

要点	具体内容
背景	1920～1922 年间，由于军阀混战，经济凋敝，北洋政府又不重视教育，国家预算中教育经费比例极低。为维持教育的正常进行，教育界发起了争取教育经费独立的斗争，进而形成内容广泛的教育独立思潮
内涵	①教育经费独立。要求政府划出某项固定收入，专作教育经费，不能挪用。 ②教育行政独立。设立专管教育的机构，要由懂得教育的人充任，不能随政局变动。 ③教育学术和内容独立。教育方针应保持稳定，不受政治的干扰；能自由编辑、出版、选用教科书。 ④教育脱离宗教而独立。以传教为主的人，不得参与教育事业
评价	蔡元培提出教育独立的思想，主张教育脱离政党、教会而独立，要求把教育交给教育家办理，反映了资产阶级民主派要求摆脱军阀政府对教育的控制，反对帝国主义国家的文化侵略，在中国独立、自由地发展教育事业的愿望

12.2　课后习题详解

1. 评述《壬子癸丑学制》的内容、性质和特点。

答：教育部于 1912 年 9 月至 1913 年 8 月，陆续颁布了《小学校令》《中学校令》《大学校令》《师范教育令》《实业学校令》等法令规程，对各级各类学校的课程设置、入学条件、职员任用等都做出了具体的规定。陆续颁布的各级各类学校令，充实和完善了壬子学制，逐步形成了一个新的学制系统，合称“壬子癸丑学制”，又称“1912~1913年学制”。这套学制的内容、性质和特点主要表现在：

(1)学制的基本内容

①从纵的方面看，整个教育期是十八年，共分三段四级：一为初等教育段，分初等小学校、高等小学校二级，共计七年；二为中等教育段，只有一级，四年或五年；三为高等教育段，也只有一级，内分预科、本科，共计六年或七年。此外，在下面有蒙养园，在上面有大学院，不计年限。

②从横的方面看，分为三系：一为直系各学校，由小学而中学，由中学而大学或专门学校，二为师范教育，分师范学校及高等师范学校二级，所居地位为中、高二段；三为实业学校，分甲、乙二种，所居地位为初、中二段。此外还有补习科、专修科及小学教员养成所。

(2)学制的性质

壬子癸丑学制是中国近代第一个资产阶级性质的学制，为“五四”新文化运动打下了一定的基础，促进了学校教育事业的发展。它也是民国初期的中心学制，到1922年新的学制出台前，虽有局部调整，但其整体结构框架基本保持不变。

(3)学制的特点

①缩短了学生修业年限。由“癸卯学制”的25年或26年缩减为18年。小学缩减两年，中学缩减一年，一方面增加了国民受教育的机会，更有利于教育的普及，另一方面缩短了培养人才的周期，有利于学生能够尽早服务社会。

②鲜明的反封建色彩。“壬子癸丑学制”明确宣布废止旧的“忠君”“尊孔”的教育宗旨，在学校系统中，取消了按学校等级奖给毕业生出身制度，并取消读经讲经科目，这样它就从教育宗旨、学校系统的构成和课程设置上，形成了对封建成分的全面肃清。

2. 南京临时政府教育部对清末教育进行了哪些重要改革？并分析改革的基本指导思想。

答：1912年，民国临时政府大总统孙中山任命蔡元培为教育总长，蔡元培为民国第一任教育总长。1月9日，南京临时政府教育部正式成立，教育部成立后在教育上采取了一些具有深远意义的改革。

(1)重要改革及措施

①颁布教育法令

民国成立伊始，未及颁行新学制，教育部于1月19日颁布《普通教育暂行办法》和《普通教育暂行课程标准》及初等小学、高等小学、中学校、初级师范学校课程表。共14条，规定：从前各项学堂，均改称学校。监督、堂长应一律改称校长。初等小学校，可以男女同校。小学读经科，一律废止。凡各种教科书，务合乎共和民国宗旨。清学部颁行之教科书，一律禁用。这两个文件是中国资产阶级首次以中央政府名义发布的教育文件，是民国初年改革封建教育的纲领性文件，直接指导了民初的教育改革，对保障政体变更之际普通教育的顺利过渡和稳定发展发挥了重要作用。

②提出教育方针

1912年4月，蔡元培发表《对于教育方针之意见》，提出了军国民教育、实利主义教育、公民道德教育、世界观教育和美感教育五育并举的教育方针，其内容为："注重道德教育，以实利教育、军国民教育辅之，更以美感教育完成其道德。"它基本反映的是蔡元培的思想。这一教育方针完全否定了清末"忠君、尊孔、尚公、尚武、尚实"的封建主义的教育宗旨，充分体现了资产阶级关于人的德智体美和谐发展的思想。

③拟定学制系统

1912 年拟订了一个新的学校系统，史称"壬子学制"，到 1913 年 8 月，教育部又陆续公布了各种学校规程、课程标准等，其内容对"壬子学制"有所修改和补充，后将两者合称为"壬子癸丑学制"。壬子癸丑学制，整个教育期是十八年，共分三段四级：一为初等教育段，分初等小学校、高等小学校二级，共计七年；二为中等教育段，只有一级，四年或五年；三为高等教育段，也只有一级，内分预科、本科，共计六年或七年。此外，在下面有蒙养园，在上面有大学院，不计年限。从横的方面看，也是分着三系：一为直系各学校，由小学而中学，由中学而大学或专门学校，二为师范教育，分师范学校及高等师范学校二级，所居地位为中、高二段；三为实业学校，分甲、乙二种，所居地位为初、中二段。此外，还有补习科、专修科及小学教员养成所，皆是此三系中的各种特别或附设的教科，谓之旁支。

(2)教育改革的指导思想

临时政府在教育上所做出的改革，其主要指导思想是资产阶级自由、民主思想。从辛亥革命到资产阶级临时政府的建立，领导阶层均为资产阶级民主革命派，他们受资产阶级自由、民主思想的熏陶，坚持走资产阶级共和革命的形式，因此其思想主要为资产阶级民主主义思想。在对教育采取的措施上，也深刻地反映着资产阶级民主的思想，尤其在拟定资产阶级教育方针上，五育并举的措施更加能深刻地反映民主共和、和谐教育的思想。

3. 蔡元培教育思想和实践包括哪些重要方面？分别予以评述。

答：蔡元培是中国近代著名的资产阶级革命家和民主主义教育家。1917 年赴任北京大学校长后，对北大进行了全面改革。他的教育思想及实践可概括为以下几个方面：

(1)"五育"并举的教育方针

1912 年初，蔡元培发表《对于教育方针之意见》一文，根据专制时代和共和时代对教育的不同要求，从"养成共和国民健全之人格"的观点出发，提出"五育"并举的教育思想。"五育"包括军国民教育、实利主义教育、公民道德教育、世界观教育和美感教育，成为制定民国元年教育方针的理论基础。文章系统阐述了"五育"各自的内涵、作用和相互关系：

①军国民教育，即体育，这种教育的目的一方面是形势需要举国强兵之制；另一方面体育又是养成健全人格的重要环节。蔡元培主张完全人格，首在体育。

②实利主义教育，即智育，这种教育的目的是提高人民的富裕程度；增强国家的财力，这样才能在世界竞争中立于不败之地。实利主义教育应包括文化科学知识和科学技术教育。教育不仅可以传授知识，更应训练学生的思维，培养其对事认真的科学态度。

③公民道德教育，即德育，他认为德育就是完全人格之本，若无德，虽体魄、智力发达，也只能助其为恶。德育内容应为西方资产阶级道德观，即自由、平等、博爱。他试图通过公民道德教育，把人从封建伦理的束缚下解脱出来。

④世界观教育，为其所独创，被作为教育的最高境界。他把世界分为"现象世界"与

“实体世界”两方面，他认为军国民教育、实利主义教育和公民道德教育关注的都是人类现世的幸福，而世界观教育则可以超越政治，使人达到实体世界，也就是人类的最高精神境界。世界观教育，就是要沟通现象世界与实体世界，“教育者，则立于现象世界，而有事于实体世界者也”。要培养人们一种立足于现象世界但又能超越现实世界而贴近实体世界的观念和精神世界。

⑤美感教育，即美育，他认为“美育者，应用美学之理论于教育，以陶养感情为目的者也”，指出美育的任务是，陶冶人的感情，纯洁人的习惯，消除人的私心，有着类似宗教的功能，故而他打出“以美育代宗教”的口号。把美育列为教育方针的组成部分，在我国教育史上属于首次。

在中国近代教育思想发展史上，蔡元培是第一位提出了国民教育、实利主义教育、公民道德教育、世界观教育和美感教育五育并举的教育思想家。蔡元培认为上述“五育”中，军国民教育为体育，实利主义教育为智育，公民道德教育为德育，美感教育可以辅助德育，世界观教育将德、智、体三育合而为一，是教育的最高境界。以公民道德教育为中心的五育并举是蔡元培教育思想的一个显著特点，也是他对于中国近代教育理论的重大贡献，顺应了当时中国社会的变革。

(2)改革北京大学

蔡元培就任北京大学校长后，对北大进行了全面改革。具体措施包括以下几个方面：

①抱定宗旨，改变校风

北京大学原来是清末的京师大学堂，学生还保留着科举时代的身份，有不少学生沾染了封建社会的不良习气，求官心切，学术气氛淡薄。为了改变大学的性质，使原来的官僚养成所变成研究高深学问的机构，其主要措施如下：

a. 改变学生的观念。蔡元培对学生提出三点要求：一要学生抱定为求学而来的宗旨，端正学习目的，明确高等学校的性质；二要学生砥砺德行，要求北大的学生要束身自爱；三要学生敬爱师长。

b. 整顿教师队伍，延聘“积学”“热心”的教员。

c. 发展研究所，广积图书，引导师生研究兴趣。

d. 砥砺德行，培养正当兴趣。

②“思想自由，兼容并包”

“思想自由，兼容并包”是蔡元培办理北京大学的基本指导思想，并认为这是各国大学的共同准则，只有这样，大学才能对学术的发展起促进作用。“思想自由，兼容并包”也体现在教师的聘任上，打破北大的旧习惯，延揽了各方面人才，对于具有真才实学，教学热心，有研究学问的兴趣和能力的学者，不管他的国籍、资格、年龄、思想倾向，都可以加以聘任。

③教授治校，民主管理

针对体制混乱、各自为政的局面，蔡元培采用德国大学“教授治校”的办法，组织评议会，作为全校最高权力机关，凡学校重大事务都必须经过评议会审核通过。组织各门教授会，分掌各学门教务与教学工作。组成全校统一的教务处，负责全校教学事宜。组织行政会议，管理教务以外各种事务等等。另外蔡元培还主张成立学生自治会，由学生自己管理自己，培养学生的自治精神。

④改革学科，完善体制

关于学科和教学体制的改革，他采取了如下措施：

a. 强调文理两科基础理论的地位，改革学科设置，使北大成为文理法三科大学。

b. 提倡文理兼习，以扩大学生的知识面。

c. 实施废科设系，方便文理科学生相互沟通。

d. 仿效美国大学改年级制为选科制。

这次以“思想自由、兼容并包”为灵魂的改革，揭开了中国高等教育改革的序幕，它成为大学改革的先导和示范，北京和全国其他大学纷纷按照北大的制度办理，推动了中国高等教育的近代化改革。体现了蔡元培的资产阶级民族主义的思想，在当时具有冲破封建专制思想的作用，是积极进步的，对之后的资产阶级革命运动起到了深远的积极的影响。

(3)教育独立思想

1920～1922年间，由于军阀混战，经济凋敝，北洋政府又不重视教育，国家预算中教育经费比例极低。为维持教育的正常进行，教育界发起了争取教育经费独立的斗争，进而形成内容广泛的教育独立思潮。教育独立的基本要求可大致归结为以下几个方面：

①教育经费独立。要求政府划出某项固定收入，专作教育经费，不能挪用。

②教育行政独立。专管教育的机构不能附属于政府部门之下，要由懂得教育的人充任，不能因政局而变动。

③教育学术和内容独立。教育方针应保持稳定，不受政治的干扰，不必依从某种信仰或观念。能自由编辑、出版、选用教科书。

④教育脱离宗教而独立。以传教为主的人，不得参与教育事业。

蔡元培提出教育独立的思想，主张教育脱离政党、教会而独立，要求把教育交给教育家办理，反映了资产阶级民主派要求摆脱军阀政府对教育的控制，反对帝国主义国家的文化侵略，在中国独立、自由地发展教育事业的愿望。

4. 评述蔡元培的大学教育思想和对北京大学的改革。

答：(1)蔡元培的大学教育思想

蔡元培的大学教育思想核心是民主和科学。

①在大学性质方面，他强调大学在于研究高深学问，要改革旧北大，就必须扭转学生上大学为做官的陈腐观念。由于大学性质在于研究高深学问，大学就不能只是从事教学，还必须开展科学研究。大学教员不应一味灌输固定知识，而应对学问有浓厚的研究兴趣，并能引起学生的研究兴趣。大学生也不能只是死记硬背讲义内容，而应该主动地研究学问。因此“凡大学必有各种科学的研究所”。

②办学原则：思想自由，兼容并包。蔡元培认为大学应该广泛吸收各种人才，容纳不同的学派。思想自由、兼容并包的原则主要体现在对待学说和教员两方面。

③学科设置：从偏重文理到沟通文理，废科设系。在学科设置方面，蔡元培最初主张要偏重文理两科，担任北大校长后又进一步主张“学术分校”。但当他看到文理分科的流弊时，进一步主张“沟通文理”，合为一科。1919年北大改革中，撤销了文理法三科界限。

④教学制度：选科制。蔡元培认为选科制能使学生专精之余涉猎种种有关的学科，有

利于学生扩大知识面和个性的发展，但要加强指导，学生所选学科应经过教员的审定。

⑤行政管理：教授治校。蔡元培主张教授治校，是为了建立民主的管理体制，防止校长专断任意决策，这是民主思想的反映。

由上可知，蔡元培大学思想的基本特征是民主和科学，致力于将大学办成高水平的教学科研中心，至今仍然具有一定意义。

(2)对北京大学的改革

蔡元培就任北京大学校长后，对北大进行了全面改革。具体措施包括以下几个方面：

①抱定宗旨，改变校风

北京大学原来是清末的京师大学堂，学生还保留着科举时代的身份，有不少学生沾染了封建社会的不良习气，求官心切，学术气氛淡薄。为了改变大学的性质，使原来的官僚养成所变成研究高深学问的机构，其主要措施如下：

a. 改变学生的观念。蔡元培对学生提出三点要求：一要学生抱定为求学而来的宗旨，端正学习目的，明确高等学校的性质；二要学生砥砺德行，要求北大的学生要束身自爱；三要学生敬爱师长。

b. 整顿教师队伍，延聘"积学""热心"的教员。

c. 发展研究所，广积图书，引导师生研究兴趣。

d. 砥砺德行，培养正当兴趣。

②"思想自由，兼容并包"

"思想自由，兼容并包"是蔡元培办理北京大学的基本指导思想，并认为这是各国大学的共同准则，只有这样，大学才能对学术的发展起促进作用。"思想自由，兼容并包"也体现在教师的聘任上，打破北大的旧习惯，延揽了各方面人才，对于具有真才实学，教学热心，有研究学问的兴趣和能力的学者，不管他的国籍、资格、年龄、思想倾向，都可以加以聘任。

③教授治校，民主管理

针对体制混乱、各自为政的局面，蔡元培采用德国大学"教授治校"的办法，组织评议会，作为全校最高权力机关，凡学校重大事务都必须经过评议会审核通过。组织各门教授会，分掌各学门教务与教学工作。组成全校统一的教务处，负责全校教学事宜。组织行政会议，管理教务以外各种事务等等。另外蔡元培还主张成立学生自治会，由学生自己管理自己，培养学生的自治精神。

④改革学科，完善体制

关于学科和教学体制的改革，他采取了如下措施：

a. 强调文理两科基础理论的地位，改革学科设置，使北大成为文理法三科大学。

b. 提倡文理兼习，以扩大学生的知识面。

c. 实施废科设系，方便文理科学生相互沟通。

d. 仿效美国大学改年级制为选科制。

这次以"思想自由、兼容并包"为灵魂的改革，揭开了中国高等教育改革的序幕，它成为大学改革的先导和示范，北京和全国其他大学纷纷按照北大的制度办理，推动了中国高等教育的近代化改革。体现了蔡元培的资产阶级民族主义的思想，在当时具有冲破封建专制思想的作用，是积极进步的，对之后的资产阶级革命运动起到了深远的积极的影响。

12.3　考研真题与典型题详解

一、概念题

1. 五育并举［华中师范大学2018年研］

答：五育并举是由教育思想家蔡元培提出的一种教育主张。1912年初，蔡元培发表《对于教育方针之意见》一文，提出“军国民教育、实利主义教育、公民道德教育、世界观教育、美感教育皆近日之教育所不可偏废”的思想主张，后成为制定民国教育初年教育方针的理论基础。五育并举的教育方针是符合当时历史发展要求的，是对封建教育及半殖民到半封建教育宗旨的否定，在教育思想史上也是一个巨大的进步。从人才培养看，也符合人的全面发展的教育规律。

2.《教育独立议》

答：《教育独立议》是我国著名资产阶级民主教育家蔡元培论述教育问题的一篇文章，写于1922年。蔡元培主张教育应当脱离政党和教会而独立。要求学生钻研学术，不参加政治运动，提倡“教育救国”，主张教育不应受政治的干涉。为实行超然教育，他提出下列办法：①“分全国为若干个大学区，每区立一大学”，凡区内各项教育都由大学办理；②“大学的事务，都由大学教授所组织的教育委员会主持，大学校长也由委员会举出”，“由各大学校长，组织高等教育会议，办理各大学区互相关系的事务”。教育部“不得干涉各大学区事务”，“教育总长必经高等教育会议承认，不受政党内阁更迭的影响”；③大学不设神学科。他同情“非宗教运动”，提倡“信教自由”，他的这一观点在推进收回教育权运动，抵制殖民教育方面起到了积极作用。这些观点成为1927年一度试行“大学区”制的思想依据，蔡元培关于教育脱离政治、脱离政党的主张，是一种历史唯心主义的观点，但反映了他反对军阀分子控制教育，希望按照教育规律办好教育事业的美好愿望，教育脱离宗教的主张更含有反对帝国主义文化侵略的革命意义。

二、简答题

1. 简述蔡元培的五育并举教育方针。［华东师范大学2023年研］

相关试题：简述蔡元培的五育并举教育思想。［陕西师范大学2023年研］

答：参见本章课后习题详解第3题答案第(1)点。

2. 民国初年确立的新教育宗旨(教育方针)是什么？它与清朝末年的教育宗旨相比，有什么明显的变化和进步？

答：(1)民国初年确立的新教育宗旨(教育方针)

1912年4月，蔡元培发表《对于教育方针之意见》，对清朝政府颁定的教育宗旨进行批判，主张对青少年进行道德教育、实利主义教育、军国民教育和美育。教育部于1912年9月2日公布教育方针：“注重道德教育，以实利主义教育、军国民教育辅之，更以美感教育完成其道德。”

(2)清末教育宗旨

①19 世纪末随着洋务学堂的兴办，张之洞在《劝学篇》中以“中学为体，西学为用”概括了办学的指导思想，这成为清末教育宗旨的雏形。在此基础上，1904 年颁行的《奏定学堂章程》中明确指出立学的宗旨在于以忠孝为本，以中国经史之学为基，然后以西艺练其艺能。

②中国近代教育宗旨的正式颁布是在 1906 年，当时科举制废除，学制已推行，中央学部已建立，为形势所需，由学部明定教育宗旨为：“忠君、尊孔、尚公、尚武、尚实”。清政府认为忠君、尊孔是中国政教所固有的，应该予以发挥，并以此来批判其他异说；尚公、尚武、尚实就是要学生热爱大清帝国，要学习操练，学习一些科学技术，以适应半殖民地半封建军事、经济的要求。

(3)民国初年确立的新教育宗旨与清末教育宗旨相比的变化和进步

清末教育宗旨则反映的是“中学为体，西学为用”思想，明显保留了中国传统的封建主义旧学，具有半殖民地半封建性。而新教育宗旨的确立在于培养资产阶级新人，从而否定了清末忠君、尊孔、尚公、尚武、尚实的教育宗旨，否定了君权的绝对权威和儒家思想的独尊地位，体现的是资产阶级关于人的德、智、体、美和谐发展的思想。新教育方针的颁定，符合人的全面发展的教育规律，是中国教育的一个进步，是资产阶级反对封建主义旧教育的一个重大胜利。

三、论述题

1. 结合高等教育改革，谈谈蔡元培北大改革的措施和影响。[北京师范大学 2017 年研]

答：(1)蔡元培北大改革的措施

蔡元培就任北京大学校长后，对北大进行了全面改革。具体措施包括以下几个方面：

①抱定宗旨，改变校风

北京大学原来是清末的京师大学堂，学生还保留着科举时代的身份，有不少学生沾染了封建社会的不良习气，求官心切，学术气氛淡薄。为了改变大学的性质，使原来的官僚养成所变成研究高深学问的机构，其主要措施如下：

a. 改变学生的观念。蔡元培对学生提出三点要求：一要学生抱定为求学而来的宗旨，端正学习目的，明确高等学校的性质；二要学生砥砺德行，要求北大的学生要束身自爱；三要学生敬爱师长。

b. 整顿教师队伍，延聘积学热心的教员。

c. 发展研究所，广积图书，引导师生研究兴趣。

d. 砥砺德行，培养正当兴趣。

②“思想自由，兼容并包”

“思想自由，兼容并包”是蔡元培办理北京大学的基本指导思想，并认为这是各国大学的共同准则，只有这样，大学才能对学术的发展起促进作用。“思想自由，兼容并包”也体现在教师的聘任上，打破北大的旧习惯，延揽了各方面人才，对于具有真才实学，教学热心，有研究学问的兴趣和能力的学者，不管他的国籍、资格、年龄、思想倾向，都可以加以聘任。

③教授治校，民主管理

针对体制混乱、各自为政的局面，蔡元培采用德国大学“教授治校”的办法，组织评议会，作为全校最高权力机关，凡学校重大事务都必须经过评议会审核通过。组织各门教授会，分掌各学门教务与教学工作。组成全校统一的教务处，负责全校教学事宜。组织行政会议，管理教务以外各种事务等等。另外蔡元培还主张成立学生自治会，由学生自己管理自己，培养学生的自治精神。

④改革学科，完善体制

关于学科和教学体制，他采取了如下措施：

a. 强调文理两科基础理论的地位，改革学科设置，使北大成为文理法三科大学。

b. 其次提倡文理兼习，以扩大学生的知识面。

c. 为了方便文理科学生相互沟通，蔡元培在北大实施废科设系。

d. 主张仿效美国大学改年级制为选科制。

(2)蔡元培北大改革的影响

这次以“思想自由、兼容并包”为灵魂的改革，揭开了中国高等教育改革的序幕，它成为大学改革的先导和示范，北京和全国其他大学纷纷按照北大的制度办理，推动了中国高等教育的近代化改革。体现了蔡元培的资产阶级民族主义的思想，在当时具有冲破封建专制思想的作用，是积极进步的，对之后的资产阶级革命运动起到了深远的积极的影响。

(3)从我国高等教育改革来看蔡元培的北大改革

在信息化时代的今天，我国高等教育的改革实践更应该秉持“思想自由、兼容并包”的原则，对不同国别和地区、不同的学术和学说流派，不同的人物和主张不应完全抵制，也并非不偏不倚，而是有所抑扬地接收与吸收。同时，蔡元培北大改革中的“教授治校”理念之于今天高校自主权建设，选科制之于今天高校“大类”课程，以及图书馆、研究院建设之于今天对高校学术氛围的强调等都对今天我国的高等教育改革有着重要的借鉴和参考价值。

2. 试析我国近代三大学制的合理因素及其对当代教育的启示。

答：(1)中国近代三大学制是指“壬寅癸卯学制”“壬子癸丑学制”和“壬戌学制”，也是我国近代学制发展的三个阶段。现就其合理因素进行分析：

①1902～1903年，“壬寅癸卯学制”成形出台，这是我国第一个由政府以法令形式公布的学制系统。虽然这个学制带有明显的封建性，存在着很多不足之处，但是它注重国民基本素质的提升，重视实业教育和师范教育，这无疑是教育在浓重封建气氛中的一大进步，也是符合社会发展需要的，促进了中国教育由古典向近代化的转轨，极大地促进了新式学堂的发展，最终使中国教育步入近代化的道路。

②与“壬寅癸卯学制”相比，“壬子癸丑学制”缩短了修业年限，给了女子更多受教育的机会，同时也使以教授农工商等实用知识技能为目的的实业教育得到了加强。它是一个对传统的封建教育进行根本性改革的学制，是资产阶级性质的学制，是一个承上启下的新学制，在中国教育的近代化过程中，起到了除旧布新、继往开来的历史作用。

③“壬戌学制”缩短了小学修业年限，这有利于提高小学入学率和升入初中的升学率；它延长了中学修业年限，这有利于学生打下坚实的基础，为向更高阶段的学习迈进做好准备；在高中开设职业科，既适应了民族资本主义发展对技术人才的需要，又解决了一些学

生毕业的后顾之忧。分科制和选科制的实行有利于发挥学生在学习中的主动性和积极性。中学四年一贯制改为三三两级制，改变了过去学校衔接不合理的现象。

（2）从我国近代学制的演变历程中，可以得到一些启示：

①学制既要保持相对稳定又要适时变革，学制必须适应一定的社会状况和教育的现实要求。当社会发展到一定程度，政治经济有了重大的变革，新思潮风起云涌，而旧的教育与之不相适应，在制度上成为社会发展的障碍、束缚时，学制的改革就成为一种客观必然。中国近代三部学制的产生背景尽管各不相同，但是有一个共同之处就是，它们都是社会变革、政治经济发展和一定社会思潮下的产物。

②学制改革既要学习借鉴又要参酌变通。近代学制演变为我国当前的学制建设乃至整个教育改革都提供了一个重要的启示，即在处理外国先进经验和本国实际情况的关系时，既要积极地学习借鉴，又要理智地参酌变通，充分考虑本国的具体国情，把一切有利于我们的先进经验和有效做法，都经过甄别精选变成自己的东西。中国的国情复杂，各地发展极不平衡，所以无论是学制改革还是教育的整体改革，抑或是其他领域的改革，处理好学习借鉴与参酌变通的关系，都具有重要意义。

③学制的制定要多方参与，力求民主。学制的制定过程中，是否注重多方参与，是否实现民主决策，对它的科学性以及在实践中的生命力是有影响的。要制定一个通行全国的学制，并且保证它的科学性和适用性，不仅要倾听各地的声音，以了解教育实践领域不同的状况，还要征得理论工作者、实践工作者以及社会各界人士的多方参与，充分发挥民主精神，群策群力，这样才能保证决策的科学性。

第13章　新文化运动时期和20世纪20年代的教育

13.1　复习笔记

【知识框架(庖丁解牛)】

- 新文化运动时期和20世纪20年代的教育
  - “五四”新文化运动对封建教育的批判与变革
    - 新文化运动的兴起
    - 新文化运动对封建传统教育的抨击
    - 新文化运动促进教育观念的转变
    - 新文化运动推动下的教育改革
  - 新文化运动影响下的教育思潮
    - 平民教育思潮
    - 工读主义教育思潮
    - 职业教育思潮
    - 勤工俭学运动
    - 科学教育思潮
    - 国家主义教育思潮
  - 学校教学方法的改革与实验
    - 现代西方教学理论在中国的传播
    - 设计教学法
    - 道尔顿制
    - 文纳特卡制
    - 小结
  - 1922年的“新学制”
    - “新学制”的产生过程
    - “新学制”的标准和体系
    - “新学制”的特点
    - “新学制”的课程标准
    - “新学制”的评价
  - 收回教育权运动与教会教育的变革
    - 20世纪初教会教育的快速推进
    - 对在中国的基督教教育的调查
    - 收回教育权的斗争
    - 教会教育的本土化和世俗化
  - 新民主主义教育的发端
    - 新民主主义教育纲领的提出
    - 中国共产党领导下的工农教育
    - 中国共产党早期创办的干部学校
    - 国共合作时期的黄埔军校
    - 李大钊的教育思想
    - 恽代英的教育思想

考点剖析与拓展(游刃有余)

考点一、“五四”新文化运动对封建教育的批判与变革

辛亥革命失败后，袁世凯为了复辟帝制，肆意践踏民国初期的教育改革成果，掀起了一股恢复封建文化教育的逆流，引起了知识分子的强烈不满。于是陈独秀、李大钊、鲁迅、胡适等一批先进的知识分子发起了一场崇尚民主科学、反对封建迷信的新文化运动，提倡自由，反对专制；提倡新道德，反对旧道德；提倡新文学，反对旧文学。

1. 新文化运动的兴起

表 13－1　新文化运动的兴起

要点	具体内容
背景	①政治方面：帝国主义加紧侵略；军阀统治日趋黑暗，必须继续进行反帝反封建斗争。 ②经济方面：一战期间，中国民族资本主义进一步发展。民族资产阶级力量壮大，登上政治舞台，强烈要求实行民主政治，发展资本主义，这是根本原因。 ③思想文化方面：先进的知识分子认识到，革命失败的根源在于国民脑中缺乏民主共和意识，因此必须从文化思想上冲击封建思想和封建意识，通过普及共和思想来实现真正的共和政体。 ④阶级方面：资产阶级进一步壮大，强烈要求在中国实行民主政治
代表人物	鲁迅、胡适、钱玄同、刘半农等
基本主张	①把斗争矛头直指封建专制的理论根基——儒家思想，反对封建专制，反对封建迷信和愚昧。 ②宣扬民主和科学。“民主”是指民主思想和民主政治。“科学”主要是指近代自然科学法则和科学精神
主要评价	①在文化氛围上，打破了封建旧文化的统治地位，加强了东西方文化交流。 ②在思想上，进一步打击了封建专制思想，传播了西方民主、自由精神，也塑造了中国现代文人自由主义思想，并使自由主义和三民主义、共产主义并列为现代中国三大思潮，其在高级知识分子中更是占据主导地位。 ③在政治上，为中华民族培养了一大批关心国事、图存图强的现代人才，同时也形成了以自由主义知识分子为主体的“第三条道路”政治势力，对推动中国政治民主做出了重大贡献

2. 新文化运动对封建传统教育的抨击

(1)对中国传统宗教信仰文化的批判

新文化运动提倡民主科学，对中国传统宗教信仰和偶像崇拜进行了严厉的批判。

(2)对中国传统礼仪和政治制度的批判

封建专制主义是以儒家所鼓吹的“三纲五常”封建礼教为核心的，新文化运动提倡民主，反对封建伦理道德，要求平等自由，个性解放，主张建立民主共和国。

(3)对中国传统语言文字的批判

新文化运动提倡新文学，反对旧文学，开展了文学革命和白话文运动。胡适的《文学改良刍议》对文学提出了八项主张。

3. 新文化运动促进教育观念的转变

表 13－2　新文化运动促进教育观念的转变

要点	具体内容
概述	“五四”新文化运动极大地解放了人们的思想，促进了教育观念的变革，也推动了教育改革运动
教育的个性化	①强调在教育上使个人享自由平等之机会。 ②要求在教育中尊重个人，遵循儿童身心发展规律。 ③不以单一模式塑造个性，而是让每个人发挥其潜能。 ④学校尤忌“随便教育”，应当选择适当的方法，使儿童的个性得以发展
教育的平民化	①要求男女平等受教育、人人独立自由发展，是民主思潮在教育领域的体现。 ②反对封建“贵族主义”等级教育，改革文字文风，提倡白话文，推动教育下移，倡导普通百姓享有平等教育权
教育的实用化	①受 20 世纪上半叶杜威实用主义思潮影响，许多知识分子要求学校教育与社会实际生活相联系。 ②新文化运动时期，提倡务实的教育成为共识，教育对个人和社会发展重要意义受到重视。 ③学校教育与社会需要之间的矛盾逐渐明显，毕业生难就业，企业难招人，亟须改革教育使之实用化
教育的科学化	①理性的怀疑精神和科学方法、科学态度、科学精神，批判中国传统文化和传统知识分子。 ②用科学的精神来分析中国教育现状，要求让科学内容和方法渗入到教育，改变人民的态度和观念

4. 新文化运动推动下的教育改革

在教育社团和一批教育家的推动下，各级各类学校都进行了改革。如蔡元培改革北大，中小学加强科学教育与职业教育，引进了新的教育思想和教学方法等。主要措施包括以下几个方面：

(1)恢复民国初年教育宗旨，提倡民主科学的新教育

1919 年 4 月教育部“教育调查会”拟定了“养成健全人格，发展共和精神”的新教育宗旨，重视个性发展与社会责任结合、平民主义、民主精神、生活必需的知识技能等方面，更明显地表现出资产阶级的要求。

(2)争取男女平等教育权

新文化运动推动了女子受教育权利的提高。1917 年全国教育会联合会第三届会议向教育部提出推广女子教育案。到 1920 年，北京大学首次招收女生，以后各高校纷纷效仿，一些进步的中学也开始男女合校，甚至同班。这些措施标志着男女生在受教育的制度上的区分已基本消除。

(3)学校采用国语和白话文

国语就是普通话的前身，是全国统一使用的标准语，有别于方言。推广全国通行的语言，不仅有利于不同地方人士的交流，而且也有利于提高教育的规范性。白话文是相对于文言文而说的，即用白话写成的文章，也称语体文。胡适、鲁迅等人都是白话文的积极开拓者。

(4)大学的改制

1917 年蔡元培着手对北京大学进行改革，提出囊括大典、网罗众家、兼容并包的办学方针；改革预科、调整专业；废除学门制改为学系制度；废年级制改为选科制，实行学分

制；改革学校管理体制，设评议会，实行民主管理；筹设研究所，组织各种研究会。这些改革使北京大学思想活跃，气象一新，成为全国最先进的学术中心。各地的大学也逐渐按北京大学的制度进行办理。

(5)各种教育团体的建立

“五四”前后，除了教育部所属的有关教育改革的组织，如教育调查会外，先后出现了很多民间性质的教育社团，影响较大的有全国教育会联合会、中华职业教育社、中华教育改进社、中国科学社等。

考点二、新文化运动影响下的教育思潮

“五四”新文化运动对封建文化进行了前所未有的冲击和批判，动摇了封建思想的统治地位，唤起了民众的觉醒，也对青年知识分子的思想解放，起了巨大的催化作用，从思想观念上促进中国教育开始走向新民主主义之路。

1. 平民教育思潮

(1)提倡者

初步具有共产主义思想的知识分子、小资产阶级知识分子和资产阶级知识分子。

(2)基本主张

反对封建的等级教育，反对千百年来地主阶级独霸教育权的局面，赞成给无力入学或失学的劳动人民进行文化知识教育，提高他们的文化水平和民主意识。

(3)评价

一定范围内普及了教育，后融入乡村教育运动，从总体上看是一种进步的教育思潮。

2. 工读主义教育思潮

(1)主要派别

①工学主义：匡互生、周予同等主张把工学作为实现民主自由、实业救国的手段。

②空想社会主义：王光圻等将工读视为实现新组织、新生活、新社会的手段。

③共产主义：李大钊等提出知识分子与工农结合，工农互助接受教育。

④纯粹工读主义：胡适等只将工读作为换取教育经费的手段。

(2)基本主张

以工兼学、勤工俭学、工人求学、学生做工、工学结合、工学并进，培养朴素工作和艰苦求学的精神，以求消弭体脑差别。

(3)评价

①推动教育与生产劳动相结合。

②赴法勤工俭学学生中一部分人后来成为中国无产阶级革命的领袖和骨干，对中国新民主主义革命和教育的发展都产生过重要影响。

3. 职业教育思潮

(1)来源

清末民初的实利主义和实用主义教育思想。

(2)兴起原因

①民族资本主义的发展对技术人才的需求日益迫切。

②新文化运动兴起后民主战士抨击传统教育脱离社会生产，提倡教育与生计结合。

③有识之士在全国教育会联合会多次提出推行职业教育的议案，早期主张实用主义教育的人士大多转而提倡职业教育，职业教育思潮逐步形成。

(3)基本主张

授人一技之长；促进实业发展。

4. 勤工俭学运动

表 13－3　勤工俭学运动

要点	具体内容
背景	近代中国社会的发展需要加大向西方学习的力度；北洋政府军阀专制，穷兵黩武，教育事业举步维艰
内容	1919～1920年间，先后共20批约1600多人到达法国。他们到法国后，有的先工后学，有的先学后工，有的边工边读。他们受到法国工人、青年、友好人士的欢迎和关切，广泛地接触了资本主义社会生活的实际。有些青年则着重锻炼自己，考察资本主义社会，接触工人群众，研究工人运动、研究社会主义思潮和马克思主义
影响	在先进知识分子倡导下，旅欧党团组织建立和进行了广泛的宣传组织工作，开展了革命斗争，大批青年在斗争实践中走上与劳动群众相结合的革命道路，逐渐接受马克思主义和科学社会主义思想，成长为无产阶级的革命战士，在中国新民主主义革命和教育发展史上有深刻影响

5. 科学教育思潮

表 13－4　科学教育思潮

要点	具体内容
背景	①形成：中国教育与近代科学联姻，始于洋务派的“西艺”教育。 ②发展：1914年“中国科学社”成立，它以“提倡科学，鼓吹实业，审定名词，传播知识”为宗旨，竭力提倡科学和科学教育，掀起了中国科学教育思潮。 ③成熟：“五四”运动前后，科学教育思潮在海内外相呼应，浑然一体。之后科学教育思想绵延三十余年
流派	①以任鸿隽为代表的中国科学社和《科学》杂志，批判清末教育“新政”以来学校有科学课程而无科学态度和科学精神，倡导以科学内容、科学方法尤其是科学态度、科学精神渗透、充实社会各项事业，尤其是教育。 ②以陈独秀为代表的激进民主主义者，通过文化反思倡导科学启蒙，主张以理性的态度看待中国传统教育、建设未来教育，是一种较为一般的科学教育思想，对形成现代教育理念产生影响。 ③以胡适为代表的实证主义，将科学的方法理解成“大胆的假设，小心的求证”，以之为解决一切学术和社会问题的有效方法。这是一种较为具体的科学教育主张，对教育的科学研究有所启示
主张	①以科学知识作为教育的基本内容，教育的目的是传授科学知识，训练科学方法，树立科学世界观。 ②以科学的方法和精神来研究教育问题，指导教育实践，使之成为一门真正的科学
积极作用	①以科学的方法研究教育蔚然成风，教育及心理测量等在20世纪20、30年代的中国教育界成为十分流行的研究手段。 ②各种新教学方法如道尔顿制等的试验广泛开展；高校中培养教育学科专门人才的学科和专业开始设置

6. 国家主义教育思潮

表 13－5　国家主义教育思潮

要点	具体内容
背景	是 20 世纪 20 年代初在中国兴起的一种具有强烈资产阶级民族主义色彩的社会思潮
内容	①教育是国家的工具，教育目的对内在于保持国家安宁和谋求国家进步，对外在于抵抗侵略、延存国脉。 ②教育是国家的任务，教育设施应完全由国家负责经营、办理，国家对教育不能采取放任态度。
影响	国家主义教育思潮实际上是一种教育救国论，随着北伐战争的胜利，国民党严禁国家主义，国家主义思想逐渐消沉

考点三、学校教学方法的改革与实验

1. 现代西方教学理论在中国的传播

受实用主义教育和科学教育思想的影响，20 世纪 20 年代，在西方国家流行的以反传统为旗号，以儿童活动为中心的各种教学法相继传入中国。

2. 设计教学法

表 13－6　设计教学法

要点	具体内容
含义	是美国教育家克伯屈从杜威“从做中学”的教育思想出发，并在其“问题教学法”的基础上，根据内部动机和附随学习的理论所创行的一种教学组织形式和方法
目的	克服传统教学中呆板的课堂教学、只重视书本知识、学生被动学习以及孤立的分科教学体制等缺陷
主张	①从实际生活中获取学习材料，打破教学科目的界限，摒弃教科书。 ②强调教师的责任在于利用环境去引发学生的学习动机，并帮助学生选择活动所需要的材料
一般程序	确定目的(包括引起动机)、制订计划、实施完成、检查评价
评价	①优点：批判当时传统教育脱离实际生活和形式主义的弊端，强调以儿童为中心，由儿童独立完成各个步骤，教师起到指引的作用，这在当时很多国家包括中国都引起了强烈的反响。 ②缺点：忽视系统知识、只一味地重视活动的做法，致使当时学校的学生难以获得全面发展，在学习上缺乏基本功的训练，也导致教学的无目的性、盲目性和混乱性

3. 道尔顿制

表 13－7　道尔顿制

要点	具体内容
含义	又称“道尔顿实验室计划”，是由美国教育家柏克赫斯特于 1920 年创立的一种倡导自由活动精神，希冀通过协调教与学的矛盾，促使学生的个性和群性和谐自由地发展的教学制度。因其创始于美国马萨诸塞州道尔顿中学而得名
原则	①自由——去除凡是阻碍学生自由学习和教师对学生的不合理规定，使学生自我计划、自我约束，借助自由的手段养成学生自我支配的能力。 ②合作——学校成为实际社会组织，打破班级界限，在团体中生活，学生既为团体服务，又保持个人独立性。 ③时间预算——破除班级授课制，在规定时间内，学生自订计划，自行学习

续表

要点	具体内容
内容	①将教室改为各科作业室，按学科性质陈列参考书与实验仪器。 ②废除课堂讲授，将学习内容制成分月作业大纲，规定应完成的任务。 ③学生与教师订立学习公约后，按兴趣自由支配时间，安排学习。 ④教师只是作为各作业室的顾问。 ⑤设置成绩记录表，由教师和学生分别记录学习进度，进度快的可以提前更换公约，并缩短毕业年限
影响	①优点：迎合了当时要求改革传统教育，提高教学质量的时代要求，受到许多国家教育界的追捧。 ②缺点：理论本身有一定缺陷，对教师、设备要求高，给学生过多自由，难保教育质量，后逐渐没落

4. 文纳特卡制

表 13－8　文纳特卡制

要点	具体内容
含义	是在美国进步教育运动中出现的，由教育家华虚朋提出并于 1919 年起在伊利诺伊州文纳特卡镇公立学校进行实验一种教学制度
目标	①给儿童以优美快乐的生活。 ②充分发展儿童的个性。 ③个人的社会化。 ④养成儿童普遍必需的知识和技能
课程内容	①儿童将来生活必需的知识和技能按学科进行，安排在上午，要求每个儿童在个别化教学中学得十分纯熟。 ②创造性的、社会性的知识和技能按活动进行，安排在下午，目的是儿童个人的能力和社交意识得到发展
影响	①与道尔顿制相比，文纳特卡制显然要更成熟。文纳特卡制完全打破班级教学，谋求彻底的个别化教学，且没有年级的编制。 ②对学生的要求较高，而且彻底个性化教学削弱了系统知识的传授，难保教育质量，后逐渐没落。 ③1928 年，文纳特卡制传入中国，但并没有像道尔顿制那样产生广泛的影响，只在一些地区做过一些实验研究。

5. 小结

纵观这一时期的教学方法，其特点可归纳为：

(1)注意“适应社会进步之需要”和“生活教育”的发展，突出学校的社会化功能，把教学内容与社会生活紧密结合起来，力图使学生能较快地适应当前和未来的社会工作和实际生活。

(2)注意“谋个性之发展”，突出儿童中心主义，根据儿童的潜力、兴趣和心理特点因材施教，力图发展学生的个性和创造能力。

(3)在克服传统教育弊端的同时，大多走向了另一个极端，即过度追求个性化，难保教育质量和效率。

考点四、1922 年的“新学制”

1. “新学制”的产生过程

(1)“五四”运动前后，西方教育思想大量传入中国，尤其是受美国民主主义教育思想的影响，国内掀起了一场声势浩大的教育改革运动，这些教育改革实践为学制的最终制订提供了坚实的依据。

(2)1922 年 9 月，教育部在北京专门召开了学制会议，同年 11 月以大总统令公布了《学校系统改革》这就是 1922 年的“新学制”或称“壬戌学制”。由于该学制采用的是美国式的“六三三”分段法，又称“六三三学制”。

2. “新学制”的标准和体系

表 13 –9　“新学制”的标准和体系

要点	具体内容	
标准	七项基本原则	①适应社会进化之需要。 ②发扬平民教育精神。 ③谋个性之发展。 ④注意国民经济力。 ⑤注意生活教育。 ⑥使教育易于普及。 ⑦多留各地伸缩余地
	评价	这七项标准正式取代民初的教育宗旨，体现了新文化运动以来所倡导的民主、科学、实用精神，对其后的教育改革产生了深远影响
学制体系	各期分段以儿童身心发展为依据，具体采用美国的“六三三”分段法，即初级小学 4 年(从 6 岁开始)，高级小学 2 年；初级中学 3 年，高级中学 3 年，与中学平行的有师范学校和职业学校；大学 4 ~6 年	

3. “新学制”的特点

(1)最显著的特点：第一次根据身心发展规律划分阶段。

(2)在初等教育方面：缩短小学年限，有利于教育普及；将幼稚园纳入初等教育，提升幼儿教育地位，有利于幼小衔接。

(3)在中等教育方面：以加强中等教育为核心，将辛亥革命以来的“七四”分段法改为“六三三”分段法，将中学分为初高两级，给学生选择余地，给地方办学余地；延长中学年限，有利于与大学衔接；实行分科制和选课制。

(4)在高等教育方面：取消预科，缩短年限；实行专门教育，重视科研。

(5)在职业教育方面，加强青年学生的职业教育训练，既有独立专门学校，又有附设于普通学校的职业科，适应升学、就业的双重需要。

(6)在师范教育方面：在高中设立师范科，高等师范学校升格为师范大学。

(7)注重普及教育：规定以 4 年为义务教育年限。

(8)注重办学灵活性：允许各地根据实际情况有一定的伸缩余地，如义务教育入学年龄、设何种职业科等，均可依各地情况而定，有利于发挥地方办学的积极性。

4. “新学制”的课程标准

1923年全国教育联合会确定并刊布了《中小学课程标准纲要》，其内容如下：

(1)小学取消修身课本，增加公民、艺术、体育、卫生课等；小学上课以分钟计时。

(2)初级中学必修课程有社会、国语(言文)、算学、自然、艺术和体育6科。

(3)高级中学分普通科和职业科；也分必修课和选修课。

该课程纲要虽未经政府正式颁布，只是由全国教育会联合会议议决刊布，但由于该组织的代表性和权威性，故各地都依次实施。

5. “新学制”的评价

(1)第一次依据我国学龄儿童的身心发展规律划分教育阶段，学制采用美国学制的“六三三”分段法，基本上是依据我国青少年身心发展的特点来划分的，这在中国近代学制发展史上是第一次。

(2)新学制虽然在一定程度上借鉴了美国的“六三三”分段法，但它并不是盲从复制。正如陶行知先生所说，它是“应时而生的制度”，是“颇有独到之处”的。

(3)初等教育方面，新学制缩短了小学年限，有利于初等教育的普及。

(4)中等教育方面，在中学实行选科制和分科制，兼顾了学生升学和就业的两种准备，使学生有较大发展的余地，适应了不同发展水平学生的需要。延长了中学年限，有利于提高教育的水平。

(5)高等教育方面，取消了大学预科，使大学不再承担普通教育的任务，有利于大学集中力量进行专业教育和科学研究。

(6)职业教育方面，设师范大学，并在大学设教育科，突破了师范教育自成体系的框架，使师范教育种类增多、程度提高、设置灵活，适应了当时的政治、经济发展的需要。

新学制虽然极大地促进了中国教育的发展，但它是诞生于美国实用主义在华传播的时代，不可避免地打上了实用主义的烙印，同时由于社会条件，以及师资、教材和设备的不足，在实行中困难重重。

考点五、收回教育权运动与教会教育的变革

1. 20世纪初教会教育的快速推进

表13-10　20世纪初教会教育的快速推进

要点	具体内容
背景	①自鸦片战争以来，凭借不平等条约的保护，西方传教士纷纷来华传教，并且把创办学校当作一种有力的传教手段。 ②19世纪末，基督教传教事业受到义和团运动的强烈冲击，遂于20世纪初将重心向学校教育转移
进程	20世纪20年代，教会学校已经成为一个覆盖初等教育、高等教育以及多种专门教育的、独立的教育系统，不受中国教育部门管辖，也无须向中国政府注册立案。到1926年，合计教会学校已达15000余所，学生总数约80万
评价	①优点：引进西方先进课程，培养了大批新式人才，促进教育普及，一定程度上推动了中国教育近代化。 ②缺点：带有宗教性质和殖民性质；侵犯了中国教育主权；对我国近代民族教育是一种干扰

2. 对在中国的基督教教育的调查

表 13－11　对在中国的基督教教育的调查

要点	具体内容
背景	20 世纪 20 年代成立近代美英教会调查中国教会教育的团体。 宗旨：确定美英教会对华教育的方针与策略
《基督教教育在中国》	主要内容包括中国教育现状、中国教会学校现状、对教会学校的指导原则与建议（“更有效率、更基督化、更中国化”）等
评价	促使教会学校清楚地了解中国社会和教育的发展现状，能够顺应形势需要主动做出调适，推动了教会学校转型

3. 收回教育权的斗争

（1）1924 年初，民族主义学潮四起，教会学校里的学生也开始寻求摆脱强制性宗教教育，一些进步杂志也刊登了教会学校学生的反抗。

（2）1924 年 3 月下旬，广州圣三一学校的同学要求成立学生会的请求被校方驳回，并开除、驱散积极学生，引发学生运动。以广州圣三一学校发生的学潮为起点，收回教育权的非基督教运动正式爆发。

（3）1924 年 10 月 15 日，全国教育联合会第十届年会在开封开幕。会议拟制和通过了《取缔外人在国内办理教育事业案》和《教育实行与宗教分离》两项议案。在这次会议的鼓舞下，各地方政府出台一系列法律来约束教会学校甚至有取缔教会学校的决议案通过。

（4）1925 年，收回教育权运动在“五卅”运动中达到高潮。学生运动则进一步加深了普通民众对教会学校的厌恶感，教会学校被视为帝国主义侵略势力的印象更加牢不可破，这就使得收回教育权运动从知识界的鼓吹倡导变成一般公众的共识。

（5）1925 年 11 月 16 日北京政府教育部发布公告，宣布统一执行新的《外人捐资设立学校请求认可办法》。对教会学校的组织管理机构、宗旨、课程分别做了明确规定，主要涉及教会学校的中国化、世俗化两大根本问题

4. 教会教育的本土化和世俗化

表 13－12　教会教育的本土化和世俗化

要点	具体内容
概述	收回教育权运动促使教会学校向更加世俗化和本土化的方向变革，对中国教育发展起到一定推动作用
向政府立案注册	主张教会学校应尽快向政府注册，承认中国的教育主权；把教会学校移交中国人管理；教会大学冠以“私立”字样
改革课程与教学	宗教与教育分离，学校不得以传教为宗旨，不得将宗教科目列入必修课
加强社会服务	教会学校不仅培养人才，而且直接通过在校师生的专业实践，在若干领域为中国的工农业发展和社会生活提供服务

续表

要点	具体内容
评价	当时教会学校满足了相当一部分读书求学的愿望，有助于政府解决教育资源不足的问题，如果采取简单化的政策，使其一律关闭停办，显然是不明智的。制定法律，使教会教育中国化、世俗化、专业化，才是上策。当然教会学校的立案，并不意味着教会教育权的真正收回，它只是加速了教会教育中国化的进程；也不表示中国化的完成，它只是中国化的一个重要阶段

考点六、新民主主义教育的发端

“五四”时期，特别是1917年俄国十月社会主义革命后，中国出现了传播马克思主义的热潮。1921年中国共产党成立，1924年国共实现第一次合作，1926年7月开始北伐战争，中国进入了第一次国内革命战争时期，即“大革命”时期。在这一社会大变革时期，教育领域也发生了重大变化，出现了新民主主义教育的思潮和教育实践，从此中国教育史翻开了新的一页。

1. 新民主主义教育纲领的提出

中国共产党成立后，十分重视文化教育工作，并逐步形成了新民主主义教育纲领，为以后革命根据地教育和新民主主义教育的发展奠定了基础。

(1)1922年5月，中国社会主义青年团第一次全国代表大会通过了《关于教育运动的决议案》。这一决议案具体规定了青年团在青年教育工作的任务。

(2)1922年7月，中国共产党第二次全国代表大会在上海召开，明确了新民主主义革命时期的纲领。在《大会宣言》中，也对新民主主义教育进行了论述：“保护女工和童工”“废除一切束缚女子的法律，女子在政治上、经济上、社会上和教育上一律享受平等权利”“改良教育制度，实行教育普及”。这些内容被教育史界看作中国共产党所提出的新民主主义的教育纲领。

2. 中国共产党领导下的工农教育

(1)工人教育

①1920年10月，北京共产主义小组成立。1921年创办长辛店劳动补习学校，这是共产党人在北方创办的最早的工人学校。

②1921年8月11日，中国共产党在上海成立了领导工人运动的总机关——中国劳动组合书记部，开展了灵活多样的工人教育活动。

③1922年，湖南工团联合会成立，许多中共党员受命深入工矿企业开展工人运动，创办工人补习学校、子弟学校、俱乐部、图书馆和读书阅报处，其中最具代表性的是安源煤矿的工人教育。

④1925年，在共产党的领导下，第二次全国劳动大会召开，会议通过了《工人教育决议案》，成为“五卅”运动后工人教育的指导方案。

(2)农民教育

随着农民运动的兴起，农民教育也发展起来了。彭湃领导的广东农民教育运动和毛泽东领导的湖南农民教育运动最具有代表性，两省召开农民代表大会通过了《农村教育决议案》，事实上成为全国农民运动的行动纲领。

3. 中国共产党早期创办的干部学校

表 13－13　中国共产党早期创办的干部学校

要点	具体内容	
概述	中国共产党成立后，十分重视革命干部的培养和教育工作，创办了一批各具特色的干部学校。其中湖南自修大学、上海大学、农民运动讲习所最具代表性	
湖南自修大学	内容	①简介：1921 年 8 月由毛泽东、何叔衡等在长沙兴办。 ②办学宗旨：办成一所“平民主义的大学”。 ③目的：养成健全人格，为“改造社会”做准备。 ④教育方法：废除灌注式，提倡有指导、扶助的自修，学员修业年限不定。 ⑤课程：文、法、劳动教育、马克思主义理论
	评价	湖南自修大学办学时间虽不长，但锻炼和培养了一批优秀的革命干部，如何叔衡、毛泽民、夏明翰等。湖南自修大学和补习学校，是中国共产党人创办革命干部学校的一次成功的试验
上海大学	创办过程	上海大学是共产党参与创建的一所高等学校，它的前身是 1921 年春开办的私立东南高等专科师范学校，同年 10 月，聘请于右任为校长，邵力子为副校长，更名为“上海大学”。于右任上任伊始，确定了“养成建国人才，促进文化事业”的办学宗旨；并决定与共产党联手，把上海大学办成“东南地区的最高学府和革命人才的摇篮”，许多杰出革命家、教育家曾担任重要职务，如瞿秋白、章太炎、恽代英等
	结局	1924 年，上海大学遭到英租界当局强令解散，被迫迁址。1927 年蒋介石发动“四一二”反革命政变，5 月 2 日查封了上海大学
	影响	上海大学不是“一个死读书本的学校”，鼓励学生投身于社会活动和革命斗争。学生“没有一个是读书不做事的”，他们在上海各区开办工人夜校，兼任义务教员。在“五卅”运动中，上海大学学生是游行示威的先锋；在北伐战争期间，上海大学组织学生军参加了上海工人发动的三次武装起义，受到社会的广泛关注，社会上流传着“文有上大，武有黄埔”的说法。上海大学办学五年，为中国共产党培养了许多干部，为新民主主义革命做出了重要贡献
农民运动讲习所	创办过程	第一次国内革命战争时期，共产党和国民党先后合作创办了广州农民运动讲习所和武昌中央农民运动讲习所，它们是当时培养农民运动干部的学校和研究农民运动的中心。 ①广州农民运动讲习所，是在共产党人彭湃等人倡议下，经中国国民党中央执行委员会通过而创办。从 1924 年 7 月至 1926 年 9 月，共举办了 6 期，培养农运干部 800 多名。 ②武昌中央农民运动讲习所，是毛泽东等人于 1927 年 3 月创办的。北伐军攻克武汉后，急需大量从事农民运动的人才，于是毛泽东建议在武昌开办农民运动讲习所
	内容	①班级组织方式：农民运动讲习所采用短期培训班的形式，每期 3 个月。 ②教学形式：以专题讲授为主，内容包括中国革命历史、三农问题和教育等。 ③学习方式：理论联系实际，安排学员到广东农民运动开展较好的地区参观与实习，回到农民运动与农民生活中去。 ④军事训练：农讲所学员按军事组织编队，军事教育课时占总课时数三分之一
	影响	农讲所是培养农民运动干部的学校，在农讲所中，教学形式灵活多样，教学内容贴近生活实际，将马克思主义理论与实际斗争结合，符合革命需要，还培养了大批南昌起义的骨干，为中国农民革命运动贡献了重要力量

4. 国共合作时期的黄埔军校

"黄埔军校"是1924年6月孙中山在广州黄埔长洲岛上创办的中国国民党陆军军官学校的简称，是中国现代史上第一所培养革命军队干部的军事学校。综观黄埔军校初期的办学历史，具有以下几个鲜明的办学特色：

(1)重视政治教育，贯彻政治教育和军事教育并重的原则。

(2)学用结合，注重理论和实践相结合的教学方针。

(3)注重实效，根据形势和任务确定培训学制和教学内容。

(4)实行开放教学，教学形式灵活多样。

(5)兼容并蓄，思想活跃。

黄埔军校是孙中山先生在中国共产党和苏联的积极支持下创办的陆军军官学校，建立在新三民主义的思想基础上，摈弃了以往旧军队制度上的一些弊端，提出了一套比较完整的建军路线，培养了大批高级军事政治人才，也为中国共产党培养出了许多高级将领。

5. 李大钊的教育思想

表13－14　李大钊的教育思想

要点	具体内容
生平概述	李大钊(1889～1927年)，字守常，河北乐亭人。1913年赴日本就读于东京早稻田大学，开始接触社会主义学说。1917年，在"十月革命"的影响下，他从革命的民主主义者转变为共产主义者。他是"五四"新文化运动的领袖之一、中国共产主义运动的先驱、中国共产党的主要创始人之一、著名学者和教授，也是中国新民主主义教育思想的奠基人。1927年4月28日，被北洋政府杀害
论教育的本质	①尝试运用历史唯物主义说明教育的本质问题，提醒人们正确认识教育与社会发展的关系，认为文化教育不仅受制于经济基础，且也受政治制约。 ②揭示教育的阶级性，指出封建教育、教会教育的本质，认为封建纲常教育的目的在于损卑下以奉尊长，牺牲被治者的个性以事统治者；批判北洋军阀恢复"尊孔读经"是一种历史倒退行为。 ③运用上层建筑与经济基础关系理论，提醒人们应该如何去认识教育的作用，即传播革命道理和文化科学，引导人们达到"光明与真理境界"的作用
倡导工农大众的教育	①指出真正的平民教育是工农劳苦大众的教育，劳工要想享受平等的受教育的权利，只有在通过阶级斗争建立工人阶级的政权后。 ②认识到劳工教育和农民教育的重要性；建议在城市多建立劳动学校和图书馆以便进行工读教育，在农村利用农闲时间进行国民革命教育宣传，开办农民补习班，以便做到"耕读作人"
倡导青年教育	李大钊倡导知识青年树立"劳工神圣"的新思想、新道德，提倡知识分子与工农群众打成一片。这里已经初步提出了劳动人民知识化和知识分子劳动化的问题

6. 恽代英的教育思想

表13－15　恽代英的教育思想

要点	具体内容
生平概述	恽代英(1895～1931年)，字子毅，湖北武昌人。1918年毕业于武昌中华大学。他是中国共产党早期杰出的青年运动领导人，先后教过中学、师范、大学，有着比较系统全面的教育主张和教育理念，是一位教育理论的探索者和教育改革的实践者

续表

要点	具体内容
论教育与社会改造	①运用马克思主义经济基础决定上层建筑的理论，指出要战胜在华的基督教势力，收回教育权，必须争得经济独立和政治革命。他为中国人民彻底收回教育权指明了方向。 ②认为在军阀混战、列强进逼的民族危亡关头，救国的首要任务是“尽力促进革命，以根本改造这种社会”。他通过批判国家主义的教育思潮，宣传了马克思主义的教育思想，澄清了 20 世纪 20 年代教育界的一些理论是非
教育目标论	提出了培养“国家的主人翁”的教育目标，即培养独立思想、独立行动、自尊、自信、有办事能力，尊重民众、了解工农，能为民众的利益而努力的人
教育改造论	①在儿童教育问题上，认为儿童关系着国家社会未来的前途和命运，必须“发大心立大愿”来挽救和教育儿童。恽代英还提出了“儿童公育”的设想。所谓“儿童公育”是指由社会负担起儿童教育的主要责任，设立专门机构，儿童一坠地即受到良好的公众教育。 ②在中学教育问题上，认为当时中学教育目的存在根本性错误，只以升学为目的，毕业生“不能见信于人”，亟须改造，提出了关于中学课程与教科书、教学方法等许多改造中等教育的主张
评价	恽代英改革中学教育的思想既是对中学教育改革实践经验的总结，也反映了 20 世纪 20 年代中学教育改革的潮流，对于我们今天对应试教育弊端的改革仍有重要的指导价值

13.2　课后习题详解

1. 新文化运动促使教育观念发生哪些变化？

答：“五四”新文化运动极大地解放了人们的思想，促进了教育观念的变革和各种教育思潮的形成。早期马克思主义者对 20 世纪 20 年代的“平民教育”“科学教育”和“勤工俭学”运动等教育思潮做出了特殊的贡献。

(1)教育的个性化

①强调在教育上使个人享自由平等之机会。

②要求在教育中尊重个人，从尊重儿童开始，教师必须懂得儿童身心发展规律，从而选择适当的方法，使儿童的个性得以发展。

(2)教育的平民化

①新文化运动对教育观念的又一改变，是教育平民化观念的形成。这是民主思潮在教育领域里的回响。

②平民教育思潮，是新文化运动中反对封建“贵族主义”等级教育，倡导普通百姓享有平等教育权的思潮。当时早期的马克思主义者对“平民教育”提出了自己的深刻见解。如陈独秀、李大钊、邓中夏等人认为平民教育应使广大“劳工阶级”能够读书受教育。

(3)教育的实用化

①新文化运动时期，提倡务实的教育成为共识。

②认识到教育对个人生活能力的培养、对社会生产发展的适应的重要意义，致力于思考和解决“教育与生计关系”成为不少教育家孜孜以求的事业，从观念上解决了改革教育结构，发展职业教育的问题。

③当时杜威的实用主义思想是20世纪上半叶全世界教育思想的主流，体现在欧洲的新教育运动和进步教育运动。在新文化运动期间，务实的教育思想也成为共识。主要表现在：教育要培养实际生存能力，解决生计问题。教育的内容要与社会和生活相联系。

(4)教育的科学化

①1914年4月，“中国科学社”成立，它以“提倡科学，鼓吹实业，审定名词，传播知识”为宗旨，竭力提倡科学和科学教育，掀起了中国科学教育思潮。1923~1924年爆发的科学与玄学的论战将科学教育思想推向了高潮。陈独秀、邓中夏等人以唯物主义历史观为指导，指出了“科学派”和“玄学派”的偏颇，为人们正确认识自然科学与人文学科的关系提供了新的视角和新的观点，对于推动20世纪20年代教育研究和教学方法的科学化发挥了重要作用。

②民主主义者开始用科学的精神来分析中国教育现状，指出要让科学内容和方法渗入到社会各项事业，渗入到教育，改变人民的态度和观念。

2. 新文化运动影响下的教育思潮有哪些？其主要内容和特点是什么？意义何在？

答：“五四”新文化运动时期是一个急剧变革的历史时期，20世纪20年代前后，以美国为代表的西方教育思想大量传入中国，激发出中国知识分子的教育改革热情。

(1)教育思潮和改革运动类型

在短短的十余年时间里，各种教育思潮、教育运动和教育实验层出不穷，主要包括平民教育思潮、工读主义教育思潮、职业教育思潮、勤工俭学运动、科学教育思潮、国家主义教育思潮、学校教学方法的改革实验。

(2)教育思潮和改革的内容和特点

①平民教育思潮

a. 基本内容：共产主义思想的知识分子站在“庶民”的立场，为广大“劳工阶级”争取教育权力，要求平民教育必须符合劳动人民谋求自身解放的根本利益，尤其是应该与破除阶级统治的革命斗争同时进行，并认为，不是教育了一切人才可以改造社会，而是改造了社会，才可以有好教育。

b. 特点：参与平民教育的各界人士都反对封建的等级教育，反对千百年来地主阶级独霸教育权的局面，赞成给无力入学或失学的劳动人民进行文化知识教育，提高他们的文化水平和民主意识，因此，从总体上看，平民教育是一种进步的教育思潮。

②工读主义教育思潮

a. 基本内容：以工兼学、勤工俭学、工人求学、学生做工、工学结合、工学并进，培养朴素工作和艰苦求学的精神，以求消弭体脑差别。

b. 特点：读书与工作相结合，着重培养独立生活能力和劳动互助习惯，创造读书学习机会，为贫困学生开生活之路，为新社会筑良好基础。

③职业教育思潮

a. 基本内容：以黄炎培职业教育思想为代表，认为职业教育使无业者有业，有业者乐业，以一技之长可谋生活，使中等资质的学生尽其所长，以期地无弃利，国富民裕。

b. 特点：职业教育注重授人一技之长和促进实业发展。职业教育思潮是由清末民初的实利主义和实用主义教育思想发展演变而来。

④勤工俭学运动

a. 基本内容：最初把做工和原有的以识字、写字为主的国民教育结合，后来把做工和学习科学技术知识结合起来，通过勤工与俭学以维持学业，逐渐提高到以俭学与勤工相结合，探索改造中国与世界的出路的认识高度。

b. 特点　勤工俭学学生生活极为艰苦，每天 8 小时工作后还学习 3、4 个小时。他们广泛地接触了资本主义社会生活的实际，不少人还深入考察资本主义社会，接触工人群众，研究工人运动、研究社会主义思潮和马克思主义，并因此转变了自己的世界观，并表现出很强的政治意识，积极组织和参与各种与反动势力进行斗争的运动。

⑤科学教育思潮

a. 基本内容：以科学知识作为教育的基本内容，教育的目的是传授科学知识，训练科学方法，树立科学世界观；以科学的方法和精神来研究教育问题，指导教育实践，使之成为一门真正的科学。

b. 特点　以科学的方法研究教育蔚然成风；各种新教学方法的试验广泛开展；高校中培养教育学科专门人才的学科和专业开始设置。

⑥国家主义教育思潮

a. 基本内容：主张收回教育权；倡导教育机会的均等和普及教育、义务教育；提倡蒙藏教育和侨民教育，以及提倡学校中的爱国“知耻”教育、军事教育，提倡教育和学术独立等，表现出其进步与爱国的一面。

b. 特点　反对任何党派、私人、地方、教会的教育和外国殖民教育，将教育权收归国家，使教育真正成为一种由国家办理或监督的事业。

⑦学校教学方法的改革实验

a. 基本内容：受实用主义教育和科学教育思想的影响，20 世纪 20 年代，在西方国家流行的反传统为旗号，以儿童活动为中心的各种教学法相继传入中国。如设计教学法、道尔顿制、文纳特卡制等。

b. 特点　注意“适应社会进步之需要”和“生活教育”的发展，突出学校的社会化功能，把教学内容与社会生活紧密结合起来，力图使学生能较快地适应当前和未来的社会工作和实际生活；注意“谋个性之发展”，突出儿童中心主义，根据儿童的潜力、兴趣和心理特点因材施教，力图发展学生的个性和创造能力。

(3)教育思潮和改革的意义

“五四”时期是中国近代历史上的一个重要转折时期，新旧文化激烈冲突，思想革命波澜壮阔，预示着传统文化发生巨大变革的历史时机已经到来。与文化革命相适应，中国的教育开始摆脱传统文化的束缚，以更为开放的姿态面对世界多元文化，深刻反思，积极选择，首先从思想意识方面走上了现代化道路。正是“五四”新文化运动和大革命时期的种种教育探索和举措，标志着中国教育的现代转换，并初步形成了中国现代教育的基本格局。

3. 评述 1922 年“新学制”。

答：(1)“新学制”的产生过程

①中国近代学制形成后，虽经民国初年的教育改革，仍存在不少问题，并且已不适应日益发展的社会政治经济生活和生产的需要，因而孕育着一场新的改革。

②“五四”运动前后，西方教育思想大量传入中国，尤其是受美国民主主义教育思想的影响，国内掀起了一场声势浩大的教育改革运动，这些教育改革实践为学制的最终制订提供了坚实的依据。

③1922 年 9 月，教育部在北京专门召开了学制会议，同年 11 月以大总统令公布了《学校系统改革》这就是 1922 年的“新学制”或称“壬戌学制”。由于该学制采用的是美国式的“六三三”分段法，又称“六三三学制”。

(2)“新学制”的标准和体系

①“新学制”的标准：适应社会进化之需要；发扬平民教育精神；谋个性之发展；注意国民经济力；注意生活教育；使教育易于普及；多留各地伸缩余地。

②“新学制”的学制体系：各期分段以儿童身心发展为依据，具体采用美国的“六三三”分段法，即初级小学 4 年(从 6 岁开始)，高级小学 2 年；初级中学 3 年，高级中学 3 年，与中学平行的有师范学校和职业学校；大学 4 ~6 年。

(3)“新学制”的特点

①根据儿童身心发展规律划分教育阶段。

②初等教育阶段趋于合理，更加务实。

③中等教育阶段是改制的核心，是新学制中的精粹。

④建立了比较完善的职业教育系统。

⑤改革师范教育制度。

⑥允许各地根据实际情况有一定的伸缩余地，有利于发挥地方办学的积极性。

(4)“新学制”的课程标准

1923 年全国教育联合会确定并刊布了《中小学课程标准纲要》，其内容如下：

①小学取消修身课本，增加公民、体育、艺术、卫生等现代课程。小学上课以分钟计时。

②初级中学必修课程有社会、国语(言文)、算学、自然、艺术和体育 6 科。

③高级中学分普通科和职业科。普通科分文学、社科和数理三类；职业科分农、工、商、船 4 类。课程分为公共必修科目、分科专修科目、纯选修科目三种。

该课程纲要虽未经政府正式颁布，只是由全国教育会联合会议议决刊布，但由于该组织的代表性和权威性，故各地都依次实施。

(5)“新学制”的评价

①第一次依据我国学龄儿童的身心发展规律划分教育阶段，学制采用美国学制的“六三三”分段法，基本上是依据我国青少年身心发展的特点来划分的，这在中国近代学制发展史上是第一次。

②新学制虽然在一定程度上借鉴了美国的“六三三”分段法，但它并不是盲从复制，而是符合中国国情的借鉴。

③在初等教育方面，新学制缩短了小学年限，有利于初等教育的普及；延长了中学年限，有利于提高教育的水平。

④在中等教育方面，在中学实行选科制和分科制，兼顾了学生升学和就业的两种准备，使学生有较大发展的余地，适应了不同发展水平学生的需要。

⑤在高等教育方面，取消了大学预科，使大学不再承担普通教育的任务，有利于大学集中力量进行专业教育和科学研究。

⑥在职业教育方面，设师范大学，并在大学设教育科，突破了师范教育自成体系的框架，使师范教育种类增多、程度提高、设置灵活，适应了当时的政治、经济发展的需要。

新学制虽然极大地促进了中国教育的发展，但它是诞生于美国实用主义在华传播的时代，不可避免地打上了实用主义的烙印，同时由于社会条件，以及师资、教材和设备的不足，在实行中困难重重。

4. 收回教育权运动的历史意义何在?

答:"五四"运动后，教会教育在中国受到了国家主义教育思潮和民族主义运动的强力冲击。20 年代中期，一场轰轰烈烈的向在华基督教机构收回教育权的运动由南到北，席卷而至。该运动在中国教育史上具有很深远的意义，主要表现在：

(1)取得实际成果

1924 年 3 月下旬，广州圣三一学校的同学要求成立学生会的请求被校方驳回，并开除、驱散积极学生，引发学生运动。以广州圣三一学校发生的学潮为起点，收回教育权的非基督教运动正式爆发。同年 10 月 15 日，全国教育联合会第十届年会在开封开幕，会议拟制和通过了《取缔外人在国内办理教育事业案》和《教育实行与宗教分离》两项议案。在这次会议的鼓舞下，各地方政府出台一系列法律来约束教会学校甚至有取缔教会学校的决议案通过。1925 年，收回教育权运动在"五卅"运动中达到高潮。学生运动则进一步加深了普通民众对教会学校的厌恶感，教会学校被视为帝国主义侵略势力的印象更加牢不可破，这就使得收回教育权运动从知识界的鼓吹倡导变成一般公众的共识。1925 年 11 月 16 日北京政府教育部发布公告，宣布统一执行新的《外人捐资设立学校请求认可办法》。

(2)长远历史意义

①在教育思想方面，该运动提出了"教育为国家主权""教育与宗教分离""国家主义教育"三大观念。

②在教育学派方面，该运动时期所形成的国家主义教育学派，丰富壮大了中国现代教育流派的队伍。

③在教育制度方面，该运动促使政府形成较为成熟的管理教会学校的体制。

④在教育编纂方面，该运动时期提出和形成的"教育侵略论""文化侵略论"，成为中国近现代教育史上最有影响的学科研究话语范式。

5. 中国共产党早期的干部学校主要有哪几所? 各有什么特点?

答:中国共产党成立后，在深入工矿、乡村开展工农教育运动的同时，十分重视革命干部的培养和教育工作，创办了一批各具特色的干部学校。其中湖南自修大学、上海大学、农民运动讲习所最具代表性。

(1)湖南自修大学

①1921 年 8 月，毛泽东、何叔衡等在长沙兴办，办学宗旨即办成一所"平民主义的大学"。

②实行了独特的教学制度、方法和课程。教学组织实行"自动的方法"，自定课表，自

学为主，辅以授课，学员修业年限不定，修毕一科，成绩合格，给予证书。自修大学的教学坚持废除灌注式，提倡有指导、扶助的自修。课程设置上自修大学规定设文、法两科，每个学员选其一。

③湖南自修大学办学时间虽不长，但锻炼和培养了一批优秀的革命干部，如何叔衡、毛泽民、夏明翰、罗学瓒等。湖南自修大学和补习学校，是中国共产党人创办革命干部学校的一次成功的试验。

(2)上海大学

上海大学是共产党领导的又一类型的高等学校，创办于1922年春，初为私立东南高等专科师范学校，设文学与美术两科，并附设普通科和附属中学。该学校在培养目标、教学上具有独特的特点，表现在：

①上海大学是共产党参与创建的一所高等学校，它的前身是1921年春开办的私立东南高等专科师范学校，同年10月，聘请于右任为校长，邵力子为副校长(1924年4月起任代理校长)，更名为“上海大学”。于右任上任伊始，确定了“养成建国人才，促进文化事业”的办学宗旨；并决定与共产党联手，把上海大学办成“东南地区的最高学府和革命人才的摇篮”。许多中国近代史上的杰出革命家、教育家都曾在此担任过重要职位。

②上海大学不是“一个死读书本的学校”，鼓励学生投身于社会活动和革命斗争。学生“没有一个是读书不做事的”，他们在上海各区开办工人夜校，兼任义务教员。在“五卅”运动中，上海大学学生是游行示威的先锋；在北伐战争期间，上海大学组织学生军参加了上海工人发动的三次武装起义，受到社会的广泛关注，社会上流传着“文有上大，武有黄埔”的说法。上海大学办学五年，为中国共产党培养了许多干部，为新民主主义革命做出了重要贡献。

(3)农民运动讲习所

第一次国内革命战争时期，共产党和国民党先后合作创办了广州农民运动讲习所和武昌中央农民运动讲习所，它们是当时培养农民运动干部的学校和研究农民运动的中心。

农民运动讲习所是农民运动的学校，具有自身的特点，表现在：

①在班级组织方式上，农民运动讲习所采用短期培训班的形式，每期3个月。

②在教学形式上，以专题讲授为主，如广州农民运动讲习所第六期共25个专题，有中国史概要、中国民族革命运动史、三民主义和中国农民问题、农村教育、中国职工运动、农业常识等。

③在学习方式上，理论联系实际，安排学员到广东农民运动开展较好的地区参观与实习，回到农民运动与农民生活中去。

④在军事训练上，农讲所学员按军事组织编队，军事教育课时占总课时数三分之一。

农讲所的教学形式灵活多样，教学内容贴近生活实际，将马克思主义理论与实际斗争结合，符合革命需要，还培养了大批南昌起义的骨干，为中国农民革命运动贡献了重要力量。

6. 李大钊、恽代英是如何批判半殖民地半封建教育的？提出了哪些新主张？

答：(1)李大钊

①对半殖民地半封建教育的批判

新文化运动前，教育领域内“尊孔读经”的复古逆流甚嚣尘上，以纲常名教为核心的封建教育旧势力依然顽固，李大钊通过分析批判孔学，说明封建教育的必然消亡。还运用上层建筑与经济基础关系理论，提醒人们应该如何去认识教育的作用，即传播革命道理和文化科学，引导人们达到“光明与真理境界”的作用。

②提出的新主张

a. 倡导工农大众的教育，认为真正的平民主义，应是破除一切特权阶级，使全体人民都成为为国家社会做有益工作的人，只有在通过阶级斗争，建立了工人阶级的政权后，才能最终获得，这才是真正的平民教育。

b. 尝试运用历史唯物主义说明教育的本质问题，提醒人们正确认识教育与社会发展的关系，认为文化教育不仅受制于经济基础，且也受政治制约。

c. 倡导知识青年树立“劳工神圣”的新思想新道德，到工厂去，到农村去，与劳工阶级打成一片。他说：“要想把现代的新文明，从根底输到社会里面，非把知识阶级与劳工阶级打成一气不可。”只有知识阶级作民众的先驱，民众作知识阶级的后盾，才能创造出一个“青春中华”。这里已经初步提出了劳动人民知识化和知识分子劳动化的问题。

(2)恽代英

①对半殖民地半封建教育的批判

恽代英批判了“教育救国论”，主张把教育放到社会上去，使改造教育与改造社会打成一片。他认为教育与社会要有共同的改造理想，教育要引起社会的改变，就须将其影响力施予政治和经济。

②提出的新主张

a. 运用马克思主义经济基础决定上层建筑的理论，指出要战胜在华的基督教势力，收回教育权，必须争得经济独立和政治革命，他为中国人民彻底收回教育权指明了方向。

b. 1924 年 8 月，发表《民治的教育》一文，提出了培养“国家的主人翁”的教育目标。在他看来，“国家的主人翁”，应当是独立思想、独立行动、自尊、自信、有办事能力，尊重民众、了解工农，能为民众的利益而努力的人。

c. 对儿童教育有所研究，曾翻译和撰写了《家庭教育》《儿童读书年龄之研究》《儿童公育在教育上的价值》等论文，认为儿童关系着国家社会未来的前途和命运，因此，必须“发大心立大愿”来挽救和教育儿童。

d. 提出了“儿童公育”的设想。所谓“儿童公育”，是指由社会负担起儿童教育的主要责任，设立专门机构，儿童一坠地即受到良好的公众教育。

e. 对中学教育有较深入的研究，曾撰写《中学改制论》《编辑中学教科书的先决问题》等论文，认为当时中学教育存在根本性错误，亟须改造，提出了许多改造中等教育的主张。

13.3　考研真题与典型题详解

一、概念题

1. 壬戌学制［北京师范大学 2018 年研］

答：壬戌学制是 1922 年北洋政府颁布的《学校系统改革案》中提到的学制系统，是年为旧历壬戌年，故称壬戌学制。为区别于民初的“壬子癸丑学制”，又称“新学制”。新学制以下列七条标准为依据：适应社会进化的需要；发挥平民教育精神；谋个性之发展；注意国民经济力；注重生活教育；使教育易于普及；多留地方伸缩余地。壬戌学制采用美国学制的一种，即“六三三”分段法，又称“六三三学制”。新学制注意到了制定学制与中国的国情、经济发展需要、儿童身心发展规律及人民生活水平之间的关系，是前一时期教育改革的一个综合成果。但学制的主要缺点是在移植美国综合中学制上脱离了当时中国的实际，因而在实行中困难很大，本欲加强的方面，如职业教育、师范教育反而被削弱。

2. 工读教育思潮

答：工读教育思潮是发轫于清末民初，盛行于“五四”新文化运动时期，由一批进步教育家、社团组织所提倡并推广，大批爱国青年学生参加的教育实践活动，有勤工俭学、半工半读、工学并进、工学兼营、工读互助、手脑并用等多种提法。它主张通过读书与生产劳动相结合，促进脑力劳动与体力劳动的结合，实现改造不合理社会的目的。工读教育思潮的提倡者有共产主义者李大钊、毛泽东、周恩来等人，也有无政府主义者王光圻等，还有胡适、张东荪等把工读视作单纯的经济问题的一些人。提倡工读的人还组织过一些工读团体进行实验。工读教育思潮特别是其中的勤工俭学思想，对中国教育的发展有一定的影响。

二、简答题

1. 新文化运动反对传统教育对改变教育观念的主要表现。［华中师范大学2019年研］

答：新文化运动是由陈独秀、李大钊等一些受过西方教育（当时称为新式教育）的人发起的一次“反传统、反孔教、反文言”的思想文化革新运动。新文化运动反对传统教育对改变教育观念的主要表现为：

(1)教育的个性化

“个性解放”包含个人思想上、行动上的解放和对个人权利、尊严的要求。

①强调在教育上“使个人享自由平等之机会而不为政府、社会、家庭所抑制”。

②要求在教育中尊重儿童，“以儿童为中心”。

③尊重个性意味着不让社会淹没个性。

④学校教育尤忌“随便教育”。

(2)教育的平民化

提出必须坚持教育的“庶民”方向，打破以往社会有贵贱上下、劳心与劳力、治人与被治种种差别的阶级教育。这种教育不限于学校范围，无论是形式还是内容，都要考虑到其生产、生活和环境改造的需要。革除数千年来由尊者、贵者、富者独占教育的不合理状况，令平民大众都能享有教育。

(3)教育的实用化

在新文化运动时期，提倡务实的教育成为共识。

①认识到教育对个人生活能力的培养、对社会生产发展的适应的重要意义，致力于解决改革教育结构，发展职业教育。

②认识到学校内部须进行全面改革，强调从社会生活和学生生活实际出发，要求课程

内容和教学组织形式均须适应生产和生活发展的需要，以摆脱传统的束缚。

(4) 教育的科学化

“科学”是新文化运动所高扬的另一面旗帜。对科学方法和观念的倡导是“五四”新文化运动思想启蒙的重要内涵与特点，表现出强烈的理性色彩，是一种更深层次的启蒙和洗礼。其具体表现为：

①对理性的怀疑精神和对科学方法的追求。

②秉承怀疑精神和科学态度。通过理性精神的宣扬，让科学内容和方法渗入社会各项事业，改变人的态度和观念。

2. 简述“五四”新文化运动对学校教育的影响。

答：“五四”新文化运动是“五四”运动前后，中国思想文化领域发生的一次启蒙运动，它的基本内容是提倡“民主”和“科学”，对当时的学校教育产生了一定的影响。

(1) 学校改用白话文教学

新文化运动反对旧文学，提倡平民的、写实的、通俗的新文学，从内容到形式上都起着深刻的变革。出现了大量采用白话文的优秀新文学作品，为学校提供了国语教材和课外读物。白话文教材的普遍使用，对普及教育、普及文化科学知识都有很重要的意义。

(2) 促进女子教育的发展

“五四”新文化运动反对封建礼教和封建道德，抨击男尊女卑，主张妇女解放、男女平等，开放女禁，男女都有受教育的平等权利，不但要求兴办女学，还主张男女同学。北京大学、南京高师相继招收女生，一些进步的中学也开始男女合校，甚至同班，1922 年的新学制取消了男女中学之间的差别，从制度上肯定了男女享有平等的教育权。

(3) 学校教学内容、教学方法的改革

在“民主”“科学”精神的影响下，排除了封建性的内容，在中小学加强自然科学教育和职业教育，大学增设一些自然科学系，大中小学的教材增加了宣传资产阶级民主、个人奋斗以及研究现实问题的内容；引进了新的教育思想和教学方法，如杜威实用主义教育思想以及设计教学法、道尔顿制等，反对注入式教学，提倡启发式教学方法。

(4) 学校行政管理改革

取消了学监、舍监，设训育主任，实行导师制，中等以上学校设学生自治会。

(5) 促进学校体育活动的发展

体育在此时期主要表现为：以兵操为主的军国民体育思想的衰退和以欧美运动的田径、球类、游戏类活动方式的“实用主义体育思想”的开始兴起，这表明中国体育已经由模仿德国，日本转向了模仿欧美。最典型的是篮球运动，最早的就是由西人通过基督教青年会带来和推广的，随后棒球、垒球、网球、乒乓球等也相继传入。这场思想解放运动在某种程度上对我国的学校体育起到了极大的促进作用。

第 14 章　国民政府时期的教育

14.1　复习笔记

【知识框架(庖丁解牛)】

- 国民政府时期的教育
  - 国民政府时期的教育政策
    - “党化教育”的实施和废止
    - “三民主义”教育宗旨的颁行
    - “战时须作平时看”的方针
    - 《中华民国宪法》中的教育法规
  - 国民政府的教育制度和管理措施
    - 教育制度和管理措施
    - 人民的民主教育运动
  - 国民政府各级教育的发展
  - 杨贤江的教育思想
    - 生平与教育活动
    - 教育方面的贡献
  - 晏阳初的教育思想
    - 生平与教育活动
    - 教育方面的贡献
  - 梁漱溟的教育思想
    - 生平与教育活动
    - 教育方面的贡献
  - 黄炎培的教育思想
    - 生平与教育活动
    - 教育方面的贡献
  - 陈鹤琴的教育思想
    - 生平与教育活动
    - 教育方面的贡献
  - 陶行知的教育思想
    - 生平与教育活动
    - 教育方面的贡献

【考点剖析与拓展(游刃有余)】

考点一、国民政府时期的教育政策

1. “党化教育”的实施和废止

表 14－1　“党化教育”的实施和废止

要点	具体内容
“党化教育”的萌芽	1924 年孙中山改组国民党，正式提出“以党建国”“以党治国”的政治理念，采取“联俄、联共、扶助农工”的三大新政策，在苏联顾问的指导下，加强国民党控制，期望构建以“三民主义”为核心的主流意识形态。孙中山强调国民党党义或党化教育，“党化教育”的概念由此推衍而出

续表

要点	具体内容
“党化教育”的提出	1926 年 3 月，广东国民革命政府成立教育行政委员会，提出“党化教育”口号。同年 5 月，广东省第六次教育大会召开并通过《党化教育决议案》
“党化教育”的实施	1927 年 5 月，在南京召开的“五四”运动纪念大会上，蒋介石正式发出实行“党化教育”的号召。此后，党化教育开始向全国推行
“党化教育”备受争议	由于国民党所提倡的“党化教育”过于露骨，出台后立即受到进步人士的抨击。在国民党党内，对于“党化教育”一词的内涵也有严重分歧
“党化教育”的废止	面对种种质疑和分歧，1928 年 5 月，中华民国大学院召开第一次全国教育会议，大会决定取消“党化教育”一词，以“三民主义教育”代之，以彰三民主义教育之实

2. “三民主义”教育宗旨的颁行

表 14－2 “三民主义”教育宗旨的颁行

要点	具体内容
“三民主义”教育宗旨的产生	①1928 年 5 月，大学院在南京召开第一次全国教育会议，对“三民主义教育”的实质作了规定：三民主义教育就是以实现三民主义为目的的教育。 ②1929 年 3 月，国民党在南京召开第三次全国代表大会，会议的重要议题为制定教育宗旨和教育政策。会议提出《教育方针及实施原则案》，强调教育方针的重要性，认为应以“三民主义教育”作为中华民国的教育方针。 ③1929 年 4 月 26 日，南京国民政府公布《中华民国教育宗旨及其实施方针》，提出中华民国的教育宗旨为“三民主义教育”，并公布了八条实施方针。至此，“三民主义”教育宗旨最终形成
“三民主义”教育的实施原则	①“三民主义”教育宗旨及教育方针的确立 1931 年 6 月，南京国民政府颁布《中华民国训政时期约法》，将“三民主义教育”作为中华民国教育的根本原则，对各级各类教育的教育目标、课程等作了根本性规定。 ②“三民主义”教育宗旨及教育方针的意义 三民主义教育宗旨由精要表述、实施方针、实施原则组成，具有理论上的指导性以及实践上的可操作性。“三民主义教育”在一定程度上为民国教育提供了指导，在客观上促进了中国现代教育的发展。但是，“三民主义教育”实质上是国民党控制教育、进行专制统治的工具

3. “战时须作平时看”的方针

抗日战争爆发后，国民政府教育部门确定了“战时须作平时看”的教育政策。在这一教育政策的指导下，国民政府不仅采取了一系列适应抗战需要的措施，同时对课程做了许多调整。

表 14－3 “战时须作平时看”的方针

要点	具体内容
措施	①高校迁移，将一批重点大学迁往西南西北，调整重组。 ②学校国立，保障部分学校正常办学。 ③成立战地失学青年招致训练委员会，收容安置战区和沦陷区流亡青年。 ④设置战区教育指导委员会，实施战区教育

续表

要点	具体内容
评价	国民政府以“战时须作平时看”为核心的抗战教育政策是一项重要的教育政策，它建立在对战争持久性的抗战形势估计的基础上，坚持“抗战与建国兼顾”的原则，没有因抗战而放弃正常的教育，顾及了国家民族的长远利益。这一政策客观上维持了教育的连续性，为今后的国家建设培养、储备了一定的人才

4.《中华民国宪法》中的教育法规

表 14－4 《中华民国宪法》中的教育法规

要点	具体内容
过程	1946 年国民政府通过了《中华民国宪法》，并于第二年开始实施
评价	①作为国家的根本法，修订的《中华民国宪法》中有关教育的条款可谓比较详细和全面的，令人民尤其是教育界感到鼓舞。 ②这个宪法其实并不真代表国民政府统治者发展教育的愿望。随着内战的挑起，宪法的教育规定也成为名不符实的一纸空文

考点二、国民政府的教育制度和管理措施

南京国民政府时期的学校教育制度逐渐完善，观念日趋现代，方法日渐多样化，取得了较大的进步。相较于清末以及北洋政府时期，学校取得了极大的发展，学校的数量和质量也有所提升。

1. 南京国民政府时期的教育制度和管理措施

表 14－5 南京国民政府时期的教育制度和管理措施

要点	具体内容	
大学院和大学区制的试行与废止	大学院和大学区制的试行	1927 年 6 月，南京国民政府教育行政委员会拟定了《大学区组织条例》，要求中央及地方分别设置大学院和大学区，分别管理全国及地方的教育行政事宜
	大学院和大学区制的含义	①大学院制：在中央设置大学院代替教育部，管理全国教育行政事宜，同时兼具全国最高学术研究职能。 ②大学区制：在地方实行大学区制，以各省国立大学为教育行政机关，大学校长管理学区内一切学术与教育行政事宜
	大学院和大学区制的来源	大学院和大学区制是蔡元培教育独立思想的组成部分，以大学院和大学区制取代原来的教育行政制度，目的是“改官僚化为学术”，以求“一事权，而利教育事”，从而促进教育与学术的结合，实现教育行政机构的学术化
	评价	大学院和大学区制过于理想而忽视事实，试行不到两年便宣布废除。但是，蔡元培在教育领域首提学术行政一体化，以提高教育行政决策的科学性和理论水平，无疑是值得提倡的，这也代表了现代行政管理发展的基本趋势
“戊辰学制”的颁行	过程	①1928 年 5 月，国民政府大学院在南京召开第一次全国教育会议，并通过了《整理中华民国学校系统案》的学制改革方案。 ②国民政府的学制系统于 1937 年和抗日战争时期分别作过修订，但是戊辰学制的基本框架未变，只是根据时局需要作适当变通

续表

要点	具体内容	
“戊辰学制”的颁行	内容	①学制改革系统的原则：根据本国实情；适应民生需要；增高教育效率；提高学科标准；谋个性之发展；使教育易于普及；留地方伸缩之可能。 ②学制改革的组织系统：分为初等教育、中等教育、高等教育三个部分
“整饬学风”，建立训育制度	“整饬学风”	1929 年 3 月，国民政府教育部训令所属大学、教育厅局和学校“整饬学风”，随后颁发多项关于整顿学风的政策，对学校师生加以严格控制与镇压
	建立训育制度	南京国民政府通过建立训育制度对各级各类学校实施严格管理。训育制度属于国民政府党化教育的一部分，具有一定的道德教育的价值，能够培养学生的思想品格，但是其根本目的是帮助国民党实施独裁统治，属于德育上的倒退
	施行导师制	国民政府吸收英美等国的经验，创建导师制，规定在中等以上学校实施导师制。后又决定废除大学导师制，设置训育委员会，订制颁布大学训育委员会组织章程，加强各院系教授对本院系学生的领导权，推进训育工作，即专科以上学以训育管理制代替导师制，中等学校仍然施行导师制
开展童子军训练和军训	目的	进一步控制师生思想，推进训育工作
	内容	一方面，国民政府在小学和初中实行童子军训练，使小学及初中学生接受军事化教育训练；另一方面，国民政府在高中以上学校实行军事训练，将军训作为完成学业和升学的必要条件
	评价	①在学校开展童子军训练和军训，有助于训练学生的纪律、秩序观念和吃苦耐劳精神，同时为处于危难中的国家培养了具备初级军事素养的国民。 ②军事训练的目的是控制学生思想行为，后逐步变为维护独裁统治服务的工具
颁布课程标准，实行教科书审查制度	目的	从教育内容方面管理和控制学校
	内容	①颁布课程标准：南京国民政府通过颁布一系列课程标准且要求学校严格执行不准改变，从而加强对学校教育的控制。统一的课程标准有助于规范教育教学，但是不利于学校教育的个性发展。 ②实行教科书审查制度：南京国民政府加强了对教科书的审核，使学校教科书纳入国民政府的控制之下，期望借此加强师生的思想控制。实行教科书审查制度对于教科书的编写具有一定的规范作用
实行毕业会考制度	目的	在中小学实施毕业会考制度，以此来加强对学校教育的控制
	评价	毕业会考制度在一定程度上能够统一教育教学标准，提升教学水平和教学质量。但是，由于毕业会考把学生的精力吸引到课业和考试上，客观上禁锢了学生的思想，限制了学生的行为

2. 国统区人民的民主教育运动

抗日战争胜利后，国统区出现了许多民主教育运动。学生的爱国民主运动成为国统区人民争取解放斗争的先锋，为即将到来的新中国准备了干部力量。

考点三、国民政府各级教育的发展

表 14 - 6　国民政府各级教育的发展

<table>
<tr><th>要点</th><th colspan="2">具体内容</th></tr>
<tr><td>幼儿教育</td><td colspan="2">鸦片战争后，帝国主义列强曾先后在中国设立了许多教会学校，包括学前教育机构和幼教师资培训机构。辛亥革命后，教育作为社会改革的重要组成部分也获得改革和发展，其中幼儿教育发展过程如下：
①1912 年南京临时政府成立后，孙中山进行教育改革，确定了蒙养园在学制中的地位。“五四”运动后，中国掀起教育改革浪潮。1922 年新学制统一了幼稚园课程，使中国的学前教育逐渐走向了正规化。
②1923 年，陈鹤琴创办南京鼓楼幼稚园，作为推行中国化、科学化幼儿教育的一个实验基地，以改变幼儿教育照抄照搬外国模式的现状。
③1925 年“五卅”运动前后，收回教育权运动达到高潮，许多教会学校关闭。1925 年之后，出现了许多中国人办的幼儿园。
④1927 年，陶行知创办南京燕子矶幼稚园，陈鹤琴任南京特别市教育局学校教育科长，着力调查和整顿中、小学和幼稚教育。陈鹤琴致力于开创中国化的儿童教育，他的学前教育理论与实践影响着中国 20 世纪 20、30 年代的学前教育。
⑤1932 年，国民政府教育部颁布《小学组织法》，规定“小学得设幼稚园”。1932 年 10 月，国民政府教育部颁布《幼稚园课程标准》，这是我国第一个自己指定的统一的幼稚园课程标准，总目标是将“尊重儿童自身的快乐，竭力追求儿童身心健康和幸福及为人生发展奠基”作为根本内容。当时，幼稚园多采用西方的设计教学法，办园形式以半日制为主，促进了中国幼稚教育规范化、科学化的发展。
⑥此后，政府的教育法规和文件中越来越多地涉及幼稚教育的内容，如 1939 年公布的《幼稚园规程》，1943 年的《幼稚园设置办法》，这一系列教育政策法规对进一步确立幼稚教育在学校系统中的地位起到了积极作用</td></tr>
<tr><td rowspan="3">初等教育</td><td>抗战前十年</td><td>这是初等教育的稳定发展时期，一方面国民政府以“三民主义”为旗号，加强了对初等教育的控制，另一方面教育建设实行法制化，也给予教育发展以一定保障，民国初等教育于此时基本定型</td></tr>
<tr><td>抗战时期</td><td>由于国民党提出“抗战建国”的口号，实施国民教育制度，初等教育在时局动荡中仍能维持一定发展</td></tr>
<tr><td>抗战胜利后</td><td>国民党悍然发动全面内战，国民教育的实施受到扼杀，初等教育同样走向衰败</td></tr>
<tr><td rowspan="3">中等教育</td><td>抗战前十年</td><td>通过一系列中等教育法规的颁布，保证了中等教育的发展。其发展主要体现于中等教育内部结构的调整，而非数量的增加</td></tr>
<tr><td>抗战时期</td><td>由于采取“抗战建国”方针，中学数量增长较快。国民政府设立国立中学安置流亡师生，先后办理 34 所中学，公费住宿，条件较好，管理严格，学校大多设在西南、西北，促进了这些落后地区的教育发展</td></tr>
<tr><td>抗战胜利后</td><td>全国中学数量达到最高点。1946 年中学复员，教育秩序逐渐恢复正常，国民政府还制定《实业机关或职业团体办理职业学校或职业训练班奖励办法》，鼓励多渠道办学。但是，因为内战的爆发，教育发展受到影响而逐渐败落</td></tr>
<tr><td>高等教育</td><td>抗战前十年</td><td>1929 年 4 月，国民政府公布《中华民国教育宗旨及其实施方针》，同年夏颁行《大学组织法》《大学规程》和《专科组织法》《专科学校规程》，要求大学教育应注重实用科学之原则，须包含理学院或农、工、医各学院之一；后又提出“大学教育以注重自然科学及实用科学为原则”，改变历来重文轻理的现象，布局渐趋合理，高校发展稳定</td></tr>
</table>

续表

要点	具体内容	
高等教育	抗战时期	抗战爆发后的最初时段，大学发展受挫。1938 年国民政府教育部公布《文理法三学院各学系课程整理办法》，奠定了大学课程整理的基础，规定党义、军训和体育为大学共同必修科目，并公布了不同类型学校的必修科目，后又统一高等教育学校名称。此期间，不少大学西迁，保存了力量，如由北京大学、清华大学、南开大学合并的西南联大，成绩斐然。国立浙江大学、中央大学享有盛名，许多省立、私立大学改为国立。这些措施使高等教育呈发展之势
	抗战胜利后	抗战后，高校复员，1947 年高校发展达最高点。1948 年 1 月，国民政府公布《大学法》和《专科学校法》，定下宗旨。但在内战中，经济崩溃，政策反动，高校成为解放斗争"第二条战线"的主阵地，高等教育发展受阻

考点四、杨贤江的教育思想

1. 生平与教育活动

(1)杨贤江(1896～1931 年)，字英父(英甫)，又名李浩吾，浙江余姚人。杨贤江是中国现代教育史上第一个比较系统地运用马克思主义基本原理阐述教育问题的教育家，是中国马克思主义教育理论的奠基人。

(2)杨贤江教育思想的突出特色为运用历史唯物主义观点阐释教育本质，这也是对中国教育理论的重要贡献。

2. 教育方面的贡献

表 14－7　教育方面的贡献

要点	具体内容	
论教育的本质	①教育的本质：既是社会上层建筑之一，也是观念形态的劳动领域之一，是以社会的经济阶段为基础的、帮助人们社会生活的一种手段。 ②教育在三种社会形态下的演变： a. 在原始社会，教育是全人类的，也是统一的。 b. 当发展到阶级社会之后，教育就发生了变化，成为阶级的、对立的教育。 c. 未来共产主义社会的教育是"社会所需要的劳动领域之一"，是教育"在一个更高形态上的复活"，成为与劳动结合的、真正平等普及的教育	
对各种流行教育观点的批驳	批判"三论"，阐述教育的职能	"三论"是指 20 世纪 20 年代的教育界流行的"教育万能""教育救国""先教育后革命"的论点。 ①对于"教育万能"论，杨贤江指出，教育必然受到经济以及政治等因素的影响和制约，不可能脱离社会条件而独立存在和发展，也不可能超越当前的社会的制约而独自发挥效能。 ②对于"教育救国"论，杨贤江针对当时提倡道德教育、爱国教育和职业教育救国等几种观点，指出教育救国是以救国方法适合现实需要为前提的。 ③对于"先教育后革命"论，杨贤江指出，要爱国救国，必须加入民主革命的阵线，打倒国际帝国主义和国内军阀。教育无论在革命前、革命中和革命后，都是"斗争武器之一"

续表

要点	具体内容	
对各种流行教育观点的批驳	批判“四说”，阐述教育的含义	针对教育界流行的“教育神圣”“教育清高”“教育中正”和“教育独立”四种关于教育含义的理解，杨贤江认为这些说法掩蔽了教育的本来面目，具有欺骗性
“全人生指导”	背景	杨贤江认为青年期是人的身心发生显著而重要变化的时期，分析了青年存在的问题，融入马克思主义关于人的全面发展学说以及其他教育家的思想，创造性地提出了“全人生的指导”理论。他将《学生杂志》作为阵地，担任青年的革命导师，向青年宣传革命道理，进行团结教育，对处于成长期的广大青年进行有的放矢、行之有效的“全人生指导”
	内容	“全人生指导”是指给予青年全面关心和教育引导，即在文化知识和各种实际问题方面给予正确指导。 “全人生指导”主要包括三个方面： ①教育青年树立为人类做出贡献的无产阶级的革命的人生观。 ②主张学校注重培养德、智、体全面协调发展的青年学生。 ③教师不仅要指导学生的知识学习，还要帮助解决生活上的困难。 杨贤江还强调要有“完满的青年生活”，即健康的体魄、工作的知识和技能、服务人群的理想和才干、丰富的风尚和习惯
评价	杨贤江教育思想的独特贡献有两方面：一是他致力于中国的马克思主义教育理论建设并形成系统理论总结；二是他致力于中国青年的教育，提出了“全人生指导”的青年教育思想，对当时一代青年的健康成长影响很大	

考点五、晏阳初的教育思想

1. 生平与教育活动

晏阳初(1890～1990年)，原名兴复，又名遇春，字阳初，四川巴中人。晏阳初是享有国际声誉的中国现代著名教育家，毕生致力于平民教育和乡村教育事业。他在河北定县的教育实验是近代乡村建设运动的重要组成部分。

2. 教育方面的贡献

表14－8　教育方面的贡献

要点	具体内容	
“四大教育”	背景	晏阳初以定县作为乡村教育的实验区进行调查，认为中国农村的问题可以归结为四大社会弊病，即“愚”“穷”“弱”“私”。据此，他提出四大教育，即文艺教育、生计教育、卫生教育、公民教育
	具体内涵	①以文艺教育攻愚，培养知识力：从文字和艺术教育入手，帮助人们认识基本的文字，获得求知的工具，增长其知识，提高其智力。 ②以生计教育攻穷，培养生产力：从生计教育入手，促进农村的经济建设。通过为农民传授农业生产知识等方式促进乡村农业的发展，提高其生产力。 ③以卫生教育攻弱，培养强健力：从公民卫生入手，注重大众卫生和健康，及科学医药的设施。 ④以公民教育攻私，培养团结力：从公民教育入手，培养人民的公共心与合作精神，在根本上训练其团结力，以提高其道德生活与团结生活。公民教育是最根本的教育

续表

要点	具体内容	
“三大方式”	目的	推动四大教育的落实
	具体内涵	①学校式教育，教育对象主要为青少年，以学校为主要场所，帮助青少年增强读写说的基本能力。 ②家庭式教育，是对各家庭中不同地位的成员用横向联系的方法组织起来进行教育的一种方法，教育内容仍是四大教育，选材标准侧重家庭需要与身份特点。 ③社会式教育，是向一般群众及有组织的农民团体实施教育的一种方式，由社会教育部负责组织实施，通过平民学校同学会开展各项活动
“化农民”与“农民化”	为实现其“农民科学化，科学简单化”的平民教育目标，提出欲“化农民”，先须“农民化”，即提倡知识分子要放下架子，视自己为农民，与农民一起劳动生活，为农民办教育，只有与农民打成一片，才能深入了解农民，从而实实在在地进行乡村改造	
评价	①进步性：晏阳初的平民教育和乡村改造理论确实给农民带来了一定的实惠，用西方改革方法结合中国实际进行乡村实验，也具有一定的创新意义。 ②局限性：没有认清帝国主义的侵略以及封建残余的剥削才是造成它的根源，否认了社会问题的根源是阶级剥削和压迫。乡村教育救国并不能解决旧中国落后的根本问题，结果以失败告终	

考点六、梁漱溟的教育思想

1. 生平与教育活动

梁漱溟(1893～1988 年)，初名焕鼎，字寿铭，后改字漱溟，原籍广西桂林，出身于北京一个数代官宦之家。梁漱溟是中国近代著名教育家、哲学家，乡村建设运动的倡导者。在 20 世纪 20、30 年代中国的乡村教育运动中，梁漱溟的“乡农教育”实验独树一帜，他的基于中国社会和文化特殊性分析的乡村教育理论及其实践，产生过广泛的社会影响。

2. 教育方面的贡献

表 14－9　教育方面的贡献

要点	具体内容	
乡村建设与乡村教育理论	形成	认为中国唯一可行的道路是乡村建设，即在保存既有适合关系的基础上，通过乡村教育促进社会发展，实现社会经济的进步
	中国问题的症结	指出中国的问题在于极其严重的文化失调，这也是其他所有社会问题的根源
	解决措施	认为要解决中国的问题，唯一可行的道路就是乡村建设，理由如下： ①中国社会是乡村社会，80% 以上的人民生活在乡村。 ②中国传统文化的根在乡村，道德和理性的根在乡村，要保存中国传统文化就必须从乡村入手，而理性的胚芽可以、也只能在乡村慢慢培养起来。 ③近百年来，中国社会已被破坏得不堪收拾，乡村经济尤其陷于破产，中国如要从头建设，必须一点一滴地从乡村建设起

续表

要点	具体内容	
乡村建设与乡村教育理论	乡村建设与乡村教育	将乡村教育视为进行乡村建设和社会改造的基本手段，强调要通过教育的推广来解决社会的现实问题，将社会运动纳入教育之中，通过教育完成社会改造，即将乡村建设与乡村教育紧密结合
	评价	梁漱溟的乡村建设和乡村教育理论立足于文化传统，为中国解决乡村问题具有一定的启示意义
乡村教育的组织与实施	背景	1931 年，梁漱溟创办山东建设研究院，下设乡学建设研究部、服务人员训练部。研究部主要研究乡村建设的基本理论和建设方案，训练部主要培养能够从事乡村教育的乡村服务人员
	乡农学校的设立	①主张废除西化的学校制度，创建一种集社会、教育和文化于一体的适合农民愿望和农村需要的组织形式，即乡学。 ②乡农学校分村学和乡学两级。村学是乡学的基础，乡学是村学的上层，乡农学校各组成人员必须遵守梁漱溟拟定的《村学、乡学须知》，使乡村建设实验有序进行。其中，村学的教育对象为未接受过教育的文盲和半文盲，乡学的教育对象为有一定文化基础的成年农民。 ③乡农学校的组织结构，按农村自然村落及其行政级别形成。其组织原则是： a. “政教养卫合一”，“以教统政”。 b. 学校式的教育与社会式教育“融合归一”
	乡农学校的教育内容	①恒常课程，是各乡农学校所共有的课程，如识字、音乐、唱歌、精神讲话等。 ②特殊课程，是按当地需要和问题而设置的课程，因时因地制宜。 ③高级课程，是以受过四五年以上教育的青年学生为对象，目的是培养乡村建设干部，课程以历史地理和农村问题为主
评价	梁漱溟的乡村建设理论和实战并未能收到理想的效果，但他认识到了中国的问题是农村问题，并立足于文化传统来思考中国社会的改造，是有识之见。他身体力行地深入农村进行乡农建设，也取得了一定的效果	

考点七、黄炎培的教育思想

1. 生平与教育活动

黄炎培(1878~1965 年)，号楚南，改号韧之、任之，江苏川沙(今上海)人。黄炎培是中国近代职业教育的倡导者和理论家，著名的爱国主义和民主主义教育家。他创建中华职业教育社，为我国职业教育的产生和发展贡献了毕生的精力。

2. 教育方面的贡献

表 14-10 教育方面的贡献

要点	具体内容	
职业教育思想的形成与发展	形成	黄炎培的职业教育思想是他在长期的教育探索中，吸收西方发达国家的教育经验并结合中国国情，在大量的教育调查研究和实践中形成的

续表

要点		具体内容
职业教育思想的形成与发展	发展	他对职业教育的探索大致经历了提倡实用主义教育、提倡职业教育、提倡大职业教育主义三个阶段。 ①民国初年，针对当时教育脱离实际的弊端，提倡“实用主义教育”，建议以实用为目的，改革小学各科的内容和教学方法。 ②1917 年 5 月，创建中华职业教育社，发表《中华职业教育社宣言书》，标志着职业教育思潮的形成。 ③1925 年，发表《提出大职业教育主义征求同志意见》，提出“大职业教育主义”的概念，主张办职业学校的，须同时和一切教育界、职业界努力沟通联络，提倡职业教育的，同时须分一部分精神，参加全社会的运动。 至此，黄炎培的职业教育思想基本成熟，形成了涵盖职业教育目的、办学方针、教学原则和职业道德教育的较为完备的职业教育理论体系
职业教育思想体系	职业教育的作用与地位	①职业教育的作用： a. 就其理论价值而言，“谋个性之发展，为个人谋生之准备，为个人服务社会之准备，为国家及世界增进生产力之准备”。 b. 就其教育和社会影响而言，在于通过提高国民的职业素养，使学校培养的人才无不可用。 c. 就其对当时中国社会的作用而言，有助于解决中国最大最急需解决的生计问题。 ②职业教育的地位：认为职业教育在教育制度上具有一贯的、整个的、正统的地位；提出建立一个包括职业陶冶、职业指导、职业训练、职业补习和再补习在内的职业教育系统，使职业教育贯穿于整个教育过程和全部职业生涯
	职业教育的方针	将社会化和科学化作为办理职业教育机构的基本方针，并在此方针的指导下发展职业教育。 ①社会化，其内涵包括： a. 办学宗旨的社会化——以教育为方法，而以职业为目的。 b. 培养目标的社会化——在知识技能和道德方面适合社会生产和合作的各行业人才。 c. 办学组织的社会化——学校的专业、程度、年限、课时、教学安排均需根据社会需要和学员的志愿与实际条件安排。 d. 办学方式的社会化——充分依靠教育界、职业界的各种力量，尤其是校长要擅长联络、发挥社会各方面力量。 ②科学化，是指“用科学来解决职业教育问题”，无论是专业课程的设置、教材的选编、教学训练原则的确定、实习设施的配置等，还是教育管理的组织、机构自身的建设等，都采用科学化的方法和理念
	职业教育的目的	职业教育的目的是使“无业者有业，有业者乐业”。 ①“无业者有业”是指职业教育要为社会发展、工商业建设培养、输送大批有用人才，为社会谋福祉，并且充分塑造、利用人力资源，为个人立于社会提供机会。 ②“有业者乐业”是指进一步提升职业教育功能，使经过培养的人能够充分发挥自身优势，而且能够乐于工作，树立热爱工作的信念
	职业教育的教学原则	结合自己从事教育的实际经验，得出了职业教育健康发展势必要遵循的基本原则，主要是：因地制宜，因材施教；适应社会需要；理论联系实际

续表

要点	具体内容	
职业教育思想体系	职业道德教育	把职业道德教育的基本要求概括为“敬业乐群”四个字，即理解、尊重、热爱自己的职业，有高尚情操和群体合作精神，有为他人服务乃至奉献精神
评价	黄炎培终生致力于职业教育，为我们留下了宝贵的经验。他的职业教育思想不仅开创和推进了中国职业教育事业，对20世纪20、30年代中国的教育改革也产生了重大影响，而且时至今日仍具有重要价值和指导意义	

考点八、陈鹤琴的教育思想

1. 生平与教育活动

陈鹤琴(1892～1982年)，浙江上虞人。陈鹤琴是中国现代著名的儿童教育家，中国现代幼儿教育的开拓者。他运用观察法和实验法全面考察幼儿的特点与规律，提出了许多深刻而细致的见解，为我国幼儿教育做出了巨大贡献。他倡导“活教育”，为改革传统教育提出了极有价值的思路。

2. 教育方面的贡献

表14－11　教育方面的贡献

要点	具体内容	
“活教育”的目的论	三个层次	“做人，做中国人，做现代中国人”
	内涵	①做人：教育首先要把人从传统的习惯性认同中解放出来，使之成为自觉的人。 ②做中国人：教育要使人成为中国人，培养每一个国民，使其热爱祖国、热爱人民。 ③做现代中国人：教育要使人做现代中国人，具有科学头脑和民主精神
“活教育”的课程论	特征	针对传统教育以书本知识为中心的特征，“活教育”提出课程即“大自然、大社会都是活教材”，强调儿童既要学习书本知识，也要与大自然大社会接触
	内容具体	①“活教育”强调在活动中获取经验，内容具体为“五指活动”，即健康活动、社会活动、科学活动、艺术活动、文学活动。“五指活动”表示五种活动像一只手的五个指头，相互联系构成一个整体，即课程体系应体现儿童生活的整体性和连贯性。 ②与此相适应，教室应改为“五指活动场所”
“活教育”的教学论	基本原则	①可概括为“做中教，做中学，做中求进步”。其中，“做”是教学方法的基本原则。强调应让儿童自己去做、去体验，与事物发生直接接触，进而获得直接经验，更好地认识事物。 ②还提出了17条教学原则，都是以“做”为其基本内涵和精神，进一步明确教师和学生在教学中的地位和作用
	教学过程	①可分为四个步骤，即实验与观察、阅读与参考、发表与创作，批判与研讨。 ②反映了学习的一般程序，将“做”贯穿始终
评价	陈鹤琴的“活教育”注重人才培养的民族性与时代性，把学生从狭隘的课堂和书本中引向广阔的生活大舞台，引向大自然和大社会，对冲破传统教育的牢笼紧固具有重要价值。“活教育”理论对于激发儿童的学习兴趣和创造精神具有积极意义	

考点九、陶行知的教育思想

1. 生平与教育活动

陶行知(1891～1946 年)，原名文濬，后改知行、行知，安徽歙县人。陶行知是中国现代教育史上伟大的人民教育家，卓越的民主主义战士，爱国知识分子的光辉典范。他毕生致力于人民教育事业和民族民主革命运动，创立了具有中国特色的生活教育理论，为中国人民教育事业做出了重大贡献。

2. 教育方面的贡献

表 14－12　教育方面的贡献

要点	具体内容	
“为中国教育寻觅曙光”	“为了苦孩，甘为骆驼”	陶行知一生为之奋斗的目标是：真心诚意为使劳苦大众及其子女能够受教育。这是他不断奋斗、不断前进的原动力，也是他办教育的根本原则
	“敢探未发明的新理”	陶行知具有开拓创新精神，富于理论创造的热情，不断改变教育观念，探索新的教育问题，孜孜不倦地寻找适合中国的教育道路
	“小孩也能做大事”	陶行知充分尊重儿童的个性和创造精神，认为在所有教师中有“两位最伟大的老师”，一是老百姓，二是孩子们。陶行知在创办山海工学团时发明的“小先生制”，就是重视儿童的作用
生活教育理论	生活教育理论的形成	他结合中国社会的实际情况，吸收中国儒家思想、近代教育家实践经验以及留美时的老师杜威的实用主义教育思想而创建
	“生活即教育”	“生活即教育”是其生活教育理论的核心，他认为生活与教育是不可分割的同一过程，教育蕴含于生活之中，必须与生活相结合。生活教育是供给人生需要，为生活向前、向上的教育。具体包括以下三方面的内容： ①教育与生活具有一致性。一方面，教育的产生源于生活，生活教育伴随人类的诞生而产生。另一方面，生活包含教育，生活本身便具有教育意义和作用。 ②教育对生活具有从属性。生活决定教育，教育要满足于人的需要，要服务于生活的目标，教育随生活的变化而发展。 ③教育对生活具有改造性。教育能改造生活，推动生活进步。教育不仅改造着社会生活，而且改造着每个人的个人生活。 “生活即教育”改变了教育的中心，从以书本为中心改变为以生活为中心。书本是生活的一种工具，而不是教育的全部
	“社会即学校”	“社会即学校”是有关教育组织的主张，是“生活即教育”的范围。其内涵为： ①“社会即学校”，对于广大群众来说，所有社会活动都是生活的内容，所以整个社会环境也都是教育的范围。 ②“社会即学校”，反对传统教育把社会与学校相分离，主张扩大教育对象范围，使得人民大众都有受教育的机会；但又并不是主张取消学校，而是反对脱离社会生活的学校，主张将生活作为学校的中心

续表

<table>
<tr><th>要点</th><th colspan="2">具体内容</th></tr>
<tr><td rowspan="2">生活教育理论</td><td>“教学做合一”</td><td>“教学做合一”是“生活即教育”在教学方法问题上的具体化。其含义是：教的方法根据学的方法，学的方法根据做的方法。事怎样做便怎样学，怎样学便怎样教。教与学都以做为中心。具体包含以下要点：
①“教学做合一”要求“在劳力上劳心”。
②“教学做合一”是因为“行是知之始”。
③“教学做合一”要求“有教先学”和“有教有学”。
④“教学做合一”还是对注入式教学法的否定</td></tr>
<tr><td>评价</td><td>陶行知“生活教育”是大众的教育，是爱国的教育，是与生产劳动和社会实践相结合的终身教育，是立足中国实际去创造的教育，是寻求中华民族改造的教育。“生活教育”理论在陶行知探索救国之路的教育实践中不断获得发展，也成为其从事各项教育实践的指导思想，不断丰富着陶行知的教育理论，推动他在探寻中华民族教育之路上不断向前</td></tr>
</table>

14.2 课后习题详解

1. 评述国民政府的教育宗旨。

答：国民政府的教育宗旨为三民主义教育宗旨。

(1)“三民主义”教育宗旨的产生

①1928 年 5 月，大学院在南京召开第一次全国教育会议，会议的中心议题之一就是确定统一的教育宗旨。本次会议对“三民主义教育”的实质作了规定：三民主义教育就是以实现三民主义为目的的教育。

②1929 年 3 月，国民党在南京召开第三次全国代表大会，会议的重要议题为制定教育宗旨和教育政策。会议提出《教育方针及实施原则案》，强调教育方针的重要性，认为应以“三民主义教育”作为中华民国的教育方针。

③1929 年 4 月 26 日，南京国民政府公布《中华民国教育宗旨及其实施方针》，提出中华民国的教育宗旨为“三民主义教育”，并公布了八条实施方针。至此，“三民主义”教育宗旨最终形成。

(2)“三民主义”教育的实施原则

①“三民主义”教育宗旨及教育方针的确立

a. 1931 年 6 月，南京国民政府颁布《中华民国训政时期约法》，其中第四十七条规定将“三民主义教育”作为中华民国教育的根本原则，由此“三民主义教育”以法律的形式确立。

b. 1931 年 9 月 3 日，国民党通过了《三民主义教育实施原则》，以“三民主义教育”的教育宗旨和教育方针为依据，对各级各类教育的教育目标、课程等作了根本性规定。

c. 1931 年 11 月，国民党政府对三民主义教育实施方针进行部分修正，至此“三民主义”教育宗旨及其实施原则与方针变得完备。

d. 直到 1949 年国民党败退台湾，国民党政府始终以“三民主义教育”的教育宗旨和教育方针作为实施教育的法定依据。

②“三民主义”教育宗旨及教育方针的意义

a. 三民主义教育宗旨由精要表述、实施方针、实施原则组成，具有理论上的指导性以及实践上的可操作性，在一定程度上为民国教育提供了指导，在客观上促进了中国现代教育的发展。

b. 但是，“三民主义教育”实质上是国民党控制教育、进行专制统治的工具。

2. 国民政府为加强对学校教育的管理和控制采取了哪些措施？

答：南京国民政府主要通过了七方面的措施来加强对学校教育的管理和控制：

(1)大学院和大学区制的试行与废止

1927 年 6 月，教育行政委员会拟定了《大学区组织条例》并由南京国民政府公布。根据该条例，中央及地方分别设置大学院和大学区，分别管理全国及地方的教育行政事宜。大学院和大学区制是蔡元培教育独立思想的组成部分。蔡元培以大学院和大学区制取代原来的教育行政制度，目的是“改官僚化为学术”，以求“一事权，而利教育事”，从而促进教育与学术的结合，实现教育行政机构的学术化。但是，大学院和大学区制过于理想而忽视事实，试行不到两年便宣布废除。

总之，蔡元培在教育领域首提学术行政一体化，以提高教育行政决策的科学性和理论水平，无疑是值得提倡的，这也代表了现代行政管理发展的基本趋势。

(2)“戊辰学制”的颁行

1928 年 5 月，国民政府大学院在南京召开第一次全国教育会议，并通过了《整理中华民国学校系统案》的学制改革方案。这个学制改革系统主要分为原则和组织系统两个部分。学制改革系统的原则有七条，分别是：根据本国实情；适应民生需要；增高教育效率；提高学科标准；谋个性之发展；使教育易于普及；留地方伸缩之可能。学制改革的组织系统为：分为初等教育、中等教育、高等教育三个部分。国民政府的学制系统于 1937 年和抗日战争时期分别作过修订，但是戊辰学制的基本框架未变，只是根据时局需要作适当变通。

(3)“整饬学风”，建立训育制度

①“整饬学风”

1929 年 3 月，国民政府教育部训令所属大学、教育厅局和学校“整饬学风”。教育行政部门督促各学校注意严格训练，必须尽快规范校纪，地方行政长官协同教育部门对学生中妨碍社会治安者严予制裁，务使学风丕变，蔚成良模。随后，国民政府颁发多项关于整顿学风的政策，以“整饬学风”的名义，对学校师生加以严格控制与镇压。

②建立训育制度

南京国民政府通过建立训育制度对各级各类学校实施严格管理。1929 年，国民政府教育部颁布实施《中小学训育主任办法》，设立训育主任和训育人员，专事考察学生的思想、言论和行动，在全国中小学实行训育制度。1939 年，教育部颁布了《训育纲要》，从训育的意义、内容、目标、实施等方面规定了学校训育。训育制度属于国民政府党化教育的一部分，具有一定的道德教育的价值，能够培养学生的思想品格，但是其根本目的为帮助国民党实施独裁统治，更加强调封建道德，属于德育上的倒退。

③施行导师制

国民政府吸收英美等国的经验，创建导师制。1938 年，国民政府教育部颁发《中等以上学校导师制纲要》，规定在中等以上学校实施导师制。1946 年，教育部决定废除大学导师制，设置训育委员会，订制颁布大学训育委员会组织章程，加强各院系教授对本院系学生的领导权，推进训育工作。即专科以上学以训育管理制代替导师制，中等学校仍然施行导师制。

(4)开展童子军训练和军训

为了进一步控制师生思想，推进训育工作，国民政府在学校实施童子军训练和军训。一方面，国民政府在小学和初中实行童子军训练，使小学及初中学生接受军事化教育训练。另一方面，国民政府在高中以上学校实行军事训练，将军训作为完成学业和升学的必要条件。在学校开展童子军训练和军训，有助于训练学生的纪律、秩序观念和吃苦耐劳精神，同时为处于危难中的国家培养了具备初级军事素养的国民。但是，军事训练的目的为控制和防范学生思想行为，逐步变为维护独裁统治服务的工具。

(5)颁布课程标准，实行教科书审查制度

为了从教育内容方面管理和控制学校，南京国民政府颁布了课程标准并实行教科书审查制度。

①颁布课程标准

南京国民政府通过颁布一系列课程标准且要求学校严格执行不准改变，从而加强对学校教育的控制。统一的课程标准有助于规范教育教学，但是不利于学校教育的个性发展。

②实行教科书审查制度

南京国民政府加强了对教科书的审核，使学校教科书纳入国民政府的控制之下，期望借此加强师生的思想控制。实行教科书审查制度对于教科书的编写具有一定的规范作用。

(6)实行毕业会考制度

1932 年南京国民政府教育部在中小学实施毕业会考制度，以此来加强对学校教育的控制。毕业会考制度在一定程度上能够统一教育教学标准，促进教学水平和教学质量。但是，由于毕业会考把学生的经历吸引到课业和考试上，客观上禁锢了学生的思想，限制了学生的行为。

(7)人民的民主教育运动

抗日战争胜利后，国统区出现了许多民主教育运动。学生的爱国民主运动成为国统区人民争取解放斗争的先锋，为即将到来的新中国准备了干部力量。

3．试评述杨贤江对中国马克思主义教育理论的贡献。

答：杨贤江运用历史唯物主义阐明教育的本质，并将马克思的主要理论应用于教育领域，将马克思主义的教育理论中国化，适应中国教育的发展要求，是对中国马克思主义教育理论的一大贡献，主要表现在：

(1)运用马克思主义关于经济基础与上层建筑的理论解释教育的本质，认为“教育为‘观念形态的劳动领域之一’，即社会的上层建筑之一。”。教育以现实社会经济生活为基础，又有促进社会经济生活发展的作用。但是，作为上层建筑之一，教育能通过学校使受教育者获得知识与才能，从而劳动力转化为生产力。因此，教育具有双重属性。

(2)对教育的本质进行了详细的分析。首先，在原始社会，教育是“社会所需要的劳动领域之一”。教育的发生就只依据当时当地的人民实际生活的需要；它是帮助人经营社会生活的一种手段。其次，私有制度的产生，导致教育“变质”，成为“社会的上层建筑之一”。再次，未来社会的教育，表现为教育与劳动结合、教育的普及、真正平等的教育，成为“社会所需要的劳动领域之一”。

杨贤江运用马克思主义唯物史观阐述了教育本质问题，从而解释教育本质，说明教育作用。他将处于阶级社会阶段的教育视为“变质”的教育，是为了说明教育的上层建筑属性，即为统治阶级所专有并用作工具的特性，而这点恰恰是“当时为许多人所忽视与反对的命题”。运用历史唯物主义阐明教育本质，这是杨贤江对中国现代教育的重大贡献。

4. 试比较分析晏阳初、梁漱溟乡村教育实验的特点和历史价值。

答：晏阳初和梁漱溟在乡村教育实验上有着共同的特点，并且对中国教育的发展具有重大历史价值。

(1)两者乡村教育实验的特点

①教育与农村实验结合

两者都注重将教育与具体的农村试验结合在一起，反映农村改革的需要，提出教育要实实在在地为农村民主化改革服务。晏阳初以定县作为乡村教育的实验区，对定县进行了详细的调查。根据调查资料，晏阳初认为中国农村的问题可以归结为四大社会弊病，即“愚”“穷”“弱”“私”。为解决这四大问题，晏阳初提出四大教育，即文艺教育、生计教育、卫生教育、公民教育。为了推动四大教育的落实，从而解决中国乡村的四大问题，晏阳初提出运用三大方式深入农民生活，使他们建立新的精神面貌，获得新的知识和技能。梁漱溟同样分析了中国问题，认为中国社会的弊病在于极严重的文化失调。要解决中国问题，就要深入乡村进行教育建设，把村学、乡学、乡农学校作为乡村教育的组织形式。村学、乡学是他在邹平实验时采用的实验体制，乡农学校是他后来的实验机构，先在菏泽试行，后推广到其他 14 个县的实验区。

②提倡具体的教育形式

两者都主张通过具体的教育形式来解决农村问题，具体为创办教育机构或者部门进行解决。晏阳初提出“四大教育”和“三大方式”，以文艺教育攻愚，培养知识力；以生计教育攻穷，培养生产力；以卫生教育攻弱，培养强健力；以公民教育攻私，培养团结力。主张将学校式教育、社会式教育、家庭式教育结合在一起，以解决农村教育问题。梁漱溟把村学、乡学、乡农学校作为乡村教育的组织形式，依据村学与乡学各自教育对象不同将学众分四部分施教：成人教育部；妇女教育部；儿童教育部；高级部。

③提倡知识分子投身农村

两者都主张知识分子积极投身于农村教育事业，与最基层的农民打交道，了解农村情况，实现农村的变革。晏阳初认为“欲化农民，须先农民化”，为此，他积极号召知识分子“走出象牙塔，跨进泥巴墙”，到农民生活中去找问题，去解决问题，欲化农民，须先农民化。梁漱溟则在山东邹平举行村学、乡学实验，在菏泽试行，后推广到其他 14 个县的实验区。

(2)两者乡村教育实验的历史价值

①晏阳初教育实验的价值

晏阳初是一位爱国的教育改革家，希望通过教育挽救国家危境，在启迪民智上做了许多可贵探索，为社会发展、救国做了很多值得肯定的工作。他针对中国乡村存在的四大问题，采取三大方式实施四大教育，是一场深刻的运动，为教育做出了可贵的探索。晏阳初用世界上先进的科学方法对教育实验区进行实验，借鉴一些国家先进的农村改革经验，不仅有助于改进农村生活，为农民带来实惠，而且对世界其他国家农民生活的改进也有积极贡献。

②梁漱溟教育实验的价值

梁漱溟的乡村建设与乡村教育理论是在对中西文化比较的基础上分析中国传统文化和社会，形成的对中国问题与社会的独特看法以及解决问题的独特思想与实践探索，被称为"第三条道路"。他认识到中国的问题是农村的问题，并立足于文化传统来思考中国社会的改造，是有识之见；认为中国的教育应到农村去办，并对中国农民的悲惨生存状况深怀悲悯之心，身体力行地从城市来到农村，践行知识阶层与民众结合的愿望。

5. 试评述黄炎培职业教育实践的基本内容及其在中国现代教育改革中的地位。

答：黄炎培是中国近代职业教育的倡导者和理论家，著名的爱国主义和民主主义教育家。他创建中华职业教育社，为我国职业教育的产生和发展贡献了毕生的精力。

(1)职业教育实践的基本内容

①成立中华职业教育社，发表《中华职业教育社宣言书》。民国初年，他针对当时教育脱离实际的弊端，提倡"实用主义教育"。他建议以实用为目的，改革小学各科的内容和教学方法。1917 年 5 月，创建中华职业教育社，并发表《中华职业教育社宣言书》，标志着职业教育思潮的形成。

②拟定职业教育的三大要旨。1918 年，他在中华职业教育社第一届年会致辞中指出，职业教育的目的为：为个人谋生之准备、为个人服务社会之预备、为世界及国家增进生产能力之预备。至此，职业教育的目的固定下来，既立足个人发展，又着眼于社会进步。从 20 世纪 20 年代起，他把职业教育的目的概括为"使无业者有业，使有业者乐业"，即既强调个人谋生，也重视服务社会；既强调职业技能训练，也重视职业道德教育；既强调一技之长，也重视全面发展，更多地探讨了职业教育内部的规律问题。

③提出大职业教育主义思想。1925 年，他发表《提出大职业教育主义征求同志意见》，提出"大职业教育主义"的概念，主张办职业学校的，须同时和一切教育界、职业界努力沟通联络，提倡职业教育的，同时须分一部分精神，参加全社会的运动。

至此，黄炎培的职业教育思想基本成熟。进入 20 世纪 30 年代后，民族危机加深，他积极投身于民族救亡事业，职业教育思潮逐渐消退，但其职业教育思想继续影响着此后中国的职业教育实践。

(2)黄炎培教育实践的地位和作用

他终生致力于职业教育，为人们留下了宝贵的经验；他的职业教育思想不仅开创和推进了中国职业教育事业，对 20 世纪 20、30 年代中国的教育改革也产生了重大影响，而且时至今日仍具有重要价值和指导意义。

6. 陈鹤琴教育思想的贡献何在?

答: 陈鹤琴是中国现代著名的儿童教育家，中国现代幼儿教育的开拓者。他运用观察法和实验法全面考察幼儿的特点与规律，提出了许多深刻而细致的见解，为我国幼儿教育做出了巨大贡献。他倡导“活教育”，为改革传统教育提出了极有价值的思路。

(1)“活教育”的目的论

“活教育”的目的是依次递进的三个层次，即“做人，做中国人，做现代中国人”。首先，“活教育”提出，教育首先要把人从传统的习惯性认同中解放出来，使之成为自觉的人。其次，“活教育”提出，教育要使人成为中国人，培养每一个国民，使其热爱祖国、热爱人民。最后，“活教育”提出要做现代中国人，具有科学头脑和民主精神。

(2)“活教育”的课程论

针对传统教育以书本知识为中心的特征，“活教育”提出“大自然、大社会都是活教材”，强调在活动中获取经验，内容具体为“五指活动”，即健康活动、社会活动、科学活动、艺术活动、文学活动。“五指活动”表示五种活动像一只手的五个指头，相互联系构成一个整体。陈鹤琴认为对于还没有形成学科概念的儿童来说，课程体系应体现儿童生活的整体性和连贯性。与此相适应，教室应改为“五指活动场所”。

(3)“活教育”的教学论

①陈鹤琴提出了“活教育”方法论的基本原则，即“做中教，做中学，做中求进步”，其中，“做”是教学方法的基本原则。他强调应让儿童自己去做、去体验，与事物发生直接接触，进而获得直接经验，更好地认识事物。他还提出了 17 条教学原则，都是以“做”为其基本内涵和精神，进一步明确教师和学生在教学中的地位和作用。

②为了落实“活教育”，陈鹤琴把活教育的教学过程分为四个步骤：实验与观察、阅读与参考、发表与创作，批判与研讨。四个教学步骤反映了学习的一般程序，将“做”贯穿始终。

总之，“活教育”注重人才培养的民族性与时代性，把学生从狭隘的课堂和书本中引向广阔的生活大舞台，引向大自然和大社会，对冲破传统教育的牢笼紧固具有重要价值。“活教育”理论对于激发儿童的学习兴趣和创造精神具有积极意义。

7. 评述陶行知“生活教育”理论的基本内容及其现实启示意义。

答: 陶行知是中国现代教育史上伟大的人民教育家，卓越的民主主义战士，爱国知识分子的光辉典范。他毕生致力于人民教育事业和民族民主革命运动，创立了具有中国特色的生活教育理论，为中国人民教育事业做出了重大贡献。

(1)生活教育理论的基本内容

“生活教育”是陶行知教育理论体系的核心内容，也是陶行知在探索适合中国国情和时代需要的教育的实践中，屡遭“碰壁”之后寻找到的教育之出路。

①“生活即教育”

“生活即教育”是“生活教育论”的核心。陶行知认为生活与教育是不可分割的同一过程，教育蕴含于生活之中，必须与生活相结合。生活教育是供给人生需要，为生活向前、向上的教育。具体包括以下三方面的内容：

a. 教育与生活具有一致性。一方面，教育的产生源于生活，生活教育伴随人类的诞生而产生。另一方面，生活包含教育，生活本身便具有教育意义和作用。

b. 教育对生活具有从属性。生活决定教育，教育要满足于人的需要，要服务于生活的目标，教育随生活的变化而发展。

c. 教育对生活具有改造性。教育能改造生活，推动生活进步。教育不仅改造着社会生活，而且改造着每个人个人的生活。

“生活即教育”改变了教育的中心，从以书本为中心改变为以生活为中心。书本是生活的一种工具，而不是教育的全部。

②“社会即学校”

“社会即学校”是有关教育组织的观点，是“生活即教育”的范围。其内涵包括：

a. 对于广大群众来说，所有社会活动都是生活的内容，所以整个社会环境也都是教育的范围。

b. 将传统学校的范围扩大，将整个社会、所有人民大众的生活场所都视为教育场所，将传统教育对象范围扩大至一切民众。

陶行知提出“社会即学校”，反对传统教育把社会与学校相分离，主张扩大教育对象范围，使得人民大众都有受教育的机会。但是，陶行知并不是主张取消学校，而是反对脱离社会生活的学校，主张将生活作为学校的中心。

③“教学做合一”

“教学做合一”是“生活即教育”在教学方法问题上的具体化。其含义是：教的方法根据学的方法，学的方法根据做的方法，做是教和学的起点和归宿，也是检验教和学的标准。具体包含以下要点：

a. “教学做合一”要求“在劳力上劳心”。

b. “教学做合一”是因为“行是知之始”。

c. “教学做合一”要求“有教先学”和“有教有学”。

d. “教学做合一”还是对注入式教学法的否定。

陶行知“生活教育”是大众的教育，是爱国的教育，是与生产劳动和社会实践相结合的终身教育，是立足中国实际去创造的教育，是寻求中华民族改造的教育。“生活教育”理论在陶行知探索救国之路的教育实践中不断获得发展，也成为其从事各项教育实践的指导思想，不断丰富着陶行知的教育理论，推动他在探寻中华民族教育之路上不断向前。

(2)生活教育理论的现实启示

①建立民主平等的师生关系。陶行知先生的生活教育理论，强调的是一种彻底意义上的民主平等关系，其是以“做”为中介的教与学、师与生合一。在教育教学活动中，师与生的关系不是固定不变的，而是随着做的活动展开而发生角色转变。师与生的关系不仅体现在两个个体之间，同时，也还体现在同一个体身上，即同一个体既是师，也是生，亦师亦生。

②树立开放的课程资源观念。生活是教育的中心，教育要与生活相结合。因此，教科书不应该也越来越不可能成为唯一的课程资源了，教师要掌握开发课程资源的能力。这些能力包括：收集和处理信息的能力、广泛利用课程资源的能力以及课程开发和整合等方面的能力。教师可以根据教学需要，采用自己认为最合适的教学形式和教学方法，决定课程

资源的开发、利用。而且，教师还应具有开发教科书在内的教育资源能力。

③给学生自主学习和活动的空间。在教育教学活动中，要尊重学生的主体地位。让学生做学习与活动的主人，积极运用启发式、讨论式、小组合作式教学，构建“目标——实践——创新”的教学模式，努力探索个性化教学，使学科教学和活动课程真正体现主体性。

14.3　考研真题与典型题详解

一、概念题

1. “小先生制”[江苏师范大学 2023 年研；浙江师范大学 2019 年研]

答：“小先生制”是陶行知在创办山海工学团时发明的一种通过发动小孩子充当老师的方法，即让上过学的儿童将自己认识的字以及学过的文化知识随时随地教给别人，不仅教人识字学文化，还要教自己的学生做小先生，由此将文化知识绵延不断地传播推广。“小先生制”为解决普及教育中师资奇缺、经费匮乏、谋生与教育难以兼顾、女子教育困难等问题提供了一个有效途径，成为普及教育的最好方法。

2. 定县实验[北京师范大学 2015 年研]

答：定县实验是指在 20 世纪 30 年代，以晏阳初为代表的“中华平民教育促进总会”在河北定县成立试验区，并系统提出其乡村教育观点的一次教育实验。其主要观点有：①中国农村的问题是农民的“愚、穷、弱、私”；②提出“四大教育”，即文艺教育、生计教育、卫生教育和公民教育，其中最主要的是公民教育；③提出“三大方式”，即学校式、社会式和家庭式。定县实验是平民教育运动的优秀成果，为河北定县的教育发展、为中国平民教育的发展提供了经验和参考，晏阳初本人也因此被誉为“世界平民教育运动之父”。

3. 晓庄师范

答：晓庄师范是我国著名的人民教育家陶行知创办的一所乡村师范学校。1927 年他在南京创办试验乡村师范学校，自任校长，1929 年这所学校更名为晓庄学校。陶行知提出师范学校总的培养目标是要求师范毕业生必须具有“健康的体魄，农夫的身手，科学的头脑，艺术的兴味，改造社会的精神”。在晓庄学校试验期间，他将“教学合一”发展为“教学做合一”，提出“生活即教育”“社会即学校”“教学做合一”的生活教育理论。他要求乡村教师要能真正关心农民，为农民服务；强调学校与社会打成一片；指出教育内容和治学方法与农村生活密切结合。1930 年，晓庄学校遭当局查封，至 1951 年，经周恩来总理批准复办南京晓庄学校。2000 年，经国家教育部批准，由原南京市师范专科学校、南京教育学院、南京市晓庄师范学校组合新建南京晓庄学院。

4. 乡村教育思潮

答：乡村教育思潮是中国 20 世纪 20 年代中期兴起的教育思潮。其基本观点为：主张把教育活动中心由城市转向农村，致力于农民教育和农村社会改造；要求加强教育与社会生活的联系，改善农村的经济与生活，加强教育的社会化、社会的教育化，提倡教学做的统一。主要代表人物有黄炎培、陶行知、晏阳初和梁漱溟等人。它的出现是中国农村社会矛盾极端尖锐化的反映，也是对中国共产党所领导的农民革命的一种反应。它冲击了中国传统的教育教学理论，但其最终失败也证明教育救国的改良主义是行不通的。

5. 西南联合大学

答：西南联合大学，简称“西南联大”，是中国抗日战争时期由内迁的3所大学联合组建的国立大学。“七七”事变后，教育部令北京大学、清华大学、南开大学迁至湖南长沙，联合组成临时大学。1937年8月临时大学筹备会在南京成立，11月1日，在长沙正式上课。年底战火逼近长沙，又西迁云南昆明。1938年4月抵达昆明后，改“西南联合大学”名，5月4日正式开学，有教师350多人，学生3000多人。西南联合大学在抗日战争期间被誉为大后方的“民主堡垒”，发生过震惊中外的“一二一”反内战、反暴行、争取民主运动。1946年5月，联大宣告结束，各校分别返回平、津原址复校。

二、简答题

1. 陶行知的“六大解放”内容。［湖南师范大学2021年研］

答：陶行知的“六大解放”是陶行知创造教育思想的重要内容，尤其是创造儿童教育的核心内容，他认为小孩子有创造力，教育需要进一步把儿童的创造力解放出来。其主要内容包括：

(1)解放儿童的头脑，使之能思。

(2)解放儿童的双手，使之能干。

(3)解放儿童的眼睛，使之能看。

(4)解放儿童的嘴，使之能讲。

(5)解放儿童的空间，使之能接触大自然和社会。

(6)解放儿童的时间，不逼迫他们赶考，使之能学习自己渴望的东西。

六大解放教育思想是陶行知长期进行创造教育的研究，特别针对儿童的特点和成长规律总结出来的，具有科学性。它抛开了中国传统的教育理念，批评了填鸭式的教学和分数体现一切的思想，从而回答了如何彻底解放儿童的创造力问题，促进了中国教育观念和方式的变革。

2. 陈鹤琴“活教育”课程理论的基本内容及现代价值。［东北师范大学2017年研］

答：(1)陈鹤琴“活教育”课程理论的基本内容

①活教材

鉴于传统教育的严重弊端，陈鹤琴认为唯有提倡“活教育”，到大自然、大社会中去寻找“活教材”，才能解决传统教育与儿童生活脱节的问题。“活教育”的课程把大自然大社会作为出发点，强调儿童不仅要学习书本知识，而且要与大自然、大社会接触，才不会变成书呆子。

②五指活动

“活教育”强调在活动中获取经验，内容具体为“五指活动”，即健康活动、社会活动、科学活动、艺术活动、文学活动。“五指活动”表示五种活动像一只手的五个指头，相互联系构成一个整体。陈鹤琴认为对于还没有形成学科概念的儿童来说，课程体系应体现儿童生活的整体性和连贯性。与此相适应，教室应改为“五指活动场所”。

(2)陈鹤琴活教育课程理论的现代价值

①针对传统教育过分迷信课堂书本知识，课程内容固定，教材呆板这些缺点，陈鹤琴提出了“大自然、大社会都是活教材”的课程论，强调儿童通过与自然、社会亲自接触而从中获得知识，中国的新课程改革也应该坚持以儿童为本。

②从陈鹤琴求学和长期教育实践中可以看出，他从未完全否定中国传统教育，相反，在批判传统教育的同时也十分注意从中摄取有益的滋养。对待传统文化我们应该取其精华，去其糟粕。

③陈鹤琴把学生从狭隘的课堂引向广阔的生活大舞台，引向充满乐趣的大自然和大社会，这对于激发儿童的学习欲望和创造精神具有积极意义。他在向传统教育挑战中所提倡的理论和实践结合、调动儿童学习的自觉性和兴趣，发展儿童的自动研究和创造精神，无疑符合了现代教育发展的时代潮流。

3. 陈鹤琴“活教育”的目的是什么？现实意义何在？

答：陈鹤琴是中国近代著名的教育家和儿童心理学家。他主张中国儿童教育要适合国情，符合儿童身心发展规律；课程应以自然和社会为中心，采取游戏式的教学方法，教师是儿童的朋友；儿童教育是幼稚园与家庭共同的责任。他的“活教育”理论是其全部教育思想的核心。而“活教育”的目的对当今教育工作更具有重要的现实意义。

(1)“活教育”的目的

“活教育”的目的是依次递进的三个层次，即“做人，做中国人，做现代中国人”，甚至提出“要做世界人”。陈鹤琴这一思想的出发点在于：旧教育只重视读书，“活教育”则重视做人。特别是当国家正处于生死存亡的危急时刻，应当怎样做人，怎样做一个有骨气的中国人，一个符合现代中国的现代中国人。现代中国人应符合以下几个方面的要求：

①要具备健全的身体。陈鹤琴认为一个人身体的好坏，对于他的道德、学问及从事的事业有很大影响。

②要有建设的能力。当时中国百业俱废，急切需要的是各种建设，而过去的教育培养的人不重视建设的能力，所以“活教育”则重视建设的能力，以便适应国家建设的需要。

③要有创造的能力。陈鹤琴认为儿童本来就有很强的创造能力，只要善于启发诱导、教育和训练，创造能力是可以培养起来的。

④要有合作的态度。他认为中国人个性强，往往各自为政，在团体活动中，常缺乏合作的态度。所以对于儿童要从小就训练他们能合作团结，才能使他们配做一个新中国的主人翁。

⑤要有服务的精神。陈鹤琴指出：如果我们训练的儿童，熟知各种知识和技能，可是不知服务，不知如何去帮助人，那这种教育可以说全无意义。他认为“活教育”的目的就是要教育儿童知道应该帮助别人，知道为大众服务，具备服务的精神。

(2)“活教育”的现实意义

抗战期间，陈鹤琴提出“做人，做中国人，做现代中国人”的教育目的，体现了他热爱祖国的精神和“世界的眼光”，对后世也具有重要的现实意义。

①教育目的的制定要适应中国国情的需要。陈鹤琴在构建中国化的幼儿教育体系中，并没有盲目地模仿外国的先进经验，而是根据中国的现实国情有选择地加以吸收，不再以

模仿为基本手段。他的教育目的的制定、教育原则的确立、教育内容的选择，都是以当时中国社会的现实需要为前提和基础，因此有较强的针对性和操作性。

②教育活动要重视儿童的主体地位。陈鹤琴的“活教育”是针对当时传统教育的弊端而提出来的。他的“活教育”重视儿童在学习中的主体地位，重视儿童各种实践能力的培养。他采用各种活动的方法，强调学生的“做”。他指出教师不应将儿童禁锢在学校、局限于课堂上而应该鼓励儿童在探索活动中发现自己的世界。

③教育活动要重视教育实验的地位。陈鹤琴一贯重视教育实验，他通过在鼓楼幼稚园的一系列实验研究，探索出一条适合我国国情及符合幼儿身心发展特点的中国化幼儿园途径。学习陈鹤琴重视教育实验的重要经验，把陈鹤琴关于幼儿教育的理论付诸实践并加以发展完善，这对当今的教育工作有重要的意义。

三、论述题

1. 论黄炎培的职业教育思想。［华中师范大学2018年研］

相关试题：简述黄炎培职业教育社会化思想的基本内涵。［简答题，统考2020年研］

答：黄炎培是中国近代职业教育的倡导者和理论家，著名的爱国主义和民主主义教育家。他创建中华职业教育社，为我国职业教育的产生和发展贡献了毕生的精力。

(1)职业教育思想的形成与发展

黄炎培的职业教育思想是他在长期的教育探索中，吸收西方发达国家的教育经验并结合中国国情，在大量的教育调查研究和实践中形成的。他对职业教育的探索大致经历了提倡实用主义教育、提倡职业教育、提倡大职业教育主义三个阶段。

①民国初年，黄炎培针对当时教育脱离实际的弊端，提倡“实用主义教育”。他建议以实用为目的，改革小学各科的内容和教学方法。

②1917年5月，黄炎培创建中华职业教育社，发表《中华职业教育社宣言书》，标志着职业教育思潮的形成。

③1925年，黄炎培发表《提出大职业教育主义征求同志意见》，提出“大职业教育主义”的口号，主张办职业学校的，须同时和一切教育界、职业界努力沟通联络，提倡职业教育的，同时须分一部分精神，参加全社会的运动。

至此，黄炎培的职业教育思想基本成熟。

(2)职业教育思想体系

①职业教育的作用与地位

a. 职业教育的作用：从理论价值而言，“谋个性之发展，为个人谋生之准备，为个人服务社会之准备，为国家及世界增进生产力”；就其教育和社会影响而言，在于通过提高国民的职业素养，使学校培养的人才无不可用；就其对当时中国社会的作用而言，有助于解决中国最大最急需解决的生计问题。

b. 职业教育的地位：职业教育在教育制度上具有一贯的、整个的和正统的地位。黄炎培提出建立一个包括职业陶冶、职业指导、职业训练、职业补习和再补习在内的职业教育系统，使职业教育贯穿于整个教育过程和全部职业生涯。

②职业教育的目的

职业教育的目的是使“无业者有业，有业者乐业”。“无业者有业”是指职业教育要为社会发展、工商业建设培养、输送大批有用人才，为个人立于社会提供机会。“有业者乐业”是指进一步提升职业教育功能，使经过培养的人能够充分发挥自身优势，而且能够乐于工作，树立热爱工作的信念。

③职业教育的方针：社会化、科学化

a. 社会化：办学宗旨的社会化——以教育为方法，而以职业为目的；培养目标的社会化——在知识技能和道德方面适合社会生产和社会合作的各行业人才；办学组织的社会化——学校的专业、程度、年限、课时、教学安排均需根据社会需要和学员的志愿与实际条件；办学方式的社会化——充分依靠教育界、职业界的各种力量，尤其是校长要擅长联络、发挥社会各方面力量。

b. 科学化：即“用科学来解决职业教育问题”，无论是专业课程的设置、教材的选编、教学训练原则的确定、实习设施的配置等，还是教育管理的组织、机构自身的建设等，都采用科学化的方法和理念。

④职业教育的教学原则

黄炎培结合自己从事教育的实际经验，得出了职业教育健康发展势必要遵循的基本原则。职业教育的基本原则主要包括以下几点：因地制宜，因材施教；适应社会需要；理论联系实际。

⑤职业道德教育

黄炎培把职业道德教育的基本要求概括为“敬业乐群”四个字。敬业是指热爱自己的职业，尊重自己的职业，树立各业平等、劳工神圣的信仰，深刻理解自己所从事的职业的重要性。所谓“敬业”，是指“对所习之职业具嗜好心，所任之事业具责任心”，即热爱所业，尽职所业，有为所从事职业和全社会做出贡献的追求。所谓“乐群”，是指“具优美和乐之情操及共同协作之精神。”即有高尚情操和群体合作精神，有“利居众后，责在人先”的服务乃至奉献精神。

(3)黄炎培职业教育思想的评价

黄炎培终生致力于职业教育，为我们留下了宝贵的经验。他的职业教育思想不仅开创和推进了中国职业教育事业，对 20 世纪 20、30 年代中国的教育改革也产生了重大影响，而且时至今日仍具有重要价值和指导意义。

2. 论述陶行知生活教育理论的主要内容及当代价值。[华中师范大学 2022 年研]

相关试题

(1)论述陶行知生活教育理论的内容及现实意义。[山东师范大学 2021 年研]

(2)论述陶行知的生活教育理论及价值。[华中科技大学 2016 年研]

答：“生活教育”是陶行知的基本教育理论，主要表现在他对师范教育、幼儿教育、科学教育、普及教育的论述中，是其教育理论体系的核心内容。陶行知曾赴美国留学，深受杜威实用主义教育思想和进步教育运动的影响。回国后，在反对传统教育，从事平民教育和乡村教育的实践活动中，他创立了具有中国特色的生活教育理论，为中国人民教育事业做出了重大贡献。

(1)生活教育理论的内容

①“生活即教育”

陶行知认为生活与教育是不可分割的同一过程，教育蕴含于生活之中，必须与生活相结合。生活教育是供给人生需要，为生活向前、向上的教育。

a. 教育与生活具有一致性

一方面，教育的产生源于生活，生活教育伴随人类的诞生而产生。另一方面，生活包含教育，生活本身便具有教育意义和作用。

b. 教育对生活具有从属性

生活决定教育，教育要满足于人的需要，要服务于生活的目标，教育随生活的变化而发展。

c. 教育对生活具有改造性

教育能改造生活，推动生活进步。教育不仅改造着社会生活，而且改造着每个人个人的生活。“生活即教育”改变了教育的中心，从以书本为中心改变为以生活为中心。书本是生活的一种工具，而不是教育的全部。

②社会即学校

“社会即学校”是有关教育组织的观点，是“生活即教育”的范围。

a. “社会即学校”是指“社会含有学校的意味”。对于广大群众来说，所有社会活动都是生活的内容，所以整个社会环境也都是教育的范围。

b. “社会即学校”是指“学校含有社会的意味”。陶行知主张将传统学校的范围扩大，将整个社会、所有人民大众的生活场所都视为教育场所，将传统教育对象范围扩大至一切民众。

陶行知提出“社会即学校”，反对传统教育把社会与学校相分离，主张扩大教育对象范围，使得人民大众都有受教育的机会。但是，陶行知并不是主张取消学校，而是反对脱离社会生活的学校，主张将生活作为学校的中心。

③“教学做合一”

“教学做合一”是“生活即教育”在教学方法问题上的具体化。教的方法根据学的方法，学的方法根据做的方法。怎样做便怎样学，怎样学便怎样教。教与学都以做为中心。教学做是一件事，要在做上教，在做上学。做事教和学的起点和归宿，也是检验教和学的标准。“教学做合一”包含以下要点：

a. “教学做合一”要求“在劳力上劳心”。

b. “教学做合一”是因为“行是知之始”。

c. “教学做合一”要求“有教先学”和“有学有教”。

d. “教学做合一”是对注入式教学法的否定。

(2)当代价值

陶行知“生活教育”是大众的教育，是爱国的教育，是与生产劳动和社会实践相结合的终身教育，是立足中国实际去创造的教育，是寻求中华民族改造的教育。“生活教育”理论在陶行知探索救国之路的教育实践中不断获得发展，也成为其从事各项教育实践的指导思想，不断丰富着陶行知的教育理论，推动他在探寻中华民族教育之路上不断向前。

3. 举例论证教学过程中的直观性原则及要求。

答：教学原则是有效进行教学必须遵循的基本要求。它既指导教师的教，也指导学生的学，应贯彻于教学过程的各个方面和始终。教学原则是从教学实践中总结出来的，在长期的历史发展中不断得到丰富、改进和提高。当今，人们一般都根据教学目标、教学过程及其发展的规律性来阐述教学原则。随着教学实践的发展，我们必须使教学原则的阐释与时俱进，更加全面地反映教学目的、教学内容、现代教学的特点与要求，人的认识规律、儿童天性与身心发展的一般特点及其个别差异，以及学校教学与社会生活的联系等各个方面的要求，力图使其在教学过程中真正发挥引领的作用。

(1)直观性原则的定义

直观性原则，是指在教学中通过引导学生观察所学事物或图像，聆听教师用语言对所学对象的形象描绘，形成有关事物具体而清晰的表象，以便理解所学知识。直观性原则反映了学生的认识规律。它给学生以感性、形象而具体的知识，有助于提高学生学习的兴趣和积极性，减少学习抽象概念的困难；它可以展示事物的内部结构、相互关系和变化状况及动态发展过程，有助于学生理解事物的本质、规律与功能。随着教学手段的现代化、多媒体的采用，直观原则的运用将更为广泛和重要。

例如，对于没见过苹果的学生来说，如果老师只是用语言去描述苹果的样子，学生仍然不清楚苹果究竟是什么样子的，但是如果老师将苹果放在学生们的面前，让他们去看一看、闻一闻、尝一尝，学生就会真切地了解苹果。

(2)贯彻直观性原则的基本要求

①正确选择直观教具和现代化教学手段

直观教具一般可分为实物直观(如标本)、模象直观(如图片、视频、多媒体)、言语直观(如教师的解说)三类。不论选用哪种直观方式，都要注意其典型性、代表性、科学性和思想性，以适合儿童发展的特点，符合教学的要求，使学生能形成所学事物的清晰表象，掌握抽象的文字概念；或让他们看到事物内部的结构、各部分的联系及变化过程，深刻理解其特性、结构、规律与功能，以提高教学的质量。因此，直观教具或多媒体课件的制作和运用，要注重使它与教学的需要相契合；要放大所学部分，用色彩显示所要观察的部分；要动态地揭示、呈现所学事物的运动、变化和发展。

②直观要与讲解相结合

教学中的直观不是让学生自发地看，而是要在教师的指导下有目的地观察，或配合讲解边听边看。教师要通过提出问题，引导学生去把握事物的特征，发现事物之间的联系；应鼓励学生提问，解答学生在观察中的疑惑，以便更深刻地掌握理性知识。

例如，在古诗《白雪歌送武判官归京》的教学中，老师可以通过抛碎纸片来模拟雪花的形态，这是一种直观教学，同时，对诗中所表现出来的浪漫理想和壮逸情怀进行讲解，则能把苦寒的塞外风雪变成可以玩味欣赏的审美对象。

③防止直观的不当与滥用

a. 一节课是否运用直观，以什么方式、怎样进行直观，都应当根据教学的需要来决定，也就是说，不能把直观当作目的，不能为直观而直观，不是直观得越多越好，要知道，不管教学是否需要，一味追求直观和多媒体的生动形象刺激与时尚，必然导致直观过多或直观不当，其后果不仅无助于教学，而且将影响学生抽象思维、创造性想象能力的发展。

b. 运用直观，特别是现代化的多媒体教学，有许多优势，但也有其局限与不足。它定型化、固定化，即使是播放优秀教师课堂实录，也不能替代教师面对学生做有针对性地启发、讲解、示范、训练与互动。总之，不能为直观而直观，盲目地追求形象与形式。皮亚杰指出："形象、影片以及……一切视听教具，只要我们把它们当作一种附属物或精神支柱都是可贵的辅助方法，而且和纯粹口授的教学法比较起来显然是一大进步。但是像文字上有一种咬文嚼字的情况，在形象方面，也有一种拘泥于形象的情况。"

例如，在《两位数加整十数》教学时，以"45 + 30"为例，老师借助小棒让学生计算出结果主观地认为只要直观，学生的理解就简单、深刻了，以致于没有注重对学生思维能力的培养。

④重视运用语言直观

教师用语言做生动的讲解、形象的描述、通俗的比喻，都能够起直观的作用。

例如，有位教师讲到混合气体平均分子量，不可能大于成分气体最大分子量，也不可能小于成分气体最小分子量时，便打了一个比喻，有三位同学分别为14岁、15岁、16岁，他们的平均年龄可能大于16岁吗？可能小于14岁吗？学生一下都明白了，比用数学推算更易接受。

4. 请以下述材料为背景，叙述晏阳初和梁漱溟所提出的乡村教育方案，并比较他们乡村教育理论的异同。

20世纪20、30年代，中国在全国范围内广泛兴起了以改革农村和农民现状为宗旨的乡村教育运动，不少学者纷纷提出自己的主张。晏阳初认为：中国乡村存在四大基本问题，即愚、穷、弱、私。"愚"指人民绝大多数是文盲；"穷"指人民生活的极度贫困；"弱"指缺乏医疗保障，人民健康水平低下；"私"指人民缺乏合作精神和公民意识。梁漱溟则认为：上述问题只是中国社会的表面现象，其深层原因是文化失调。中国文化的根在乡村，解决中国问题必须从乡村建设入手，从中国旧文化里转变出一个新文化来，以创造新文化来救活旧乡村。

答：(1)晏阳初和梁漱溟所提出的乡村教育方案

①晏阳初提出"四大教育"和"三大方式"。

a. "四大教育"。晏阳初认为，中国乡村存在四大基本问题，即愚、穷、弱、私。这些问题如不得以解决，任何建设事业都将谈不上。为解决这四大问题，晏阳初提出四大教育，即文艺教育、生计教育、卫生教育、公民教育。

第一，以文艺教育攻愚，培养知识力。针对"愚"，从文字和艺术教育入手，帮助人们认识基本的文字，获得求知的工具，增长其知识，提高其智力。

第二，以生计教育攻穷，培养生产力。针对"穷"，从生计教育入手，促进农村的经济建设。通过为农民传授农业生产知识、帮助农民建立合作制度、改良手工业、提倡副业等方式促进乡村农业的发展，提高其生产力。

第三，以卫生教育攻弱，培养强健力。它注重大众卫生和健康及科学医药的设施。卫生教育的意义在于普及卫生知识，训练卫生习惯，用公共的力量谋公共的卫生，从而提高其健康生活，使人人为强健的国民。

第四，以公民教育攻私，培养团结力。针对“私”，从公民教育入手，培养人民的公共心与合作精神，在根本上训练其团结力，以提高其道德生活与团结生活。晏阳初认为，在“四大教育”中，公民教育最为根本。

b. “三大方式”。为了推动四大教育的落实，从而解决中国乡村的四大问题，晏阳初提出运用三大方式深入农民生活，使他们建立新的精神面貌，获得新的知识和技能。

第一，学校式教育：学校教育是推动教育的有效组织方式，是实施四大教育的重要方式。学校教育的教育对象主要为青少年，以学校为主要场所，帮助青少年增强读写说的基本能力。

第二，社会式教育：以一般群众和农民团体为对象开展读书、演讲等活动。

第三，家庭式教育：以家庭中各成员为对象的生活、生产常识教育。

②梁漱溟提出建立行政系统与教育机构合一的乡农学校。

a. 学校由学众、教员、学董、学长组成。梁漱溟主张废除西化的学校制度，创建一种集社会、教育和文化于一体的适合农民愿望和农村需要的组织形式。乡学中分为学长、学董、教员、学众。学董从乡民中遴选，组成学董会；学长是一村之师长，由学董会推举；教员是经专门训练的乡村建设者，不仅从事学校教育，而且从事乡村建设指导；学众是指村中的所有人员。

b. 学校按自然村落和行政级别分村学与乡学两级；实行“政教养卫合一”，“以教统政”，将学校式教育与社会式教育合一。村学是乡学的基础，乡学是村学的上层，乡农学校各组成人员必须遵守梁漱溟拟定的《村学、乡学须知》，使乡村建设实验有序进行。

c. 学校课程分两类，其一为以知识教育和“精神讲话”为内容的共有课程，其二为各校根据自身生活环境而设的个别课程。

(2)晏阳初和梁漱溟乡村教育理论的异同

①相同点：

晏阳初与梁漱溟均注重乡村教育在乡村建设中的作用，并将教育与乡村经济、文化、道德等方面结合起来共同建设，在方式上均注意学校教育与社会教育的结合。

②不同点：

a. 对中国问题的认识不同。晏阳初对中国农村问题的分析更多的是对中国“社会病”具体表象的归结；梁漱溟着力从中国文化寻找中国乡村问题的病因。

b. 乡村教育的理论和方案设计的指导思想不同。晏阳初更注重乡村具体问题的解决，并引进现代民主意识和西方社会治理模式；梁漱溟则主要借鉴中国古代乡约制度并加以改造，更注重弘扬传统道德。

第15章　中国共产党领导下的革命根据地教育

15.1　复习笔记

【知识框架(庖丁解牛)】

- 中国共产党领导下的革命根据地教育
  - 苏维埃根据地的教育
    - 苏维埃文化教育总方针
    - 干部教育
    - 成人教育
    - 儿童教育
  - 抗日民主根据地教育
    - 抗日战争时期中国共产党的教育政策
    - 新民主主义教育方针的确立
    - 干部教育
    - 普通教育
    - 社会教育
    - 中国人民抗日军事政治大学
  - 解放区新民主主义教育建设
    - 解放战争时期的教育政策
    - 中小学教育的正规化
    - 高等教育的整顿与建设
  - 革命根据地教育的基本经验
    - 教育为政治服务
    - 教育与生产劳动相结合
    - 依靠群众办学

【考点剖析与拓展(游刃有余)】

考点一、苏维埃根据地的教育

中国共产党通过武装斗争建立了革命根据地，开展了新民主主义革命。在不同时期制定了不同的教育方针，其基本精神是教育为阶级斗争、革命战争和扩大、巩固、建设革命根据地服务。

1. 苏维埃文化教育总方针

(1)1931年11月，根据地召开了中华苏维埃第一次全国工农代表大会，在大会上通过的《宪法大纲》中规定；“中国苏维埃政权以保证工农劳苦群众有受教育的权利为目的，在进行国内革命战争所能做到的范围内，应开始施行完全免费的普及教育。首先，应在青年劳动群众中施行并保障青年劳动群众的一切权利，积极地引导他们参加政治和文化的革命生活，以发展新的社会力量”。

(2)1934 年 1 月，苏区第二次全国代表大会召开。毛泽东对教育工作进行了总结，提出了苏维埃文化教育的总方针，即土地革命教育总方针：“在于以共产主义的精神来教育广大的劳苦民众，在于使文化教育为革命战争和阶级斗争服务，在于使教育与劳动联系起来；在于使中国民众都成为享受文明幸福的人”。

(3)提出了苏维埃文化教育建设的中心任务“是厉行全部的义务教育，是发展广泛的社会教育，是努力扫除文盲，是创造大批领导斗争的高级干部”。

2. 干部教育

表 15－1　干部教育

要点	具体内容
概述	为了适应革命形势发展需要，苏区把干部教育放在教育的首位，举办了各种形式的干部教育。 ①创办干部学校，著名的有红军学校、红军大学、马克思主义大学、中央农业学校等。 ②举办各种类型的训练班，解决政治、军事急需人才，对在职干部进行短期培训，如小学教员训练班等
在职干部教育	在职干部教育以政治素质、军事指挥技术、文化教育为主要内容，目的是尽快提高干部队伍的战斗水平和工作水平。其发展过程如下： ①武装起义时期，主要培养军事干部。 ②1931 年以前，由于根据地变动大，红军流动作战，干部教育主要通过在职教育，又以随营学校、教导队、短训班的形式进行。 ③政权建设时期，开始培养党政方面的革命干部。地方上由苏维埃政府举办，以短期训练班为主。 ④1931 年干部学校出现后，干部训练班继续发挥着在职干部教育的作用，但类别更丰富，实施较规范，多按系统、分层次举办。教员培训由教育行政部门利用寒暑假进行，以小学教员为多。 总之，在职干部的培训以其灵活易行的特点，在缓解苏区工作对干部的大量、急切需求和较大面积提高干部素质方面起了重要作用
干部学校教育	干部学校教育是在 1931 年后苏区政权日渐稳定的前提下，由干部在职训练演变发展而来的一种干部教育形式。苏区的干部教育从不正规、半正规向正规化过渡，逐步构建了比较完整的干部教育体系，出现了富有影响力的一批干部学校
评价	①干部教育是苏区教育中很有特色的部分，无论是在职干部教育还是干部学校教育，均目标明确、课程精简、学制灵活、形式多样。 ②突出思想政治教育和理论联系实际，极大地提高了干部队伍的素质，为苏区的建设和革命战争提供了组织保障

3. 成人教育

(1)苏区的成人教育可分为军队和地方两种。军队按照连队为单位组织识字班，总教员由有文化的首长担任，读书和识字在作战的空隙时间段进行。

(2)地方按照自然村落为单位，采取夜校、剧团、板报、宣传栏等形式开展，将土地革命以及宣传马列主义同广泛的群众性识字学习文化运动相结合，在生产闲暇之时进行教育活动。

4. 儿童教育

表 15-2　儿童教育

要点	具体内容
小学教育	①苏区的普通教育以小学教育为主，中学教育则多与干部教育结合。苏区教育正规化之前，各根据地在小学学制、课程上很不统一，将小学分为 3 段。 ②根据《中华苏维埃共和国小学校制度暂行条例》规定，小学学制统一为"三二"制。 ③实施五年制义务教育，凡 8～12 岁的学龄儿童，工农子弟均得免费入学，红军家属、烈士子女或家庭特别困难者，还给予一定补贴
实施机构	①机构名称：小学校，又称为劳动小学、红色小学、列宁小学，1934 年 2 月后均改称列宁小学。 ②学制：实行"三二"分段，前三年为初级，后两年为高级。分为全日制和半日制两种，半日制列宁小学专为较大年龄、有帮助家庭生产需求的儿童开设，是半工半读性质的小学。 ③教育目的：列宁小学要"训练参加苏维埃革命斗争的新后代，并在苏维埃革命斗争中训练将来共产主义的建设者"。 ④教学内容：强调儿童创造性的培养和发展，要求将小学教育同政治斗争相联系，将教育同生产劳动相联系

考点二、抗日民主根据地教育

抗日民主根据地的教育有两大阶段：一是前期阶段，从抗战开始到 1942 年整风运动。二是后期阶段，从整风运动直到抗战胜利。抗日民主根据地的学校依据性质划分可分为干部教育学校和群众教育学校；依据级别划分，可分为高等学校、中等学校、高等小学、初等小学四个级别和各种社会教育组织形式。

1. 抗日战争时期中国共产党的教育政策

表 15-3　抗日战争时期中国共产党的教育政策

要点	具体内容
抗战初期毛泽东的论述	抗战爆发后，毛泽东关于抗战教育基本政策的论述，既是苏区教育总方针的基本精神的延续，又进一步强调了教育与民族解放战争的结合。这些论述成为抗日民主根据地开展教育的指导思想，也是当时中国共产党制定教育方针政策的重要依据
"干部教育第一，国民教育第二"	1942 年 2 月，中共中央在《关于在职干部教育的决定》中重申："在目前条件下，干部教育工作在全部教育工作中的比重，应该是第一位的。而在职干部教育工作，在全部干部教育工作中的比重，又应该是第一位的。"这一政策是根据民族解放战争的需要、根据地文化教育的实际状况以及党的未来事业发展的需要而提出的
"实行教育与生产劳动相结合"	①是应对持久抗战的需求。抗日战争是持久战，要取得最后胜利，需要充分的精神和物质准备。青年学生和知识分子作为抗战取胜的骨干力量，这一政策既有磨炼他们意志的作用，也能激励他们投入到根据地的生产建设中进行物质财富的创造，并为物质生活极端困难的根据地建设和前线战斗提供援助。 ②是出于对青年教育的需要。学习理论与参加生产劳动的结合，有利于青年了解根据地农村的生产、人民的生活，增进其对理论的认识，形成坚定的信念，使之富有使命感。在艰苦的抗日战争环境下，脱离根据地实际需要的抗战教育，将成为空中楼阁

续表

要点	具体内容
"民办公助"	①与干部教育相辅相成的是抗日根据地的群众教育，或称国民教育。在群众教育中，根据地明确地、创造性地实行了"民办公助"政策。 ②人民中潜藏的巨大教育资源，发动人民自己教育自己，发动社会、民间力量共办教育，成为后来根据地办教育的重要经验。 ③不仅有效促进了根据地教育事业的发展，也是穷国家办教育的有效对策

2. 新民主主义教育方针的确立

表 15－4　新民主主义教育方针的确立

要点	具体内容
新民主主义文化教育	①在《新民主主义论》里，毛泽东创造性地提出"新民主主义"的概念，提出新民主主义文化教育方针，即民族的、科学的和大众的文化教育。 ②毛泽东对新民主主义文化教育方针的表述，既区分了当时的中国文化教育与旧式资产阶级民主主义文化教育，又区分了前者与社会主义的文化教育，提出了新颖的新民主主义文化教育的基本观点
新民主主义教育方针	①所谓"民族的"，强调民族形式。一是反对帝国主义压迫，主张民族尊严和独立；二是具有民族性，强调将有民族的形式和特点的内容与新民主主义的内容结合。 ②所谓"科学的"，强调的是科学的内容。一是要反封建和迷信思想；二是主张实事求是。 ③所谓"大众的"，强调的是大众的方向。一是要为工农劳苦大众服务，是民主的。二是逐渐使文化成为工农大众的文化

3. 干部教育

表 15－5　干部教育

<table>
<tr><th>要点</th><th colspan="2">具体内容</th></tr>
<tr><td>概述</td><td colspan="2">"干部教育第一，国民教育第二"方针的提出使得抗日民主根据地教育的重心放在了干部教育上。包括高级干部教育、中级干部教育和初级干部教育，分别由高等学校、中等学校及各种训练班、高等小学负责实施</td></tr>
<tr><td>高级干部学校</td><td colspan="2">①陕甘宁边区：中共中央党校、中国人民抗日军事政治大学、陕北公学、鲁迅艺术学院、延安大学等。
②华北根据地：华北联合大学、冀南抗战学院、抗战建国学院、太行抗战建国学院。
③华中根据地：华中建设大学、华中党校、鲁迅艺术学院华中分院、苏中公学。
④淮北苏皖根据地：淮北行政学院、江淮大学。
这些学校在极端困难的条件下，为抗战培养了大批军政干部</td></tr>
<tr><td rowspan="2">中级干部学校</td><td>开创阶段</td><td>①1937 年民主政权建立后创办了鲁迅师范学校，1938 年秋成立边区中学。它们初期都是短训班性质的干部学校，为边区培养和培训小学师资和基层文化干部。
②1939 年 7 月，两校合并为陕甘宁边区第一师范学校。同年，陇东中学在庆阳成立，5 月又接管了绥德师范和米脂中学</td></tr>
<tr><td>发展阶段</td><td>①1940～1942 年，这一阶段边区中等教育趋向"正规化"，办学数量和质量明显提升。
②1941 年林伯渠在边区第二届参议会上强调，要提高师资水平和培养教育干部，必须加强中等教育。之后，边区的中等教育有较大发展。到延安整风运动时，边区已有师范 5 所，中学 2 所，在校生 1500 多人。之后又相继创办了延安中学、三边中学、子长中学</td></tr>
</table>

续表

要点	具体内容	
中级干部学校	成熟阶段	①整风运动后，1943 年上半年中等教育开展“整学”，要求以文化教育为主，同时进行政治教育、生产教育。 ②文化教育也要从边区需要和学生现有程度出发，将教育与边区及边区人民的需求联系起来，为抗战和边区建设服务。 ③除中央根据地外，各根据地也都相应地发展了中等教育

4. 普通教育

表 15－6　普通教育

要点	具体内容
概述	普通教育有正规的学制、课程等，由于根据地的中等学校实际上以培养干部为主，所以这里的普通教育主要是小学教育。普通教育在抗战期间贯彻中共中央和各边区政府教育方针政策，取得了较显著的发展
发展历程	①抗日根据地的小学包括初等小学和高等小学。前者三年，后者两年，共五年。 ②抗日根据地的小学教育经历了曲折的发展历程，1944 年边区文教大会后，民办公助政策得到普遍推行，由于政策的灵活性和认识到边区办教育的特点，小学教育至此得以健康发展
办学形式	①学校形式灵活多样： a. 在游击区和邻近敌占区有“游击小学”的形式。 b. 在敌占区或有敌人据点的地区有“两面小学”的形式。 c. 在人口稀少的地区，由几个村联合办学，组织“联合小学”。 d. 在山高路远、交通不便的地区，办起“流动小学”“巡回小学”或“轮学”，教师往来授课。 e. 在一些有特殊困难的地区，将儿童、成年人男女老少合在一起上课，叫作“一揽子小学”。 ②就上课时间安排来说，有全日班学校、半日班学校和季节学校(如春学、冬学)等
教育内容	①抗日根据地小学的教育内容十分注意适应战争的需要。在课程设置上，1939 年 8 月公布的《陕甘宁边区小学规程》规定初小设国语、算术、常识、美术、音乐、劳作、体育等 7 门课程。 ②高小增加政治、自然、历史、地理。劳作以生产劳动为主，体育以军事训练为主。社会活动、生产劳动列入正式课程。 ③部分根据地受到条件限制，初小只开设国语、算术课
评价	抗日根据地的小学教育发展比苏区时期更加成熟，在办学、教育上都形成了宝贵经验与特点，对后来的教育影响深远

5. 社会教育

抗日根据地的社会教育重心在成人教育，其组织形式主要有：冬学、民校、夜校、半日校、识字班、读报组等，其中冬学和民校适应分散的农村群众生产和生活实际，是最受欢迎、最普遍、最广泛的社会教育形式。

6. 中国人民抗日军事政治大学

表 15－7　中国人民抗日军事政治大学

要点	具体内容
抗大概况	①中国人民抗日军事政治大学是在中国共产党和毛泽东直接领导和关心下创立并发展起来的一所以培养抗日军政干部为目的的学校，是抗日民主根据地干部学校的典型。 ②1935 年 10 月，中央红军长征至陕北，中共中央做出续办红军大学的决定。1936 年 6 月，西北抗日红军大学于陕北瓦窑堡成立。1937 年 1 月，校名改为中国人民抗日军事政治大学并迁至延安。 ③从西北抗日红军大学到抗大，总校共办了八期，并建有 12 所分校，培养出 20 多万名军政干部
教育方针	①“坚定不移的政治方向”，是指以中国共产党为领导，以人民战争为形式，击败日本帝国主义，建立人民民主的新中国。 ②“艰苦奋斗的工作作风”，是指生活中坚持艰苦朴素的作风，工作中勤奋刻苦，将理论同实际紧密联系，并且同群众密切联系。 ③“机动灵活的战略战术”，是指同侵略者的人民战争的持久战需要充分掌握和运用游击战的方法
政治思想教育	抗大始终非常重视对学员进行以马克思列宁主义和毛泽东思想为核心内容的政治思想教育，并通过多种途径进行政治思想教育： ①学习理论，提高马克思主义理论水平。 ②学习中共党内斗争的文件，提高党性意识。 ③开展群众性的自我教育。 ④严格的组织纪律要求
学风	抗大学风最重要的学风是理论联系实际，还包括“军事与政治并重”“少而精”等
教学方法	①启发式。在整个教学过程中都注重运用启发式，反对注入式。 ②研究式。提倡研究式教学，政治、时事、政策课大都采用研究式教学。“集体研究讨论”“按教育计划学习”、以个人自学和思考研究为主，教员只起到指导作用。 ③实验式。课程“少而精”，注重实地操作和演习。 ④“活”的考试。有书面考试也有到战争一线接受检验的实践考试

考点三、解放区新民主主义教育建设

1. 解放战争时期的教育政策

1945 年 9 月至 1949 年 9 月是中国共产党领导下的人民解放事业取得决定性胜利的时期，中国共产党在完成繁重的解放战争任务的同时，不失时机地制定了一系列教育方针政策。主要包括以下几点：

(1)扩大教育界的统一战线

将绝大部分知识分子归入“劳动人民”范畴，纳入统一战线。

(2)实施教育工作重心的转移

文化教育工作重心由农村向城市转移，由战时向平时过渡，开始教育的“新型正规化”尝试。

2. 中小学教育的正规化

(1)1946 年春，陕甘宁边区召开中等教育会议，讨论研究了学校正规化的问题，山东解放区也讨论了该问题。到了1948年，随着解放全中国的态势的形成，教育的正规化又重新提上日程。

(2)1948年，华北、冀中、东北、山东等解放区纷纷召开教育会议，均对中等教育正规化问题进行了重点讨论。解放战争期间从教育纠偏起，经历教育正规化的过程后，普通中小学教育有了较为显著的发展。

3. 高等教育的整顿与建设

(1)办抗大式训练班。

(2)解放区原有的大学进一步正规化。

(3)创办新大学。

考点四、革命根据地教育的基本经验

表15－8　革命根据地教育的基本经验

要点	具体内容	
教育为政治服务	教育对象	在特定环境下分清轻重缓急，保证当时最迫切的需要
	教育内容	以革命战争所需要的内容为主
	教育形式	灵活多样，基本上以非制度化的教育为主
教育与生产劳动相结合	①教育内容应同当时当地的生产劳动和生活实际紧密联系。 ②教育教学的组织形式和时间安排注意适应生产需要。 ③要求学生参加实际生产劳动	
依靠群众办学	①群众教育由群众自己办，即在苏维埃政府支持下，以乡村为单位依靠群众办夜校，识字班等。 ②依靠群众力量办普通小学，即由政府出一部分经费，场地、设施和部分经费由各乡村自行解决，通常是初小由乡办，高小由区办。 ③干部教育不脱离群众，无论教学内容、学习时限和教学组织，都考虑群众工作的实际需要	
评价	革命根据地教育是一种新型的革命教育，它的无产阶级和人民大众的性质，为革命战争和阶级斗争服务的目的，以及与此相适应的新型教育体制，多种形式的办学途径，注重联系实际、讲究实效的学制、教学内容和教学方法，都别具一格。在当时严酷的斗争环境下，革命根据地教育的政策、理论、措施、方法已经被历史证明是卓有成效的，在当代和平建设的环境下，我们仍需要认真研究和汲取革命老区教育的宝贵经验	

15.2　课后习题详解

1. 苏维埃文化教育总方针是如何提出的？内容是什么？意义何在？

答：1931年11月，根据地召开了中华苏维埃第一次全国工农代表大会，在大会通过的《宣言》中，明确提出了苏维埃政权的教育方针。

(1)苏维埃文化教育总方针提出的原因

苏维埃革命根据地建立后，所面临的严峻形势是国民党军队的围剿和残酷的战争环境；根据地偏僻且经济、文化十分落后，工农民众和红军战士中文盲占大多数，但面临的任务是动员数以千百万计的人民群众投身于革命战争。为提升红军及群众的文化水平和觉悟，巩固革命政权，苏维埃政权确立了教育为工农大众服务、为革命战争服务、为建立和巩固红色政权服务的宗旨。

（2）苏维埃文化教育总方针的基本内容

①1931 年 11 月，根据地召开了中华苏维埃第一次全国工农代表大会，在大会上通过的《宪法大纲》中规定："中国苏维埃政权以保证工农劳苦群众有受教育的权利为目的，在进行国内革命战争所能做到的范围内，应开始施行完全免费的普及教育。首先，应在青年劳动群众中施行并保障青年劳动群众的一切权利，积极地引导他们参加政治和文化的革命生活，以发展新的社会力量"。

②1934 年 1 月，苏区第二次全国代表大会召开。毛泽东对教育工作进行了总结，提出了苏维埃文化教育的总方针，即土地革命教育总方针："在于以共产主义的精神来教育广大的劳苦民众，在于使文化教育为革命战争和阶级斗争服务，在于使教育与劳动联系起来；在于使中国民众都成为享受文明幸福的人"。提出了苏维埃文化教育建设的中心任务"是厉行全部的义务教育，是发展广泛的社会教育，是努力扫除文盲，是创造大批领导斗争的高级干部"。

（3）苏维埃文化教育总方针的意义和作用

毛泽东对苏区教育总方针和总任务的阐述，是党对马列主义教育思想与苏联教育经验的深刻理解和吸收的结果，是与我国土地革命战争时期党在农村反封建、反围剿这两大中心任务结合的结果。这些阐述既体现了教育同生产劳动的结合，能够帮助发展生产，为战争提供援助，又展现了对在工农大众群体中普及教育和对教育权利平等的追求。这一表述符合苏区斗争的实际情况，彰显了革命的基本特征，它是民族的、科学的和大众的，也是党对于新民主主义教育方针最原本的、明确的表述，一方面总结了苏区的教育实践，另一方面也为其进一步发展和往后的抗日战争、解放战争时期的革命根据地的教育事业发展奠基。

2. 试评述新民主主义文化教育方针。

答：民族的科学的大众的文化的含义：它是人民大众反帝反封建的文化，是新民主主义的文化，也是中华民族的新文化。这是文化的方针，也是教育的方针，其内容主要包括：

（1）新民主主义文化教育方针的基本内容

①所谓"民族的"，强调的是民族形式。一是反对帝国主义压迫，主张民族尊严和独立；二是具有民族性，强调将有民族的形式和特点的内容与新民主主义的内容结合。

②所谓"科学的"，强调的是科学的内容。一是要反封建和迷信思想；二是主张实事求是。

③所谓"大众的"，强调的是大众的方向。一是要为工农劳苦大众服务，是民主的。二是逐渐使文化成为工农大众的文化。

（2）对新民主主义文化教育方针的评价

这一方针的确立，影响了抗日民主根据地和新民主主义革命时期的教育。抗日民主根据地和此后解放区的有效的教育方针政策都是这一方针的具体化。

3. 革命根据地教育主要有哪些类别？各有什么特点？

答：在国内革命战争、抗日战争、解放战争期间，共产党为了巩固自身的实力，建立了一些革命根据地，并且在根据地实行教育方面的改革，建立一系列的学校。其教育的基本类型和特点如下：

(1)干部教育

①基本内容：干部教育分为在职干部教育和干部学校教育，在职干部教育以政治、军事指挥技术和文化教育为主要内容，学员或作为一个独立的战斗团队，或在战斗间隙集中学习。地方上则由政府举办，以短期训练班为主。

②特点："干部教育第一，国民教育第二"方针的提出使得抗日民主根据地教育的重心放在了干部教育上。干部学校教育主要是满足革命战争的需求，适应抗战与边区建设需要，以培养与提高新民主主义革命的政治、经济、文化建设的实际工作干部为目的。

(2)成人教育

①基本内容：成人教育也称为社会教育，以提高和普及人民大众的知识技能和民族自尊心为中心，民主的教育固然需要民主的政治，民主的政治也同样需要民主的教育，需要一种与人民相联系的教育。

②特点：坚持社会教育和普通教育相互配合，坚持文化教育、政治教育和初步的实用科学知识教育相结合。其组织形式主要有：冬学、民众学校(民校)、夜校、半日校、识字班(组)、读报组等，主要与基层结合，满足底层群众的生活和生产需要，为经济落后的农村地区扫除文盲、普及最初步的文化教育。成人教育为民主根据地民众普通文化知识、生产生活知识和思想觉悟的提高，做出了贡献。

(3)普通教育

①基本内容：普通教育有正规的学制、课程等，由于根据地的中等学校实际上以培养干部为主，所以这里的普通教育主要是小学教育。普通教育在抗战期间贯彻中共中央和各边区政府教育方针政策，取得了较显著的发展。

②特点：由于是在极端困难的情形下创办，各边区政府给予了群众充分的自主权，允许其根据自己需求和可能性，因地制宜、因陋就简进行办学。此外，大多数根据地在敌占区包围圈内，战斗频率高、变化大，迫使群众和教育工作者创造了多样化的、战斗性强的学校形式。根据地小学的教育内容十分注意适应战争的需要。抗日根据地的小学教育发展比苏区时期更加成熟，在办学、教育上都形成了宝贵经验与特点，对后来的教育影响深远。

4. 试评述抗大。

答：中国人民抗日军事政治大学是在中国共产党和毛泽东直接的领导和关心下创立并发展起来的一所以培养抗日军政干部为目的学校，是抗日民主根据地干部学校的典型。1935 年 10 月，中央红军长征至陕北，中共中央做出续办红军大学的决定。1936 年 6 月，西北抗日红军大学于陕北瓦窑堡成立。1937 年 1 月，校名改为中国人民抗日军事政治大学并迁至延安。从西北抗日红军大学成立到抗大，总校共办了八期，并建有 12 所分校，培养出 20 多万名军政干部。

(1)抗大的教育方针

1938 年 3 月 5 日，毛泽东提出的"坚定不移的政治方向，艰苦奋斗的工作作风，加上机动灵活的战略战术”成为抗大的教育方针。其内涵如下：

①“坚定不移的政治方向”，是指以中国共产党为领导，以人民战争为形式，击败日本帝国主义，建立人民民主的新中国。

②“艰苦奋斗的工作作风”，是指生活中坚持艰苦朴素的作风，工作中勤奋刻苦，将理论同实际紧密联系，并且同群众密切联系。

③“机动灵活的战略战术”，是指同侵略者的人民战争的持久战需要充分掌握和运用游击战的方法。

(2)抗大的政治思想教育

抗大始终非常重视对学员进行以马克思列宁主义和毛泽东思想为核心内容的政治思想教育，并通过多种途径进行政治思想教育：首先是学习理论，提高马克思主义理论水平；其次是学习中共党内斗争的文件，提高党性意识；再次是开展群众性的自我教育；最后是严格的组织纪律要求。

(3)抗大的学风

抗大学风最重要的传统是理论联系实际，抗大的课程设置都是从实际出发，为实际服务。其他的学风还包括“理论联系实际”“理论和实践并重”“军事与政治并重”“少而精”。后来毛泽东为抗大制定的校训为“团结、紧张、严肃、活泼”，与“抗大”的教育方针相结合，称为“抗大”作风。这是中国人民解放军优良传统的重要组成部分。

(4)抗大的教学方法

教学方法方面，采取教师讲授和学员自学讨论相结合的方法，其中学员自学讨论时间多于教师讲授的时间。

①启发式。在整个教学过程中都注重运用启发式，反对注入式。

②研究式。提倡研究式教学，政治、时事、政策课大都采用研究式教学。

③实验式。课程“少而精”，注重实地操作，多设置情况演习使学员具备分析判断、随机应变的能力。

④“活”的考试。既有书面考试，也有参加一线战斗的实践考试。

5. 中国共产党领导的根据地教育有哪些基本经验?

答：革命根据地教育的成功经验一方面使得中国共产党人获益匪浅，另一方面也为中国的教育史留下了一份值得借鉴的宝藏。具体阐述如下：

(1)教育为政治服务

革命根据地的教育做到了与革命任务的紧密结合，以满足当时政治和革命任务的需要为目的，具体做法包括以下几个方面：

①在教育对象上，特别注意在特定环境下的轻重缓急，保证当时最迫切的需要。

②在教育内容上，始终服从了战争的需要。

③在教育形式上，灵活多样，基本上以非制度化的教育为主。

(2)教育与生产劳动相结合

根据地教育以彻底改变建立于封建生产关系之上，脱离农村生产生活实际，培养精神贵族的文化教育为基本任务，具体做法包括以下几个方面：

①教育内容应同当时当地的生产劳动和生活实际紧密联系。

②教育教学的组织形式和时间安排注意适应生产需要。

③要求学生参加实际的生产劳动。

(3)依靠群众办学

满足群众的需要和出于群众的自愿是中国共产党人在根据地教育实践中总结出来的重要的办教育经验。

总之，革命根据地教育是一种新型的革命教育，它的无产阶级和人民大众的性质，为革命战争和阶级斗争服务的目的，以及与此相适应的新型教育体制，多种形式的办学途径，注重联系实际、讲究实效的学制、教学内容和教学方法，都别具一格。在当时严酷的斗争环境下，革命根据地教育的政策、理论、措施、方法已经被历史证明是卓有成效的，在当代和平建设的环境下，我们仍需要认真研究和汲取老区教育的宝贵经验。

15.3 考研真题与典型题详解

一、概念题

1. 陕北公学

答：陕北公学是抗日战争初期中国共产党领导下培养干部的学校，1937 年成立于延安。其任务是对于知识青年给予“对抗战必要的理论与实践”的学习和训练，主要是培养行政干部、民运干部和文化工作干部，学习期限为 2～3 个月，校长是成仿吾。陕北公学的课程是三分军事七分政治，科目有社会科学概论、抗日民族统一战线与民众工作、游击战与军事常识、时事讲演等。1941 年与女大等校合并成立延安大学。陕北公学从 1937 年到 1941 年四年之中培养了一万多名干部分赴华北、华南、华东各抗日前线。

2. 民办公助

答：民办公助是抗日战争时期，中国共产党领导下的革命根据地发展小学教育的一项基本政策，中华人民共和国成立后在普及教育过程中沿用此政策。《社会力量办学条例》于 1997 年 10 月 1 日起正式实施，《条例》最核心的精神实质是“积极鼓励，大力支持，正确引导，加强管理”的十六字方针，也即确立了“民办公助”的合法性和可行性。所谓“民办公助”，就是利用公众和政府资金适度地支持民办学校的发展，公助又可分为显性资助和隐性资助。显性资助就是通过对民办学校办学方向及其社会效果等实施检查、评估后，以注册的学生数为基本依据，给予民办学校直接的拨款资助，而隐性资助则指对民办学校于合法范围之内的经营所得、学校房产、社会捐物捐款等方面给予减免税收。

二、简答题

简述共产党革命根据地教育经验。[华东师范大学 2022 年研；浙江师范大学 2019 年研]

答：革命根据地教育的成功经验一方面使得中国共产党人获益匪浅，另一方面也为中国的教育史留下了一份值得借鉴的宝藏。这些经验包括：

(1)教育为政治服务

革命根据地的教育做到了与革命任务的紧密结合，以满足当时政治和革命任务的需要为目的，具体做法包括以下几个方面：

①在教育对象上，特别注意在特定环境下的轻重缓急，保证当时最迫切的需要。

②在教育内容上，始终服从了战争的需要。

③在教育形式上，灵活多样，基本上以非制度化的教育为主。

(2)教育与生产劳动相结合

根据地教育以彻底改变建立于封建生产关系之上，脱离农村生产生活实际，培养精神贵族的文化教育为基本任务，具体做法包括以下几个方面：

①教育内容应同当时当地的生产劳动和生活实际紧密联系。

②教育教学的组织形式和时间安排注意适应生产需要。

③要求学生参加实际的生产劳动。

(3)依靠群众办学

办学要尽量尊重群众的建议，满足群众的需要，根据群众的意愿。

总之，革命根据地教育是一种新型的革命教育，它的无产阶级和人民大众的性质，为革命战争和阶级斗争服务的目的，以及与此相适应的新型教育体制，多种形式的办学途径，注重联系实际、讲究实效的学制、教学内容和教学方法，都别具一格。在当时严酷的斗争环境下，革命根据地教育的政策、理论、措施、方法已经被历史证明是卓有成效的，在当代和平建设的环境下，我们仍需要认真研究和汲取老区教育的宝贵经验。